La cryptographie déchiffrée

Jean-Philippe Aumasson

La cryptographie déchiffrée

DUNOD

Cette première édition en langue française est la traduction de la seconde édition de l'ouvrage d'origine.

11 rue Paul Bert, 92240 Malakoff
www.dunod.com
ISBN 978-2-10-084857-7

TABLE DES MATIÈRES

Avant-propos

J'ai écrit le livre que j'aurais aimé avoir quand j'ai commencé à apprendre la cryptographie. En 2005, j'étudiais pour un master près de Paris, et je me suis tout de suite inscrit au cours de cryptographie prévu pour le second semestre. Mais à mon grand désespoir, le cours fut annulé, trop peu d'étudiants l'ayant choisi. « La crypto, c'est compliqué », affirmaient les étudiants qui ont préféré suivre en nombre les classes de graphisme et de bases de données.

J'ai depuis souvent entendu cette affirmation. Mais la cryptographie est-elle *vraiment* si compliquée ? Que ce soit pour jouer d'un instrument de musique, maîtriser un langage de programmation, ou mettre en pratique les connaissances de tout domaine suffisamment complexe, il est nécessaire d'apprendre certains concepts de base et notations, mais cela ne nécessite pas un doctorat. Je pense qu'il en va de même pour devenir un cryptographe compétent. Je pense aussi que la cryptographie est perçue comme étant compliquée car les cryptographes ne l'ont pas suffisamment bien enseignée.

Une autre raison qui m'a motivé à écrire ce livre réside dans le fait que la crypto n'est plus seulement une affaire de crypto — elle est désormais un domaine multidisciplinaire. Pour faire quoi que ce soit d'utile et pertinent dans ce domaine, il vous faut comprendre l'environnement dans lequel elle est utilisée : comment les réseaux et systèmes informatiques fonctionnent, les besoins des utilisateurs, ou comment des adversaires peuvent exploiter les faiblesses d'algorithmes et de leurs implémentations. Autrement dit, vous devez être connecté à la réalité.

◆ *L'approche de ce livre*

Le titre initial du volume original était *Crypto for Real*, afin de souligner l'approche pratique, terre à terre, et sans fioriture que je souhaitais suivre. Pour rendre la cryptographie plus abordable sans pour autant trop la simplifier, j'ai choisi de m'appuyer sur des applications du monde réel. Cela se traduit notamment par des exemples de code et de vrais bugs catastrophiques.

Outre un lien clair avec la réalité, les fondements de ce livre sont sa simplicité et sa « modernité ». J'ai privilégié la simplicité dans la forme plutôt que dans le fond : je présente de nombreux concepts non triviaux, mais sans l'intimidant formalisme mathématique. J'essaie plutôt de transmettre les idées fondamentales de la cryptographie, qui sont plus importantes que la mémorisation d'une liste d'équations. Pour assurer la modernité du livre, je couvre de récentes techniques tels que TLS 1.3 et la cryptographie post-quantique. Je ne m'étale pas sur les algorithmes obsolètes ou peu sûrs tels que DES ou MD5, bien que RC4 fasse exception à la règle, mais seulement pour discuter de ses défauts.

Serious Cryptography (*La Cryptographie déchiffrée*) n'est pas un guide d'utilisation des logiciels de cryptographie ni un recueil de spécifications techniques, lesquels sont aisément disponibles en ligne. L'objectif premier de ce livre est plutôt de vous enthousiasmer, de mettre fin au mythe selon lequel « la crypto, c'est compliqué », et d'enseigner les concepts fondamentaux en cours de route.

◆ À qui s'adresse ce livre ?

En écrivant, j'ai souvent imaginé le futur lecteur comme un développeur ayant été exposé à de la cryptographie, mais restant sur sa faim et frustré après avoir survolé de cryptiques ouvrages et articles scientifiques sur le sujet. Les développeurs ont en effet souvent besoin (et envie) de mieux comprendre la cryptographie afin de ne pas commettre de regrettables choix techniques ; j'espère que cet ouvrage les aidera.

Même si vous n'êtes pas développeur ou ingénieur, ne vous inquiétez pas ! Ce livre n'exige pas de connaissance en programmation, et est accessible à quiconque connaît les bases de l'informatique et possède des connaissances mathématiques du niveau secondaire (notions de probabilité et d'arithmétique modulaire, entre autres).

Cet ouvrage peut néanmoins être intimidant et, malgré son accessibilité, demandera un minimum d'attention pour en tirer le meilleur. Pour l'illustrer, j'aime à dresser une analogie entre les livres et l'alpinisme : tel un guide de montagne, l'auteur montre le chemin à suivre, fournit cordes et piolets pour faciliter l'ascension, mais le lecteur doit lui-même parcourir le chemin. Un effort pourra être nécessaire pour saisir certains des concepts de ce livre, mais vous en serez récompensé.

◆ Comment ce livre est-il organisé ?

Le livre contient seize chapitres, organisés en quatre parties. Les chapitres sont relativement indépendants les uns des autres, à l'exception du neuvième, qui décrit les bases des trois chapitres qui le suivent. Je vous conseille cependant de commencer par lire les trois premiers chapitres.

Les fondamentaux

✓ **Chapitre 1 : Le chiffrement** présente la notion de chiffrement sûr, depuis les simples schémas au crayon à papier jusqu'au solide chiffrement probabiliste.

✓ **Chapitre 2 : L'aléa** décrit comment les générateurs de nombres pseudo-aléatoires fonctionnent, quels sont leurs critères de sécurité et comment les utiliser de façon fiable.

- ✓ **Chapitre 3 : La sécurité cryptographique** couvre les notions théoriques et pratiques de sécurité cryptographique, comparant les approches « prouvable » et « probable ».

La cryptographie symétrique

- ✓ **Chapitre 4 : Les *blockciphers*** concerne les cryptosystèmes traitant les messages bloc par bloc, et en particulier le plus connu d'entre eux : l'*Advanced Encryption Standard* (AES).
- ✓ **Chapitre 5 : Les *streamciphers*** présente les cryptosystèmes produisant un flux de bits pseudo-aléatoires, qui sont XORés avec un message pour le (dé) chiffrer.
- ✓ **Chapitre 6 : Les fonctions de hachage** s'intéresse à des algorithmes qui fonctionnent sans clé secrète, et qu'on retrouve dans la plupart des protocoles cryptographiques.
- ✓ **Chapitre 7 : Hacher avec une clé** explique ce qui se passe quand on combine une clé secrète avec le concept de hachage, et comment s'en servir pour authentifier des messages.
- ✓ **Chapitre 8 : Le chiffrement authentifié** présente les algorithmes qui peuvent à la fois chiffrer et authentifier un message, avec comme exemple le standard AES-GCM.

La cryptographie asymétrique

- ✓ **Chapitre 9 : Les problèmes difficiles** décrit les concepts fondamentaux de la cryptographie à clé publique, en se reposant sur des notions d'informatique théorique du domaine de la théorie de la complexité.
- ✓ **Chapitre 10 : RSA** exploite le problème de la factorisation afin de construire des schémas de chiffrement et de signature sûrs, en se reposant sur une simple opération arithmétique.
- ✓ **Chapitre 11 : Diffie–Hellman** étend la cryptographie asymétrique à la notion d'échange de clé, grâce auquel deux parties établissent une valeur secrète commune en échangeant seulement des valeurs non secrètes.
- ✓ **Chapitre 12 : Les courbes elliptiques** fournit une introduction à la cryptographie basée sur les courbes elliptiques, qui offre des avantages notables en termes de performances.

Des applications

- ✓ **Chapitre 13** : **TLS** se concentre sur le protocole *Transport Layer Security* (TLS), sans doute le plus important protocole de sécurité réseau.
- ✓ **Chapitre 14** : **Quantique et post-quantique** présente les concepts de calcul quantique et de cryptographie post-quantique, un des sujets majeurs en cryptographie appliquée dans les années 2020.

- ✓ **Chapitre 15** : **Cryptomonnaies et cryptographie** conclut avec un aperçu des protocoles cryptographiques utilisés dans les applications blockchain ; ce chapitre est « le boss de fin » du livre.

◆ *Sur cette traduction*

Cette traduction de *Serious Cryptography* est publiée près de sept ans après la première édition. Depuis, la cryptographie et ses applications ont évolué. Aujourd'hui, le terme « crypto » évoque souvent les applications blockchain, le Bitcoin et autres cryptomonnaies, plutôt que la cryptographie elle-même. Malgré les avantages sociétaux discutables de ces technologies, leur influence positive indéniable sur l'avancement de la cryptographie ne peut être négligée. C'est pourquoi j'ai ajouté un nouveau chapitre intitulé « Cryptomonnaies et cryptographie », qui traite des techniques cryptographiques fascinantes employées dans les applications de la blockchain, représentant certaines des avancées les plus intéressantes dans le domaine de la cryptographie.

Réalisée en même temps que la mise à jour de *Serious Cryptography* pour sa seconde édition, cette traduction comporte des modifications substantielles par rapport à l'original. Son contenu a été mis à jour suite aux derniers développements en matière de recherche et application de la cryptographie. Parmi les changements significatifs : la discussion du chapitre 2 sur le générateur d'aléa du noyau Linux a été adaptée au nouveau comportement des interfaces */dev/random* et */dev/urandom* ; le chapitre 12 comporte une nouvelle section sur les schémas de signature EdDSA et Ed25519 ; et le chapitre 14 présente les standards de cryptographie post-quantique du NIST sélectionnés en 2022.

J'ai traduit le texte anglais original moi-même, souhaitant que *La Cryptographie déchiffrée* soit plus qu'une simple traduction, et connaissant la difficulté d'un tel exercice, notamment concernant la traduction des termes techniques. J'ai parfois conservé les termes anglais originaux, ma règle étant d'opter pour le terme le plus commun lors de discussions orales entre experts ; par exemple, je parle de *blockciphers* et non de chiffres par bloc. Lorsqu'un terme est traduit, je mentionne entre parenthèses le terme original, afin que les lecteurs puissent facilement rechercher le terme dans la littérature anglophone ; par exemple, je présente les signatures à seuil (*threshold signatures*). J'espère que cet ouvrage offrira aux lecteurs francophones, qu'ils soient étudiants ou professionnels aguerris, une compréhension approfondie des principes fondamentaux de la cryptographie, et qu'il s'avérera être un atout précieux dans leur parcours professionnel.

◆ *Remerciements (de l'édition originale)*

Je tiens à remercier Jan, Annie, ainsi que toute l'équipe de No Starch Press ayant contribué à ce livre, et tout particulièrement Bill pour avoir cru en ce projet dès le départ, et pour son laborieux travail d'édition ayant grandement contribué à la qualité du texte. Je suis également reconnaissant à Laurel pour son attention à la mise en page.

Concernant la partie technique, un bon nombre d'erreurs et imprécisions ont été évitées grâce aux personnes suivantes : Jon Callas, Bill Cox, Niels Ferguson, Philipp Jovanovic, Samuel Neves, David Reid, Phillip Rogaway, Erik Tews, et les nombreux lecteurs qui ont signalé des fautes dans le texte. Je remercie Matthew Green de m'avoir fait l'honneur d'écrire la préface.

Je remercie de plus Kudelski Security, dont j'étais l'employé pendant l'écriture de ce livre, et qui m'a permis d'y dédier une partie de mon temps de travail. Ma profonde gratitude va enfin à Alexandra et Melina, pour leur soutien et leur patience.

Lausanne, le 17/05/2017 (trois nombres premiers)[1]

◆ *Remerciements (de la traduction)*

Je tiens tout d'abord à remercier les lecteurs de la première édition, en particulier ceux qui m'ont contacté pour me faire part de leurs commentaires et m'aider à améliorer le livre. Je suis reconnaissant envers Dunod, éditeur de l'ouvrage traduit, pour sa confiance et son professionnalisme (merci à Matthieu Daniel et Anne Temps). Merci à André Sintzoff pour sa relecture méticuleuse de l'ouvrage. Il va sans dire, les lacunes de ce livre sont les miennes.

Lausanne, le 28/02/2024

1. Date de l'écriture de la préface dans l'édition originale.

Préface

Si vous avez déjà lu un livre ou deux sur la sécurité informatique, vous aurez sûrement rencontré un jugement récurrent sur le domaine de la cryptographie. « La cryptographie », dit-on, « est le plus fort maillon de la chaîne ». Élogieux, certes, mais quelque peu simpliste. Si la cryptographie était en réalité le composant le plus fiable d'un système, pourquoi investir autant de temps à l'améliorer alors que tant d'autres parties du système pourraient bénéficier de notre attention ?

S'il y a une chose que j'espère que vous retiendrez de cet ouvrage, c'est que cette vision de la cryptographie est idéalisée ; c'est en grande partie un mythe. La cryptographie est solide *en théorie*, mais en pratique elle est aussi fragile que toute autre partie du système. C'est particulièrement vrai quand les implémentations sont développées sans l'expertise, l'expérience, et l'attention adéquate, comme c'est le cas de nombreux systèmes cryptographiques déployés aujourd'hui. Et plus grave encore : lorsque des implémentations cryptographiques ont des problèmes, les conséquences sont souvent remarquablement impressionnantes.

Mais pourquoi s'en inquiéter, et pourquoi ce livre ?

Quand j'ai commencé à travailler dans le domaine de la cryptographie appliquée il y a une vingtaine d'années, l'information disponible pour les développeurs de logiciels était souvent parcellaire et dépassée. Les cryptographes développaient des algorithmes et protocoles, les ingénieurs en cryptographie les implémentaient pour créer des bibliothèques impénétrables et mal documentées destinées principalement à d'autres experts. Il y avait — et il y a toujours — un grand clivage entre ceux qui connaissent et comprennent la cryptographie, et ceux qui l'utilisent (ou l'ignorent, à leurs risques et périls). Il y a peu de livres décents disponibles sur le sujet, et encore moins qui offrent des outils utiles aux professionnels.

Les résultats n'étaient pas beaux à voir. Je parle de problèmes impliquant les termes « CVE » et « Severity: High » et, dans certains cas alarmants, des présentations classées « TOP SECRET ». Vous connaissez peut-être certains des exemples les plus célèbres, ne serait-ce que parce qu'ils ont affecté des systèmes dont vous dépendez. Nombre de ces problèmes sont dus au fait que la cryptographie est subtile et mathématiquement élégante, et que les experts en cryptographie n'ont pas partagé leurs connaissances avec les ingénieurs qui écrivent les logiciels.

Heureusement, cela a commencé à changer et ce livre est un symptôme de ce changement.

Le présent ouvrage, *La Cryptographie déchiffrée*, a été écrit par l'un des plus grands experts en cryptographie appliquée mais il ne s'adresse pas seulement aux experts. Il ne se limite toutefois pas à un aperçu superficiel du domaine. Au contraire, il offre une discussion approfondie et actualisée de l'ingénierie cryptographique, écrite pour aider les praticiens du domaine à mieux faire. Dans ces pages, vous apprendrez non seulement comment fonctionnent les algorithmes cryptographiques, mais aussi comment les utiliser dans de vrais systèmes.

Le livre commence par une exploration des principales primitives cryptographiques, dont les algorithmes de base tels que les chiffrements par bloc, schémas à clé publique, fonctions de hachage, ou générateurs de nombres aléatoires. Chaque chapitre présente des exemples concrets du fonctionnement des algorithmes, et ce que vous devez ou ne devez *pas* faire. Les derniers chapitres couvrent des sujets plus avancés, comme TLS, ainsi que l'avenir de la cryptographie — ou que faire lorsque des ordinateurs quantiques viendront nous compliquer la vie.

Bien qu'aucun livre ne puisse résoudre tous nos problèmes, un minimum de connaissances peut tout changer. C'est la promesse de cet ouvrage, qui en contient assez pour que la cryptographie réelle et déployée soit à la hauteur des grandes attentes qu'elle suscite chez beaucoup d'entre nous.

Bonne lecture.

Matthew D. Green

Professeur

Information Security Institute

Johns Hopkins University, USA

1 Le chiffrement

Le chiffrement est l'application principale de la cryptographie ; il rend les données incompréhensibles afin d'en assurer la *confidentialité*. Un système de chiffrement (*cipher* en anglais) utilise une valeur secrète appelée *clé* ; sans cette clé secrète, vous ne pouvez pas déchiffrer un message chiffré ni apprendre la moindre information sur son contenu, et aucun adversaire ne le peut non plus.

Note : On utilisera le verbe « chiffrer » plutôt que l'anglicisme « crypter ». De plus, on notera la différence entre « déchiffrer » (déterminer le message clair à partir du message chiffré à l'aide de la clé, en suivant la procédure de déchiffrement du cryptosystème), et « décrypter » (déterminer tout ou partie du message clair *sans connaître la clé de déchiffrement*, mais à l'aide de méthode de *cryptanalyse*, exploitant des imperfections de l'algorithme de chiffrement). On parlera de « chiffre » (*cipher*) pour désigner un « système de chiffrement » ou « cryptosystème ».

1. LES BASES

Lorsqu'on chiffre un message, *plaintext* fait référence au message en clair, et *ciphertext* au message chiffré (on utilisera souvent ces anglicismes, communément utilisés par les cryptographes francophones, qui équivalent respectivement à « texte clair » et « texte chiffré »). Un système de chiffrement est alors constitué de deux fonctions : le *chiffrement*, qui transforme un *plaintext* en un *ciphertext*, et le *déchiffrement*, qui calcule le *plaintext* correspondant à un *ciphertext* donné. La figure 1-1 illustre ces opérations, où le chiffrement correspond à l'opération notée **E** (pour *encryption*), qui reçoit comme entrées un *plaintext* P, une clé K, et retourne un *ciphertext* C en sortie. On note cette relation $C = \mathbf{E}(K, P)$. De même, cette figure représente le déchiffrement $\mathbf{D}(K, C)$.

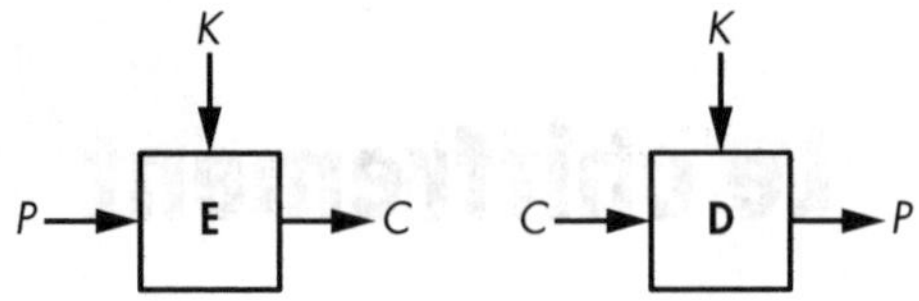

Figure 1-1 – Chiffrement et déchiffrement.

Note : Un *ciphertext* est souvent de la même taille que le *plaintext*, mais peut également être plus long ; il ne peut en revanche être plus court.

2. SYSTÈMES DE CHIFFREMENT CLASSIQUES

Les systèmes de chiffrement classiques existaient avant les ordinateurs et opèrent pour cette raison sur des lettres plutôt que sur des bits (1 et 0). De tels cryptosystèmes sont bien plus simples que leurs cousins plus modernes tels que DES. En effet, dans la Rome antique, ou même lors de la Première Guerre mondiale, on ne pouvait utiliser la puissance d'un microprocesseur pour chiffrer un message, les opérations devaient être faisables à l'aide d'un crayon et de papier. Parmi les nombreux cryptosystèmes classiques, les plus illustres sont certainement ceux de César et de Vigenère.

2.1 Le chiffre de César

Le chiffre de César (*Caesar cipher*) est ainsi nommé car l'historien romain Suétone a rapporté que Jules César l'utilisait. Cette méthode chiffre un message en décalant chacune de ses lettres de trois positions dans l'alphabet, en revenant à A si le décalage atteint Z. Par exemple, ZOO donnera CRR, et FDHDVU se déchiffrera en CAESAR, comme illustré sur la figure 1-2. La valeur 3 n'a rien de particulier ; elle est simplement plus facile à calculer de tête que 11 ou 23.

Le chiffre de César est très facile à casser : pour décrypter un texte chiffré donné, il suffit de reculer les lettres de trois positions pour retrouver le texte clair. Cela dit, le chiffre de César était peut-être suffisamment solide à l'époque de Crassus et de Cicéron. Étant donné qu'aucune clé secrète n'est utilisée (le décalage est toujours de trois positions), les utilisateurs devaient simplement supposer que les attaquants étaient analphabètes ou trop peu instruits pour comprendre l'astuce — une hypothèse beaucoup moins réaliste aujourd'hui. À noter qu'en 2006 la police italienne a arrêté un chef de Cosa nostra après avoir décrypté des messages écrits sur de petits bouts de papier, dits pizzini, qui étaient chiffrés à l'aide d'une variante de la méthode de César : ABC était chiffré en 456 au lieu de DEF, par exemple (D étant la quatrième lettre de l'alphabet, et ainsi de suite).

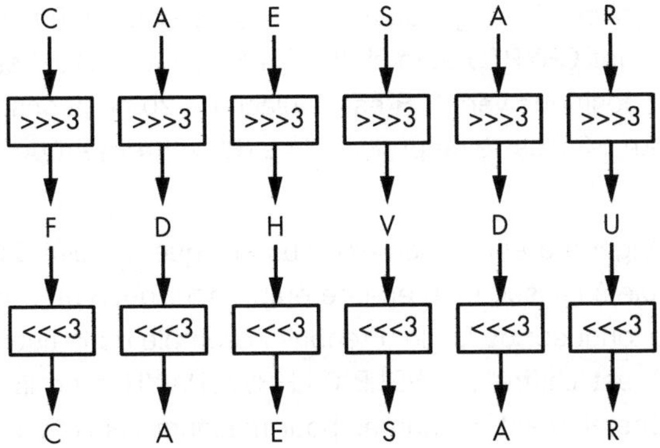

Figure 1-2 – Le chiffre de César.

Comment renforcer le chiffre de César ? On peut par exemple imaginer une variante qui utiliserait une valeur de décalage secrète au lieu de toujours 3 ; mais cela ne serait pas très utile, car un attaquant n'aurait qu'à essayer les 25 valeurs de décalage possibles jusqu'à ce que le message décrypté ait un sens.

2.2 Le chiffre de Vigenère

Il aura fallu attendre environ 1 500 ans pour voir une amélioration significative du chiffre de César, sous la forme du chiffre de Vigenère, créé au XVIe siècle par un Italien nommé Giovan Battista Bellaso. Le nom « Vigenère » provient du Français Blaise de Vigenère qui a inventé un autre cryptosystème durant la même période ; mais en raison d'une mauvaise attribution historique, le nom de Vigenère est resté. Le chiffre de Vigenère a gagné en popularité et a été utilisé pendant la guerre de Sécession par les Sudistes, et pendant la Première Guerre mondiale par l'armée suisse, entre autres.

Le chiffre de Vigenère est similaire au chiffrement de César, à ceci près que les lettres ne sont pas décalées de trois positions, mais de valeurs distinctes déterminées par une *clé*, qui est une suite de lettres représentant chacune un nombre, selon leur position dans l'alphabet. Par exemple, si la clé est DUH, les lettres du *plaintext* sont décalées en utilisant les valeurs 3, 20, 7 car D est trois lettres après A, U est 20 lettres après A, et H est sept lettres après A.

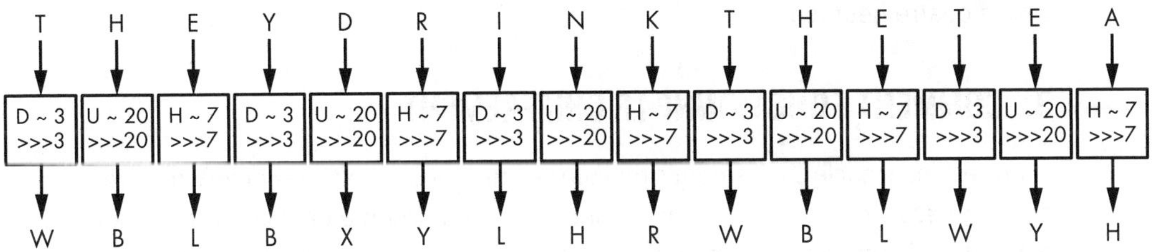

Figure 1-3 – Le chiffre de Vigenère.

Le schéma 3, 20, 7 se répète jusqu'à ce que vous ayez chiffré tout le *plaintext*. Par exemple, le mot CRYPTO sera chiffré en FLFSNV si DUH est la clé : C est déplacé de trois positions vers F, R est déplacé de 20 positions vers L, et ainsi de suite. La figure 1-3 illustre ce principe lors du chiffrement de la phrase THEY DRINK THE TEA.

Le chiffre de Vigenère est clairement plus sûr que le celui de César, mais il reste assez simple à casser. La première étape pour décrypter un message est de déterminer la longueur de la clé. Prenons l'exemple de la figure 1-3, où THEY DRINK THE TEA est chiffré en WBLBXYLHRWBLWYH avec la clé DUH. (Les espaces sont généralement supprimés pour masquer les limites des mots.) On remarque que dans WBLBXYLHRWBLWYH, le groupe de trois lettres WBL apparaît deux fois à des intervalles de neuf lettres. Cela suggère que le même mot de trois lettres a été chiffré en utilisant les mêmes valeurs de décalage, produisant WBL à chaque fois. Un cryptanalyste peut alors en déduire que la longueur de la clé est soit neuf, soit une valeur qui divise neuf (c'est-à-dire trois). De plus, si l'on sait que le texte est une phrase en anglais, on peut deviner que ce mot répété de trois lettres est THE et donc déterminer DUH comme potentielle clé de chiffrement.

La seconde étape pour casser le chiffre de Vigenère est l'*analyse de fréquence*, qui consiste à déterminer la clé réelle en exploitant la distribution non uniforme des lettres dans une langue. Par exemple, en français, E est la lettre la plus commune. Donc, si vous observez que X est la lettre la plus commune parmi les lettres chiffrées par une même valeur de clé, alors la lettre la plus probable du texte en clair à cette position est probablement E.

Malgré sa relative faiblesse, le chiffre de Vigenère a pu être assez solide pour protéger la confidentialité de messages. En effet, comme l'attaque que nous venons de décrire nécessite des messages d'au moins quelques phrases, elle ne fonctionne pas quand peu de messages courts sont chiffrés. De plus, à l'époque où Vigenère était utilisé, la plupart des messages n'avaient besoin d'être confidentiels que pendant de courtes périodes, de sorte qu'il importait peu que les messages chiffrés soient finalement décryptés par l'ennemi. (Le cryptographe du XIXe siècle Auguste Kerckhoffs estimait qu'alors, en temps de guerre, la plupart des messages ne devaient rester confidentiels que pendant trois à quatre heures.)

3. COMMENT FONCTIONNE LE CHIFFREMENT

En se basant sur le chiffrement simpliste des techniques de César et de Vigenère, on peut essayer d'abstraire le fonctionnement d'un schéma de chiffrement, tout d'abord en identifiant ses deux composants principaux : une permutation et un mode opératoire.

Une *permutation* est une fonction qui transforme un élément (en cryptographie, une lettre ou un groupe de bits) de telle façon que chaque élément transformé ait un inverse unique. C'est par exemple le cas du décalage de trois lettres dans le chiffrement de César : pour inverser la transformation et retrouver la lettre originale, il suffit de décaler de trois lettres dans le sens inverse.

Un *mode opératoire* est un algorithme qui utilise une permutation pour traiter des messages de taille arbitraire. Le mode du chiffre de César est trivial : il répète simplement la même permutation pour chaque lettre, mais comme vous l'avez vu, le chiffre de Vigenère a un mode plus complexe où des permutations différentes sont appliquées à des lettres à différentes positions.

Dans les sections suivantes, je traite le fonctionnement et les propriétés de sécurité des permutations et modes opératoires. Je me repose sur ces deux composants pour démontrer que les systèmes de chiffrement classiques sont condamnés à être cassables, contrairement aux algorithmes modernes exécutés par des ordinateurs.

3.1 La permutation

La plupart des méthodes de chiffrement classiques fonctionnent en remplaçant chaque lettre du message par une autre lettre — autrement dit, en effectuant une *substitution*. Dans les chiffres de César et de Vigenère, la substitution est un déplacement de l'alphabet, typiquement les 26 lettres de A à Z. Toutefois l'alphabet peut varier et être plus général. Au lieu de l'alphabet latin, il peut s'agir de l'alphabet arabe ; au lieu de lettres, il peut s'agir de mots, de chiffres, d'idéogrammes, d'emojis, par exemple. Les éléments doivent juste pouvoir être ordonnés. Ils doivent aussi avoir une représentation, ou un encodage par ordinateur, mais ce dernier point ne concerne pas directement la sécurité.

La substitution d'un cryptosystème ne peut cependant pas être n'importe quelle substitution. Il doit s'agir d'une permutation, c'est-à-dire d'un réarrangement des lettres de A à Z de telle façon que chaque lettre ait un inverse unique. Par exemple, une substitution qui transforme les lettres A, B, C et D, respectivement en C, A, D et B est une permutation, car chaque lettre se transforme en une autre lettre unique. Mais une substitution qui transforme A, B, C, D en D, A, A, C n'est pas une permutation, car B et C se transforment tous les deux en A. En observant la lettre A, on ne peut donc pas déterminer avec certitude son antécédent ; avec une permutation, chaque lettre a exactement un inverse.

Cependant, toutes les permutations ne sont pas fiables cryptographiquement. Pour s'assurer de sa fiabilité, la permutation d'un chiffrement doit répondre à trois critères :

1. **La permutation doit être déterminée par la clé**, afin que la permutation soit secrète tant que la clé est secrète. Dans le chiffre de Vigenère, si l'on ne connaît pas la clé, on ne sait pas laquelle des 26 permutations a été utilisée

pour chiffrer une lettre donnée, et l'on ne peut alors pas facilement décrypter les messages.

2. **Des clés différentes doivent donner lieu à des permutations différentes**. Le cas échéant, il est plus facile de décrypter sans connaître la clé : si différentes clés correspondent à des permutations identiques, donc à une même transformation *plaintext* en *ciphertext*, on parle de *clés équivalentes*. Cela implique qu'il y a moins de permutations réalisables que de clés, et donc moins de clés à essayer si l'on cherche à décrypter par recherche exhaustive (ou *brute force*). Dans le chiffrement de Vigenère, chaque lettre de la clé détermine une substitution ; il y a 26 lettres distinctes, et autant de permutations.
3. **La permutation doit avoir l'air aléatoire**. Il ne doit pas y avoir de structure ou de relation particulière entre le *plaintext* et *ciphertext*, car cela rendrait une permutation en partie prévisible pour un attaquant, et donc moins sûre. Par exemple, la substitution du chiffrement de Vigenère est assez prévisible : si l'on sait que A est chiffré en F, on en déduit que le décalage est de 5 positions, et donc que B est chiffré en G, C en H, et ainsi de suite. Dans le cas d'une permutation choisie au hasard, le fait de savoir que A est transformé en F indiquerait seulement que B (ou toute autre lettre) n'est pas chiffré en F.

Nous appellerons une permutation qui satisfait à ces critères une permutation *sûre*.

Comme nous allons le voir, une permutation sûre est nécessaire mais pas suffisante pour construire un chiffrement sûr. Celui-ci aura également besoin d'un mode opératoire lui permettant de supporter de façon sûre des messages de n'importe quelle longueur.

3.2 Le mode opératoire

Supposons que nous ayons une permutation sécurisée qui transforme la lettre A en X, B en M, et N en L, par exemple. Le mot BANANA est donc chiffré en MXLXLX, où chaque occurrence de A est remplacée par un X, et chaque N par L. L'utilisation de la même permutation pour toutes les lettres du message révèle donc toute lettre en double. En analysant les doublons, vous n'apprendrez peut-être pas le message entier, mais vous apprendrez *quelque chose* sur le message. Dans notre exemple de MXLXLX, vous n'avez pas besoin de la clé pour deviner que le texte en clair comporte la même lettre aux trois positions X et une autre lettre identique aux deux positions L. Si vous savez en plus que, par exemple, le message est le nom d'un fruit, vous pouvez déterminer qu'il s'agit de BANANA plutôt que de CHERRY, LYCHEE, ou un autre fruit à six lettres.

Le mode opératoire (ou simplement le *mode*) d'un schéma de chiffrement peut éliminer l'exposition des lettres en double, en utilisant différentes permutations pour différentes lettres. Le mode du chiffre de Vigenère répond partiellement à ce problème : si la clé a une longueur de N lettres, alors N permutations différentes seront utilisées pour chaque séquence de N lettres consécutives. Cependant, cela peut encore révéler des doublons dans le *ciphertext*, car chaque Nième lettre du message utilisera la même permutation. C'est pourquoi l'analyse de fréquence fonctionne pour casser le chiffrement de Vigenère, comme nous l'avons vu.

On peut imaginer que l'analyse de fréquence sera mise en échec si le chiffre de Vigenère ne traite que les messages qui ont la même longueur que la clé. Mais dans ce cas, il y a un autre problème : la réutilisation de la même clé plusieurs fois expose les similitudes entre les messages. Par exemple, avec la clé KYN, les mots TIE et PIE sont chiffrés en DGR et ZGR, respectivement. Les deux mots se terminent par les deux mêmes lettres (GR), ce qui révèle que les deux messages en clair partagent également leurs deux dernières lettres. Trouver ces modèles ne devrait pas être possible avec un chiffrement sécurisé. Il faudrait alors changer de clé avec chaque message, et chaque clé devrait avoir la même taille que le message ; comment transmettre alors la clé de façon sûre ? Et pourquoi ne pas directement transmettre le message ? Nous avons donc un problème de gestion de clés (*key management*).

Pour construire un chiffrement sécurisé, vous devez combiner une permutation sûre avec un mode opératoire sûr. Idéalement, cette combinaison empêchera les attaquants d'apprendre quoi que ce soit sur un message autre que sa longueur.

3.3 Pourquoi les chiffres classiques sont cassables

Contre des adversaires munis d'ordinateurs, les méthodes de chiffrement classiques ne peuvent être sûres et sont condamnées à être cassables. En effet, les chiffres classiques se limitent à des opérations simples que l'on peut faire de tête ou sur un bout de papier, et qui n'exploitent pas la puissance de calcul d'un microprocesseur. Cette limitation rend leur chiffrement trivial à casser avec de simples programmes informatiques. Voyons maintenant la raison fondamentale pour laquelle cette simplicité limite leur sécurité dans le monde d'aujourd'hui.

Rappelez-vous qu'une permutation doit se comporter de façon aléatoire afin d'être sûre. Évidemment, la meilleure façon de paraître aléatoire est d'*être* aléatoire, c'est-à-dire de sélectionner chaque permutation au hasard parmi l'ensemble de toutes les permutations, et il existe de nombreuses permutations parmi lesquelles choisir. Dans le cas de l'alphabet latin à 26 lettres, il existe environ 2^{88} permutations :

$$26! = 403\,291\,461\,126\,605\,635\,584\,000\,000 \approx 2^{88}$$

Ici, le point d'exclamation « ! » désigne la factorielle d'un nombre, définie ainsi :

$$n! = n \times (n-1) \times (n-2) \times \ldots \times 3 \times 2$$

Pour comprendre pourquoi nous obtenons ce nombre gigantesque ($2^{88} \approx 10^{26}$), comptez les permutations comme des listes de lettres réordonnées : il y a 26 choix pour la première lettre possible, puis 25 choix pour la deuxième, 24 pour la troisième, et ainsi de suite. Ce nombre est énorme : il est du même ordre de grandeur que le nombre d'atomes dans le corps humain. Mais les chiffrements classiques ne peuvent utiliser qu'une petite fraction de ces permutations, à savoir celles qui ne nécessitent que des opérations simples (comme les décalages) et qui ont une description succincte, comme un algorithme élémentaire et/ou une petite table de correspondance (*lookup table*). Le problème est qu'une permutation obéissant à ces deux limitations ne peut être cryptographiquement sûre.

Une façon d'obtenir une permutation sûre et algorithmiquement simple consisterait à choisir une permutation aléatoire en tirant une séquence de lettres au hasard (sans doublons), en la représentant sous la forme d'un tableau de 25 lettres (suffisant pour représenter une permutation de 26 lettres, la 26e étant manquante), et en l'appliquant en recherchant des lettres dans ce tableau. Mais alors vous n'auriez pas une description courte. Par exemple, il faudrait 250 lettres pour décrire 10 permutations différentes, plutôt que les 10 lettres utilisées dans le chiffrement de Vigenère. Le secret nécessaire pour (dé)chiffrer risquerait alors d'être plus long que le message, ce qui est absurde.

On peut toutefois créer des permutations sûres ayant une description courte. Au lieu de simplement déplacer l'alphabet, on utilisera une combinaison d'opérations telles que l'addition, la multiplication, les opérateurs logiques, etc. C'est ainsi que fonctionnent les chiffrements modernes : avec une clé de seulement 128 ou 256 bits, ils effectuent (au moins) des centaines d'opérations arithmétiques pour chiffrer une seule lettre. Ce processus est rapide sur un ordinateur capable d'effectuer des milliards d'opérations binaires par seconde, mais il faudrait des heures pour le faire à la main.

4. LE CHIFFREMENT PARFAIT : LE *ONE-TIME PAD*

Nous avons vu qu'un chiffre classique ne peut être sûr à moins que sa clé (en tant que « chose secrète à connaître pour (dé)chiffrer ») ne soit gigantesque, ce qui est rarement réaliste en pratique. La méthode du *one-time pad* (ou « masque jetable ») est une solution reposant sur un système simpliste, avec une longue clé, mais qui reste le plus sûr en garantissant le *secret parfait* : même si un attaquant dispose d'une puissance de calcul illimitée, il lui est impossible d'apprendre quoi que ce soit sur le texte en clair à partir du texte chiffré, à l'exception de sa longueur.

Dans les prochaines sections, je vous montrerai comment fonctionne le *one-time pad*, puis je vous présenterai une ébauche de sa preuve de sécurité.

4.1 Chiffrer et déchiffrer avec le *one-time pad*

Le *one-time pad* transforme un *plaintext* P, en utilisant une clé K de même longueur que P, et produit un *ciphertext* C défini ainsi :

$$C = P \oplus K$$

Où C, P, et K sont des chaînes de bits de même taille, et $\oplus$ est l'opération logique de OU exclusif (XOR), qui transforme les bits selon la règle suivante :

$$0 \oplus 0 = 0$$

$$0 \oplus 1 = 1$$

$$1 \oplus 0 = 1$$

$$1 \oplus 1 = 0.$$

> **Note** : Je décris le *one-time pad* dans sa forme habituelle, opérant sur des bits 1 et 0, mais il peut être adapté à tout autre alphabet. Avec les lettres latines, par exemple, on obtiendrait une variante du chiffre de César, dont la valeur de décalage serait aléatoire pour chaque lettre.

Avec le *one-time pad*, l'opération de déchiffrement est identique au chiffrement, c'est juste un XOR : $P = C \oplus K$. On peut vérifier qu'on obtient bien le P de départ, en remplaçant C par sa valeur calculée plus haut :

$$C \oplus K = (P \oplus K) \oplus K = P \oplus (K \oplus K) = P$$

Nous avons simplement appliqué la propriété d'associativité du XOR, et observé que $K \oplus K$ est toujours égal à une chaîne de zéros. Chiffrer et déchiffrer sont donc encore plus simples qu'avec le chiffre de César.

Par exemple, si $P = 01101101$ et $K = 10110100$, alors on obtiendra :

$$C = P \oplus K = 01101101 \oplus 10110100 = 11011001$$

Pour déchiffrer, on retrouve P en calculant :

$$P = C \oplus K = 11011001 \oplus 10110100 = 01101101$$

4.2 De l'importance du « *one-time* »

Comme son nom l'indique, la clé utilisée comme masque par le *one-time pad* ne doit être utilisée qu'*une seule fois*. Le cas échéant, si une même clé K est utilisée pour chiffrer deux messages distincts P_1 et P_2, respectivement en C_1 et C_2, alors un adversaire ayant observé ces deux *ciphertexts* pourra calculer :

$$C_1 \oplus C_2 = (P_1 \oplus K) \oplus (P_2 \oplus K) = P_1 \oplus P_2 \oplus (K \oplus K) = P_1 \oplus P_2$$

L'adversaire pourra donc découvrir la différence entre P_1 et P_2 selon XOR, une information qui ne devrait pas être exposée. Concrètement, on saura à quelles positions les deux *plaintexts* ont des bits identiques. De surcroît, si l'un des deux messages est connu ou deviné, alors le second message sera directement révélé — il suffirait de calculer $C_1 \oplus C_2 \oplus P_1$ pour déterminer P_2 si P_1 est connu.

Cependant, le *one-time pad* n'est clairement pas pratique à utiliser, car il nécessite une clé aussi longue que le *plaintext*, ainsi qu'une nouvelle clé aléatoire pour chaque nouveau message chiffré. Pour chiffrer un disque dur d'un téraoctet, il faudrait un autre disque d'un téraoctet pour stocker la clé ! Néanmoins, le *one-time pad* a souvent été utilisé dans le monde réel, par exemple par le Special Operations Executive britannique pendant la Seconde Guerre mondiale, par les espions soviétiques du KGB ou par la NSA américaine, et reste à ce jour utilisé dans certains contextes spécifiques. (Il y a quelques années, j'ai entendu l'histoire de banques suisses qui ne parvenaient pas à se mettre d'accord sur un algorithme de chiffrement fiable, et qui ont fini par utiliser des *one-time pads* — d'un point de vue cryptographique, je n'approuve pas.)

4.3 Pourquoi le *one-time pad* est-il sûr ?

Bien que le *one-time pad* ne soit pas très pratique, il est important de comprendre l'essence de sa sécurité. Dans les années 1940, le mathématicien américain Claude Shannon a prouvé que la clé d'un *one-time pad* doit être au moins aussi longue que le message afin d'obtenir une sécurité parfaite, en termes de confidentialité du message. L'idée de la preuve est assez simple : on suppose que l'attaquant a un pouvoir de calcul illimité, et qu'il peut donc essayer toutes les clés une à une.

◆ *Objectif de sécurité*

Le chiffrement doit donc être conçu tel que l'attaquant ne puisse pas identifier le « bon » message, et plus généralement tel qu'il n'ait aucun moyen d'exclure un des messages possibles. En d'autres termes, si le *ciphertext* est de 128 bits, alors toutes les valeurs de 128 bits devraient être des messages potentiels, du point de vue de l'attaquant — intuitivement, aucune information ne devrait *fuiter* depuis le message.

◆ *Intuition de la preuve*

L'idée de la preuve de *sécurité absolue* du *one-time pad* est la suivante : si la clé K est aléatoire — et donc totalement inconnue de l'attaquant — alors le *ciphertext* $C = P \oplus K$ sera aussi une valeur aléatoire du point de vue de l'attaquant. En effet, le XOR entre une chaîne de bits aléatoire et toute chaîne fixe donne une chaîne aléatoire.

Pour s'en convaincre, considérons la probabilité d'obtenir 0 comme premier bit de K, une chaîne aléatoire (à savoir, une probabilité de 1/2). Une fois XORé avec le premier bit de *P*, quelle est la probabilité d'obtenir 0 comme premier bit de $C = P \oplus K$? Exact, 1/2 à nouveau ! Le même argument peut être répété pour tous les bits de *K*, quelle que soit sa longueur. Le *ciphertext C* apparaît donc aléatoire pour un attaquant qui ne connaît pas *K*. Il lui est donc littéralement impossible d'apprendre quoi que ce soit sur *P* à partir de *C*, en raison du masquage aléatoire de *K*. Une puissance de calcul et une mémoire illimitées n'aident aucunement.

Nous pouvons en conclure que la connaissance du texte chiffré ne donne aucune information sur le texte en clair, à l'exception de sa longueur. C'est essentiellement la définition moderne d'un chiffrement sûr.

Les probabilités en cryptographie

Une *probabilité* est un nombre qui exprime la vraisemblance, ou la chance qu'un certain événement se produise. C'est un nombre réel compris entre 0 et 1, où 0 signifie « jamais » et 1 signifie « toujours ». Plus la probabilité est élevée, plus la chance est grande. On trouve de nombreuses explications sur les probabilités, souvent en termes de boules de deux couleurs dans un sac et de la probabilité de choisir une boule de l'une ou l'autre couleur.

La cryptographie utilise souvent les probabilités pour mesurer les chances de succès d'une attaque, en comptant :

1. le nombre d'événements réussis (par exemple, l'événement « trouver la clé secrète correcte ») ;
2. le nombre total d'événements possibles (par exemple, le nombre total de clés est de 2^n si nous traitons des clés de *n* bits).

Dans cet exemple, la probabilité qu'une clé choisie au hasard soit la bonne est de $1/2^n$, soit le nombre d'événements recherchés (trouver une clé secrète) divisé par le compte des événements possibles (2^n clés possibles). Le nombre $1/2^n$ est négligeable pour les longueurs de clé courantes telles que 128 et 256. Autrement dit, une probabilité de $1/2^{128}$ est tellement faible qu'en pratique elle est synonyme de « jamais ».

Si un événement a une probabilité de *p*, alors la probabilité que l'événement ne se *produise pas* est $1 - p$. La probabilité d'obtenir une mauvaise clé dans notre exemple précédent est donc $1 - 1/2^n$, un nombre très proche de 1, ce qui signifie une quasi-certitude quand *n* est suffisamment grand.

Par exemple, pour un *ciphertext* donné de 128 bits (et donc un *plaintext* sous-jacent de 128 bits), il existe 2^{128} *plaintexts* possibles, du point de vue de l'attaquant qui ne connaît pas la clé. S'il y avait moins de 2^{128} clés possibles, l'attaquant pourrait exclure certains de ces *plaintexts* possibles, de la façon suivante : il n'aurait qu'à essayer toutes les clés possibles et collecter les *plaintexts* obtenus pour chaque clé — rappelez-vous que l'on suppose, dans le cas de cette analyse du *one-time pad*, que l'attaquant a une puissance de calcul illimitée.

Si la clé ne comporte que 64 bits, par exemple, l'attaquant peut déterminer les 2^{64} *plaintexts* possibles et exclure la grande majorité des chaînes de 128 bits.

L'attaquant n'apprendrait alors pas quel est le *plaintext*, mais il apprendrait ce que le *plaintext n'est pas*, ce qui rend le secret du chiffrement imparfait, car ceci constitue une *information* sur le message. Pour avoir une idée de l'ordre de grandeur de ces nombres, comparez :

$$2^{64} = 18\,446\,744\,073\,709\,551\,616 \approx 10^{19}$$

et

$$2^{128} = 340\,282\,366\,920\,938\,463\,463\,374\,607\,431\,768\,211\,456 \approx 10^{38}$$

En résumé, la clé doit être aussi longue que le *plaintext* si l'on veut obtenir une sécurité parfaite. Mais c'est en pratique inutilisable (il faudrait, pour chaque message, envoyer, transmettre en premier lieu, de façon sûre, une clé de la même taille). Dans la suite, nous allons voir des méthodes de chiffrement avec une clé plus courte, et aussi sûres en pratique.

5. DÉFINIR LA SÉCURITÉ DU CHIFFREMENT

Nous avons vu que les méthodes classiques de chiffrement n'étaient pas sûres, et qu'un chiffrement parfaitement sûr comme le *one-time pad* était difficilement utilisable en pratique. Nous devons donc faire certaines concessions si nous voulons chiffrer de façon sécurisée dans nos applications. Mais que signifie réellement « sécurisée » en dehors de l'informelle définition « on ne doit pas pouvoir trouver le message sans la clé » ?

Intuitivement, un chiffrement est sûr si, même en connaissant un grand nombre de paires :

$$[P, C] = [P, C = \mathbf{E}(K, P)], \text{ pour une clé } K \text{ fixe et inconnue.}$$

Alors *rien ne peut être appris* sur le *plaintext* P correspondant à un nouveau $C = \mathbf{E}(K, P)$. Cela amène de nouvelles questions :

Comment un attaquant obtiendrait-il de telles paires $[P, C]$? Qu'entendons-nous par « un grand nombre » ? Tout cela est défini par les *modèles d'attaque*, les hypothèses sur ce que l'attaquant peut et ne peut pas faire.

Qu'est-ce qui pourrait être « appris » sur un *plaintext*, et comment définir mathématiquement cette notion ? Ceci est défini par les *objectifs de sécurité*, les descriptions de ce qui est considéré comme une attaque réussie.

Les modèles d'attaque et les objectifs de sécurité doivent aller de pair ; on ne peut pas juste prétendre qu'un système est sûr sans décrire contre quel type d'attaque il l'est. Une *notion de sécurité* est donc la combinaison d'un certain objectif de sécurité avec un certain modèle d'attaque. Nous dirons qu'un chiffrement atteint une certaine notion de sécurité si tout attaquant obéissant aux contraintes d'un modèle donné ne peut compromettre l'objectif de sécurité.

5.1 Les modèles d'attaque

Un modèle d'attaque est un ensemble d'hypothèses sur ce qu'un attaquant pourrait et ne pourrait pas faire. Les buts d'un tel modèle sont les suivants :

✓ Définir des exigences techniques précises pour les cryptographes qui créent des cryptosystèmes (et plus généralement, des *protocoles* cryptographiques), afin qu'ils sachent contre quel type d'attaques l'algorithme doit être protégé.

✓ Donner aux utilisateurs les conditions sous lesquelles il est sûr (ou non) d'utiliser un cryptosystème donné.

✓ Donner aux cryptanalystes essayant de « casser » un cryptosystème une définition claire de « casser », et d'éviter les ambiguïtés sur ce qui constitue une attaque valide. Par exemple, si une technique d'attaque nécessite des moyens ou des informations allant au-delà de celles définies par le modèle, alors l'attaque n'est pas valide (et pouvait par exemple être connue des créateurs du système).

Les modèles d'attaques ne sont pas tenus de correspondre précisément à la réalité, d'autant plus qu'il n'existe pas une unique réalité — en termes de capacité d'attaques d'un cryptosystème — mais souvent autant de réalités que de cas d'utilisation. Par exemple, dans certains cas un attaquant pourra capturer quelques paires [*plaintext, ciphertext*] au hasard ; alors que dans d'autres, il n'aura que des *ciphertexts*, etc. Le cryptographe doit donc se baser sur un modèle qui *capture* ces réalités, sachant qu'un modèle, dans tout domaine, reste une approximation simplifiée d'une réalité inévitablement plus complexe.

Comme l'a dit le statisticien George E. P. Box, « tous les modèles sont faux ; la question pertinente est de savoir jusqu'à quel point ils doivent être faux pour ne pas être utiles ».

Pour être utiles en cryptographie, les modèles d'attaque doivent au moins englober ce que des attaquants réels pourraient faire pour attaquer un cryptosystème. Ce n'est pas grave, et même une bonne chose, si un modèle surestime les capacités des attaquants, car cela permet d'anticiper les futures techniques d'attaque — seuls les cryptographes paranoïaques survivent.

Un modèle sous-estimant le pouvoir des attaquants est un mauvais modèle, et donne une fausse confiance dans un cryptosystème en le faisant paraître sûr en théorie alors qu'il ne l'est pas en pratique.

◆ *Le principe de Kerckhoffs*

Une hypothèse commune à tous les modèles est le principe dit de Kerckhoffs, qui stipule que la sécurité d'un système de chiffrement doit uniquement reposer sur le secret de la clé, et non sur le secret de la méthode. Cela peut sembler évident aujourd'hui, où les algorithmes de chiffrement et les protocoles que nous utilisons sont publiquement spécifiés et standardisés, et où leurs implémentations sont souvent libres d'accès (mais pas toujours). Historiquement, cependant, le linguiste néerlandais Auguste Kerckhoffs faisait référence aux machines de chiffrement militaires spécifiquement conçues pour une armée ou une division donnée.

Citons l'essai de Kerckhoffs daté de 1883, « La Cryptographie militaire », où il énumère six exigences d'un système de chiffrement militaire, dont la plus connue est : « Le système ne doit pas exiger le secret et peut être volé par l'ennemi sans causer de problèmes ».

◆ *Les modèles boîte noire*

Découvrons maintenant quelques modèles d'attaque, exprimés en termes de ce que l'attaquant peut observer et des requêtes qu'il peut faire au système chiffrement. Dans notre cas, une *requête* est l'opération qui envoie une ou plusieurs valeurs d'entrée (*input*) à un système, et en obtient la ou les valeurs de retour (*output*), sans exposer les détails du système. Une requête de chiffrement, par exemple, prend un texte en clair et renvoie un texte chiffré correspondant, sans révéler la clé secrète.

Cette opacité du système lors d'une requête, cachant notamment la clé secrète, est à l'origine du terme boîte noire (*black-box*), où l'attaquant a juste accès aux entrées et aux sorties du système. S'il pouvait voir tout ce qui se passe dans la boîte — soit, le calcul du (dé)chiffrement, dans notre case — il pourrait simplement en extraire la clé. On parle en effet de *modèles* boîte noire.

Une fois de plus, ce modèle de requête et de réponse est une abstraction visant à capturer les capacités *éventuelles* d'un attaquant, bien que dans la plupart des cas réels on n'ait pas la possibilité de faire de telle requête, du moins simplement.

Voici un exemple où les requêtes de déchiffrement sont possibles : certains microprocesseurs de cartes à puce protègent de manière sécurisée les éléments internes d'un chiffrement ainsi que ses clés, mais acceptent de déchiffrer n'importe quel *ciphertext* qu'on leur envoie (par exemple dans certains systèmes de TV payante). Dans un tel cas, l'attaquant peut recevoir les *plaintexts* d'un nombre arbitraire de *ciphertexts*, ce qu'il pourrait exploiter pour déterminer la clé.

Il existe quatre modèles d'attaque principaux pour le chiffrement. Je les décris ici du plus faible au plus fort, en conservant la terminologie établie en anglais :

- ✓ ***Ciphertext-only attackers* (COA),** où l'attaquant observe les *ciphertexts* sans connaître les *plaintexts* associés, et n'a pas la capacité d'influencer leur choix. Il reçoit des $C = \mathbf{E}(K, P)$ sans connaître P, ni évidemment K. Ce type d'attaquant est totalement passif et ne peut faire aucune requête.
- ✓ ***Known-plaintext attackers* (KPA)**, où l'attaquant observe des *ciphertexts* et connaît les *plaintexts* associés, mais sans pouvoir les choisir. Il reçoit des paires

[*P*, *C*], avec $C = \mathbf{E}(K, P)$. En théorie, les *P* sont aléatoires, mais en pratique ils le sont rarement totalement. Encore une fois, KPA est un modèle passif.

- ✓ ***Chosen-plaintext attackers* (CPA),** où l'attaquant peut faire des requêtes de chiffrement pour les *plaintexts* de son choix, et obtenir les *ciphertexts* correspondants. Il reçoit des $C = \mathbf{E}(K, P)$ pour les *P* de son choix. Ce modèle capture les situations où l'attaquant peut choisir tout ou partie des *plaintexts*. Contrairement aux modèles COA et KPA, qui sont passifs, un attaquant CPA est *actif*, car il peut influencer le processus de chiffrement.
- ✓ ***Chosen-ciphertext attackers* (CCA),** le modèle le plus fort, où l'attaquant peut à la fois chiffrer et déchiffrer. Un tel attaquant peut faire tout ce qu'un CPA peut faire, et également envoyer des *ciphertexts C* afin de recevoir le résultat de $\mathbf{D}(K, C)$, le déchiffrement de *C* avec la clé *K*, dont le résultat est soit un *plaintext P*, soit une erreur (au cas où le *C* n'est pas un *ciphertext* valide). Dans le modèle théorique, l'attaquant ne peut cependant pas déchiffrer le *ciphertext* « cible », mais seulement d'autres *ciphertexts*, afin de l'aider à décrypter ce premier.

Parmi ces modèles, le CCA peut sembler absurde de prime abord : si un attaquant peut déchiffrer, alors que veut-il de plus ? Cependant, le modèle CCA vise à englober des situations où les attaquants peuvent exercer une certaine influence sur le texte chiffré, et ensuite découvrir tout ou partie du *plaintext* correspondant, ce qui est moins improbable que la capacité de complètement déchiffrer n'importe quel *ciphertext* choisi. De plus, pour compromettre un système de sécurité utilisant le chiffrement, il n'est pas toujours suffisant de pouvoir déchiffrer. Par exemple, dans le cas du piratage de télévision à péage, il est plus simple de partager une clé de 64 octets que les gigaoctets de données déchiffrées. Dans ce cas, le pouvoir de CCA est insuffisant.

Note : Dans ces modèles d'attaque, les *ciphertexts* observés ainsi que ceux transmis dans des requêtes ne sont pas « gratuits ». En général, un *ciphertext* provient du calcul de la fonction de chiffrement. Cela signifie que la génération de 2^N pairs [*P*, *C*] par le biais de requêtes dans un modèle CPA ou CCA coûte à peu près autant en calcul qu'essayer 2^N clés de déchiffrement.

◆ *Les modèles boîte grise*

Le modèle boîte grise (*gray-box*) est une version souvent plus réaliste du modèle boîte noire, où l'attaquant a accès à l'*implémentation physique* d'un cryptosystème. Notez que l'on parle de l'appareil réel, par exemple le circuit imprimé, la carte à puce, le *hardware security module* (HSM), ou autre module cryptographique. L'attaquant peut aussi connaître l'implémentation logique (typiquement, via le code source), une hypothèse que l'on fait aussi pour le modèle boîte noire.

Un attaquant boîte grise peut donc employer divers moyens pour exploiter les composants physiques du système, afin d'en extraire des informations ou en modifier le comportement — la confidentialité et l'intégrité de l'implémentation ne sont plus garanties. Cela rend les modèles boîte grise plus réalistes que les modèles boîte noire pour les applications telles que les systèmes embarqués (aussi dits « IoT »), les cartes à puce, et même les systèmes *cloud* où on utilise souvent des machines virtuelles sur des infrastructures physiques contrôlées par d'autres organisations, et partageant les ressources avec d'autres utilisateurs.

Il est toutefois souvent difficile de définir des modèles boîte grise pertinents, car ils dépendent de propriétés de composants physiques d'un système, des propriétés rarement clairement définies ni formalisées ; on se trouve alors dans le domaine de l'ingénierie plutôt que celui, plus structuré, des mathématiques — à l'inverse de modèles boîte noire où on a une vue abstraite d'un système comme une fonction mathématique, avec ses entrées et sorties. Mais malgré cette complexité intrinsèque à la réalité, il est crucial de dépasser les limites de l'analyse théorique, même si tout modèle boîte grise ne sera jamais une représentation parfaite du vrai système.

Parmi les attaques prises en compte par les modèles boîte grise, en plus de celles couvertes par une vue boîte noire, on distinguera :

✓ **Les attaques *side-channel*,** dites « par canal auxiliaire » en français. Un *side channel*[2] est une source d'information qui dépend de l'implémentation du cryptosystème, que ce soit en logiciel ou en matériel. Les attaquants *side-channel* observent ou mesurent les caractéristiques analogiques d'une implémentation (au sens général de phénomène physique) mais n'en altèrent pas son intégrité ; ils sont *non invasifs*. Certains *side channels* sont observables sans un accès physique direct à la plateforme, et sont potentiellement exploitables à distance. Par exemple, le temps d'exécution et le comportement du système *autour* de la cryptographie, comme les messages d'erreur, les valeurs de retour des fonctions, ainsi que le comportement d'autres programmes qui pourraient être exécutés en même temps sur la même plateforme, partageant les ressources de calcul et de mémoire. Parmi les *side channels* exigeant une proximité physique, les plus courants sont la consommation électrique, les émanations électromagnétiques, ou les ondes acoustiques.

✓ **Les attaques invasives**, qui sont une famille d'attaques plus puissantes que les attaques *side-channel*, mais souvent plus complexes, et plus coûteuses, car elles nécessitent un équipement sophistiqué. Alors qu'on peut exécuter des attaques *side-channel* de base avec un PC standard, les attaques invasives nécessitent souvent des outils tels qu'un microscope à haute résolution et un laboratoire de chimie. Ces attaques englobent un ensemble de techniques et

2. On écrira « *side-channel* » avec un tiret quand il est employé comme adjectif, mais « *side channel* » pour la forme nominale, où « *side* » est l'adjectif.

de procédures, allant de l'utilisation d'acide nitrique pour éliminer les couches superficielles d'un microprocesseur, à l'acquisition d'images avec un microscopique, en passant par le *reverse-engineering* de circuits imprimés, l'injection de fautes par laser, et les injections électromagnétiques.

5.2 Les objectifs de sécurité

J'ai défini de manière informelle l'objectif de sécurité du chiffrement suivant: « on ne doit pas pouvoir trouver le message sans la clé ». Plus généralement, on voudra empêcher un attaquant d'apprendre quoi que ce soit sur le comportement du chiffrement. Pour transformer cette idée en une définition rigoureuse, les cryptographes définissent deux objectifs de sécurité principaux, qui décrivent mathématiquement l'intuition de « chiffrement sécurisé » :

✓ **L'indistinguabilité (IND)**: On ne doit pas pouvoir différencier un *ciphertext* d'une chaîne de bits aléatoire. C'est en général illustré par le « jeu » suivant: un attaquant choisit deux *plaintexts*, ensuite un des deux est choisi au hasard et chiffré, et l'attaquant reçoit le *ciphertext*; il doit ensuite deviner lequel des deux messages a été chiffré.

✓ **La non-malléabilité (NM)**: Donné un *ciphertext* C_1 = $\mathbf{E}(K, P_1)$, un attaquant ne doit pas pouvoir construire un autre *ciphertext* C_2 tel que $\mathbf{D}(K, C_2) = P_2$ avec P_2 un message ayant une relation particulière avec P_1. Par exemple, tel que $P_2 = P_1 \oplus 1$, ou $P_2 = P_1 \oplus X$ pour une valeur X fixe, ou encore $P_2 = \mathrm{f}(P_1)$ pour une fonction f() simple. On remarquera que le *one-time pad* est trivialement malléable via un XOR avec le *ciphertext*.

Dans la suite, nous allons combiner ces objectifs de sécurité avec les modèles d'attaque discutés plus haut.

5.3 Les notions de sécurité

Un objectif de sécurité n'est rien sans des hypothèses sur le pouvoir d'un attaquant, c'est-à-dire sans un modèle d'attaque. On suivra la convention établie en notant une notion de sécurité OBJECTIF-MODÈLE. Par exemple, IND-CPA désigne l'indistinguabilité contre des attaquants *chosen-plaintext*; NM-CCA désigne la non-malléabilité contre des attaquants *chosen-ciphertext*, et ainsi de suite. Commençons par une notion essentielle :

◆ *Sécurité sémantique et chiffrement probabiliste : IND-CPA*

La notion de sécurité la plus importante est IND-CPA, également connue sous le nom équivalent de *sécurité sémantique*. Elle exprime l'intuition selon laquelle les *ciphertexts* ne devraient pas divulguer d'information sur les *plaintexts* tant que la clé reste secrète. Pour atteindre la sécurité IND-CPA, observons que le chiffrement doit retourner des *ciphertexts* différents s'il est appelé deux fois sur le même *plaintext*; sinon, un attaquant qui observe deux *ciphertexts* identiques pourrait en déduire que les *plaintexts* sous-jacents sont identiques, ce qui contredit la définition selon laquelle les *ciphertexts* ne doivent révéler aucune information.

Une façon d'atteindre la sécurité IND-CPA est d'utiliser le *chiffrement probabiliste* (*randomized encryption*). Comme son nom l'indique, il rend aléatoire le processus de chiffrement et permet de retourner des *ciphertexts* différents lorsque le même texte en clair est chiffré plusieurs fois de suite. Le chiffrement peut alors être noté $C = \mathbf{E}(K, R, P)$, où R est une chaîne de bits aléatoire, c'est-à-dire choisie aléatoirement à chaque appel à **E**() et donc différente à chaque fois, sauf avec une probabilité négligeable si R est assez grand (par exemple 128 bits). Le déchiffrement reste déterministe, car si l'on a calculé $C = \mathbf{E}(K, R, P)$ alors $\mathbf{D}(K, R, C)$ doit toujours retourner P, quelle que soit la valeur de R.

Si l'on ne dispose pas de générateur aléatoire, et qu'on ne peut donc réaliser de chiffrement probabiliste, il reste possible d'atteindre la sécurité IND-CPA en utilisant un cryptosystème qui a juste besoin d'une valeur unique pour chaque chiffrement, une valeur qu'on appelle *nonce* (pour *number used only once*). Un compteur 1, 2, 3, etc. peut donc faire office de nonce. Par exemple, AES-CTR (le *blockcipher* AES en mode de chiffrement compteur, dit CTR) est IND-CPA si l'on lui fournit, en plus du message, un *nonce* unique. À la différence du chiffrement probabiliste, le nonce est *nécessaire pour déchiffrer*.

Comment violer la sécurité IND-CPA si le chiffrement d'un même message donne toujours le même *ciphertext*? Reprenons le jeu IND-CPA décrit dans la section « Objectifs de sécurité », où l'attaquant doit choisir deux *plaintexts* P_1 et P_2, reçoit le chiffrement d'un des deux et doit trouver lequel des deux messages a été chiffré. Grâce au modèle CPA, *chosen-plaintext*, cet attaquant peut faire des requêtes de chiffrement et donc demander la valeur de $\mathbf{E}(K, P_1)$. Si le chiffrement est déterministe, alors P_1 donnera toujours le même *ciphertext*. Il devient donc trivial de gagner le jeu, en comparant la valeur de challenge avec le résultat de la requête $\mathbf{E}(K, P_1)$: si les valeurs sont identiques, alors P_1 a été choisi, et sinon, P_2.

> **Note** : Avec le chiffrement probabiliste, les *ciphertexts* doivent être un peu plus longs que leurs *plaintexts* respectifs, car à un *plaintext* donné correspondent plusieurs *ciphertexts* différents. Par exemple, s'il y a 2^{64} *ciphertexts* possibles par *plaintext* (correspondant à chacun des 2^{64} valeurs aléatoires possibles pour R), alors les *ciphertexts* devront être au moins 64 bits plus longs que les *plaintexts*.

◆ *Atteindre la sécurité sémantique*

Une des plus simples constructions sémantiquement sûres utilise un générateur aléatoire déterministe[3], ou *deterministic random bit generator* (DRBG), un algorithme qui retourne des bits ayant l'air aléatoire à partir d'une valeur secrète, souvent appelée *seed* (« graine »). Notre construction d'un système de chiffrement est la suivante :

$$\mathbf{E}(K, R, P) = (\mathbf{DRBG}(K \parallel R) \oplus P, R)$$

où R est une valeur choisie aléatoirement pour chaque nouvel appel à **E**(), et où $K \parallel R$ désigne la concaténation de K et R, soit la chaîne de bits constituée de K suivie de R. Cette approche rappelle clairement le *one-time pad*: au lieu d'utiliser une clé secrète de la même taille que le message, on utilise un DRBG pour générer une chaîne pseudo-aléatoire aussi longue que le message, à partir seulement d'une courte valeur secrète.

◆ *Preuve de sécurité*

La preuve que le cryptosystème ci-dessus est IND-CPA est relativement simple si nous supposons que le DRBG produit des bits indistinguables des « vrais » bits aléatoires. La preuve fonctionne par l'absurde : si le chiffrement n'était pas IND-CPA, alors cela signifie que l'on pourrait distinguer les *ciphertexts* des chaînes aléatoires, ce qui implique que l'on pourrait distinguer les valeurs de :

$$\mathbf{DRBG}(K \parallel R) \oplus P$$

de bits purement aléatoires. Mais ceci implique que l'on pourrait distinguer **DRBG**($K \parallel R$) de bits aléatoires, car dans notre modèle les *plaintexts* possibles sont connus, ce qui nous permettrait de calculer :

$$(\mathbf{DRBG}(K \parallel R) \oplus P) \oplus P = \mathbf{DRBG}(K \parallel R)$$

Nous avons alors atteint une contradiction, car nous avons postulé que les résultats de **DRBG**($K \parallel R$) ne pouvaient pas être distingués de bits aléatoires. Nous concluons que les *ciphertexts* ne peuvent pas être distingués des chaînes aléatoires, et donc que le chiffrement est bien IND-CPA.

> **Note** : Comme exercice, essayez de déterminer si ce cryptosystème satisfait d'autres notions que IND-CPA. Est-il NM-CPA ? IND-CCA ? Vous trouverez des réponses dans la prochaine section.

3. « Aléatoire déterministe » sonne comme un oxymore, car c'est une simplification : plus précisément, les bits générés (de façon déterministe, à partie d'une valeur imprévisible) *auront l'air* aléatoire, et sont aussi dits *pseudo-aléatoires*.

◆ Comparer les notions de sécurité

Nous avons appris que les modèles d'attaque tels que CPA et CCA sont combinés avec des objectifs de sécurité tels que NM et IND pour construire les notions de sécurité NM-CPA, NM-CCA, IND-CPA et IND-CCA. Y a-t-il des liens entre ces notions ? Pouvons-nous prouver que satisfaire la notion X implique la notion Y ?

Certaines relations sont évidentes : IND-CCA implique IND-CPA, et NM-CCA implique NM-CPA, car tout ce qu'un attaquant CPA peut faire, un attaquant CCA peut le faire aussi. En d'autres termes, si l'on ne peut pas casser un chiffrement en faisant des requêtes *chosen-plaintext* et *chosen-ciphertext*, alors on ne pourra pas non plus le casser en effectuant uniquement des requêtes *chosen-plaintext*.

Une relation moins évidente est que IND-CPA n'implique pas NM-CPA. Pour comprendre cela, observons que la construction précédente, qui est IND-CPA, n'est pas NM-CPA. Pour simplifier, notons $X = \mathbf{DRBG}(K, R) \oplus P$ la première partie d'un *ciphertext*, soit :

$$(X, R) = (\mathbf{DRBG}(K, R) \oplus P, R)$$

Étant donné un texte chiffré (X, R), on peut créer un second *ciphertext* $(X \oplus 1, R)$, qui est un texte chiffré valide de $P \oplus 1$, ce qui contredit la notion de non-malléabilité. Cette astuce fonctionne évidemment pour toute autre valeur que 1.

Mais la relation inverse existe : NM-CPA implique IND-CPA. De façon intuitive, nous considérons que le chiffrement IND-CPA revient à mettre des objets dans un sac opaque : on ne voit plus les objets, mais on peut réarranger leurs positions dans le sac en le secouant dans tous les sens. Le chiffrement NM-CPA ressemble davantage à un coffre-fort fixé à un mur : dès lors que des objets sont placés en son sein, on ne peut plus interagir avec son contenu. Cette analogie ne fonctionne cependant pas pour IND-CCA et le NM-CCA qui sont des notions fondamentalement équivalentes. Mais je vous en épargne la preuve, qui est assez technique.

Deux classes d'application du chiffrement

On peut distinguer deux classes d'applications principales du chiffrement. Le chiffrement en transit (*in-transit*), qui protège les données transmises d'un point à un autre (d'un navigateur à un serveur Web, d'un smartphone à un autre, etc.) : les données sont chiffrées avant d'être envoyées et déchiffrées après avoir été reçues par une autre partie. Le chiffrement au repos (*at-rest*) protège les données stockées sur un système donné, tel qu'une base de données ou un système de fichiers, qui sont en général déchiffrées par la même partie qui les a chiffrées. Les données sont chiffrées avant d'être écrites en mémoire, et sont déchiffrées pour être lues. Le chiffrement de disque ou de machine virtuelle est une forme de chiffrement au repos. Les notions de sécurité que nous avons vues s'appliquent à ces deux classes, mais la notion nécessaire dépend de l'application et du type d'attaques possibles.

6. LE CHIFFREMENT ASYMÉTRIQUE

Jusqu'à présent, nous n'avons considéré que le chiffrement symétrique, où deux parties partagent une même clé. Dans le cas du *chiffrement asymétrique*, chaque partie détient *une paire de clés*: une pour chiffrer, et l'autre pour déchiffrer. La clé de chiffrement est dite *clé publique* et est généralement considérée comme publiquement disponible pour quiconque souhaiterait vous envoyer des messages chiffrés. La clé de déchiffrement, en revanche, doit rester secrète et est appelée *clé privée*, ou clé secrète. (On préfère souvent « clé privée » à « clé secrète » dans ce cas, afin de réserver ce dernier terme à la cryptographie symétrique.)

La clé publique peut être calculée à partir de la clé privée, mais la clé privée ne peut bien sûr pas être calculée à partir de la clé publique. C'est là l'essence de la *cryptographie à clé publique*: des fonctions faciles à calculer dans un sens, mais pratiquement impossibles à inverser.

Les modèles d'attaque et les objectifs de sécurité pour le chiffrement asymétrique sont à peu près les mêmes que pour le chiffrement symétrique mais, comme la clé de chiffrement est publique, tout attaquant peut chiffrer n'importe quel message sans avoir à faire de requêtes de chiffrement à un système tiers. Le modèle d'attaque par défaut est donc le *chosen-plaintext* (CPA).

Les méthodes de chiffrement symétrique et asymétrique sont les deux grandes familles de chiffrement, et sont généralement combinées pour construire des systèmes de communication sécurisés. Ils sont également utilisés pour construire des systèmes plus sophistiqués, comme nous allons le voir.

7. AU-DELÀ DU CHIFFREMENT

Le chiffrement de base transforme les *plaintexts* en *ciphertexts*, et inversement, sans autre exigence que la confidentialité. Cependant, on a parfois besoin de plus que cela, qu'il s'agisse de notions de sécurité ou bien de fonctionnalités additionnelles. C'est pourquoi les cryptographes ont créé une myriade de variantes du chiffrement symétrique et asymétrique, inspirés par la variété de risques auxquels s'exposent les applications technologiques modernes. Certaines variantes sont bien comprises, fiables, et largement déployées, tandis que d'autres en sont encore expérimentales, avec des temps de calculs prohibitifs, ou parfois uniquement destinées à l'analyse théorique.

7.1 Le chiffrement authentifié

Le chiffrement authentifié ne se limite pas à créer un *ciphertext*, il retourne également un *tag d'authentification*, tel qu'illustré en figure 1-4 : on notera **AE**(), pour *authenticated encryption*, le chiffrement authentifié, tel que $\mathbf{AE}(K, P) = (C, T)$, avec T le tag, une courte chaîne de bits (par exemple 128 bits) impossible à deviner si l'on ne connaît pas la clé.

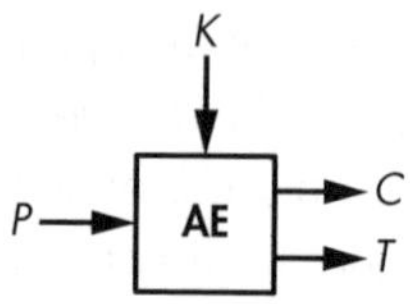

Figure 1-4 – Le chiffrement authentifié.

Le déchiffrement prend en entrée une clé K, un *ciphertext* C, et un tag T, et retourne un *plaintext* P uniquement si T est valide pour cette paire *plaintext–ciphertext*. Le cas échéant, il retourne une erreur. À l'inverse, le déchiffrement élémentaire (non authentifié) pouvait accepter n'importe quelle chaîne de bits comme *ciphertext*.

Le tag garantit l'intégrité du message en ce que si un attaquant essaye de modifier le *ciphertext* pour donner un *plaintext* différent, la nécessité d'avoir un tag valide l'en empêcherait.

Le tag sert donc de preuve que le *ciphertext* reçu est identique à celui envoyé par une partie qui connaît la clé K. Lorsque K est partagée avec un seul autre système, le tag garantit que le message a été envoyé par ce système ; c'est-à-dire qu'il *authentifie* implicitement l'expéditeur attendu comme le *créateur* réel du *ciphertext*.

Note : Je parle ci-dessus de « créateur » plutôt que d'expéditeur, car un attaquant peut parfois capturer des paires (C, T) envoyées par un système A à un système B à un moment donné, pour plus tard les renvoyer à B en se faisant passer pour A. C'est ce qu'on appelle un *replay* (ou « rejeu »), ce qui peut être évité en liant le message à des données temporelles ou propres à la session de communication. Beaucoup de protocoles utilisent pour cela un compteur de message, tel que le compteur $i = 1, 2, 3\ldots$ est incrémenté à $i + 1$ pour chaque message. Si le destinataire reçoit un message avec un compteur inférieur au dernier i, alors il en déduira qu'un ancien message a été renvoyé. Ceci permet également de détecter les messages perdus ou bloqués par un attaquant.

Une extension du chiffrement authentifié est le chiffrement authentifié avec données associées, ou *authenticated encryption with associated data* (AEAD). Celui-ci prend en entrée des données qui ne seront pas chiffrées, mais seront néanmoins prises en compte lors du calcul du tag. On aura alors :

$$\mathbf{AEAD}(K, P, A) = (C, T).$$

Le déchiffrement recevra C, A, et T en entrée, avec A en clair. Une application typique de l'AEAD est la protection de datagrammes des protocoles dont l'en-tête (*header*) est en clair et le contenu (*payload*) est chiffré. Dans de tels cas, au moins certaines données d'en-tête doivent rester en clair ; par exemple, les adresses de destination doivent pouvoir être lues afin d'acheminer les paquets à travers un réseau. Pour en savoir plus sur le chiffrement authentifié, passez au chapitre 8.

7.2 Le chiffrement de format

Le chiffrement de base reçoit des bits et renvoie des bits ; il ne se soucie pas de savoir si les bits représentent du texte, une image, ou un document PDF. Le texte chiffré peut à son tour être encodé sous forme d'octets bruts, de caractères hexadécimaux, de base64, ou tout autre format de sérialisation. Mais que faire si vous avez besoin que le *ciphertext* ait le même format que le texte en clair, comme l'exigent certaines bases de données qui ne peuvent stocker les données que dans un format prescrit ?

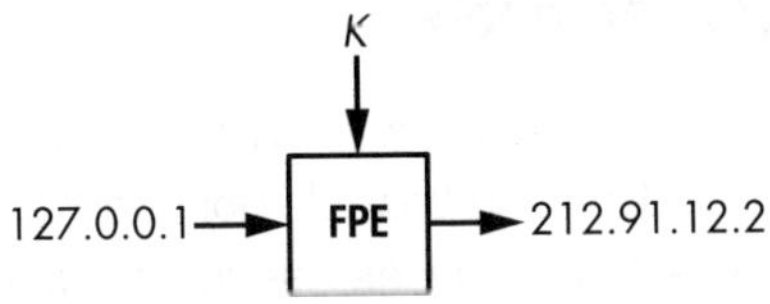

Figure 1-5 – Chiffrement de format pour des adresses IPv4.

Le chiffrement de format, ou *format-preserving encryption* (FPE) résout ce problème. Il peut créer des *ciphertexts* qui ont le même format que le texte en clair. Par exemple, le FPE peut chiffrer des adresses IPv4 valides en d'autres adresses IPv4 valides (comme illustré sur la figure 1-5), des codes postaux en codes postaux valides, des numéros de carte de crédit en numéros de carte de crédit valides, etc.

7.3 Le chiffrement homomorphe

Le chiffrement (totalement) homomorphe, ou *fully homomorphic encryption* (FHE) est le graal des cryptographes : c'est une forme de chiffrement asymétrique qui permet de calculer un *ciphertext* C' (prononcé « C prime ») directement à partir d'un *ciphertext* $C = \mathbf{FHE}(K, P)$, tel que C' puisse être déchiffré en $\mathbf{F}(P)$, où $\mathbf{F}(P)$ peut être n'importe quelle fonction de P, et sans jamais exposer le *plaintext* initial P.

Sans le chiffrement homomorphe, il faudrait :

1. Obtenir P en déchiffrant C : $P = \mathbf{D}(K, C)$.
2. Appliquer la fonction $\mathbf{F}()$ à P : $P = \mathbf{F}(P)$.
3. Chiffrer le nouveau P : $C' = \mathbf{E}(K, P)$.

Imaginez l'application suivante du FHE : un traitement de texte *cloud-based*, comme Google Docs ou Microsoft 365, mais qui n'aurait jamais accès aux documents en clair. Le *plaintext P* serait seulement calculé par les utilisateurs, dans leur navigateur, et chaque changement effectué côté client serait transmis par une *requête de modification chiffrée* au serveur qui calculerait une nouvelle version du document chiffré sans pouvoir apprendre la modification faite au *plaintext* sous-jacent. Cela semble impossible, et pourtant ça marche — la magie de la cryptographie.

Mais il y a un revers à la médaille : le chiffrement homomorphe est lent, très lent, et nous sommes loin de pouvoir implémenter l'application décrite ci-dessus. Cependant, depuis la première construction de FHE publiée en 2009, de nombreuses variantes et implémentations ont vu le jour et l'on commence à voir des applications émerger, principalement pour des opérations simples (et ce qu'on appelle *partially homomorphic encryption*, une version plus rapide restreinte à certaines fonctions élémentaires).

7.4 Le chiffrement cherchable

Le chiffrement cherchable, ou *searchable symmetric encryption* (SSE), permet d'effectuer des recherches dans une base de données chiffrée sans divulguer le contenu de la requête de recherche, ni les valeurs retournées. Comme le chiffrement homomorphe, un SSE efficace et rapide pourrait massivement améliorer la confidentialité des services *cloud* stockant d'énormes quantités de données. Mais la technologie n'est pas encore prête pour un déploiement simple et universel sur tout type de donnée et pour tout type de requête.

Néanmoins, en 2022 un fournisseur majeur de base de données a intégré le SSE à sa technologie, en se basant sur des protocoles provenant de la recherche académique. On trouve également diverses solutions commerciales de SSE, plus ou moins fiables.

7.5 Le chiffrement paramétrable

Le chiffrement paramétrable, ou *tweakable encryption*, est une forme de chiffrement symétrique très proche du chiffrement de base, à l'exception d'un paramètre supplémentaire appelé le *tweak*, qui vise à simuler différentes versions du cryptosystème (voir figure 1-6).

La principale application du chiffrement paramétrable est le chiffrement de disque (*disk encryption*), pour chiffrer les données au niveau matériel ou au niveau du système de fichiers. Dans ce cas, on ne peut pas utiliser de chiffrement probabiliste, car la taille des données doit rester constante. Un attaquant ne doit pas pouvoir copier les données d'un endroit à l'autre du disque, afin de préserver l'intégrité de son contenu. Les *tweakable ciphers* permettent alors de résoudre ces problèmes, en définissant un *tweak* propre à la position des données (par exemple, le numéro de secteur du disque ou numéro de bloc).

Dans d'autres cas d'utilisation, le *tweak* peut aussi, par exemple, être une valeur unique par environnement, par type de système, ou par client d'une société, pour s'assurer que les données chiffrées pour l'un des destinataires ne seront pas directement utilisables par les autres.

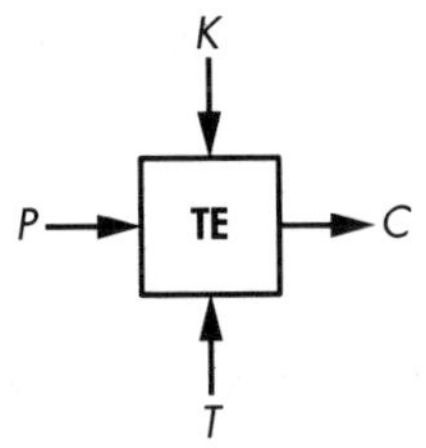

Figure 1-6 – Chiffrement paramétrable, avec un *tweak T*.

8. EXEMPLES DE PROBLÈMES

Les algorithmes de chiffrement ou leurs implémentations peuvent échouer à protéger la confidentialité des données de plusieurs façons. Cela peut être dû à un manquement au niveau de la sécurité nécessaire (telles qu'« être IND-CPA ») ou à l'inadéquation des notions de sécurité à la réalité (par exemple, si vous ciblez uniquement la sécurité IND-CPA alors que les attaquants peuvent effectuer des requêtes *chosen-ciphertext*). Hélas, de nombreux ingénieurs ne réfléchissent pas en termes abstraits de notions de sécurité cryptographique et veulent simplement être « sécurisés » sans comprendre ce que cela signifie réellement. Cela mène généralement droit au désastre. Examinons deux exemples.

8.1 Chiffrement faible

Notre premier exemple concerne les cryptosystèmes vulnérables à la cryptanalyse, comme cela s'est produit avec la norme de communication mobile 2G. Le chiffrement des communications mobiles 2G utilisait un algorithme de chiffrement appelé A5/1 qui s'est avéré plus faible que prévu, permettant l'interception des appels par toute personne disposant des compétences et des outils appropriés. Les opérateurs de télécommunication ont dû modifier leur système pour empêcher l'attaque.

> **Note** : La norme de télécommunications 2G a également défini A5/2, un algorithme pour les zones géographiques autres que l'Union européenne et les États-Unis. A5/2 était volontairement cassable afin d'empêcher l'utilisation de chiffrement fort dans toutes les régions du monde.

Cela dit, l'attaque de A5/1 n'est pas triviale, et il a fallu plus de dix ans aux chercheurs pour trouver une méthode de cryptanalyse efficace. En outre, l'attaque est ce qu'on appelle un compromis temps-mémoire, ou *time-memory trade-off* (TMTO), un type de méthode qui exécute une longue phase préalable de précalcul, pendant des jours ou des semaines, afin de construire de grandes tables de données qui pourront ensuite être utilisées pour l'attaque effective. Pour A5/1, ces tables représentent environ 1 To. Les normes ultérieures de communications mobiles, telles que 3G, LTE, ou 5G, n'utilisent plus A5/1, mais des algorithmes plus fiables.

8.2 Mauvais modèle

L'exemple suivant concerne un modèle d'attaque inadéquat, ayant négligé certains *side channels*.

De nombreux protocoles utilisant le chiffrement s'assurent qu'ils utilisent des constructions offrant des garanties de sécurité dans le modèle CPA ou CCA. Cependant, certaines attaques ne nécessitent pas de requêtes de chiffrement ni de déchiffrement. Elles ont simplement besoin de requêtes de validité, afin de savoir si un *ciphertext* est valide ou non. Cette information peut généralement être obtenue en envoyant des *ciphertexts* au système responsable du déchiffrement, et en observant sa réaction. On nomme ce type de source d'information un oracle. Et certains types d'oracles peuvent être utilisés pour attaquer certaines méthodes de chiffrement IND-CPA.

Contre le chiffrement symétrique, on parle surtout de *padding oracle*, un type d'oracle qui, en révélant la validité du *ciphertext*, révèle la validité de son *padding*, ou remplissage : les octets que l'on rajoute à la fin d'un *plaintext* pour que sa longueur soit un multiple de la taille de bloc de l'algorithme de chiffrement utilisé. Plus précisément, dans le cas des *padding oracle attacks*, un *ciphertext* n'est valide que si son *plaintext* possède le *padding* approprié, conformément à la spécification de l'algorithme. Le déchiffrement échoue si le *padding* est incorrect, et les attaquants peuvent souvent détecter ces échecs (via leurs messages d'erreur par exemple), et chercher à créer des *ciphertexts* valides, ce qui peut révéler de l'information sur le *plaintext*. Si cela vous semble encore très abstrait, c'est normal.

Bien que ce type d'attaque fût connu par les chercheurs académiques depuis 2002, peu de systèmes ont été corrigés. En 2010, lorsque ces attaques ont été redécouvertes, implémentées, et appliquées aux serveurs d'applications Web, de nombreux systèmes vulnérables ont finalement été corrigés — mais pas tous. Les requêtes de validité consistaient à envoyer des *ciphertexts* aux serveurs, jusqu'à ce qu'aucune erreur soit observée, et répéter l'opération pour différents *ciphertexts* soigneusement choisis, afin finalement de retrouver le *plaintext* (sans jamais connaître la clé).

Les cryptographes négligent souvent les attaques qui exploitent des propriétés des implémentations et du déploiement des algorithmes dans des applications réelles. Mais si vous n'anticipez pas ces risques et ne les incluez pas dans votre modèle lors de la conception et du déploiement de la cryptographie, vous pourriez avoir de mauvaises surprises.

9. POUR ALLER PLUS LOIN

Nous discuterons du chiffrement sous ses différentes formes de manière plus détaillée tout au long de ce livre, notamment le fonctionnement des algorithmes modernes. Néanmoins, nous ne pouvons pas tout couvrir, et de nombreux sujets passionnants ne seront pas abordés. Par exemple, pour connaître les fondements théoriques du chiffrement et mieux comprendre la notion d'indiscernabilité (IND), je recommande l'article de 1982 qui a introduit l'idée de sécurité sémantique, "Probabilistic Encryption and How to Play Mental Poker Keeping Secret All Partial Information" par Goldwasser et Micali. Si vous vous intéressez aux attaques physiques et à la sécurité de la cryptographie dans les systèmes matériels et plateformes embarquées, les actes de la conférence CHES sont la référence.

Il existe également bien d'autres formes de chiffrement que celles présentées dans ce chapitre, notamment le *attribute-based encryption*, le *broadcast encryption*, le *functional encryption*, le *identity-based encryption*, le *time-lock encryption*, ou le *proxy re-encryption*, pour n'en citer que quelques-unes. Pour connaître les dernières recherches sur ces sujets, vous pouvez consulter le site https://eprint.iacr.org, l'archive publique d'articles de recherche en cryptographie.

2 L'aléa

Les valeurs aléatoires sont partout en cryptographie : de la génération et négociation de clés jusqu'aux systèmes de chiffrements, de signatures, et aux divers protocoles de sécurité. Sans aléa il n'y aurait pas de cryptographie, car toutes les opérations seraient prédictibles, et donc pas sûres et inutiles.

Ce chapitre vous présente le concept d'aléatoire dans le contexte de la cryptographie et de ses applications. Nous y abordons les générateurs pseudo-aléatoires, notamment ceux au cœur des systèmes d'exploitation, et nous concluons par des exemples réels montrant comment un caractère aléatoire défectueux peut avoir un impact sur la sécurité.

1. ALÉATOIRE OU PAS ?

Vous avez probablement déjà entendu le terme « bits aléatoires », mais à proprement parler, vous ne verrez jamais de *bits aléatoires*, cela n'existe pas. Ce qui est aléatoire est en fait l'algorithme ou le processus qui produit une série de bits. Par conséquent, lorsque nous disons « bits aléatoires », nous parlons en fait de bits *générés* de manière aléatoire.

À quoi ressemblent de tels bits aléatoires ? Par exemple, pour la plupart des gens, la chaîne de huit bits 11010110 est « plus aléatoire » que 00000000, bien que les deux aient la même chance d'être générés (à savoir, une probabilité $1/256 \approx 0{,}0039$). La valeur 11010110 nous semble plus aléatoire que 00000000 car elle présente les propriétés typiques d'une valeur générée au hasard, et ne nous apparaît pas comme remarquable, contrairement à 00000000.

Lorsque nous voyons la chaîne 11010110, notre cerveau observe qu'elle comporte à peu près autant de zéros (trois) que d'uns (cinq), tout comme 55 autres chaînes de 8 bits (11111000, 11110100, 11110010, etc.). À l'inverse, il n'y a que deux chaînes de huit bits comportant les mêmes huit bits (00000000 et

11111111). Parce que le motif trois-zéros-et-cinq-uns est plus susceptible de se produire que le motif tous-les-mêmes-bits, nous identifions inconsciemment 11010110 à « aléatoire » et 00000000 à « non aléatoire ». Si un programme produit les bits 11010110, vous pourrez penser que ce programme est aléatoire, même s'il ne l'est pas. Inversement, si un générateur aléatoire produit 00000000, vous douterez probablement de sa fiabilité.

Si vous utilisez une application d'authentification à deux facteurs (*2-factor authentication*), telle que Google Authenticator qui vous affiche quatre ou six chiffres pseudo-aléatoires mis à jour régulièrement, peut-être avez-vous une fois douté de l'aléa de ces chiffres si vous avez reçu « 666666 », par exemple.

Ces exemples illustrent deux types d'erreurs fréquentes quant au caractère aléatoire :

- ✓ **Prendre le non aléatoire pour de l'aléatoire** : Penser qu'un objet a été généré de manière aléatoire simplement parce qu'il *semble* aléatoire.
- ✓ **Prendre de l'aléatoire pour du non aléatoire** : Penser que des motifs apparaissant par hasard sont là pour une raison autre que le hasard.

La distinction entre ce qui semble aléatoire et ce qui l'est réellement est cruciale. En effet, en cryptographie, le caractère non aléatoire est souvent synonyme d'insécurité.

Note : L'expression « c'est arrivé par hasard », synonyme de « ce n'est qu'une coïncidence », reflète exactement la propriété qu'a un système complexe (en l'occurrence notre univers, obéissant aux lois de la physique fondamentalement déterministes au niveau macroscopique, bien que purement aléatoires au niveau subatomique, par les lois de la mécanique quantique) de faire émerger des situations remarquables telles qu'une chaîne 00000000. Inévitablement, par la loi des grands nombres, si un grand nombre d'événements sont tirés au sort, dans certains cas on tombera sur un événement n'ayant pas l'air aléatoire, tel qu'une série de nombres qui se suivent au tirage du Loto. L'astrologie (ainsi qu'un bon nombre de croyances et de pseudosciences) est un autre exemple prenant de l'aléatoire pour du non aléatoire.

2. L'ALÉA COMME DISTRIBUTION DE PROBABILITÉS

Tout processus aléatoire est caractérisé par une distribution de probabilité, qui donne tout ce qu'il y a à savoir sur le caractère aléatoire du processus. Une distribution de probabilités, ou simplement une distribution, peut être vue comme une liste des événements possibles, où chaque événement est caractérisé par une probabilité.

Une probabilité est une valeur qui mesure la... probabilité, ou vraisemblance, qu'un événement se produise. Elle s'exprime sous la forme d'un nombre réel compris entre 0 et 1, où une probabilité de 0 signifie impossible et une probabilité de 1 signifie certitude absolue. Par exemple, si l'on lance une pièce de monnaie à deux faces, elle a une probabilité 1/2 = 0,5 de tomber sur « pile », et une probabilité 1/2 = 0,5 de tomber sur « face ».

Une distribution de probabilités doit inclure toutes les issues possibles, de sorte que la somme de toutes les probabilités soit égale à 1. Plus précisément, s'il existe N événements possibles, il existe N probabilités p_1, p_2, ..., p_N avec $p_1 + p_2 + \ldots + p_N = 1$. Dans le cas du lancer de pièce, la distribution est de 1/2 pour pile et 1/2 pour face. La somme des deux probabilités est bien égale à 1 = 1/2 + 1/2, car la pièce tombera nécessairement sur l'une de ses deux faces (en supposant que tomber sur la tranche de la pièce a une probabilité nulle).

On dit qu'une distribution est uniforme lorsque toutes les probabilités de la distribution sont égales, ce qui signifie que toutes les issues ont la même chance de se produire. S'il y a N événements, alors chaque événement a une probabilité de $1/N$, et on a bien $N \times 1/N = 1$.

Par exemple, si une clé de 128 bits est choisie uniformément au hasard, c'est-à-dire selon une distribution uniforme, chacune des 2^{128} clés possibles doit avoir une probabilité de $1/2^{128}$.

En revanche, lorsqu'une distribution est non uniforme, les probabilités ne sont pas toutes égales.

De même, si un dé à six faces est biaisé, les faces n'auront pas toutes la même probabilité $1/6 \approx 0{,}17$ d'apparaître.

Note : Il est possible de tricher en sabotant un dé, mais pas une pièce à deux faces, tel que démontré dans l'article "You can load a die but you can't bias a coin" (disponible sur https://www.stat.berkeley.edu/~nolan/Papers/dice.pdf).

3. L'ENTROPIE : UNE MESURE DE L'INCERTITUDE

L'*entropie* est la mesure de l'incertitude, ou du désordre dans un système. On peut considérer l'entropie comme le degré de surprise du résultat d'un processus aléatoire : plus l'entropie est élevée, moins le résultat est certain.

On peut facilement calculer l'entropie d'une distribution de probabilité. Si la distribution se compose de probabilités p_1, p_2, ..., p_N, alors son entropie est la somme négative de toutes les probabilités multipliées par leur logarithme, soit :

$$-p_1 \times \log(p_1) - p_2 \times \log(p_2) - \ldots - p_N \times \log(p_N)$$

Ici la fonction log() est le logarithme binaire, ou logarithme en base 2, tel que log(128) = log(2^7) = 7, par exemple, où 7 indique le nombre de bits nécessaire pour représenter le nombre 128. Contrairement au logarithme naturel, le logarithme binaire exprime l'information en bits et donne des valeurs entières quand l'argument est une puissance de 2. On aura donc :

$$\log(1/2) = -1$$

$$\log(1/4) = -2$$

$$\log(1/8) = -3$$

et généralement $\log(1/2^n) = \log(2^{-n}) = -n$. On prend la somme négative afin d'obtenir un nombre positif. Si l'on calcule l'entropie de clés de 128 bits uniformément aléatoires, soit avec une probabilité de $1/2^{128}$ chacune, on obtient l'entropie suivante :

$$2^{128} \times (-\ 2^{128} \times \log(2^{-128})) = -\ \log(2^{-128}) = 128 \text{ bits}$$

En remplaçant 128 par un entier arbitraire *n*, on prouve que l'entropie d'une distribution uniforme sur les chaînes de *n* bits est égale à *n* bits.

L'entropie est maximisée lorsque la distribution est uniforme, car une distribution uniforme maximise l'incertitude : aucune issue n'est plus probable que les autres. Par conséquent, des valeurs de *n* bits de longueur ne peuvent pas avoir plus de *n* bits d'entropie.

De même, lorsque la distribution n'est pas uniforme, l'entropie est plus faible. Prenons l'exemple du lancer de pièce. L'entropie d'un lancer équitable, où pile et face ont chacun une probabilité 1/2, est la suivante :

$$-\ (1/2) \times \log(1/2) - (1/2) \times \log(1/2) = 1/2 + 1/2 = 1 \text{ bit}$$

Que se passe-t-il si un côté de la pièce a une plus grande probabilité que l'autre ? Imaginons que pile a une probabilité de 1/4 et que face à une probabilité de 3/4 (rappelez-vous que la somme de toutes les probabilités doit être égale à 1). L'entropie d'une pièce ainsi biaisée sera alors :

$$-\ (1/4) \times \log(1/4) - (3/4) \times \log(3/4) \approx -\ (1/4) \times (-\ 2) - (3/4) \times (-0{,}415) \approx 0{,}81 \text{ bit}$$

Le fait que 0,81 soit inférieur à l'entropie d'une pièce équitable indique que plus la pièce est biaisée, moins la distribution est uniforme, et donc plus l'entropie est faible. En poussant cet exemple plus loin, si la probabilité de voir apparaître face était de 1/10, l'entropie serait de 0,469 ; si la probabilité passe à 1/100, l'entropie tombe à 0,081.

Note : L'entropie peut être considérée comme une mesure de l'information. Par exemple, le résultat d'un lancer de pièce donne exactement un élément d'information — pile ou bien face — et on ne peut prédire le résultat du tirage au sort. Dans le cas d'une pièce biaisée, on sait à l'avance que pile (ou face) est plus probable, et on peut donc *en partie* prédire le résultat. Le résultat du lancer donne les informations nécessaires pour prédire le résultat avec certitude. Dans l'exemple plus haut, le lancer donne 0,81 bit d'information, ce qui signifie qu'on avait déjà 1 – 0,81 = 0,19 bit d'information sur le résultat avant même le lancer !

4. RNG ET PRNG

Les cryptosystèmes ont besoin d'aléa pour être sûrs, et ont donc aussi besoin d'un composant en charge de leur fournir cet aléa. Le rôle de ce composant est de retourner des bits aléatoires lorsqu'on le lui demande. Mais comment cette génération aléatoire fonctionne-t-elle ? Il faut deux choses :

- ✓ Une source d'incertitude, ou *source d'entropie*, fournie par un générateur d'aléa qu'on appellera, pour garder la terminologie originale, *random number generator* (RNG).
- ✓ Un algorithme cryptographique pour produire des bits imprédictibles de haute qualité à partir de valeurs ayant une haute entropie. Ce sera le générateur pseudo-aléatoire, ou *pseudorandom number generator* (PRNG).

L'utilisation de RNG et PRNG fiables est cruciale pour rendre la cryptographie sûre. Voyons brièvement comment fonctionnent les RNG avant d'explorer en profondeur les PRNG.

Un système tel qu'un programme informatique n'a en son sein rien d'imprévisible, il faut donc que les sources d'incertitude proviennent de l'environnement, du « monde extérieur » à la machine, un monde analogique, chaotique, incertain, et donc suffisamment imprévisible pour fournir l'entropie, nécessaire à la génération de clés par exemple. En effet, l'aléatoire ne peut pas être généré uniquement par des algorithmes informatiques. Un programme est incapable de générer de l'aléa sans interface avec le monde extérieur.

En cryptographie, une telle interface est offerte par les *random number generators* (RNG), des composants logiciels, intégrant ou communiquant avec des composants matériels (*hardware*) qui exploitent l'entropie provenant de l'extérieur du programme pour produire des bits imprévisibles.

Concrètement, un RNG pourrait puiser dans des sources d'entropie comme la température du processeur, le bruit acoustique, l'activité de l'utilisateur en termes de mouvement de la souris et d'utilisation du clavier, ainsi que l'activité réseau, les logs d'activités des périphériques du système, le contenu des logs système, et ainsi de suite. De telles mesures, une fois collectées, échantillonnées, combinées et numérisées sous forme de bits imprévisibles, peuvent offrir « suffisamment d'entropie ». Il est important d'utiliser plusieurs sources d'entropie, car certaines peuvent potentiellement être prédictibles, manipulables par un attaquant, ou avec une faible entropie, selon le cas. De plus, il est difficile de quantifier numériquement la qualité des bits extraits et leur qualité cryptographique, et l'extraction de bits à partir de ces sources est relativement lente. Pour ces raisons, on n'utilisera pas directement le résultat d'un tel RNG pour nos applications.

Note: Les générateurs de nombres aléatoires quantiques, ou *quantum random number generators* (QRNG) sont un type de RNG qui s'appuie sur le caractère fondamentalement aléatoire de phénomènes de mécanique quantique tels que la radioactivité, la polarisation des photons, ou le bruit thermique. Ces phénomènes, n'étant pas dictés par des équations permettant de déterminer leur comportement à partir de mesures de leur état, sont aléatoires dans le sens le plus absolu du terme, et non au sens de « imprévisibles car trop complexes ». Toutefois, en pratique, les bits bruts produits par de tels QRNG peuvent être biaisés, et sont lents à générer; comme les sources d'entropie citées précédemment, ils ont besoin d'un composant supplémentaire pour générer des bits cryptographiquement fiables à grande vitesse.

Les générateurs de nombres pseudo-aléatoires, ou *pseudorandom generators* (PRNG) répondent aux besoins de la cryptographie *appliquée* en produisant rapidement de longues séries de bits aléatoires « artificiels » à partir de quelques bits aléatoires « réels ». Par exemple, un RNG qui traduirait les mouvements de la souris en bits aléatoires cesserait de fonctionner quand on arrêterait de bouger la souris, alors qu'un PRNG pourra toujours produire des bits pseudo-aléatoires lorsqu'on le lui demande, s'il a été initialisé à partir de suffisamment d'entropie.

Les PRNG s'appuient sur les RNG, mais fonctionnent différemment. Les RNG produisent de « vrais » bits aléatoires relativement lentement à partir de sources analogiques (provenant d'activité extérieure au système: utilisateur ou son environnement), de manière non déterministe et sans garantie de distribution uniforme ni d'entropie élevée par bit. En revanche, les PRNG produisent des bits d'apparence aléatoire rapidement à partir de sources numériques, de manière déterministe, et avec des garanties sur leur sécurité cryptographique, notamment leur distribution statistique. On peut voir les PRNG comme des machines qui transforment quelques bits purement aléatoires mais de qualité incertaine en un long flux de bits pseudo-aléatoires sûrs et adaptés aux applications cryptographiques, comme le montre la figure 2-1.

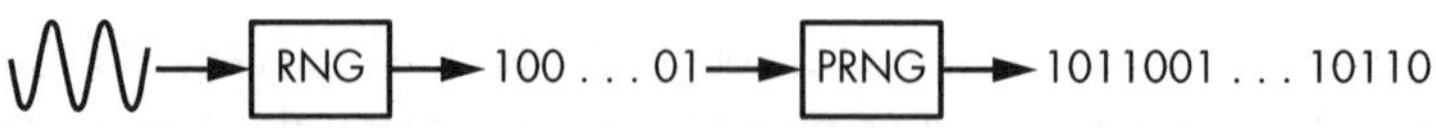

Figure 2-1 – Les RNG extraient des bits aléatoires de l'environnement d'un système, et les PRNG utilisent ces bits pour produire de grandes quantités de bits pseudo-aléatoires fiables.

4.1 Comment fonctionne un PRNG

Un PRNG reçoit à intervalles réguliers des bits aléatoires d'un RNG, et les utilise pour mettre à jour son état interne. Cet état contient notamment un pool d'entropie (*entropy pool*), un ensemble de données qu'on peut imaginer comme un grand tableau, mis à jour en intégrant les bits aléatoires extraits du RNG. Ce pool d'entropie servira de source d'incertitude lors de la génération de bits au sein du PRNG. Son initialisation et sa mise à jour sont de la responsabilité du PRNG.

L'autre composant essentiel d'un PRNG est son *deterministic random bit generator* (DRBG), un algorithme qui, à partir de quelques bits du pool d'entropie, génère une longue suite de bits, souvent de taille pratiquement infinie. Comme son nom le suggère, un DRBG est déterministe, et donc pas aléatoire : pour une valeur d'entrée, sa sortie sera toujours la même. Le PRNG veille à ce que ces entrées du PRNG soient différentes afin de générer des séquences pseudo-aléatoires uniques.

On peut décrire un PRNG de façon très générale, comme un système pouvant effectuer les trois opérations suivantes :

- ✓ ***init()***: Initialise le pool d'entropie et l'état interne du PRNG.
- ✓ ***refresh(R)***: Met à jour le pool d'entropie à l'aide de données, notées *R*, généralement provenant d'un RNG.
- ✓ ***next(N)***: Renvoie N bits pseudo-aléatoires, et met à jour le pool d'entropie.

L'opération *init* remet le PRNG dans son état initial, réinitialisant le pool d'entropie à une valeur par défaut, ainsi que toutes les variables ou zones mémoires utilisées par le PRNG pour effectuer les opérations *refresh* et *next*.

L'opération *refresh* est dite aussi *reseeding*, et son argument *R* est appelé une *seed*, (pour « graine »).

Lorsqu'aucun RNG n'est disponible, les *seeds* peuvent être des valeurs uniques codées en dur dans un système. Dans le PRNG d'un système d'exploitation, l'opération *refresh* est généralement appelée par le noyau (*kernel*) du système, tandis que *next* est généralement appelée par les applications.

L'opération *next* exécute le DRBG et modifie le pool d'entropie afin de s'assurer que le prochain appel à *next* produira des bits pseudo-aléatoires différents.

4.2 Problèmes de sécurité

Évoquons brièvement la manière dont les PRNG répondent à certains risques en matière de sécurité de l'information. Tout d'abord, on ne doit pas pouvoir « inverser » un PRNG ; les bits générés dans le passé doivent être impossibles à recalculer, même si le générateur est totalement compromis par un adversaire (donc si son état interne, dont son pool d'entropie, est disponible). On appelle cette notion *backtracking resistance*, ou *forward secrecy* (parfois traduit en « confidentialité persistante », un terme toutefois peu usité). À l'inverse, on ne doit pas pouvoir *prédire* tous les bits générés dans le futur par un utilisateur étant donné l'état du PRNG. On parle alors de *prediction resistance*, ou *backward secrecy*.

Afin de garantir la *backtracking resistance*, un PRNG doit s'assurer que les transformations effectuées par les opérations *refresh* et *next* sont irréversibles, de sorte que si un attaquant obtient l'état interne du PRNG, dont son pool d'entropie, il ne pourra pas déterminer les valeurs précédentes du pool et donc pas les bits générés précédemment.

Pour garantir la *prediction resistance*, un PRNG doit régulièrement appeler *refresh*(R) afin de mettre à jour son état à partir de données R inconnues et imprévisibles par un attaquant, qui ne pourra alors pas déterminer le nouveau contenu du pool d'entropie. Même si la liste des valeurs R était connue par l'attaquant, il faudrait connaître l'ordre exact des appels à *refresh* et *next* afin de pouvoir déterminer le dernier état du PRNG.

4.3 Le PRNG Fortuna

Fortuna est une construction de PRNG utilisée dans Microsoft Windows, créée en 2003 par les cryptographes Niels Ferguson et Bruce Schneier. Fortuna a remplacé Yarrow, un PRNG conçu en 1998 par John Kelsey et Bruce Schneier, et qui fut longtemps utilisée dans les systèmes d'exploitation macOS et iOS, qui ont désormais adopté Fortuna. Je ne fournirai pas ici la spécification complète de Fortuna, ni ne vous montrerai comment l'implémenter, mais tenterai d'en expliquer son fonctionnement. Vous pouvez trouver une description complète de Fortuna au chapitre 9 de *Cryptography Engineering*, un livre de Ferguson, Schneier, et Kohno (Wiley, 2010).

L'état interne de Fortuna contient les composants suivants :

- ✓ 32 pools d'entropie P_1, P_2, …, P_{32}, tel que P_i est utilisé toutes les 2^i mises à jour (via *refresh*) du PRNG.
- ✓ Une clé K, un compteur C, tous deux de 128 bits.

En simplifiant, et en suivant notre modèle de PRNG, Fortuna fonctionne de cette façon :

- ✓ *init*() met K et C à zéro, et vide les 32 pools d'entropie P_1, P_2, …, P_{32}.
- ✓ *refresh*(R) ajoute les données R à un des pools d'entropie. À noter que l'origine des données R, via un RNG approprié, ne fait pas partie de la spécification de Fortuna ; on peut donc utiliser Fortuna avec différents RNG sous-jacents.
- ✓ *next*(N) met à jour K en utilisant des données d'un ou plusieurs pools d'entropie, où le choix des pools dépend essentiellement du nombre d'appels à *next* déjà faits. Les N bits pseudo-aléatoires sont produits en chiffrant le bloc

C avec *K* comme clé, puis *C* + 1, *C* + 2, et ainsi de suite jusqu'à avoir généré suffisamment de bits.

L'idée clé de Fortuna est de se protéger contre des attaquants qui pourraient saboter le(s) RNG, en distribuant l'entropie à différentes fréquences selon les pools, pour faire en sorte qu'il y ait toujours des pools « fiables ».

Bien que les opérations de Fortuna semblent assez simples, les implémenter correctement est difficile. D'une part, il faut coder tous les détails de l'algorithme correctement — à savoir, comment les pools d'entropie sont choisis, le type de chiffrement à utiliser ensuite, que faire quand aucune entropie n'est reçue, et ainsi de suite. Bien que les spécifications définissent la plupart des détails, elles ne décrivent cependant pas un ensemble complet de tests pour évaluer la justesse d'une implémentation, ce qui ne permet pas de s'assurer que le code se comportera comme prévu.

Même si Fortuna est correctement implémenté, des failles de sécurité peuvent survenir pour d'autres raisons qu'un algorithme incorrect. Par exemple, Fortuna peut ne pas remarquer si les RNG ne produisent pas assez de bits aléatoires, auquel cas Fortuna produira des bits pseudo-aléatoires de moindre qualité, ou plus de bits du tout.

Un autre risque inhérent aux implémentations de Fortuna réside dans la possibilité d'exposer les fichiers de *seeds* à des attaquants. Ces fichiers enregistrent l'entropie fournie à Fortuna par des appels à *refresh* quand un RNG n'est pas disponible, comme immédiatement après un redémarrage du système ou avant que les RNG du système n'aient pu s'initialiser à partir d'événements imprévisibles. Cependant, si un fichier de *seed* donné est utilisé deux fois, alors Fortuna produira deux fois la même séquence de bits. Les fichiers de *seeds* doivent donc être effacés après avoir été utilisés pour s'assurer qu'ils ne sont pas réutilisés.

Enfin, si deux instances de Fortuna sont dans le même état parce qu'elles partagent un fichier de *seeds* (et alors qu'elles partagent les mêmes données dans les pools d'entropie, y compris les mêmes *C* et *K*), alors l'opération *next* retournera les mêmes bits dans les deux instances.

4.4 PRNG cryptographiques *vs* non cryptographiques

Un PRNG peut être cryptographique, ou non. Les PRNG non cryptographiques sont conçus pour être *statistiquement* aléatoires pour des applications telles que les simulations scientifiques ou les jeux vidéo. Cependant, on ne doit pas utiliser de PRNG non cryptographiques dans des applications cryptographiques ou de sécurité, car ils ne sont pas sûrs — ils ne se préoccupent que de la qualité de la distribution des bits, qui doit être uniforme, et non de la prédictibilité des valeurs. Les PRNG cryptographiques, en revanche, sont cryptographiquement fiables : à partir d'un échantillon de leurs bits de sortie, il est impossible de déterminer les bits qui auraient été générés avant ou après, contrairement à un PRNG non cryptographique. Ceci est possible grâce à la complexité de leurs opérations sous-jacentes.

Malheureusement, la plupart des PRNG exposés par défaut par les langages de programmation, tels que `rand` et `drand48` de la libc, `rand` et `mt_rand` de PHP, le module `random` de Python, la classe `Random` de Ruby, etc. sont non cryptographiques. La définition d'un tel module d'aléa générique non cryptographique a été la source de nombreux problèmes, quand ils furent utilisés pour des applications cryptographiques. Veillez donc à n'utiliser que des PRNG cryptographiques dans des applications cryptographiques : il suffit en général de consulter la documentation du module concerné ou de faire une recherche Internet pour s'en assurer.

Pourquoi ne pas utiliser des générateurs cryptographiques partout par défaut ? La plus grande sécurité ne ferait pas de mal aux applications qui n'en ont *a priori* pas besoin. La raison principale est la vitesse de calcul : les PRNG non cryptographiques n'ayant pas d'exigences sécuritaires, leurs algorithmes sont bien plus simples, et donc plus rapides, que ceux des PRNG cryptographiques. Toutefois, cet argument est aujourd'hui rarement pertinent, car des PRNG cryptographiques suffisamment rapides (plusieurs gigabits par seconde) pour la plupart des applications sont disponibles. De plus, contrairement à la situation de la fin des années 1990, les langages de programmation ont désormais tendance à distinguer plus explicitement les générateurs cryptographiques et non cryptographiques, ainsi qu'à documenter les limitations de ces derniers. Par exemple, le langage Go fournit les interfaces `crypto/rand` et `math/rand`, où la première ligne de la documentation de ce dernier est "Package rand implements pseudo-random number generators unsuitable for security-sensitive work".

◆ Un DRBG non cryptographique : le Mersenne Twister

Le *Mersenne Twister* (MT) est un DRBG utilisé pour la génération d'aléa dans les langages PHP, Python, R, Ruby, et quelques autres. MT génère des bits statistiquement fiables, mais est trivialement prédictible : donnés suffisamment de bits produits par MT, il est facile de déterminer les prochains bits qui seront retournés.

Regardons de plus près ce qui pose un problème dans le Mersenne Twister. Tout d'abord, son algorithme est bien plus simple que celui d'un PRNG cryptographique typique, ce qui en soi est déjà inquiétant : son état interne est un tableau S, qui consiste en 624 mots de 32 bits initialisés à $[S_1, S_2, \ldots, S_{624}]$ tel que l'état évolue pas à pas en éliminant le plus ancien mot et en en ajoutant un nouveau : le deuxième état est donc $[S_2, S_3, \ldots, S_{625}]$, le troisième $[S_3, S_4, \ldots, S_{626}]$, et ainsi de suite. Pour $k = 1, 2, \ldots$ on calcule le nouveau mot selon l'expression suivante :

$$S_{k+624} = S_{k+397} \oplus \mathbf{A}(\ (S_k \wedge \text{0x80000000}) \vee (S_{k+1} \wedge \text{0x7fffffff})\ )$$

Ici, $\oplus$ désigne le XOR bit à bit (noté ^ dans le langage C), $\wedge$ désigne le ET logique bit à bit, $\vee$ désigne le OU logique bit à bit, et **A** est une fonction qui transforme un mot de 32-bit *x* de la façon suivante : si le bit le plus significatif de *x* est 0, alors **A**(*x*) retourne (*x* >> 1), soit x décalé d'un bit vers le sens le moins significatif ; le cas échéant, **A**(*x*) retourne (*x* >> 1 $\oplus$ 0x9908bdf).

À noter que dans cette équation, les bits de l'état S n'interagissent que via des XORs. Les opérateurs $\wedge$ et $\vee$ ne combinent jamais des bits de *S* comme opérandes, mais seulement des bits de *S* avec les constantes 0x80000000 et 0x7fffffff. Par exemple, chaque bit de S_{625} peut être exprimé comme une combination de XOR de bits de l'état initial S_1, S_2, …, S_{624}. Par la suite, quand on calculera par exemple S_{852} directement à partir de S_{625}, S_{228}, et S_{229}, on pourra remplacer S_{625} dans l'expression par une combinaison de bits de S_{398}, S_1, et S_2.

Comme il y a exactement 624 × 32 = 19968 bits dans l'état interne du Mersenne Twister, chaque bit « pseudo-aléatoire » généré peut être exprimé comme une équation avec au maximum 19969 termes (les bits de l'état, plus la constante 1). Ce qui représente seulement environ 2,4 kilooctets. L'inverse est aussi vrai : on peut exprimer les bits de l'état interne comme un XOR de certains bits de sortie.

◆ *Linéarité et insécurité*

Dans le contexte de la cryptographie, une transformation est *linéaire* si elle préserve l'addition et la multiplication par un scalaire (soit un « nombre normal »). Si l'on note une telle transformation T, appliquée à des nombres *x* et *y*, on aura alors T(*x*) + T(*y*) = T(*x* + *y*), et *n* × T(*x*) = T(*n* × *x*), pour un nombre positif *n*. Intuitivement, une telle propriété semble alors indésirable en cryptographie, car elle rend les opérations prédictibles.

On dira par exemple qu'une combinaison de bits par des XOR est une *combinaison linéaire*, au même titre qu'une somme arithmétique de nombres entiers est également une combinaison linéaire, mais dans ce cas par rapport à l'addition à laquelle nous sommes habitués. On peut en effet voir le XOR comme l'addition modulo 2 qui opère sur des bits.

Par exemple, si *X*, *Y*, et *Z* sont des bits, alors $X \oplus Y \oplus Z$ est une combinaison linéaire, alors que $(X \wedge Y) \oplus Z$ n'en est pas une, en raison du ET logique ($\wedge$). Si dans la combinaison linéaire $X \oplus Y \oplus Z$ on modifie un bit de *X*, alors le résultat sera modifié d'un bit, quelles que soient les valeurs des deux autres opérandes. À l'inverse, si l'on modifie un bit de *X* dans $(X \wedge Y) \oplus Z$, le résultat changera uniquement si le bit de *Y* à la même position est égal à 1. Autrement dit, les changements dans le résultat d'une combinaison linéaire sont prévisibles, alors que pour les combinaisons non linéaires cela dépendra des valeurs des opérandes.

Pour que l'algorithme du MT soit cryptographiquement fort, ses équations seraient non linéaires et impliqueraient des combinaisons non linéaires entre des mots de son état interne, par exemple $S_1 \wedge S_{15} \wedge S_{182}$, qu'on peut simplement noter $S_1S_{15}S_{182}$, soit un ET logique entre ces trois valeurs. Dès lors qu'on ne se limite pas à des opérations linéaires (addition/XOR, et multiplication/ET avec des valeurs constantes), mais qu'on autorise des multiplications/ET entre les valeurs de l'état, on obtient un système dont les équations sous-jacentes pourront avoir jusqu'à 2^{624} termes différents (soit tous les monômes possibles, de degré 0 à 624), au lieu de seulement 624 termes (les monômes de degré 1, soit les valeurs S_1, S_2, ..., S_{624}). On passe d'un simple système d'équations linéaires à un système *multivarié*, dont il serait de toute façon impossible d'écrire toutes les équations (à noter que 2^{305}, un nombre bien plus petit que 2^{624}, est une approximation de la capacité de stockage d'information de l'univers observable).

Pour résumer, les transformations linéaires donnent lieu à des équations simples, courtes (de taille comparable au nombre de variables), facile à résoudre, alors que l'introduction d'opérations non linéaires permet de construire des transformations bien plus complexes, dont les équations sous-jacentes sont de tailles exponentielles par rapport au nombre de variables, et sont souvent impossibles à résoudre en pratique. Le jeu pour un cryptographe est alors de créer des PRNG — et autres algorithmes cryptographiques — qui sont équivalents à des équations non linéaires complexes, mais en n'utilisant seulement qu'un petit nombre d'opérations simples.

Note : La non-linéarité est l'un des critères de sécurité en cryptographie, mais n'est *pas suffisante* pour garantir la sécurité d'un système.

4.5 L'inutilité des tests statistiques

Les suites de tests statistiques comme TestU01, Diehard, ou la suite de tests du National Institute of Standards and Technology (NIST) permettent d'identifier de mauvais PRNG, mais pas de garantir leur sécurité. Ces tests prennent un échantillon de bits pseudo-aléatoires produits par un PRNG (par exemple, un mégaoctet de données), calculent différents indicateurs statistiques, et les comparent avec les résultats typiques obtenus pour une distribution parfaite et uniforme. Par exemple, certains tests comptent le nombre de bits 1 par rapport au nombre de bits 0, ou la distribution de *patterns* de 8 bits. Mais les tests statistiques sont en grande partie sans rapport avec la sécurité cryptographique, et il est possible de concevoir un PRNG cryptographiquement faible qui trompera tout test statistique.

Lorsqu'on lance des tests statistiques sur des données générées de façon aléatoire, vous verrez généralement apparaître un tas d'indicateurs statistiques comme résultat. Il s'agit généralement de *p-values*, un indicateur statistique courant, mais les résultats ne sont pas toujours faciles à interpréter car ils sont rarement aussi simples que réussi ou échoué. Si vos premiers résultats semblent anormaux, ne vous inquiétez pas : ils peuvent être le résultat d'une déviation accidentelle, ou d'échantillons trop petits. Pour s'assurer que les résultats observés sont normaux, on peut les comparer à ceux obtenus pour un échantillon fiable de taille identique ; par exemple, un fichier généré par l'outil OpenSSL via la commande suivante :

```
$ openssl rand <fichier de sortie> <nombre d'octets>
```

5. LES PRNG DANS LE MONDE RÉEL

Intéressons-nous maintenant aux PRNG utilisés dans le monde réel. Vous trouverez des PRNG cryptographiques dans les systèmes d'exploitation de la plupart des plateformes, des ordinateurs de bureau et serveurs aux systèmes embarqués tels que les routeurs et les décodeurs de télévision, ainsi que dans les machines virtuelles, les téléphones mobiles, les divers appareils connectés, etc. Ces PRNG peuvent être purement logiciels (*software*), purement matériels (*hardware*), ou un mélange des deux. Les PRNG sont utilisés à plusieurs niveaux, que ce soit dans le noyau du système d'exploitation, ou par les applications qui peuvent soit directement appeler le PRNG du système d'exploitation, soit en utiliser un totalement différent, ou encore combiner les deux approches.

Nous allons examiner les PRNG les plus largement déployés : celui de Linux, utilisé dans un grand nombre de serveurs et de plateformes mobiles (via Android) ; celui de Windows, qu'on trouve dans tous les postes de travail utilisant ce système d'exploitation ; et enfin le PRNG dans les microprocesseurs Intel, qui est conçu en grande partie au niveau matériel.

5.1 Générer de l'aléa sous Linux

Les fichiers de périphérique */dev/random* et */dev/urandom* sont l'interface utilisateur (*userland*) la plus directe avec le PRNG cryptographique de Linux, et plus généralement des systèmes Unix courants, et c'est ce que vous utiliserez habituellement pour générer des bits aléatoires fiables. Comme il s'agit de fichier de périphérique, la demande de bits aléatoires à partir de */dev/urandom* se fait en le lisant comme un fichier. Par exemple, la commande suivante utilise */dev/urandom* pour écrire 10 mégaoctets de bits aléatoires dans un fichier :

```
$ dd if=/dev/urandom of=<output file> bs=1M count=10
```

◆ *La mauvaise façon d'utiliser /dev/urandom*

On peut écrire un programme naïf et non sûr en C tel que celui dans le listing 2-1, pour lire des bits aléatoires sans penser aux problèmes possibles, mais ce serait une mauvaise idée.

Listing 2-1 – Un mauvais usage de */dev/random.*

```
int random_bytes_insecure(void *buf, size_t len)
{
    int fd = open("/dev/urandom", O_RDONLY);
    read(fd, buf, len);
    close(fd);
    return 0;
}
```

Ce code n'est pas sûr; il ne vérifie pas les valeurs de retour des fonctions `open()` et `read()`, ce qui implique que l'espace mémoire censé être aléatoire pourrait être rempli avec des zéros.

◆ *Une meilleure façon d'utiliser /dev/urandom*

Le listing 2-2, copié de la bibliothèque LibreSSL, montre une meilleure façon d'utiliser */dev/urandom.*

Listing 2-2 – Une utilisation sûre de */dev/random.*

```
int random_bytes_safer(void *buf, size_t len)
{
    struct stat st;
    size_t i;
    int fd, cnt, flags;
    int save_errno = errno;
start:
    flags = O_RDONLY;

#ifdef O_NOFOLLOW
    flags |= O_NOFOLLOW;
#endif
#ifdef O_CLOEXEC
    flags |= O_CLOEXEC;
#endif

    fd = open("/dev/urandom", flags, 0);
    if (fd == -1) {
        if (errno == EINTR)
            goto start;
        goto nodevrandom;
    }
#ifndef O_CLOEXEC
    fcntl(fd, F_SETFD, fcntl(fd, F_GETFD) | FD_CLOEXEC);
#endif
```

```
/* Lightly verify that the device node looks sane */
    if (fstat(fd, &st) == -1 || !S_ISCHR(st.st_mode)) {
        close(fd);
            goto nodevrandom;
        }
    if (ioctl(fd, RNDGETENTCNT, &cnt) == -1) {
            close(fd);
        goto nodevrandom;
    }
    for (i = 0; i < len; ) {
        size_t wanted = len - i;
        ssize_t ret = vread(fd, (char *)buf + i, wanted);

        if (ret == -1) {
            if (errno == EAGAIN || errno == EINTR)
                continue;
            close(fd);
            goto nodevrandom;
        }
        i += ret;
    }
    close(fd);
    if (gotdata(buf, len) == 0) {
         errno = save_errno;
        return 0;       /* satisfied */
    }
nodevrandom:
    errno = EIO;
    return -1;
}
```

Contrairement au code du listing 2-1, celui du listing 2-2 fait plusieurs vérifications. Comparez par exemple les appels à `open()` et `read()` avec ceux du listing 2-1 : vous remarquerez que le code vérifie leurs valeurs de retour, et en cas d'échec ferme le descripteur de fichier et retourne –1.

◆ *Différences entre /dev/urandom et /dev/random, avant 2022*

Le PRNG de Linux, défini dans *drivers/char/random.c* du code source du noyau Linux, a subi des changements majeurs en 2022 (depuis la version 5.17 du noyau), que nous allons tenter de résumer.

Tout d'abord, la structure générale du PRNG, similaire dans l'ancienne et la nouvelle version, repose sur une collection d'entropie de diverses sources (notamment l'activité du système, comme le clavier, la souris, les accès disque), et un pool d'entropie que l'on peut voir comme un grand tableau, qui est rempli en hachant les données provenant des sources d'entropie. Ensuite, un générateur aléatoire déterministe (DRBG) se charge de produire les flux de données pseudo-aléatoires retournés quand on lit */dev/random* ou */dev/urandom*, ou qu'on lance l'appel système `getrandom()`.

Historiquement, avant la version 5.17 du noyau, le PRNG se comportait de la façon suivante : contrairement à */dev/urandom*, l'interface */dev/random* était bloquante, c'est-à-dire que si le noyau estime que le PRNG a un niveau insuffisant d'entropie, alors */dev/random* « bloque » et arrête de retourner des octets lorsqu'on le lit, jusqu'à ce qu'un niveau d'entropie suffisant soit estimé par le noyau. Bien que cela puisse sembler être une bonne idée, ce n'est pas le cas. D'une part, les estimateurs d'entropie sont peu fiables et peuvent parfois être exploités par des attaquants (c'est une des raisons pour lesquelles Fortuna a abandonné l'estimation d'entropie de son prédécesseur Yarrow). De plus, */dev/random* manquait rapidement d'entropie estimée, ce qui peut provoquer un déni de service, ralentissant les applications qui sont obligées d'attendre plus d'entropie. Le résultat est qu'en pratique, */dev/random* n'était en général pas mieux que */dev/urandom*, et créait plus de problèmes qu'il n'en résout.

◆ Différences entre /dev/urandom et /dev/random, depuis 2022

Dans les versions du noyau Linux dès 2022 (5.17 et suivantes), plusieurs améliorations ont été intégrées. Tout d'abord, la fonction de hachage SHA-1 a été remplacée par BLAKE2, dans la création du contenu du pool. De plus, et c'est le plus grand changement, le comportement relatif de */dev/random* et */dev/urandom* a été modifié ; il a même été proposé d'éliminer totalement leur différence. En fin de compte, sur la plupart des plateformes, les deux interfaces détecteront s'il n'y a pas assez d'entropie, mais */dev/urandom* recommencera à produire des bits pseudo-aléatoires si jamais le noyau ne parvient pas à collecter suffisamment d'entropie, alors que */dev/random* bloquera complètement.

De plus, l'estimation d'entropie a été grandement améliorée : au lieu de considérer que l'entropie diminue quand on lit les bits du PRNG (un non-sens cryptographique), le noyau cherche juste à atteindre le stade où suffisamment d'incertitude (entropie) aura été collectée, par exemple au démarrage du système.

La valeur de l'entropie d'un système Linux peut être lue dans le fichier */proc/sys/kernel/random/entropy_avail*. Dans les anciennes versions du noyau, cette valeur était au maximum 4 096 bits, et diminuait selon l'usage du PRNG. Dans les nouveaux noyaux, la valeur est plafonnée à 256 bits, et ne diminue donc plus.

5.2 Générer de l'aléa sous Windows

Sous Windows, l'ancienne interface utilisateur du PRNG du système est la fonction `CryptGenRandom()`, de l'API Cryptography de l'environnement Win32, déclarée dans le fichier d'en-tête *wincrypt.h*. La fonction `CryptGenRandom()` a été remplacée dans les versions récentes de Windows par la fonction `BcryptGenRandom()` de l'API "Cryptography: Next Generation" (CNG), déclarée dans le fichier *bcrypt.h*. Le PRNG de Windows prend l'entropie du pilote en mode noyau *cng.sys* (anciennement *ksecdd.sys*), dont le collecteur d'entropie est basé sur Fortuna. Comme c'est généralement le cas sous Windows, le processus est compliqué.

Le listing 2-3 montre une invocation C++ typique de `CryptGenRandom()` avec les vérifications requises.

Listing 2-3 – Exemple d'utilisation de l'interface PRNG `CryptGenRandom()`.

```
int random_bytes(unsigned char *out, size_t outlen)
{
    static HCRYPTPROV handle = 0; /* libéré à la fin du programme */
    if(!handle) {
        if(!CryptAcquireContext(&handle, 0, 0, PROV_RSA_FULL,
                                CRYPT_VERIFYCONTEXT | CRYPT_SILENT)) {
            return -1;
        }
    }
    while(outlen > 0) {
        const DWORD len = outlen > 1048576UL? 1048576UL: outlen;
        if(!CryptGenRandom(handle, len, out)) {
            return -2;
        }
        out += len;
        outlen -= len;
    }
    return 0;
}
```

Remarquez dans le listing 2-3 qu'avant d'appeler le PRNG, on doit déclarer un *cryptographic service provider* (`HCRYPTPROV`) et ensuite acquérir un contexte cryptographique avec `CryptAcquireContext()`, un mécanisme parfois mal utilisé. Par exemple, il a été constaté que le logiciel de chiffrement de disque TrueCrypt appelait `CryptAcquireContext()` d'une façon qui pouvait échouer silencieusement, réduisant la qualité de l'aléa sans en avertir l'utilisateur. Heureusement, la nouvelle interface `BCryptGenRandom()` est bien plus simple et ne nécessite pas que le code ouvre explicitement un *handle*.

5.3 Un PRNG matériel, l'Intel Secure Key

Jusqu'à présent, nous n'avons parlé que des PRNG logiciels, alors examinons maintenant un PRNG matériel, c'est-à-dire dont la conception intègre des composants physiques et pas seulement du code. Ce PRNG, nommé Intel Secure Key, est accessible via les instructions assembleur `RDRAND` et `RDSEED`.

L'Intel Secure Key est un PRNG matériel introduit en 2012 dans la microarchitecture Ivy Bridge d'Intel, basé sur les directives SP 800-90 du NIST avec l'Advanced Encryption Standard (AES) en mode CTR_DRBG. Le PRNG d'Intel est accessible via l'instruction assembleur `RDRAND`, qui offre une interface indépendante du système d'exploitation, et a vocation à être plus rapide que les PRNG logiciels pour un même niveau de fiabilité.

En effet, alors que les PRNG logiciels tentent de collecter l'entropie à partir de sources imprévisibles provenant de divers périphériques ou composants externe au PRNG, l'Intel Secure Key dispose d'une seule source d'entropie qui fournit un flux de bits aléatoire à une fréquence de 3 GHz. Ce générateur consiste en un petit circuit intégré qui oscille entre deux états (0 et 1) en fonction des fluctuations du bruit thermique, dont le caractère aléatoire provient de la nature quantique de l'électricité.

Pour utiliser ce PRNG, on utilise l'instruction assembleur `RDRAND`, qui prend comme argument un registre de 16, 32, ou 64 bits, puis y écrit une valeur aléatoire. Lorsqu'elle est invoquée, `RDRAND` met l'indicateur de retenue (*carry flag*) à 1 si les données placées dans le registre de destination sont bien une valeur aléatoire valide, sinon à 0. Il faut donc vérifier que l'indicateur de retenue est bien à 1 après avoir appelé `RDRAND`. Notez que les instructions intrinsèques C disponibles dans les compilateurs courants ne vérifient pas cet indicateur, mais renvoient sa valeur.

> **Note** : L'Intel Secure Key offre une autre instruction en plus de `RDRAND`: l'instruction `RDSEED` renvoie des bits aléatoires directement depuis la source d'entropie. Elle est destinée aux cas où on a besoin d'une petite quantité de valeurs aléatoires, mais dont l'entropie doit être élevée ; typiquement, pour initialiser un générateur déterministe (DRBG).

L'Intel Secure Key n'est que partiellement documenté, mais il repose sur des normes de sécurité établies, et avait été audité par la société réputée Cryptography Research (voir leur rapport intitulé "Analysis of Intel's Ivy Bridge Digital Random Number Generator"). Néanmoins, certains ont pu douter de sa sécurité, notamment à la suite des révélations d'Edward Snowden sur les *backdoors* cryptographiques, dont les PRNG sont des cibles parfaites en matière de sabotage. Si vous êtes aussi sceptique mais souhaitez tout de même utiliser `RDRAND` ou `RDRSEED`, vous pouvez mélanger leurs résultats avec d'autres sources d'entropie.

Cela empêchera l'exploitation d'une éventuelle *backdoor* dans l'Intel Secure Key, que ce soit dans son circuit intégré ou dans le microcode associé.

6. EXEMPLES DE PROBLÈMES

Pour conclure, je présente quelques exemples de failles de sécurité liées à la génération (pseudo-)aléatoire. Parmi les innombrables cas que j'ai pu observer, j'en ai relevé quatre relativement simples illustrant différents problèmes.

6.1 De mauvaises sources d'entropie

En 1996, l'implémentation de SSL dans le navigateur Netscape initialisait son PRNG avec une valeur de 128 bits, calculée selon le pseudocode du listing 2-4, copié de la page de Goldberg et Wagner à l'adresse https://www.cs.berkeley.edu/~daw/papers/ddj-netscape.html.

Listing 2-4 – Pseudocode du mécanisme d'initialisation du PRNG de Netscape.

```
global variable seed;
RNG_CreateContext()
    (seconds, microseconds) = time of day; /* temps depuis 1970 */
    pid = process ID;  ppid = parent process ID;
    a = mklcpr(microseconds);
    b = mklcpr(pid + seconds + (ppid << 12));
    seed = MD5(a, b); /* calcul d'une valeur de 128 bits avec MD5 */

mklcpr(x) /* aucun intérêt cryptographique */
    return ((0xDEECE66D * x + 0x2BBB62DC) >> 1);
```

Un problème ici réside dans le fait que le PID et le PPID, ainsi que les microsecondes, sont des valeurs relativement faciles à deviner : il n'y a qu'un million (10^6) valeurs possibles pour la variable `microseconds`, soit une entropie de $\log_2(10^6)$, environ 20 bits. Le PID et PPID sont des entiers encodés sur 15 bits, soit au maximum 30 bits d'entropie au total. Mais si l'on regarde de plus près comment est calculé `b`, on remarque que le chevauchement de trois bits entre les deux valeurs réduit l'entropie à seulement 15 + 12 = 27 bits. En supposant que l'attaquant connaît la valeur de `seconds` (car il saura plus ou moins quand le calcul a eu lieu), il ne reste qu'une entropie de 47 bits, alors que le secret long de 128 bits devrait avoir une entropie de… 128 bits.

6.2 Pas assez d'entropie au démarrage

En 2012, des chercheurs ont scanné tout Internet pour collecter les clés publiques de tous les certificats TLS et serveurs SSH identifiés. Ils ont découvert qu'un certain nombre de systèmes avaient des clés publiques identiques, et dans certains cas des clés partageant une partie de leur secret ; à savoir des clés RSA avec des facteurs premiers en commun, soit deux nombres $n = pq$ et $n' = p'q'$, tels que $p = p'$, alors que normalement tous les facteurs devraient être distincts.

Après une analyse approfondie, il s'est avéré que de nombreux appareils généraient leur paire de clés assez tôt lors de leur premier démarrage, avant même d'avoir amassé suffisamment d'entropie, et ceci malgré l'utilisation d'un PRNG par ailleurs décent (typiquement */dev/urandom*). Les PRNG de différents systèmes ont donc fini par produire des bits aléatoires identiques en raison d'une même source d'entropie de base (par exemple, une valeur d'initialisation, ou *seed*, codée en dur).

Pour simplifier, la découverte de clés identiques est due à des schémas de génération de clés fonctionnant tel que le pseudocode suivant :

```
prng.seed(seed)  /* on initialise le PRNG avec une seed codée en dur */
p = prng.generate_random_prime()
q = prng.generate_random_prime()
n = p*q
```

Si deux systèmes exécutent ce code avec une *seed* identique, alors ils produiront le même p, le même q, et donc le même n (la clé publique, essentiellement).

La présence d'un facteur en commun dans des clés publiques différentes s'explique par l'injection d'entropie lors du processus de génération, tel qu'illustré ci-dessous :

```
prng.seed(seed)  /* on initialise le PRNG avec une seed codée en dur */
p = prng.generate_random_prime()
prng.add_entropy()
q = prng.generate_random_prime()
n = p*q
```

Cette fois, si deux systèmes exécutent ce code avec la même *seed*, alors ils produiront le même p, mais des valeurs de q différentes, grâce à l'aléa additionnel introduit via `prng.add_entropy()`.

Ce dernier cas est également un problème, car à partir de $n = pq$ et $n' = pq'$ il est trivial de calculer le p en commun, en calculant le *plus grand commun diviseur* (PGCD) de n et n'. Pour davantage de détails, consulter l'article "Mining Your Ps and Qs" par Heninger, Durumeric, Wustrow, et Halderman, disponible sur https://factorable.net.

6.3 Un PRNG non cryptographique

Nous avons discuté plus haut de la différence entre les PRNG cryptographiques et non cryptographiques, et des raisons pour lesquelles ces derniers ne devraient jamais être utilisés pour des applications cryptographiques ou de sécurité. Malheureusement, de nombreux systèmes ont négligé ce détail. Je vous propose alors de découvrir un exemple de ce type de problème.

MediaWiki est un logiciel qui permet de créer des wikis, et qui est notamment l'application utilisée par Wikipedia. Le code de MediaWiki utilise de l'aléa pour générer des choses comme des mots de passe temporaires ou des jetons d'authentification (*authentication tokens*), qui doivent bien sûr être imprévisibles. Malheureusement, une version désormais obsolète de MediaWiki utilisait un PRNG non cryptographique dans de tels cas, le Mersenne Twister. Voici un extrait du code source concerné, où vous pouvez y rechercher la fonction appelée pour obtenir un bit aléatoire (assurez-vous de lire les commentaires) :

```
      /**
         * Generate a hex y looking random token for various uses.
         * Could be made more cryptographically sure if someone cares.
         * @return string
         */
function generateToken( $salt = '' ) {
    $token = dechex(mt_rand()).dechex(mt_rand());
    return md5( $token . $salt );
}
```

Avez-vous remarqué l'appel à `mt_rand()` dans ce code ? Ici, « mt » est l'abréviation de « Mersenne Twister », le PRNG non cryptographique que nous avons évoqué précédemment. En 2012, des chercheurs ont montré comment exploiter la prédictibilité du Mersenne Twister pour prédire les futurs jetons et mots de passe temporaires générés par MediaWiki, étant donné quelques jetons de sécurité. MediaWiki a été corrigé et utilise désormais un PRNG cryptographique.

6.4 Bug d'échantillonnage malgré un bon PRNG

Le bug suivant démontre comment un PRNG cryptographique solide avec suffisamment d'entropie peut conduire à une distribution biaisée. L'application de *chat* Cryptocat avait été conçue pour offrir des communications sécurisées de bout en bout. Il utilisait notamment une fonction pour créer une chaîne de caractères aléatoire composée uniquement de chiffres décimaux, à savoir 0 à 9. Cependant, le simple fait de réduire modulo 10 des octets aléatoires (vus comme des nombres entre 0 et 255) ne permet pas d'obtenir une distribution uniforme, car en prenant tous les nombres compris entre 0 et 255 et en les réduisant modulo 10, on n'obtient pas un nombre égal de valeurs comprises entre 0 et 9.

Cryptocat a fait la chose suivante pour éviter ce problème et obtenir une distribution uniforme :

```
Cryptocat.random = function() {
    var x, o = '';
    while (o.length < 16) {
        x = state.getBytes(1);
        if (x[0] <= 250) {
            o += x[0] % 10;
        }
    }
    return parseFloat('0.' + o)
}
```

C'était presque parfait. En ne sélectionnant dans la condition `if` que les nombres jusqu'à un multiple de 10, on s'attendrait à une distribution uniforme des chiffres de 0 à 9. Malheureusement, il y avait une petite erreur. Je vous laisse analyser le problème, à titre d'exercice. Vous devriez constater qu'il y a un léger biais statistique en faveur de 0 (indice : <= aurait dû être <).

7. POUR ALLER PLUS LOIN

Ce chapitre ne couvre que les bases de la génération et de l'utilisation d'aléa en cryptographie. Il y a notamment bien plus à apprendre sur la théorie de l'aléa, avec de notions telles que les différentes formes d'entropie, les extracteurs d'aléa (*randomness extractors*), ou encore le pouvoir de la randomisation et dérandomisation en théorie de la complexité, un domaine intimement lié à la cryptographie. Pour en savoir plus sur les PRNG et leur sécurité, lisez par exemple l'article classique de 1998 "Cryptanalytic Attacks on Pseudorandom Number Generators" de Kelsey, Schneier, Wagner, et Hall. Allez ensuite regarder l'implémentation des PRNG dans vos applications préférées et essayez de trouver leurs faiblesses. (Cherchez en ligne *random generator bug* pour trouver de nombreux exemples.)

Mais nous n'en avons pas fini avec l'aléa. Nous le rencontrerons régulièrement tout au long de ce livre, et vous découvrirez les nombreuses façons dont il aide à construire des systèmes sécurisés.

3 La sécurité cryptographique

Les définitions de sécurité en cryptographie ne sont pas les mêmes que celles rencontrées en sécurité de l'information en général. La différence principale étant que la sécurité cryptographique peut être *quantifiée*. Contrairement à l'univers du logiciel, où les applications peuvent contenir des vulnérabilités exploitées de façon claire par un attaquant, en cryptographie, il est souvent possible de calculer l'effort nécessaire pour casser un algorithme donné. Aussi, alors que la sécurité logicielle tente d'empêcher un attaquant d'abuser du code ou de l'API d'une application, le but de la sécurité cryptographique est de créer des algorithmes pour lesquels certains problèmes « mathématiques » clairement définis sont impossibles à résoudre.

Les problèmes cryptographiques reposent sur des notions mathématiques relativement simples — du moins dans ce livre. Ce chapitre présente quelques notions de sécurité essentielles et comment elles sont appliquées pour résoudre des problèmes du monde réel. Nous verrons comment quantifier la sécurité d'un algorithme, ou protocole cryptographique, d'une manière qui soit à la fois solide sur le plan théorique et pertinente sur le plan pratique. Nous étudierons aussi les notions de sécurité inconditionnelle (ou informationnelle) et de sécurité calculatoire (ou computationnelle), de sécurité en nombre de bits et de coût total d'une attaque, de sécurité prouvée et heuristique, et de la génération de clés symétriques et asymétriques. Nous conclurons avec des exemples réels de failles dans des cryptosystèmes en apparence solides.

1. DÉFINIR L'IMPOSSIBLE

Dans le chapitre 1, nous avons présenté la sécurité d'un cryptosystème en fonction des moyens d'un attaquant ainsi que de ses objectifs, et nous avons considéré un système de chiffrement sûr s'il était impossible pour cet attaquant d'atteindre son objectif avec les moyens à sa disposition. Par exemple, un système satisfait la notion de sécurité IND-CPA s'il est impossible à un attaquant *chosen-plaintext*, ou CPA, de distinguer des *ciphertexts* de valeurs aléatoires, soit la notion d'indistinguabilité, ou IND. Mais que signifie *impossible* dans ce contexte ?

Deux notions permettent de définir le concept d'impossible en cryptographie : la sécurité inconditionnelle et la sécurité calculatoire. Pour l'expliquer simplement, la *sécurité inconditionnelle* signifie l'impossibilité théorique tandis que la *sécurité calculatoire* désigne une impossibilité pratique. La sécurité inconditionnelle ne peut pas quantifier la sécurité, puisque selon elle un cryptosystème est soit sûr soit non sûr, sans nuance possible ; elle est donc peu utile en pratique, même si elle joue un rôle prépondérant en cryptographie théorique. La sécurité calculatoire est bien plus pertinente, et offre une mesure pratique de la solidité d'un cryptosystème.

1.1 Sécurité théorique : la sécurité inconditionnelle

La sécurité inconditionnelle ne décrit pas à quel point il est difficile de casser un cryptosystème, mais s'il est concevable de le casser quelles que soient les capacités de calcul disponibles. Même si une attaque prenait des milliards d'années à se terminer, elle serait considérée comme une faiblesse du point de vue de la sécurité inconditionnelle, et un tel système ne saurait alors être qualifié de sûr.

Par exemple, le *one-time pad* introduit au chapitre 1 est inconditionnellement sûr. Pour rappel, le *one-time pad* chiffre un *plaintext* P en un *ciphertext* $C = P \oplus K$, où K est une suite de bits aléatoire et unique. Ce cryptosystème est inconditionnellement sûr car, ayant des ressources illimitées et en essayant toutes les clés possibles, il vous sera impossible de distinguer la bonne clé K et son *plaintext* P associé parmi toutes les possibilités de K, car à chaque P possible correspondra une clé K.

1.2 Sécurité pratique : la sécurité calculatoire

La sécurité calculatoire permet de quantifier la sécurité d'un cryptosystème ou d'un algorithme de chiffrement. Contrairement à la sécurité inconditionnelle, la sécurité calculatoire considère un cryptosystème comme étant sûr s'il ne peut être cassé dans un temps *raisonnable* avec des ressources raisonnables (matériel, budget, énergie, etc.). Que veut dire raisonnable ? Considérons par exemple qu'une attaque qui prendrait plusieurs millions d'années en utilisant des milliards de processeurs n'est pas un risque, et donc qu'elle est impossible en pratique. Nous reviendrons sur la définition de raisonnable plus loin dans ce chapitre.

Par exemple, considérons un cryptosystème $\mathbf{E}$ pour lequel vous connaissez une paire *plaintext–ciphertext* $(P, C = \mathbf{E}(K, P))$ mais pas la clé K de 128 bits. Ce cryptosystème n'est pas inconditionnellement sûr, puisqu'on peut essayer les 2^{128} valeurs possibles de K jusqu'à en trouver une qui satisfait $\mathbf{E}(K, M) = C$. En pratique, cependant, même en testant 100 milliards de clés par seconde, trouver la clé prendrait plus de 100 trillions (100 000 000 000 000 000 000) d'années. Il est donc raisonnable de dire qu'un tel cryptosystème est sûr en pratique.

La sécurité calculatoire donne une limite sur la difficulté à casser un cryptosystème, qu'elle exprime parfois à l'aide de deux valeurs :

✓ Une estimation du temps de calcul, t, qui est une limite sur le nombre d'opérations qu'un attaquant effectuerait.

✓ Une estimation du taux de succès, ε (prononcé « epsilon »), qui est une limite sur la probabilité d'une attaque réussie. ε est donc compris entre 0 et 1.

On dit qu'un cryptosystème est *(t, ε)-sûr* si un attaquant qui effectuerait au maximum t opérations — quelles que soient ces opérations — a une probabilité de succès inférieure ou égale à ε.

Il est important de noter que t et ε ne sont que des limites : si un système de chiffrement est *(t, ε)-sûr*, aucun attaquant faisant moins de t opérations ne réussira (avec une probabilité ε). Mais cela ne signifie pas qu'un attaquant faisant plus de t opérations réussira nécessairement à attaquer le cryptosystème. On dit que t est une *borne inférieure* de l'effort de calcul nécessaire, parce qu'un attaquant aurait besoin d'au moins t opérations pour compromettre la sécurité.

Parfois, nous connaissons exactement l'effort nécessaire pour casser un cryptosystème ; dans un tel cas on dit que la *(t, ε)-sécurité* du cryptosystème est une borne forte (*tight bound*). C'est par exemple le cas si l'on connaît une attaque permettant de casser le système de chiffrement avec une probabilité ε et exactement t opération, et que l'on peut démontrer qu'il n'existe pas de meilleure attaque.

Par exemple, un des cas les plus simples est le chiffrement symétrique : si la clé est de 128 bits, le cryptosystème devrait être *(t, $t/2^{128}$)-sûr* pour n'importe quelle valeur de t entre 1 et 2^{128}. La meilleure attaque doit être la force brute (*brute force*), c'est-à-dire tester toutes les clés jusqu'à trouver la bonne. Une attaque plus efficace nécessiterait d'exploiter des imperfections du cryptosystème. Les cryptographes s'efforcent donc de créer des algorithmes pour lesquels la force brute est l'unique et meilleure attaque.

Concrètement, que signifie l'affirmation *(t, $t/2^{128}$)-sûr* ? Examinons les probabilités de succès dans trois cas différents :

✓ Si, $t = 1$, un attaquant essaye une clé et réussit avec une probabilité $\varepsilon = 1/2^{128}$, soit la probabilité que la clé choisie soit la bonne.

✓ Si $t = 2^{128}$, un attaquant essaye toutes les 2^{128} clés, et trouvera donc nécessairement la bonne, d'où une probabilité $\varepsilon = 1$.

✓ Si $t = 2^{64}$, un attaquant essaye seulement 2^{64} clés et réussit avec une probabilité $\varepsilon = 2^{64}/2^{128} = 1/2^{64}$. Quand un attaquant essaye seulement une fraction de toutes les clés, la probabilité de succès croît proportionnellement au nombre de clés essayées.

Un cryptosystème symétrique avec une clé de n bits est au mieux *(t, t/2ⁿ)-sûr*, pour t compris entre 1 et 2^n, car peu importe la solidité du système, une attaque par force brute sera toujours possible si l'attaquant dispose d'une paire *plaintext–ciphertext*. S'il n'a que des *ciphertexts* et aucune idée du *plaintext* sous-jacent, il devient bien plus difficile de tester des clés.

Note : Nous avons compté le temps de calcul en termes de nombre d'évaluations du cryptosystème, plutôt que le temps absolu ou le nombre de cycles d'horloge d'un processeur. En effet, la sécurité calculatoire est indépendante de la technologie utilisée, ce qui est une bonne chose : un cryptosystème qui est (t, ε)*-sûr* aujourd'hui sera toujours (t, ε)*-sûr* demain, mais ce qui est considéré comme étant sûr en pratique aujourd'hui pourrait ne plus l'être demain.

2. QUANTIFIER LA SÉCURITÉ

Quand une nouvelle attaque est découverte, la première chose qu'on cherche à savoir est son efficacité théorique, afin d'estimer si elle est réalisable en pratique. À l'inverse, si l'on a un cryptosystème supposé sûr, il est important de savoir précisément jusqu'à quel point. Pour répondre à ces questions, nous verrons comment la sécurité cryptographique est mesurée en bits et quels facteurs affectent le coût réel d'une attaque.

2.1 Mesurer la sécurité en bits

En sécurité calculatoire, on dira simplement cryptosystème est *t-sûr* quand une attaque réussie à coup sûr (ou presque) nécessite au moins t opérations. Ceci permet d'éviter la notation (t, ε) en supposant une probabilité de succès ε proche de 1. On exprime alors la sécurité en bits, où « n bits de sécurité » signifie qu'environ 2^n opérations sont nécessaires pour compromettre la sécurité du système.

Si l'on sait approximativement combien d'opérations sont nécessaires pour casser un cryptosystème, alors on peut déterminer son niveau de sécurité en bits en calculant le logarithme binaire du nombre d'opérations : si le nombre d'opérations nécessaires s'élève à 1 000 000, alors le niveau de sécurité du cryptosystème correspondant est de $\log_2(1\,000\,000)$, soit environ 20 bits (car $2^{20} = 1\,048\,576$). Rappelons qu'une clé de n bits offre au plus une sécurité de n bits, car une attaque par force brute testant les 2^n valeurs possibles sera toujours faisable ; mais la taille d'une clé ne correspond pas toujours à son niveau de sécurité — cela nous donne juste une *borne supérieure* de sa sécurité.

Le niveau de sécurité peut être inférieur à la taille de la clé pour une des deux raisons suivantes :

- ✓ Il existe une attaque qui casse le cryptosystème avec moins d'opérations qu'idéalement, en exploitant par exemple la structure du cryptosystème (comme dans l'exemple de 3DES au chapitre 4), ou si l'on arrive à extraire de l'information sur la clé à partir de paires *plaintext–ciphertext* afin d'avoir à essayer moins de 2^n clés.
- ✓ La sécurité diffère volontairement de la taille de sa clé, comme c'est le cas pour la plupart des cryptosystèmes asymétriques. Par exemple, l'algorithme RSA avec des facteurs secrets p et q de 1 024 bits (et donc un module $n = pq$ de 2 048 bits) offre moins de 128 bits de sécurité.

Le nombre de bits de sécurité est un indicateur essentiel pour comparer le niveau de sécurité de plusieurs cryptosystèmes et l'ordre de grandeur de la complexité d'une attaque : si la sécurité est de 16 bits, on sait qu'il n'y aura aucune sécurité ; et si elle est de 128 bits, on sait qu'il n'y aura aucun risque. Qu'en est-il cependant des cas intermédiaires, lorsque l'on souhaite estimer concrètement le coût réel et la faisabilité d'une attaque ayant (par exemple) un coût de « 2^{64} opérations » en théorie ? Dans ce cas, les bits de sécurité sont une abstraction simpliste, car elle suppose simplement qu'il faut 2^n opérations pour casser un cryptosystème d'une sécurité de n bits, quelles que soient ces opérations. Deux cryptosystèmes avec le même niveau de sécurité sur le papier peuvent en réalité avoir des niveaux de sécurité complètement différents, si l'on prend en compte le coût réel d'une attaque.

Supposons que nous ayons deux cryptosystèmes, chacun avec une clé de 128 bits, et donc une sécurité de 128 bits. Chacun nécessite donc 2^{128} opérations pour être cassé. Toutefois nous savons que le second cryptosystème est 100 fois plus lent que le premier. Évaluer ce second algorithme 2^{128} fois prendra autant de temps que $100 \times 2^{128} \approx 2^{134,64}$ évaluations du premier. Il aurait donc une sécurité de 134,64 bits si l'on se réfère au premier algorithme ; à l'inverse, si l'on compte en termes d'opérations du second algorithme, le premier aura une sécurité de $\log(2^{128}/100) \approx 121,35$ bits seulement. Pouvons-nous alors dire que le second algorithme est intrinsèquement plus solide que le premier ?

La définition inconsistante d'une « opération » pose encore plus de difficultés lorsqu'on compare l'efficacité d'attaques cryptanalytiques. Certaines prétendent démontrer qu'elles réduisent le niveau de sécurité d'un cryptosystème, par exemple si elles exigent « 2^{120} opérations » pour attaquer un cryptosystème ayant une sécurité nominale de 128 bits. Mais dans de nombreux cas une telle différence numérique ne se traduirait pas par une plus grande efficacité en pratique, c'est-à-dire que la prétendue attaque ne serait pas plus rapide ni moins coûteuse qu'une recherche par force brute. Pourquoi cela arrive-t-il ? Parce qu'il est difficile d'analyser le coût réel d'une attaque sans l'avoir implémentée.

Néanmoins, les bits de sécurité sont un indicateur utile, dans la mesure où les attaques comptent des opérations ayant une complexité similaire à celle de l'évaluation du cryptosystème, afin de comparer avec la force brute. Après tout, en pratique, un ordre de grandeur suffit souvent à estimer la solidité d'un système de chiffrement.

2.2 Coût total d'une attaque

Les bits de sécurité expriment le coût de l'attaque la plus rapide contre un cryptosystème en estimant l'ordre de grandeur du nombre d'opérations nécessaire à son succès. Mais d'autres facteurs que le nombre d'opérations affectent le coût d'une attaque et doivent être pris en compte. Découvrons les quatre facteurs principaux, à savoir le parallélisme, la mémoire, le pré-calcul, et le nombre de cibles.

◆ *Le parallélisme*

Le premier facteur à considérer est le degré de parallélisme, soit sa capacité à être exécuté plus rapidement en effectuant plusieurs tâches ou séries d'opérations en même temps, donc *en parallèle*.

Par exemple, imaginez deux attaques de 2^{56} opérations chacune, où la seconde attaque peut être parallélisée mais pas la première :

✓ La première nécessite 2^{56} opérations *séquentiellement dépendantes*, calculant une série $x_i = f_i(x_{i-1})$ à partir d'un x_0 donné, avec des fonctions f_i pour i compris entre 1 et 2^{56}.

✓ La seconde attaque nécessite 2^{56} opérations *indépendantes* les unes des autres, qui peuvent donc être exécutées en parallèle. Elle calculera $x_i = f_i(x_0)$ pour i compris entre 1 et 2^{56}, où chaque calcul est donc indépendant des autres.

Le traitement parallèle permet d'être bien plus rapide que le calcul séquentiel. Par exemple, si vous avez à disposition 2^{16} = 65 536 processeurs, vous pouvez distribuer la charge de travail de la seconde attaque sur les 2^{16} tâches processeurs, chacun exécutant $2^{56}/2^{16} = 2^{40}$ opérations. La durée de l'attaque sera donc le temps nécessaire à un processeur pour effectuer 2^{40} opérations. La première attaque, en revanche, ne pourra pas bénéficier des 2^{16} processeurs, car chaque opération dépend du résultat de l'opération précédente. L'attaque parallélisable sera donc 65 536 fois plus rapide que l'attaque séquentielle, même si le nombre d'opérations nécessaire à leur réussite est le même.

> **Note** : Les algorithmes qui sont *N* fois plus rapides à attaquer lorsque *N* processeurs sont disponibles sont parfois appelés *embarrassingly parallel* (« parallèlement embarrassants »), et leur temps d'exécution est donc *proportionnel* au nombre de processeurs.

◆ La mémoire

Le deuxième facteur déterminant le coût réel d'une attaque est l'utilisation de la mémoire. En tant qu'algorithmes, les attaques cryptanalytiques doivent être évaluées selon leur utilisation du temps et de l'espace : combien d'opérations effectuent-elles, combien de mémoire ou d'espace de stockage consomment-elles, comment utilisent-elles cet espace, et quelle est la vitesse d'accès de la mémoire disponible ? Malheureusement, les estimations de sécurité en bits se préoccupent principalement du nombre d'opérations, pas du coût de la mémoire, car sur le papier il apparaît comme gratuit.

Si l'on souhaite une estimation fiable du coût réel d'une attaque, il est crucial de prendre en compte les coûts associés à la mémoire, notamment le nombre d'accès, leur vitesse (qui peut différer entre les lectures et les écritures), la taille des données stockées, le modèle d'accès (adresses contiguës ou aléatoires), et la façon dont les données sont structurées en mémoire.

Par exemple, les processeurs de serveurs ont souvent plusieurs types de mémoire : la mémoire intégrée au processeur (dont ses registres), la mémoire cache, ayant elle-même plusieurs niveaux (L1 à L3, typiquement), et enfin la mémoire DRAM (*dynamic random access memory*) hors du processeur.

Par exemple, sur un processeur Intel Xeon 8380 de 2021 de type Ice Lake, l'accès à un registre prend un cycle d'horloge, l'accès au cache L1 (48 ko) prend 5 cycles, l'accès au cache L2 (1,25 Mo) prend 14 cycles, l'accès au cache L3 (60 Mo) prend en moyenne 63,5 cycles, et l'accès à la DRAM est au mieux aussi rapide, et en général beaucoup moins rapide que l'accès au cache L3 (le délai exact dépend de plusieurs facteurs).

◆ Le pré-calcul

Les opérations de pré-calcul (*precomputation*) sont des opérations effectuées une seule fois, et dont les résultats peuvent être réutilisés pour chaque exécution d'une attaque. Le pré-calcul est parfois appelé la phase *offline* d'une attaque.

Par exemple, considérons l'attaque par compromis temps-mémoire (*time-memory trade-off*). Lorsqu'un attaquant exécute ce type d'attaque, il effectue un énorme pré-calcul qui produit une grande quantité de données sous forme de tables, qui sont ensuite stockées et réutilisées pour exécuter l'attaque contre une cible donnée. Le chiffrement mobile 2G est vulnérable à ce type d'attaque, où le pré-calcul a pris environ deux mois pour construire des tables de deux téraoctets, qui ont ensuite permis de déterminer une clé de session de chiffrement 2G en quelques secondes seulement.

Seulement une minorité d'attaques se prête à une phase de pré-calcul, mais lorsque c'est le cas, un calcul long et coûteux peut potentiellement être amorti en exécutant l'attaque un grand nombre de fois.

◆ *Le nombre de cibles*

Enfin, nous en venons au critère du nombre de cibles de l'attaque ; par exemple, si l'on a cent *ciphertexts* créés chacun avec une clé différente, on dira qu'on a 100 cibles, même si l'on peut se satisfaire de n'en décrypter qu'un seul des cent. Plus le nombre de cibles est élevé, plus la « surface d'attaque » est grande, et (en général) plus une attaque a de chances de réussir contre au moins une des cibles.

Considérons l'exemple le plus simple : une recherche de clé par force brute. Si vous ciblez une seule clé de n bits, il vous faudrait environ 2^n essais pour retrouver la clé à partir d'une paire *plaintext–ciphertext*. Mais si vous ciblez plusieurs clés de n bits — par exemple, un nombre M — et si, pour un plaintext P donné, vous avez M *ciphertexts* $C = \mathbf{E}(K, P)$ pour chacune des M clés K recherchées, il vous faudrait 2^n essais pour retrouver *toutes* les clés, car on n'a pas besoin de répéter la recherche M fois. Mais si n est suffisamment grand et donc que 2^n représente un effort de calcul pratiquement impossible, cela n'aide pas tellement.

En revanche, si vous n'êtes intéressé que par *au moins une* des M clés et non par toutes, il ne faudrait en moyenne que $2^n/M$ tentatives pour réussir. Par exemple, si l'on a $M = 2^{20}$ (environ un million) de clés ciblées, chacune de 128 bits, il ne faudrait en moyenne « que » $2^{128-20} = 2^{108}$ essais. Autrement dit, le coût (et la rapidité) de l'attaque diminue proportionnellement avec le nombre de cibles.

2.3 Choix et évaluation des niveaux de sécurité

Le choix d'un niveau de sécurité revient souvent à choisir entre une sécurité de 128 bits et de 256 bits, car les cryptosystèmes les plus établis ainsi que leurs implémentations sont le plus souvent utilisés avec l'un de ces deux niveaux de sécurité. Par exemple, le *blockcipher* AES-128 (128 bits) ; les signatures ECDSA avec la courbe NIST P-256 et la fonction de hachage SHA-256 (128 bits) ; les fonctions de hachage BLAKE2b et SHA-512 (256 bits, contre les collisions) ; le *blockcipher* AES-256 (256 bits) ; etc. Bien que la plupart des cryptosystèmes utilisés aujourd'hui possèdent au moins 128 bits de sécurité, on peut parfois rencontrer des cas de sécurité de 64 ou 80 bits seulement, ce qui est en général insuffisant, mais pas nécessairement selon les besoins de l'application.

Une sécurité de 128 bits implique qu'attaquer le cryptosystème nécessite approximativement 2^{128} opérations, par exemple 2^{128} essais de clé pour un *blockcipher*. Pour avoir une idée de l'ordre de grandeur de ce chiffre, on peut dire que l'âge de l'univers est de « seulement » environ 2^{88} nanosecondes (il y a un milliard de nanosecondes dans une seconde). Même si le fait de tester une clé ne prend qu'une nanoseconde (ce dont nous sommes très loin), il faudrait plusieurs fois l'âge de l'univers pour qu'une attaque se termine (2^{40} fois pour être précis). On peut alors se demander pourquoi utiliser plus de 128 bits de sécurité.

En effet, le parallélisme et les cibles multiples ne peuvent-ils pas réduire considérablement la durée d'une attaque? Pas tout à fait. Supposons que vous souhaitiez retrouver une clé parmi un million de cibles, et que vous disposiez d'un million de processeurs. Cela réduit le temps de recherche effective de 2^{128} à $(2^{128}/2^{20})/2^{20} = 2^{88}$, ce qui équivaut à une seule fois l'âge de l'univers.

Un autre élément à prendre en compte lors de l'évaluation des niveaux de sécurité est l'évolution de la technologie. Selon la loi de Moore, formulée en 1975, l'efficacité des processeurs double tous les deux ans environ. En simplifiant et en ignorant les limites physiques de cette observation, on peut voir cette évolution comme la perte d'un bit de sécurité tous les deux ans : si aujourd'hui un budget de 1 000 € vous permet de casser, par exemple, une clé de 40 bits en une heure, alors la loi de Moore postule que deux ans plus tard, vous pourriez casser une clé de 41 bits en une heure pour le même budget. En extrapolant, nous perdrions 40 bits de sécurité d'ici 80 ans par rapport à aujourd'hui : autrement dit, dans 80 ans, exécuter 2^{128} opérations pourrait être aussi coûteux qu'exécuter 2^{88} opérations aujourd'hui. En revenant à notre exemple ci-dessus, incluant un million de cibles et de processeurs, nous en serions alors à seulement 2^{48} nanosecondes de calcul, soit environ trois jours. Mais cette extrapolation est très imprécise car la loi de Moore ne peut et ne va pas évoluer à ce point. Néanmoins, vous comprenez l'idée ; ce qui semble infaisable aujourd'hui sera peut-être réaliste dans un siècle.

Il y a des cas où un niveau de sécurité inférieur à 128 bits est justifié, notamment lorsqu'un message n'a besoin d'être secret que pour une courte période et que les coûts d'intégration d'un niveau de sécurité plus élevé sont prohibitifs ou ont un impact sur l'expérience de l'utilisateur. Les systèmes de télévision à péage, où les clés de chiffrement du contenu audio et vidéo sont souvent de 48 ou 64 bits seulement, en sont un exemple concret. Cela semble ridiculement bas, mais c'est un niveau de sécurité suffisant car la clé est modifiée toutes les 5 ou 10 secondes.

Une sécurité de 256 bits plutôt que de 128 bits peut également être justifiée, surtout quand le coût de calcul supplémentaire est minimal. En effet, si des progrès majeurs sont réalisés dans la construction d'un ordinateur quantique lors des prochaines décennies, une telle machine pourrait potentiellement effectuer des recherches de clés symétriques de n bits en nettement moins d'opérations (pour une définition sensiblement différente de ces opérations) que 2^n, grâce à l'algorithme de Grover (voir chapitre 14). Cependant, dans la grande majorité des cas, une sécurité supérieure à 256 bits n'a aucune valeur réelle si ce n'est à des fins émotionnelles ou marketing.

Comme l'aurait dit un jour John Kelsey, cryptographe à l'agence NIST, « la différence entre 80 bits et 128 bits de recherche de clé est comme la différence entre une mission vers Mars et une mission vers Alpha du Centaure. Pour autant que je puisse voir, il n'y a pas de différence perceptible entre des clés de 192 bits et de 256 bits en termes d'attaques pratiques par force brute ; impossible est impossible. ».

3. ATTEINDRE LA SÉCURITÉ

Une fois qu'on a choisi un niveau de sécurité, il est important de s'assurer que les algorithmes et protocoles cryptographiques utilisés satisfont (au moins) ce niveau. Autrement dit, on a besoin de *garanties* que le niveau de sécurité attendu est et restera atteint.

Pour avoir confiance dans la sécurité d'un système cryptographique, il existe deux approches : on peut s'appuyer sur des preuves *mathématiques*, une approche appelée *sécurité prouvée*, ou *sécurité prouvable* (*provable security*), ou alors sur la résistance répétée à la cryptanalyse et aux tentatives d'attaque par des experts en la matière, une approche qu'on peut appeler *sécurité heuristique*, voire sécurité *probable*. Ces deux approches sont complémentaires et aucune n'est fondamentalement supérieure à l'autre, comme nous allons le voir.

3.1 Sécurité prouvée

La sécurité prouvée consiste à démontrer que casser votre schéma cryptographique est au moins aussi difficile que de résoudre un autre problème reconnu comme difficile. Une telle *preuve de sécurité* garantit alors que la cryptographie est sûre tant que le problème difficile reste difficile. Ce type de preuve s'appelle une *réduction*, et provient du domaine de la théorie de la complexité. On dit qu'un problème difficile X est *réductible* à la sécurité d'un certain cryptosystème si toute méthode pour casser le cryptosystème donne également une solution au problème X. Si l'on prouve une telle réduction, et qu'on a la forte conviction que X est pratiquement impossible à résoudre, alors il s'ensuit que le cryptosystème est nécessairement sûr.

On trouve de telles preuves de sécurité sous deux formes, selon le type de problème présumé difficile sous-jacent : les preuves relatives à un problème mathématique et les preuves relatives à un problème cryptographique.

◆ *Preuves relatives à un problème mathématique*

De nombreuses preuves de sécurité (notamment en cryptographie asymétrique) démontrent que casser un schéma cryptographique donné est au moins aussi difficile que la résolution d'un problème mathématique reconnu comme difficile. Il s'agit de problèmes dont il existe une solution, qu'il est facile de vérifier une fois celle-ci connue, mais qui est pratiquement impossible à découvrir en pratique.

Note : Même s'il n'existe pas preuve absolue que les problèmes mathématiques que l'on suppose difficiles le sont réellement, la théorie de la complexité offre nombre d'arguments dans ce sens. Trouver une telle preuve est un des plus grands défis non seulement en théorie de la complexité, mais également en mathématiques de manière générale. Le problème dit de P *vs* NP est en effet un des *Millenium Problems* sélectionné par le *Clay Mathematics Institute*, pour lesquels une prime d'un million de dollars est promise à quiconque pourra le résoudre. Ce sujet est abordé plus en détail au chapitre 9.

Le problème difficile le plus connu dans le monde de la cryptographie est sûrement le problème de *factorisation d'entiers* : étant donné un nombre que vous savez être le produit de deux nombres premiers ($n = p \times q$), le problème consiste à retrouver lesdits nombres premiers p et q à partir de n. Par exemple, si $n = 15$, la réponse est 3 et 5. Ce problème est facile pour des petits nombres, mais devient exponentiellement plus difficile à mesure que la taille du nombre augmente. Par exemple, si un nombre n fait 3000 bits (environ 900 chiffres décimaux) ou plus, sa factorisation est considérée comme pratiquement infaisable.

Le célèbre cryptosystème RSA (de ses auteurs Rivest, Shamir, et Adleman) se base sur la difficulté du problème de factorisation : RSA chiffre un *plaintext* P, vu comme un grand nombre inférieur à n, en calculant $C = P^e \bmod n$, où e et $n = pq$ forment la clé publique. Le déchiffrement consiste à calculer $P = C^d \bmod n$, où d est la clé privée associée à e et n, tel que si l'on élève un nombre à la puissance e et ensuite à la puissance d, on obtient le nombre de départ.

L'exposant privé d est l'inverse modulaire de e modulo $(p - 1) \times (q - 1)$, et peut être facilement calculé à partir de e si l'on parvient à factoriser n et retrouver p et q. À l'inverse, si l'on connaît e et d, alors il devient facile de factoriser n (voir par exemple l'article à l'adresse https://eprint.iacr.org/2004/208). Factoriser n et retrouver une clé privée de RSA sont donc des problèmes équivalents. C'est ce genre de réduction qui nous intéresse en sécurité prouvée, où l'équivalence est claire. Cependant, l'équivalent est moins clair si l'on considère la sécurité de RSA en termes de confidentialité du message : il n'existe pas encore de preuve absolue que retrouver un *plaintext* chiffré avec RSA soit aussi difficile que la factorisation de n, notamment car la connaissance du *plaintext* ne révèle pas la clé privée.

◆ *Preuves relatives à un autre problème de cryptographie*

Plutôt que de comparer un schéma cryptographique à un problème mathématique, on peut parfois le comparer à un autre schéma cryptographique et prouver que si le second est sûr alors le premier l'est aussi. Les preuves de sécurité pour les constructions de cryptosystèmes symétriques suivent généralement cette approche.

Par exemple, si l'on a un algorithme qui réalise une permutation d'un état de (disons) 1 600 bits, et si cet algorithme n'a aucune structure ou biais statistique qui le distinguerait d'une permutation aléatoire, alors on considère une telle permutation comme cryptographiquement sûre. *A priori*, on ne peut pas faire grand-chose avec seulement une permutation, mais il existe des constructions de fonction de hachage, de générateur pseudo-aléatoire et de chiffrement authentifié qui ne nécessitent qu'une permutation cryptographiquement sûre et pour lesquels une preuve de sécurité par réduction démontre que le seul moyen de les attaquer est de s'attaquer à la permutation. Autrement dit, nous savons avec certitude que le schéma cryptographique créé ne sera pas cassé tant que la permutation qu'il utilise est sûre.

Quand on prouve qu'un cryptosystème « complexe » ne peut pas être plus faible que les composants « simples » qu'il utilise, comme dans l'exemple ci-dessus, on réduit fortement la *surface d'attaque* et donc le risque d'attaque. Pour tenter de mettre sa sécurité à l'épreuve, il suffit en effet d'examiner les composants simples sous-jacents, sans avoir à faire preuve de créativité pour attaquer leur combinaison dans la mesure où la preuve de sécurité est correcte. Les cas de modes opératoires de *blockciphers* présentés au chapitre 4 en sont un exemple : on sait que si un *blockcipher* sûr est utilisé, alors le mode CTR sera sûr (au sens de sécurité IND-CPA).

◆ Mises en garde

Les chercheurs en cryptographie se basent beaucoup sur les preuves de sécurité pour se convaincre qu'un protocole ou une construction est sûr, qu'il s'agisse de preuves relatives à des problèmes mathématiques établis ou bien à d'autres schémas cryptographiques. Mais l'existence d'une preuve de sécurité n'est pas une garantie absolue qu'un cryptosystème soit parfait et incassable en pratique. Une preuve de sécurité n'est pas une excuse pour négliger les risques liés à la mise en œuvre et au déploiement d'un système cryptographique. Comme l'a dit un jour le cryptographe Lars Knudsen, "If it's provably secure, it's probably not." (« Si c'est prouvé sûr, ce ne l'est probablement pas. »). Il existe en effet de multiples raisons pour lesquelles un système « prouvé sûr » peut être en réalité beaucoup moins sûr qu'on ne l'imagine.

L'un des problèmes concerne l'expression « preuve de sécurité » elle-même. En mathématiques, une preuve est la démonstration d'une *vérité absolue*, mais en cryptographie, une preuve n'est que la démonstration d'une *vérité relative*. Par exemple, prenons une preuve qu'un cryptosystème est aussi difficile à casser que le calcul du logarithme discret, soit trouver le nombre x étant donné un générateur g et $g^x \bmod n$. Une telle « preuve de sécurité » est alors sujette à plusieurs conditions : la notion de « casser » doit être pertinente (il y a souvent plusieurs propriétés de sécurité à prendre en compte, et les preuves de sécurité ne les couvrent pas nécessairement toutes) ; le « aussi difficile » n'est pas toujours clair, et peut dépendre de certains choix de paramètres ; enfin, les paramètres (taille de la clé, etc.) doivent être choisis de telle façon que la sécurité (par exemple mesurée en nombre de bits) soit suffisante. Si l'un de ces problèmes se matérialise, et que le cryptographe n'a pas clairement mis en garde les utilisateurs, il pourra toujours dire que sa preuve reste valide et blâmer les utilisateurs.

Revenons au problème des preuves de sécurité qui peuvent parfois ne concerner qu'une seule notion de sécurité spécifique, mais pas toutes. Par exemple, on pourrait prouver que déterminer la clé privée d'un schéma de chiffrement est aussi difficile que le problème de la factorisation, mais si l'on extrait de l'information sur un *plaintext* à partir d'un *ciphertext* sans la clé, on aura cassé le cryptosystème — une *preuve d'insécurité* — sans contredire sa preuve de sécurité.

De plus, les preuves ne sont pas toujours correctes et il peut être plus facile de casser un algorithme que sa preuve ne le suggère.

Note : Malheureusement, peu de chercheurs vérifient soigneusement les preuves de sécurité, qui s'étendent parfois sur des dizaines de pages et sont assez complexes, ce qui complique le contrôle de leur qualité scientifique. Cela dit, démontrer qu'une preuve est incorrecte n'implique pas forcément que le résultat prouvé soit faux, et dans ce cas une preuve correcte peut souvent être obtenue en rectifiant la preuve originale.

Une autre considération importante est que les problèmes mathématiques utilisés comme référence par les preuves de sécurité se révèlent parfois plus faciles à résoudre que prévu selon les circonstances. Par exemple, certains choix de paramètres, dits faibles, permettent de casser RSA facilement, notamment si l'exposant public est égal à 3 ou si les facteurs premiers p et q sont relativement proches. Ou alors, le problème mathématique peut être difficile dans certains cas (*worst case*, ou pire cas), mais pas en moyenne (*average case*), comme cela a pu se produire lorsque le problème de référence est nouveau et n'est pas encore bien compris. C'est ce qui s'est passé lorsque le schéma de chiffrement basé sur le problème dit du sac à dos (*knapsack*) créé en 1978 par Merkle et Hellman a été par la suite totalement cassé à l'aide de techniques de réduction de treillis (*lattice reduction*).

Enfin, même lorsque la preuve de la sécurité d'un algorithme est correcte, l'implémentation de l'algorithme peut être faible. Par exemple, les attaquants peuvent exploiter des informations par un *side channel* tel que la consommation d'énergie ou le temps d'exécution afin d'obtenir des informations sur les opérations internes d'un algorithme afin de le casser, contournant ainsi la preuve. Ou encore, un cryptosystème peut être utilisé avec de mauvais paramètres, des valeurs d'aléa non cryptographique, des *nonces* répétés quand ils devraient être uniques, ou avec une mauvaise gestion des clés, un contrôle d'accès insuffisant, etc.

Les risques touchant la cryptographie dans le monde réel n'ont pas toujours grand-chose à voir avec la cryptographie.

◆ *Sécurité heuristique*

La sécurité prouvée est un excellent outil pour gagner confiance dans un algorithme ou un protocole cryptographique, mais elle ne s'applique pas à tous les types d'algorithmes. La plupart des algorithmes symétriques n'ont pas de preuve de sécurité. Par exemple, nous utilisons tous les jours AES d'une façon ou d'une autre, et de nombreux gouvernements et services secrets l'utilisent pour protéger la confidentialité d'information, que ce soit via des serveurs, téléphones portables, ou ordinateurs de bureau. Mais la sécurité d'AES n'est pas prouvée ; il n'existe aucune preuve qu'il est aussi difficile à casser qu'un problème bien connu — il existe seulement des preuves que certaines techniques d'attaque ne marchent pas. En effet, AES ne peut pas être relié à un problème mathématique ou à un autre algorithme, car il est lui-même un problème difficile.

Dans les cas où la sécurité prouvée ne s'applique pas, ou bien très difficilement, la seule condition pour avoir confiance en un cryptosystème réside dans la probabilité que de nombreuses personnes compétentes aient essayé de le casser et aient échoué. Il s'agit ici de *sécurité heuristique*.

Comment, alors, pouvons-nous être sûrs qu'un cryptosystème est fiable ? On ne peut jamais être sûr au sens mathématique, mais on peut être assez certain qu'un algorithme ne sera pas cassé si des centaines de cryptanalystes expérimentés ont chacun passé des centaines d'heures à essayer de le casser et ont échoué, tout en publiant les détails de leurs travaux. Généralement, la tendance chez les cryptanalystes est d'attaquer des versions simplifiées, avec moins d'opérations ou moins de *rounds* par exemple. Lorsqu'ils analysent un nouveau cryptosystème, les cryptanalystes essaient d'abord de casser un tour, puis deux, trois, ou autant que possible. On appelle alors *marge de sécurité* la différence entre le nombre total de *rounds* et le nombre de *rounds* qui ont été attaqués avec succès (ce qui ne signifie pas nécessairement qu'ils sont cassables en pratique, mais avec un niveau de sécurité inférieur à celui promis ; par exemple, une attaque en 2^{110} opérations quand une sécurité de 128 bits est promise sera considérée comme une attaque même si un tel effort n'est pas réalisable en pratique). Lorsqu'après des années d'analyse la marge de sécurité d'un chiffrement n'a pas trop bougé, on peut être assez confiant sur le fait qu'il soit (fort probablement) sûr.

4. GÉNÉRATION DE CLÉS

Si vous envisagez de chiffrer quelque chose, vous devrez générer des clés, qu'il s'agisse de « clés de session » temporaires (comme celles générées lors de la navigation sur un site HTTPS) ou de clés publiques utilisées à long terme.

Rappelez-vous du chapitre 2 : les clés secrètes, afin de rester secrètes, doivent être générées de manière cryptographiquement aléatoire afin d'être imprédictibles.

Lorsque vous naviguez sur un site Web HTTPS, votre navigateur reçoit la clé publique du site (sous la forme d'un *certificat* permettant de s'assurer que ladite clé appartient bien à l'organisation du site visité) et l'utilise pour établir une ou plusieurs clés symétriques qui ne seront valables que pour la session en cours ; la clé publique de ce site ainsi que sa clé privée associée peuvent être valables pendant des années. Cette clé a donc intérêt à avoir été générée de façon fiable. Mais générer une clé secrète n'est pas toujours aussi simple que de lire suffisamment de bits pseudo-aléatoires. Les clés cryptographiques peuvent en effet être générées de l'une des trois manières suivantes :

- ✓ de manière *aléatoire*, à l'aide d'un générateur de nombres pseudo-aléatoires (PRNG) et en plus, lorsque nécessaire, un algorithme de génération de clé ;
- ✓ à partir d'un *mot de passe*, à l'aide d'une fonction de dérivation de clé par mot de passe (*password-based key derivation function*, PBKDF), qui transforme le mot de passe fourni par l'utilisateur en une clé ;
- ✓ via un protocole d'échange de clé (*key agreement*, ou *key exchange protocol*), qui est une série d'échanges de messages entre deux ou plusieurs parties et qui se termine par l'établissement d'une ou plusieurs clés partagées.

Dans la suite, je vais expliquer la méthode la plus simple : la génération aléatoire.

4.1 Génération de clés symétriques

Les clés symétriques sont des clés secrètes partagées par deux (ou plus) parties, elles sont les plus simples à générer. Elles sont généralement de la même longueur que le niveau de sécurité qu'elles fournissent : une clé AES de 128 bits fournit une sécurité de 128 bits, et n'importe laquelle des 2^{128} chaînes de 128 bits est une clé valide qui offrira la même sécurité que n'importe quelle autre clé.

Pour générer une clé symétrique de *n* bits à l'aide d'un PRNG cryptographique, il suffit de lui demander *n* bits pseudo-aléatoires et d'utiliser ces bits comme clé. C'est tout. On peut par exemple utiliser l'outil OpenSSL pour générer une clé symétrique aléatoire en demandant des octets pseudo-aléatoires, comme dans la commande suivante où l'on demande 16 octets représentés sous forme hexadécimale (évidemment, votre résultat sera différent de celui de l'exemple) :

```
$ openssl rand -hex 16
65a4400ea649d282b855bd2e246812c6
```

4.2 Génération de clés asymétriques

Contrairement aux clés symétriques, les clés asymétriques sont généralement plus longues que le niveau de sécurité qu'elles fournissent. Mais ce n'est pas le plus gros problème. Les clés asymétriques sont plus difficiles à générer que les clés symétriques car il ne suffit pas de copier *n* bits pseudo-aléatoires pour obtenir une clé valide et utilisable. Les clés asymétriques ne sont pas simplement des séquences de bits brutes ; elles représentent un objet ou une structure spécifique, tel qu'un grand nombre avec des propriétés spécifiques. Par exemple, dans RSA, une clé privée consistera essentiellement en deux nombres premiers, il ne suffit donc pas de choisir n'importe quel nombre au hasard. Plus généralement, une chaîne de bits aléatoire ne sera pas suffisante pour obtenir des propriétés spécifiques requises par la clé privée à générer.

Afin de générer une clé asymétrique, on utilise un algorithme de génération de clé (*key generation*) qui prend comme entrée des bits pseudo-aléatoires (au moins autant que le niveau de sécurité attendu) et des paramètres de sécurité. Cet algorithme détermine ensuite une clé privée, puis sa clé publique correspondante, en s'assurant que ces deux valeurs satisfont à tous les critères nécessaires. Par exemple, un algorithme naïf de génération de clé pour RSA génèrerait un nombre $n = pq$ en utilisant un algorithme pour générer deux nombres premiers aléatoires d'à peu près la même longueur. Cet algorithme choisirait des nombres aléatoires jusqu'à ce que l'un d'entre eux soit premier. Vous auriez donc également besoin d'un algorithme pour déterminer si un nombre est premier.

Afin de vous épargner le fardeau d'implémenter manuellement l'algorithme de génération de clé, vous pouvez utiliser OpenSSL pour générer une clé privée RSA, comme ceci pour des clés (publiques) de 4 096 bits :

```
$ openssl genrsa 4096
Generating RSA private key, 4096 bit long modulus (2 primes)
............++++
..........................................................................
..........................................................................
...................++++
e is 65537 (0x010001)
-----BEGIN RSA PRIVATE KEY----
MIIJKQIBAAKCAgEA3Qgm6OjMy61YVstaGawk22A9LyMXhiQUU4N8F5QZXEef2Pjq
vTtAIA1hzpK2AJsv16INpNkYcTjNmechAJ0xHraftO6cp2pZFP85dvknsMfUoe8u
btKXZiYvJwpS0fQQ4tzlDtH45Gj8sMHcwFxTO3HSIx0XV0owfJTLMzZbSE3TDlN+
JdW8d9Xd5UVB+o9gUCI8tSfnOjF2dHlLNiOhlfT4w0Rf+G35USIyUJZtOQ0Dh8M+
(...)
zO/dbYtqRkMT8Ubb/0Q1IW0q8e0WnFetzkwPzAIjwZGXT0kWJu3RYj1OXbTYDr2c xBRVC/
ujoDL6O3NaqPxkWY5HJVmkyKIE5pC04RFNyaQ8+o4APyobabPMylQq5Vo5 N5L2c4mhy1/
OH8fvKBRDuvCk2oZinjdoKUo8ZA5DOa4pdvIQfR+b4/4Jjsx4
-----END RSA PRIVATE KEY-----
```

Observez que la clé se présente dans un format spécifique, à savoir des données codées en base64 entre les marqueurs `BEGIN RSA PRIVATE KEY` et `END RSA PRIVATE KEY`. Il s'agit d'un format d'encodage standard pris en charge par la plupart des systèmes, qui convertissent ensuite cette représentation en octets de données. Les séries de points au début sont une sorte de barre de progression, et `e is 65537 (0x10001)` indique la valeur de l'exposant public, à utiliser lors du chiffrement (rappelez-vous que RSA chiffre en calculant $C = P^e \bmod n$, où P est le *plaintext* dans un format spécifique).

4.3 Protection des clés

Une fois que vous avez une clé secrète, vous devez la garder secrète mais disponible lorsque vous en avez besoin. Il existe au moins trois façons, présentées ci-dessous, de gérer ce problème.

Note : Quel que soit le type de méthode utilisée, veillez à ne pas confondre la clé privée avec la clé publique lorsque vous transmettez des clés, ainsi qu'à ne pas publier accidentellement la clé privée par email ou dans du code source (on peut parfois trouver des clés privées dans des dépôts publics GitHub).

◆ *Le key wrapping*

Avec le *key wrapping* (parfois traduit « encapsulage », un terme qui prête à confusion en raison de l'existence d'autres constructions telles que les *key encapsulation mechanisms*), on peut chiffrer une clé avec une deuxième clé pour l'extraire, par exemple, d'un environnement sécurisé sans l'exposer directement. L'un des problèmes rencontrés avec cette approche concerne le déplacement de ce problème à la deuxième clé, qui peut être disponible lorsque vous avez besoin de déchiffrer la clé protégée, et qui doit aussi être correctement protégée. En pratique, cette deuxième clé est parfois générée à partir d'un mot de passe fourni par l'utilisateur lorsqu'il a besoin d'utiliser la clé protégée ; par exemple, c'est ainsi que les clés privées du protocole Secure Shell (SSH) sont généralement protégées. La seconde clé peut également être uniquement disponible dans certains environnements sécurisés, tels que des HSMs (*hardware security modules*).

Pour tester le *key wrapping*, vous pouvez exécuter la commande OpenSSL ci-dessous, où l'argument `-aes128` indique à OpenSSL de chiffrer la clé avec le *blockcipher* AES-128 (AES avec une clé de 128 bits) :

```
$ openssl genrsa -aes128 4096
Generating RSA private key, 4096 bit long modulus (2 primes)
..........++ ...............................................................
................ .........................................++
e is 65537 (0x10001)
Enter pass phrase:
```

La *passphrase* demandée sera utilisée pour chiffrer la clé nouvellement créée, via un algorithme de dérivation de clé par mot de passe (*password-based key derivation*, PBKDF).

◆ *Génération à la volée à partir d'un mot de passe*

Ici, aucun fichier chiffré ne doit être stocké car la clé est générée directement à partir du mot de passe. Certaines applications de messagerie, gestionnaires de mots de passe, et portefeuilles de cryptomonnaies ont utilisé cette approche. Bien que soit plus directe que le *key wrapping*, elle est moins répandue, en partie parce qu'elle exige de se prémunir contre les risques de mots de passe faible. Imaginons un exemple où un attaquant a capturé un message chiffré : si le *key wrapping* a été utilisé, l'attaquant doit d'abord obtenir la clé de déchiffrement, qui sera généralement difficile d'accès et aura été générée aléatoirement de façon sûre. Mais si la génération à la volée a été utilisée, le mot de passe aura été choisi par l'utilisateur et aura alors plus de chance d'être facile à prédire, en particulier s'il est faible ou s'il a été réutilisé.

◆ *Stockage de la clé sur un appareil dédié*

Dans cette approche, la clé est stockée sur un appareil sécurisé dédié, dit *jeton matériel*, tel qu'une carte à puce ou une clé USB. La clé réside dans une mémoire sécurisée et reste sûre même si l'ordinateur auquel elle est connectée est attaqué (lorsque le droit d'utilisation d'accès est protégé par un code ou autre contrôle d'authentification).

C'est l'approche la plus sûre pour le stockage de clé, mais aussi la plus coûteuse et la moins pratique, car elle vous oblige à transporter le jeton matériel avec vous et à courir le risque de le perdre. De plus, lorsqu'un code ou PIN est nécessaire pour déverrouiller l'appareil, c'est un autre secret qu'on devra gérer.

5. EXEMPLES DE PROBLÈMES

La sécurité cryptographique peut mal tourner de nombreuses façons. Le plus grand risque réside dans le faux sentiment de sécurité, typiquement à cause de preuves de sécurité ou des cryptosystèmes bien établis, comme l'illustrent les deux exemples suivants.

5.1 Preuve de sécurité incorrecte

Même les preuves de sécurité réalisées par des chercheurs renommés peuvent être erronées. L'un des exemples les plus frappants est celui de l'*Optimal Asymmetric Encryption Padding* (OAEP), une technique nécessaire pour le chiffrement sécurisé avec RSA, et largement acceptée comme sûre. Pourtant, une preuve incorrecte de la sécurité de l'OAEP contre les attaquants *chosen-ciphertext* a été acceptée comme valide pendant sept ans, jusqu'à ce qu'un chercheur découvre l'erreur en 2001. Non seulement la preuve était erronée, mais le résultat l'était aussi. Une nouvelle preuve a ensuite montré qu'OAEP est seulement « presque sûr » contre les attaquants *chosen-ciphertext*. À l'heure où j'écris, personne n'a trouvé d'erreur dans cette nouvelle preuve. (Pour plus de détails, voir l'article de 2001 « OAEP Reconsidered » de Victor Shoup.)

5.2 Clés courtes pour la rétrocompatibilité

En 2015, des chercheurs ont découvert que certains sites HTTPS et serveurs SSH supportaient des algorithmes asymétriques avec des clés trop courtes pour être vraiment sûres : 512 bits au lieu d'au moins 2 048 bits. Rappelez-vous, avec les schémas à clé publique, le niveau de sécurité n'est pas égal à la taille de la clé, et dans le cas de HTTPS, ces clés de 512 bits offrent un niveau de sécurité d'environ 60 bits seulement. Ces clés pourraient être cassées après quelques jours de calcul avec quelques dizaines de processeurs. De nombreux sites et serveurs ont été affectés, dont celui du FBI. Bien que le logiciel concerné ait finalement été corrigé (grâce notamment à des correctifs pour OpenSSL), ce problème pourrait se reproduire avec des clés de 1 024 bits.

6. POUR ALLER PLUS LOIN

Pour en savoir plus sur la sécurité prouvée et les cryptosystèmes symétriques, je recommande de lire la documentation sur les fonctions dites « éponge » (*sponge*), sur https://keccak.team/sponge_duplex.html. Ces fonctions ont introduit l'approche basée sur une permutation dans la cryptographie symétrique, où comment construire la plupart des fonctionnalités symétriques à partir d'une seule permutation.

Parmi les lectures incontournables sur le coût réel des attaques, citons l'article de Bernstein de 2005 "Understanding brute force" et l'article de Wiener publié en 2003 "The Full Cost of Cryptanalytic Attacks", tous deux disponibles en ligne.

Pour déterminer le niveau de sécurité pour une taille de clé donnée, visitez le site https://www.keylength.com. Ce site présente les recommandations de plusieurs agences gouvernementales concernant les tailles de clé ainsi que l'ordre de grandeur de la sécurité garantie selon la taille des clés publiques.

Enfin, à titre d'exercice, choisissez une application (telle qu'une application de messagerie sécurisée) et identifiez ses schémas cryptographiques, leurs longueurs de clé, et leurs niveaux de sécurité. Vous trouverez peut-être des incohérences surprenantes, comme avec un premier système offrant une sécurité de 256 bits alors que le second n'offre qu'une sécurité de 100 bits. La sécurité de l'ensemble du système est souvent aussi forte que celle de son plus faible maillon.

4 Les *blockciphers*

Pendant la guerre froide, les États-Unis et l'Union soviétique développèrent leurs propres algorithmes de chiffrement. Le gouvernement américain créa le Data Encryption Standard (DES), qui fut adopté comme standard fédéral de 1979 à 2005, et le KGB développa GOST 28147-89, un algorithme gardé secret jusqu'en 1990 et encore utilisé de nos jours. En 2000, l'agence gouvernementale américaine National Institute of Standards and Technology (NIST) sélectionna le successeur de DES, nommé Advanced Encryption Standard (AES), un algorithme développé par des cryptographes belges et désormais présent dans pratiquement tous les appareils électroniques. AES, DES, et GOST 28147-89 ont quelque chose en commun : ce sont tous des algorithmes de chiffrement par bloc, ou *blockciphers* — dans le reste de ce livre on emploiera ce dernier terme plus concis, qui est une orthographe de *block cipher* utilisée par certains chercheurs.

Ce chapitre traite des algorithmes au cœur des *blockciphers*, et décrit les modes opératoires qui leur permettent de chiffrer et déchiffrer des séquences de blocs de données. Nous décrivons le fonctionnement d'AES, poursuivons avec une technique d'attaque des années 1970, le *meet-in-the-middle*, et présentons enfin l'une des techniques les plus efficaces pour attaquer les *blockciphers* dans les années 2000, les *padding oracles*.

1. QU'EST-CE QU'UN *BLOCKCIPHER* ?

Un *blockcipher* consiste en deux algorithmes, l'un de chiffrement et l'autre de déchiffrement :

✓ L'algorithme de chiffrement (**E**, pour *encryption*) prend une clé K, un bloc de *plaintext* P, et produit un bloc de *ciphertext* C. On note cette opération $C = \mathbf{E}(K, P)$.

✓ L'algorithme de déchiffrement (**D**, pour *decryption*) effectue l'opération inverse en déchiffrant un bloc de *ciphertext* C pour obtenir un bloc de *plaintext* P. On note donc $P = \mathbf{D}(K, C)$.

Ces deux opérations étant l'inverse l'une de l'autre, elles contiennent en général des opérations similaires.

1.1 Les objectifs de sécurité

Si vous avez suivi les discussions des chapitres précédents sur le chiffrement, l'aléa et la notion d'indistinguabilité, alors la définition de sécurité d'un *blockcipher* ne vous surprendra pas. Une fois encore, nous définirons la sécurité comme l'*apparence* d'un comportement aléatoire.

Afin d'être sûr, un *blockcipher* doit satisfaire la notion de *pseudorandom permutation* (PRP) : tant que la clé est secrète, un attaquant ne doit pas pouvoir déterminer ou deviner la valeur de sortie d'un *blockcipher* à partir de la valeur d'entrée — que ce soit l'algorithme de chiffrement ou celui de déchiffrement. En particulier, tant que K est secrète, suffisamment longue et aléatoire du point de vue de l'attaquant, celui-ci ne doit rien pouvoir apprendre sur $\mathbf{E}(K, P)$, quel que soit P.

Plus généralement, un attaquant ne doit pouvoir découvrir aucune structure ou *pattern* entre les valeurs d'entrée et de sortie d'un *blockcipher*. Autrement dit, la transformation définie par le *blockcipher* pour une clé donnée doit être totalement opaque, et indistinguable d'une permutation aléatoire étant donné un accès *black-box* au chiffrement et déchiffrement avec une clé fixe inconnue. Il en résulte qu'il doit être impossible de déterminer la clé ; le cas échéant, un attaquant pourrait utiliser cette clé pour distinguer le *blockcipher* d'une permutation aléatoire. Évidemment, cette définition implique également qu'un attaquant ne doit pas pouvoir prédire le bloc de *ciphertext* qui correspond à un bloc de *plaintext* donné.

1.2 La taille de bloc

Deux valeurs caractérisent un *blockcipher*: la taille de bloc et la taille de clé. La sécurité dépend des deux. La plupart des *blockciphers* ont des blocs de 64 ou 128 bits. Par exemple, les blocs de DES ont 64 (2^6) bits et les blocs d'AES ont 128 (2^7) bits. En informatique, les longueurs qui sont des puissances de deux simplifient le traitement, le stockage et l'adressage des données. Mais pourquoi 2^6 et 2^7 et non 2^4 ou 2^{16} bits ?

Tout d'abord, les blocs ne doivent pas être trop grands, afin de minimiser à la fois la longueur du *ciphertext*, et l'empreinte mémoire (notamment pour faire tenir les valeurs de blocs dans les registres d'un processeur). En ce qui concerne la longueur du texte chiffré, les *blockciphers* traitant des blocs et non des bits, un message de 16 bits devrait d'abord être converti en un bloc de 128 bits si la taille de bloc est de 128 bits. Le *blockcipher* traiterait 128 bits de données et retournerait un *ciphertext* de 128 bits, soit 112 bits de plus que la taille de notre message. Plus les blocs sont longs, plus cet allongement croît, ce qui en pratique peut poser problème. Quant à l'empreinte mémoire, pour traiter un bloc de 128 bits, il faut au moins 128 bits de mémoire, et on pourra en général stocker les données nécessaires au chiffrement dans les registres d'un processeur et éventuellement sa mémoire cache de niveau 1 pour un accès rapide. Les blocs de 64, 128, ou même 512 bits sont suffisamment courts pour permettre des implémentations efficaces sur la plupart des plateformes. Mais des blocs bien plus grands (par exemple, de plusieurs kilooctets) auraient un impact significatif sur les performances des implémentations, en particulier sur les systèmes embarqués.

Lorsque la taille des *ciphertexts* ou l'empreinte mémoire sont critiques, des blocs de 64 bits sont préférables, car ceux-ci produiront des textes chiffrés plus courts (grâce au *padding* réduit par rapport à des plus grands blocs) et consommeront moins de mémoire. Il faut cependant être attentif aux risques posés par ces petits blocs dans le cas où une grande quantité de données est chiffrée avec la même clé (les attaques de type Sweet32 sont alors applicables, voir https://sweet32.info).

Dans la grande majorité des cas, des blocs de 128 bits ou plus sont préférables, principalement parce que les blocs de 128 bits peuvent être traités plus efficacement que ceux de 64 bits sur les processeurs modernes, et parce qu'ils sont plus sûrs. De plus, les processeurs peuvent s'appuyer sur des instructions spéciales afin de traiter efficacement un ou plusieurs blocs de 128 bits en parallèle, telle que la famille d'instructions Advanced Vector Extensions (AVX) de l'architecture x86 ou l'extension vectorielle de l'architecture RISC-V.

1.3 L'attaque *codebook*

Si les blocs ne doivent pas être trop grands, ils ne doivent pas non plus être trop petits ; sinon, ils peuvent être vulnérables aux attaques de type *codebook* (qu'on pourra traduire par « répertoire »). Par exemple, l'attaque *codebook* fonctionne comme suit avec des blocs de 16 bits :

1. Obtenez les 65 536 (2^{16}) *ciphertexts* correspondant à chaque *plaintext* de 16 bits.
2. Construisez un tableau répertoriant tous les blocs de *ciphertext* et leur *plaintext* correspondant, trié par ordre croissant des valeurs des *ciphertexts*.
3. Pour déchiffrer un bloc de *ciphertext* inconnu, il suffit alors de regarder dans le tableau à quel *plaintext* est associé le *ciphertext* inconnu.

Lorsque des blocs de 16 bits sont utilisés, le tableau ne nécessite que $2^{16} \times 16 = 2^{20}$ bits de mémoire, soit 128 kilooctets. Avec des blocs de 32 bits, les besoins en mémoire passent à 16 gigaoctets, ce qui est encore gérable. Mais avec des blocs de 64 bits, il faudrait stocker 2^{70} bits (un zettabit, ou 128 exaoctets), ce qui est impossible en pratique. Les attaques *codebook* ne seront évidemment pas un problème pour les blocs de 128 bits ou plus.

2. COMMENT CONSTRUIRE UN *BLOCKCIPHER*

Il existe des centaines de *blockciphers* mais relativement peu de techniques pour en construire un. Un *blockcipher* n'est pas un gigantesque algorithme, mais une répétition de *rounds*, une courte séquence d'opérations relativement simples, mais qui apporte la complexité nécessaire lorsqu'elle est répétée suffisamment de fois. Il existe deux types principaux de constructions de *rounds*: les réseaux de substitution–permutation (comme dans AES) et les schémas de Feistel (comme dans DES). Dans cette section, nous examinerons leurs fonctionnements respectifs, après avoir présenté une attaque qui fonctionne quel que soit le nombre de *rounds*, à la condition que tous les *rounds* soient totalement identiques.

2.1 Les *rounds* d'un *blockcipher*

L'évaluation d'un *blockcipher* se résume à calculer une séquence de *rounds*, une transformation relativement simple, qui est répétée pour former l'algorithme de chiffrement ou de déchiffrement (dans ce cas, la fonction de *round* inverse). Cette construction facile à décrire et à implémenter offre aussi des avantages de sécurité : il est en effet bien plus simple d'analyser les propriétés de sécurité d'un *round* (que ce soit pour se convaincre de la sécurité de *blockcipher* ou bien pour l'attaquer) que d'un énorme algorithme.

Par exemple, un *blockcipher* à trois *rounds* chiffre un message P en calculant $C = \mathbf{R}_3(\mathbf{R}_2(\mathbf{R}_1(P)))$, où les *rounds* sont $\mathbf{R}_1$, $\mathbf{R}_2$ et $\mathbf{R}_3$. Chaque *round* doit avoir un inverse afin de pouvoir déchiffrer. On aura alors $P = \mathbf{iR}_1(\mathbf{iR}_2(\mathbf{iR}_3(C)))$, où $\mathbf{iR}_1$ est l'inverse de $\mathbf{R}_1$, et ainsi de suite.

Les fonctions de *round* sont généralement des algorithmes identiques, mais ils sont paramétrés (au moins) par une valeur appelée la clé de *round* (*round key*). Deux fonctions de *round* avec deux clés de *round* distinctes se comporteront différemment, et produiront donc des sorties distinctes si elles reçoivent la même entrée.

Les clés de *round* sont dérivées de la clé principale K, à l'aide d'un algorithme appelé *key schedule*. Dans notre exemple, trois clés de *round* seront calculées depuis la clé principale K, et on pourra écrire :

$$C = \mathbf{E}(K, P) = \mathbf{R}(K_3, \mathbf{R}(K_2, \mathbf{R}(K_1, P))), \text{ avec}$$

$$(\mathbf{K}_1, \mathbf{K}_2, \mathbf{K}_3) = \mathbf{KeySchedule}(K)$$

où **R**() est la fonction de *round* qui prend comme argument une clé de *round* et l'état du *blockcipher*.

Les clés de *round* doivent être différentes les unes des autres, pour assurer la sécurité de l'algorithme. Elles ne doivent tout particulièrement pas être égales à la clé *K*.

2.2 La *slide attack*

Une *slide attack* est possible quand les *rounds* sont tous identiques, et utilisent la même clé. Les *slide attacks* nécessitent deux paires *plaintext–ciphertext* (P_1, C_1) et (P_2, C_2), telles que P_2 = **R**(P_1) où **R** est la fonction de *round* (voir figure 4-1). Lorsque les *rounds* sont identiques, la relation recherchée entre les deux *plaintexts* P_2 = **R**(P_1), implique la relation C_2 = **R**(C_1) entre leurs *ciphertexts* respectifs. La figure 4-1 montre trois *rounds*, mais la relation C_2 = **R**(C_1) sera valable quel que soit le nombre de *rounds*, que ce soit 3, 10, ou 100. De telles *slide pairs* (P_1, P_2) offrant des exemples d'entrées et sorties pour un seul *round* permettent au cryptanalyste de déterminer des informations sur la clé de *round* utilisée, et ceci en attaquant un *round* isolé plutôt que la série complète de *rounds*, comme 10 dans AES-128. (Pour plus de détails, je vous recommande de lire l'article de 1999 de Biryukov et Wagner intitulé "Advanced Slide Attacks", disponible sur https://www.iacr.org/archive/eurocrypt2000/1807/18070595-new).

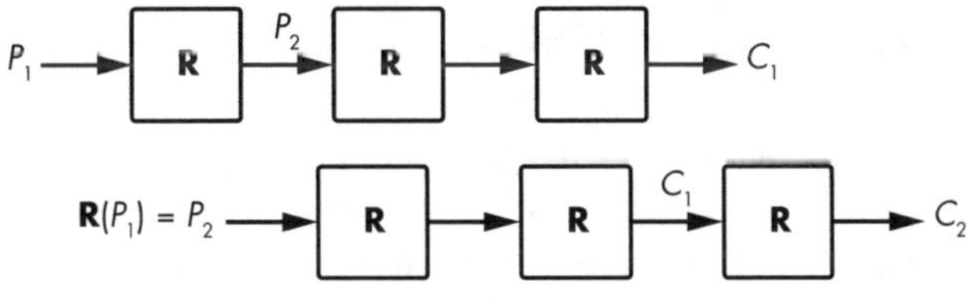

Figure 4-1 – Le principe d'une *slide attack*.

Pour se prémunir contre les *slide attacks*, il suffit d'utiliser différentes clés de *round*, ce qui garantit que les *rounds* se comporteront différemment.

> **Note** : Un avantage potentiel de l'utilisation de clés de *round* (*round keys*) est la protection contre les attaques *side-channel*, qui exploitent les informations divulguant lors de la mise en œuvre d'un algorithme (par exemple, les émanations électromagnétiques). Si le calcul d'une clé de *round* K_i à partir de la clé principale *K* n'est pas inversible, alors un attaquant qui connaîtrait K_i ne pourrait pas directement déterminer *K*. Malheureusement, peu de *blockciphers* satisfont cette propriété. Par exemple, le *key schedule* d'AES permet de facilement calculer *K* à partir de n'importe quelle clé de *round*.

2.3 Les réseaux substitution–permutation

Si vous avez déjà lu des ouvrages sur la cryptographie, vous avez sans doute rencontré les notions de *confusion* et de *diffusion*, nécessaires à la sécurité d'un algorithme de chiffrement. La confusion signifie que les entrées (*plaintext* et clé) subissent des transformations complexes, et la diffusion signifie que ces transformations dépendent de manière égale de tous les bits de l'entrée. Conceptuellement, la confusion concerne la profondeur des changements tandis que la diffusion concerne leur largeur. Lors de la conception d'un *blockcipher*, la confusion et la diffusion prennent respectivement la forme d'opérations de substitution et de permutation qui sont combinées au sein de réseaux de substitution–permutation (SPN, pour *substitution–permutation network*).

L'opération de substitution apparaît souvent sous la forme de *S-boxes*, ou boîtes de substitution, qui sont de petites tables de consultation (*look-up tables*) qui transforment des valeurs de petite taille, typiquement quatre ou huit bits, en une nouvelle valeur généralement de la même taille, mais pas toujours. Par exemple, la première des huit *S-boxes* du *blockcipher* Serpent est composée de seize éléments (3 8 f 1 a 6 5 b e d 4 2 7 0 9 c), où chaque élément représente un des entiers de quatre bits de 0 à 15. Cette *S-box* particulière transforme donc 0000 en 0011 (3 en décimal), 0101 (5) en 0110 (6), et ainsi de suite.

> **Note** : Les *S-boxes* doivent être choisies avec soin afin d'être cryptographiquement sûres : si l'on voit la transformation qu'elles réalisent comme une fonction, celle-ci doit être fortement non linéaire (les entrées et les sorties doivent être reliées par des équations complexes) et ne présenter aucun biais statistique (ce qui signifie, par exemple, que la modification d'un bit à une position donnée doit potentiellement pouvoir affecter n'importe quel bit de sortie).

L'opération de permutation dans un SPN peut être aussi simple que de changer l'ordre des bits — une permutation des bits, donc — ce qui est généralement simple à implémenter, mais ne « mélange » pas beaucoup les bits et n'apporte donc pas un grand niveau de diffusion en soi. Au lieu d'un réordonnancement des bits, certains algorithmes utilisent des opérations d'algèbre linéaire élémentaires, notamment des produits entre des vecteurs et des matrices : ils représentent l'état du *blockcipher* comme un vecteur (de bits, ou d'octets) et le multiplient par une matrice à coefficients fixes, ce qui revient à construire le nouvel état comme une série d'additions entre des éléments de l'état initial, chacun multiplié par une valeur fixe (un élément de la matrice). De telles opérations peuvent rapidement créer des dépendances entre tous les bits de l'état d'un *blockcipher* et assurer ainsi une forte diffusion. Par exemple, le *blockcipher* FOX transforme un vecteur de 4 octets (a, b, c, d) en (a', b', c', d'), défini comme suit :

$$a' = a + b + c + (2 \times d)$$
$$b' = a + (253 \times b) + (2 \times c) + d$$
$$c' = (253 \times a) + (2 \times b) + c + (2 \times d)$$
$$d' = (2 \times a) + b + (253 \times c) + d$$

Attention, dans les équations ci-dessus, les nombres 2 et 253 sont à interpréter comme des *polynômes binaires* plutôt que des entiers ; par conséquent, les additions et multiplications sont définies un peu différemment de ce à quoi nous sommes habitués. Par exemple, au lieu d'avoir 2 + 2 = 4, on aura 2 + 2 = 0. Quoi qu'il en soit, le fait est que chaque octet de l'état initial affecte les 4 octets de l'état final.

2.4 Les schémas de Feistel

Dans les années 1970, Horst Feistel, ingénieur chez IBM, a conçu un *blockcipher* nommé Lucifer, qui fonctionne comme suit :

1. Diviser le bloc de 64 bits en deux moitiés de 32 bits, L et R.
2. Transformer L en $L \oplus \mathbf{F}(R)$, où **F** est un *round* de substitution–permutation.
3. Échanger les valeurs de L et R (L devient R, et inversement).
4. Revenir à l'étape 2 et répétez 15 fois.
5. Concaténer L et R pour créer le bloc de sortie de 64 bits.

Cette construction est devenue connue sous le nom de *schéma de Feistel*, comme le montre la figure 4-2. Le côté gauche est le schéma tel qu'il vient d'être décrit ; le côté droit est une représentation fonctionnellement équivalente où, au lieu de permuter L et R, les *rounds* alternent les opérations $L = L \oplus \mathbf{F}(R)$ et $R = R \oplus \mathbf{F}(L)$.

La figure 4-2 ne montre pas les clés de *round* afin de simplifier les diagrammes, mais en réalité la première fonction **F** prend une clé de *round* K_1, la deuxième **F** prend une autre clé de round K_2, etc. Dans DES, les fonctions **F** prennent chacune une clé de *round* de 48 bits, qui est dérivée de la clé principale de 56 bits.

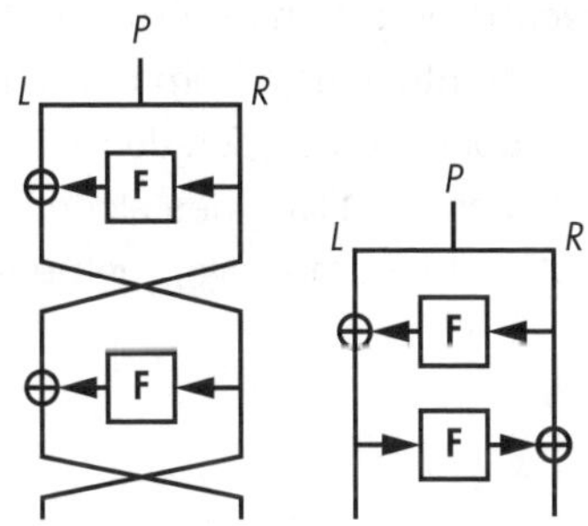

Figure 4-2 – Le schéma de Feistel, présenté sous deux formes équivalentes.

Dans un schéma de Feistel, la fonction **F** peut être soit une permutation pseudo-aléatoire (PRP, pour *pseudorandom permutation*), soit une fonction pseudo-aléatoire (PRF, pour *pseudorandom function*) :

✓ Une PRP produit des sorties distinctes pour deux entrées distinctes, où les entrées et sorties sont de même taille (il existera donc une fonction inverse).

✓ Pour une PRF, qui se comporte comme une fonction aléatoire, on aura nécessairement des valeurs d'entrée *X* et *Y* telles que **F**(*X*) = **F**(*Y*). En effet, le résultat peut être vu comme un tirage au hasard d'une valeur de sortie. Et si la valeur de sortie a la même taille que la valeur d'entrée (et donc le même nombre de valeurs possibles), il existera statistiquement de telles *collisions*.

Néanmoins, dans un réseau de Feistel les deux options sont acceptables (PRP ou PRF), dans la mesure où la fonction est cryptographiquement solide.

Combien de *rounds* doit-il y avoir dans un schéma de Feistel ? DES a 16 *rounds*, alors que GOST 28147-89 en a 32, par exemple. Si la fonction **F** est aussi forte que possible, quatre *rounds* sont suffisants *en théorie*, mais les cryptographes choisissent toujours une « marge de sécurité » en utilisant bien plus de *rounds* pour se prémunir contre les faiblesses potentielles de **F**.

3. L'*ADVANCED ENCRYPTION STANDARD* (AES)

AES est l'algorithme de chiffrement le plus utilisé dans le monde. Avant l'adoption d'AES, le standard le plus commun était DES, avec son niveau de sécurité insuffisant de 56 bits. DES a ensuite été étendu en une version plus sûre, connue sous le nom de Triple DES, TDES, ou 3DES. Mais malgré son plus haut niveau de sécurité (112 bits environ au maximum), 3DES a certaines limitations qui l'empêchent d'être utilisé à grande échelle : sa clé longue de 168 bits n'offre que 112 bits de sécurité ; il est relativement lent dans ses implémentations logicielles (DES a été créé pour être rapide dans des circuits intégrés dédiés et non pas sur les microprocesseurs classiques) ; et, enfin, ses blocs sont longs de 64 bits seulement.

Le NIST a normalisé AES en 2000 pour remplacer DES. Il est alors devenu la norme de chiffrement *de facto* dans le monde, du moins dans la plupart des régions. La plupart des produits de cryptographie commerciaux supportent aujourd'hui AES, et la NSA l'a approuvé pour la protection des informations classifiées « TOP SECRET ». (Certains pays préfèrent utiliser des algorithmes « souverains » plutôt qu'un standard étranger, et surtout américain, même si en réalité AES est plus belge qu'américain.)

Note : AES s'appelait Rijndael (un mot-valise des noms de ses inventeurs, Rijmen et Daemen, prononcé comme « rèindâl ») lorsqu'il était l'un des 15 candidats de la compétition AES, le processus organisé par le NIST de 1997 à 2000 pour sélectionner « un algorithme de chiffrement non classifié, divulgué publiquement, capable de protéger les informations sensibles du gouvernement pendant le siècle prochain », comme indiqué dans l'annonce de la compétition dans le *Federal Register* en 1997. La compétition AES était en quelque sorte un « appel d'offres » pour les cryptographes, où tout le monde pouvait participer en soumettant un algorithme et en attaquant ceux des autres.

3.1 Fonctionnement d'AES

AES traite des blocs de 128 bits, à l'aide d'une clé secrète de 128, 192, ou 256 bits. La version avec une clé de 128 bits est la plus courante car elle rend AES légèrement plus rapide, et car la différence entre une sécurité de 128 et 256 bits est insignifiante pour la plupart des applications.

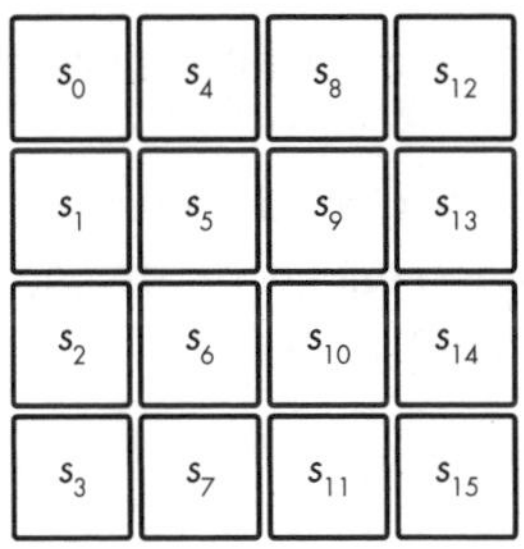

Figure 4-3 – L'état interne d'AES, vu comme un tableau 4 × 4 de 16 octets.

Alors que certains *blockciphers* voient les données comme des bits individuels ou des mots de 32 ou 64 bits, AES manipule essentiellement des *octets*. Il représente un *plaintext* de 16 octets reçus comme un tableau bidimensionnel d'octets s_0, s_1, ..., s_{15}, tel que représenté sur la figure 4-3. (La lettre *s* utilisée dans ce tableau vient de *state*, pour l'*état interne*, ou simplement l'*état*.) AES transforme chaque octet, chaque colonne et chaque ligne de ce tableau pour produire un état final qui formera le *ciphertext*.

Pour transformer son état, AES utilise une structure de SPN telle que décrite à la figure 4-4, avec 10 *rounds* pour une clé de 128 bits, 12 *rounds* pour une clé de 192 bits, et 14 *rounds* pour une clé de 256 bits.

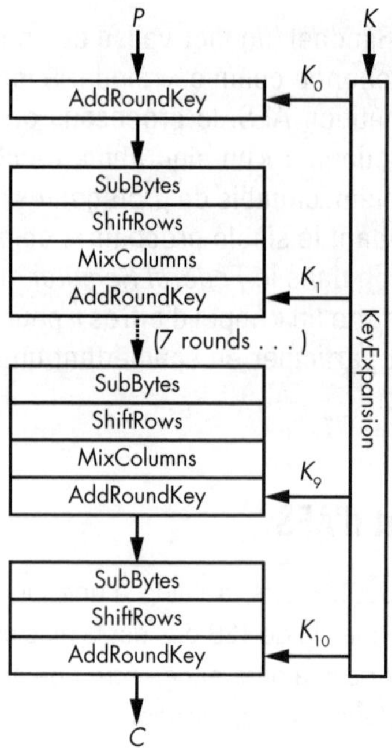

Figure 4-4 – Les opérations internes d'AES.

La figure 4-4 montre les quatre blocs de construction d'un *round* d'AES. Chaque *round*, sauf le dernier, est une séquence des opérations nommées SubBytes, ShiftRows, MixColumns, et AddRoundKey :

- ✓ **AddRoundKey** fait un XOR entre une clé de *round* et l'état interne.
- ✓ **SubBytes** remplace chaque octet s_0, s_1, ..., s_{15} par l'octet qui lui correspond à travers une *S-box* définie par AES. Cette *S-box* peut donc être décrite comme une *look-up table* de 256 éléments.
- ✓ **ShiftRows** décale la i-ème ligne de i positions, avec i allant de 0 à 3 (voir la figure 4-5).
- ✓ **MixColumns** applique une transformation linéaire à chacune des quatre colonnes de l'état (c'est-à-dire à chaque groupe de cellules ayant la même nuance de gris sur la figure 4-5). Cette transformation peut être décrite comme un produit matrice–vecteur.

Rappelez-vous que dans un SPN, le *S* représente la substitution et le *P* la permutation. Ici, la couche de substitution est SubBytes et la couche de permutation est la combinaison de ShiftRows et MixColumns.

Les clés de *round* sont calculées grâce à la fonction KeyExpansion, illustrée à la figure 4-4. Cette opération crée 11 clés de *round* K_0, K_1, ..., K_{10} de 16 octets chacune, à partir de la clé principale (qu'elle soit de 128, 192, ou 256 bits), en utilisant la même *S-box* que SubBytes et une combinaison de XORs. Une propriété importante de KeyExpansion est que, étant donné n'importe quelle clé de *round*, il est trivial de déterminer toutes les autres clés de *round* et la clé principale. Comme nous l'avons vu, c'est une propriété indésirable pour se protéger contre les attaques *side channel*.

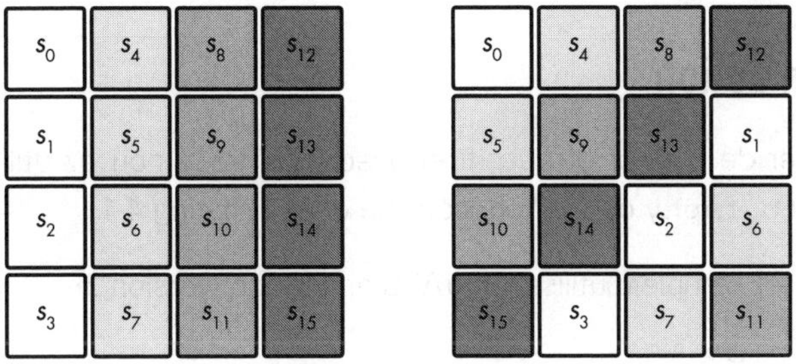

Figure 4-5 – ShiftRows effectue une rotation de chaque ligne de l'état.

Sans toutes ces opérations décrites plus haut, AES ne serait absolument pas sûr. Chaque opération contribue à la sécurité d'AES d'une manière spécifique :

- ✓ Sans KeyExpansion, tous les *rounds* utiliseraient la même clé, *K*, et AES serait vulnérable aux *slide attacks*.
- ✓ Sans AddRoundKey, le chiffrement ne dépendrait pas du tout de la clé, ce qui constitue un léger problème en cryptographie.
- ✓ SubBytes apporte des opérations non linéaires qui créent la complexité cryptographique. Sans cela, AES ne serait qu'un grand système d'équations linéaires facile à résoudre par un lycéen afin de calculer la clé ou le *plaintext*.
- ✓ Sans ShiftRows, les changements dans une colonne de l'état n'affecteraient jamais les autres colonnes, ce qui signifie qu'on pourrait casser AES en construisant quatre tableaux de 2^{32} éléments, un pour chaque colonne, et appliquer l'attaque *codebook*. (Rappelez-vous que dans un *blockcipher* sécurisé, un changement d'un bit en entrée doit pouvoir affecter tous les bits de sortie.)
- ✓ Sans MixColumns, les changements dans un octet n'affecteraient aucun autre octet de l'état. Un attaquant *chosen-plaintext* pourrait alors décrypter tout *ciphertext* après avoir stocké 16 tableaux de 256 octets chacune contenant les valeurs chiffrées de chaque valeur possible d'un octet à une position donnée.

À noter que dans la figure 4-4 le dernier *round* d'AES ne comprend pas l'opération MixColumns. Cette opération est omise afin d'économiser des calculs inutiles : comme MixColumns est linéaire (c'est-à-dire prévisible), on peut annuler son effet au tout dernier *round* en combinant les bits d'une manière qui ne dépend pas de leur valeur ni de la clé. En revanche, SubBytes ne peut pas être inversé sans que la valeur de l'état soit connue avant AddRoundKey.

Pour déchiffrer un *ciphertext*, AES inverse chaque opération les unes à la suite des autres : l'inverse de SubBytes utilise la *S-box* inverse ; l'inverse de ShiftRow décale les lignes dans la direction opposée ; l'inverse de MixColumns utilise la matrice inverse de l'originale ; enfin, AddRoundKey est inchangé car l'inverse d'un XOR est aussi un XOR.

3.2 AES en action

Pour essayer de chiffrer et déchiffrer avec AES, vous pouvez utiliser la bibliothèque `cryptography` de Python, comme dans le listing 4-1.

Listing 4-1 – Exemple d'utilisation d'AES en Python (version 3).

```
#!/usr/bin/env python

from cryptography.hazmat.primitives.ciphers import Cipher, algorithms,
    modes
from os import urandom

BLOCK_SIZE = 16
KEY_SIZE = 16

# on choisit une clé aléatoire de 16 octets, avec le PRNG cryptographique
# de Python
k = urandom(KEY_SIZE)
print(f" k = {k.hex()}")

# on crée une instance de AES-128 pour chiffrer un bloc (sinon, ne pas
# utiliser ECB!)
aes = Cipher(algorithms.AES(k), modes.ECB())
aes_ecb_encryptor = aes.encryptor()

# on définit un plaintext consistant seulement en des zéros
p = bytes([0x00] * BLOCK_SIZE)

# on chiffre le plaintext p en un ciphertext c
c = aes_ecb_encryptor.update(p) + aes_ecb_encryptor.finalize()
print(f" enc({p.hex()}) = {c.hex()}")

# on déchiffre le ciphertext c en un plaintext p
aes_ecb_decryptor = aes.decryptor()
p = aes_ecb_decryptor.update(c) + aes_ecb_decryptor.finalize()
print(f" dec({c.hex()}) = {p.hex()}")
```

L'exécution de ce script devrait ressembler à la sortie suivante :

Les instructions natives AES appliquent ce processus à un autre niveau, en offrant aux développeurs des instructions machine qui calculent directement les opérations d'AES, afin de ne pas avoir à les exprimer comme une combinaison d'opérations arithmétiques. Au lieu de définir un *round* d'AES comme une séquence d'instructions machine, il suffit lorsque vous utilisez AES-NI d'appeler l'instruction `AESENC` et le processeur calculera le résultat du *round*. Les instructions natives ne sont pas un « raccourci » pour une série d'instructions, mais utilisent une implémentation au niveau matériel.

Listing 4-3 – Un round d'AES avec les instructions natives AES-NI.

```
PXOR %xmm5,  %xmm0
AESENC %xmm6,  %xmm0
AESENC %xmm7,  %xmm0
AESENC %xmm8,  %xmm0
AESENC %xmm9,  %xmm0
AESENC %xmm10, %xmm0
AESENC %xmm11, %xmm0
AESENC %xmm12, %xmm0
AESENC %xmm13, %xmm0
AESENC %xmm14, %xmm0
AESENCLAST %xmm15, %xmm0
```

Une implémentation typique d'AES utilisant des instructions natives ressemble au listing 4-3. Ce code chiffre le *plaintext* de 128 bits initialement dans le registre `xmm0`, et suppose que les registres `xmm5` à `xmm15` contiennent les clés de *round* précalculées, chaque instruction écrivant son résultat dans `xmm0`. L'instruction `PXOR` initiale effectue un XOR avec la première clé de *round* avant de calculer le premier *round*, et l'instruction `AESENCLAST` finale effectue le dernier *round*, qui est légèrement différent des autres (MixColumns y est omis).

Note : Les AES-NI rendent AES environ dix fois plus rapide sur les plateformes qui implémentent ces instructions, ce qui représente pratiquement tous les microprocesseurs d'ordinateurs portables, de bureau, et de serveurs, ainsi que la plupart des téléphones mobiles. Même si les instructions AES ont initialement été proposées par Intel en 2008, elles sont aussi disponibles dans les processeurs AMD et la plupart des architectures autres que x86 ont également des instructions équivalentes implémentant AES au niveau matériel. Par exemple, le jeu d'instructions Armv8 contient les instructions `AESE` (calculant SubBytes et ShiftRows) et `AESMS` (calculant MixColumns).

Sur la microarchitecture Ice Lake d'Intel, l'instruction `AESENC` a une latence de trois cycles avec un débit réciproque d'un demi-cycle, ce qui signifie qu'un appel à `AESENC` prend trois cycles pour se terminer et que deux nouveaux appels à l'instruction peuvent être effectués à chaque cycle. En effet, la structure interne des micro-opérations réalisant l'opération `AESENC` permet de commencer à calculer une nouvelle instruction avant que la précédente ne soit terminée. De plus, l'architecture Ice Lake utilise une version vectorisée des instructions AES, qui permet d'en initier plusieurs en même temps. Pour plus de détails, voir l'article "Making AES great again" de Drucker, Gueron, et Krasnov, disponible à cette adresse https://eprint.iacr.org/2018/392.

Pour chiffrer une série de blocs les uns après les autres, il faut donc $3 \times 10 = 30$ cycles pour effectuer les 10 tours, soit 30/16 = 1,875 cycles par octet. À une fréquence de 2 GHz (2×10^9 cycles par seconde), cela donne un débit maximal théorique d'environ 1 gigaoctet par seconde. Si l'on peut traiter des blocs en parallèle, on n'a alors pas besoin qu'un appel à `AESENC` soit terminé pour en commencer un autre. On peut dans ce cas faire deux appels à `AESENC` par cycle, et obtenir deux résultats par cycle, ce qui offre un débit théorique bien plus élevé (jusqu'à plus de 10 gigaoctets par seconde, à 2 GHz), selon la taille des données et le mode d'opération.

◆ *AES est-il sûr ?*

AES est aussi sûr qu'un *blockcipher* peut l'être, et son algorithme ne sera jamais cassé — du moins j'en ai l'intime conviction. Pour résumer, AES est sûr car tous les bits de sortie dépendent de tous les bits d'entrée d'une manière complexe et pseudo-aléatoire. Pour y parvenir, les concepteurs d'AES ont soigneusement choisi chaque composant pour une raison particulière : MixColumns, pour ses propriétés de diffusion optimales, et SubBytes, pour sa forte non-linéarité. Ils ont montré que cette composition protège AES contre des classes entières d'attaques cryptanalytiques.

Il n'existe cependant aucune preuve qu'AES résiste à tous les types d'attaques possibles. D'une part, nous ne savons pas quelles sont toutes ces attaques, et nous ne savons pas toujours comment prouver rigoureusement qu'un chiffrement est sécurisé contre une catégorie d'attaques donnée. La seule façon d'avoir vraiment confiance dans un algorithme tel qu'AES est d'encourager de nombreuses personnes compétentes à tenter de le casser, et de constater qu'ils n'y parviennent pas malgré de persistants efforts durant plusieurs années.

Après plus de 20 ans, des centaines d'articles de recherche publiés et de nombreuses techniques d'attaques appliquées à des versions réduites d'AES (typiquement, avec un nombre réduit de *rounds*), la sécurité théorique d'AES n'en est que confirmée. Par exemple, en 2011 des cryptanalystes ont trouvé un moyen de déterminer une clé d'AES-128 en effectuant environ 2^{126} opérations, au lieu de 2^{128} ; soit une « accélération » d'un facteur quatre. De plus, cette méthode nécessite une quantité inouïe de paires *plaintext–ciphertext*, représentant environ 2^{88} bits de données. En d'autres termes, il s'agit d'une découverte intéressante mais qui ne doit pas nous inquiéter quant à la fiabilité d'AES sur le long terme.

En résumé, il y a un million de choses dont on doit se soucier quand on déploie de la cryptographie — ayant souvent trait à la gestion des clés — mais la sécurité d'AES n'en fait pas partie. Le plus grand risque pour les *blockciphers* ne réside pas dans leurs algorithmes mais dans leurs modes opératoires, soit la technique qui permet de chiffrer des messages de taille arbitraire. Lorsqu'un mode inadapté est choisi, ou lorsque le bon mode est mal utilisé, même un algorithme robuste tel qu'AES ne vous sauvera pas.

4. MODES OPÉRATOIRES

Au chapitre 1, j'ai expliqué comment les schémas de chiffrement combinent une permutation avec un mode opératoire pour traiter des messages de n'importe quelle longueur. Dans cette section, je vais couvrir les principaux modes opératoires définis pour les *blockciphers*, leurs propriétés de sécurité théoriques et comment les utiliser (ou non) en pratique. Je commencerai par le plus trivial et aussi le moins sûr : le mode ECB.

4.1 Le mode ECB

Le plus simple des modes pour un *blockcipher* est l'*electronic codebook* (ECB), qu'on peut à peine qualifier de mode. À partir de blocs de *plaintext* P_1, P_2, …, P_N, ECB les traite indépendamment en calculant les blocs de *ciphertext* $C_1 = \mathbf{E}(K, P_1)$, $C_2 = \mathbf{E}(K, P_2)$, et ainsi de suite, comme illustré sur la figure 4-6.

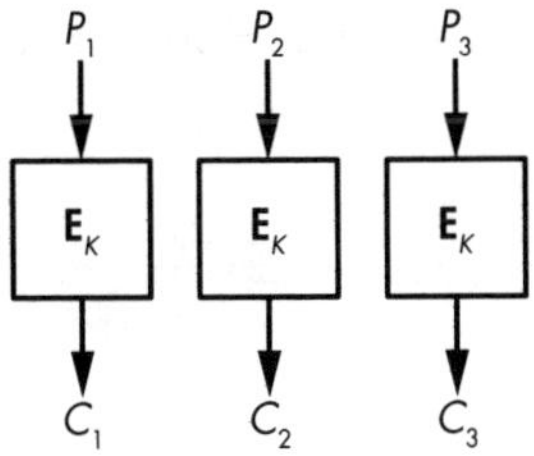

Figure 4-6 – Le mode ECB.

Marsh Ray, cryptographe chez Microsoft, aurait dit un jour : « Tout le monde sait que le mode ECB est mauvais car on peut voir le pingouin. ». Il faisait référence à une illustration célèbre de l'insécurité du mode ECB qui utilise une image de la mascotte de Linux, Tux, comme le montre la figure 4-7. L'image originale de Tux, est sur la gauche, et l'image chiffrée en mode ECB sur la droite où l'on distingue clairement le pingouin (même si, techniquement, Tux est plutôt un manchot), car tous les blocs de nuances de gris dans l'image originale sont chiffrés en une même nuance de gris dans le *ciphertext*. Vu comme ça, ECB remplace juste les couleurs originales par d'autres couleurs mais préserve les formes du message. Pour une chaîne d'octets, c'est donc la même chose : un bloc d'une valeur donnée est toujours transformé en un même bloc. Ce phénomène est indépendant du *blockcipher* sous-jacent.

Figure 4-7 – L'image originale à gauche, et l'image chiffrée en mode ECB à droite.

Le programme Python du listing 4-4 démontre également l'insécurité du mode ECB. Il choisit une clé pseudo-aléatoire et chiffre un message p de 32 octets contenant deux blocs d'octets nuls. Remarquez que le chiffrement produit deux blocs identiques et que la répétition du chiffrement avec la même clé et le même texte en clair produit à nouveau les deux mêmes blocs.

Listing 4-4 – Utilisation d'AES en mode ECB en Python (version 3).

```
#!/usr/bin/env python

from cryptography.hazmat.primitives.ciphers import Cipher, algorithms,
    modes
from os import urandom

BLOCK_SIZE = 16
KEY_SIZE = 16

# la fonction blocks() affiche une chaine en la séparant en blocs de 16
# octets
def blocks(data):
    split = [data[i:i+BLOCK_SIZE].hex() for i in range(0, len(data), BLOCK_
        SIZE)]
```

```
    return ' '.join(split)

# on choisit une clé aléatoire
k = urandom(KEY_SIZE)
print(f" k = {k.hex()}")

# on crée une instance de AES-128 pour chiffrer et déchiffrer
aes = Cipher(algorithms.AES(k), modes.ECB())
aes_ecb_encryptor = aes.encryptor()

# on définit le plaintext p comme deux blocs tout à zéro
p = bytes([0x00] * 2 * BLOCK_SIZE)

# on chiffre le plaintext p en un ciphertext c
c = aes_ecb_encryptor.update(p) + aes_ecb_encryptor.finalize()
print(f" enc({blocks(p)}) = {blocks(c)}")
```

L'exécution de ce script affiche un résultat qui ressemble à cela :

```
$ ./aes_ecb.py
k = 50a0ebeff8001250e87d31d72a86e46d
enc(00000000000000000000000000000000 00000000000000000000000000000000) =
5eb4b7af094ef7aca472bbd3cd72f1ed 5eb4b7af094ef7aca472bbd3cd72f1ed
```

Comme vous pouvez le constater, les blocs de *ciphertext* identiques révèlent que les blocs de *plaintext* sont identiques aussi. Même si l'on ne connaît pas la valeur des derniers, le fait que l'on puisse identifier des blocs identiques à partir du *ciphertext* est une faille de sécurité ; souvenez-vous de la définition informelle de la sécurité sémantique disant qu'un *ciphertext* ne doit rien révéler sur le *plaintext*, si ce n'est sa taille approximative. Clairement, le mode ECB ne satisfait pas cette définition.

Un autre problème avec ECB est qu'il n'accepte que des blocs complets de données ; donc si les blocs sont de 16 octets, comme avec AES, on ne pourrait chiffrer que des messages de 16, 32, 48 octets, ou tout autre multiple de 16 octets. Il existe plusieurs façons de contourner cette limitation, comme nous allons le voir dans le contexte du mode suivant : CBC. (Je ne vous dis pas comment ces astuces fonctionnent avec ECB, car je ne veux pas vous inciter à l'utiliser).

4.2 Le mode CBC

Le mode *cipher block chaining* (CBC) est comme ECB avec une petite modification qui fait une grande différence : au lieu de chiffrer le i-ème bloc, P_i, en $C_i = \mathbf{E}(K, P_i)$, le mode CBC calcule $C_i = \mathbf{E}(K, P_i \oplus C_{i-1})$, où C_{i-1} est le bloc de *ciphertext* précédent — chaînant ainsi les blocs consécutifs pour rendre un bloc chiffré dépendant du précédent. Lors du chiffrement du premier bloc, P_1, il n'y a pas de bloc précédent à utiliser, le mode CBC utilise alors un paramètre additionnel, l'*initial vector*, ou *initial value* (IV) comme le montre la figure 4-8. Cet IV devra être imprévisible pour un attaquant, et donc aléatoire.

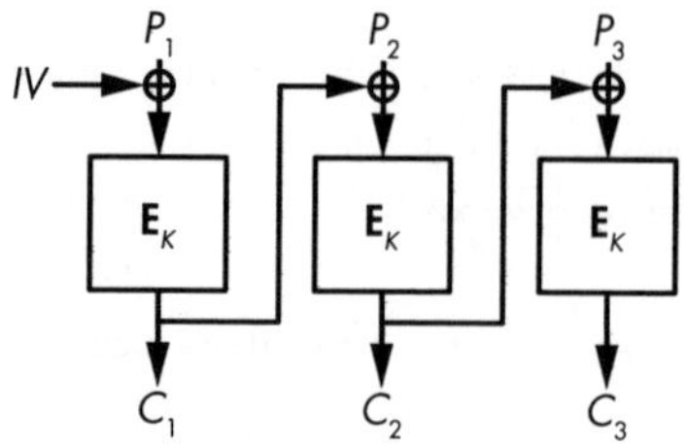

Figure 4-8 – Le mode CBC.

Le mode CBC rend chaque bloc de *ciphertext* dépendant de *tous* les blocs précédents, garantissant que des blocs de *plaintext* identiques seront chiffrés en des blocs de *ciphertext* différents. L'IV garantit que des *plaintexts* identiques donneront des *ciphertexts* différents. Le listing 4-5 illustre ces deux propriétés : ce programme part d'un *plaintext* de 32 octets tous à zéro, le chiffre deux fois avec AES en mode CBC, et affiche les deux *ciphertexts* obtenus. Les lignes calculant `iv = urandom(BLOCK_SIZE)` choisissent un nouvel IV aléatoire pour chaque nouveau chiffrement.

Listing 4-5 – Exemple d'utilisation d'AES en mode CBC.

```
#!/usr/bin/env python

from cryptography.hazmat.primitives.ciphers import Cipher, algorithms,
     modes
from os import urandom

BLOCK_SIZE = 16
KEY_SIZE = 16

# la fonction blocks() affiche une chaine en la séparant en blocs de 16
# octets
def blocks(data):
    split = [data[i:i+BLOCK_SIZE].hex() for i in range(0, len(data), BLOCK_
          SIZE)]
    return ' '.join(split)

# on choisit une clé aléatoire
k = urandom(KEY_SIZE)
print(f" k  = {k.hex()}")
```

```
# on choisit un IV aléatoire
iv = urandom(BLOCK_SIZE)
print(f" iv = {iv.hex()}")

# on crée une instance d'AES en mode CBC
aes_cbc_encryptor = Cipher(algorithms.AES(k), modes.CBC(iv)).encryptor()

# on définit le plaintext p comme deux blocs tout à zéro
p = bytes([0x00] * 2 * BLOCK_SIZE)

c = aes_cbc_encryptor.update(p) + aes_cbc_encryptor.finalize()
print(f" enc({blocks(p)}) = {blocks(c)}")

# maintenant avec un IV différent, et la même clé
iv = urandom(BLOCK_SIZE)
print(f" iv = {iv.hex()}")

aes_cbc_encryptor = Cipher(algorithms.AES(k), modes.CBC(iv)).encryptor()
c = aes_cbc_encryptor.update(p) + aes_cbc_encryptor.finalize()
print(f" enc({blocks(p)}) = {blocks(c)}")
```

Les deux *plaintexts* sont les mêmes (deux blocs entièrement nuls) mais les blocs chiffrés seront distincts, comme dans cet exemple d'exécution :

```
$ ./aes_cbc.py
k = 9cf0d31ad2df24f3cbbefc1e6933c872
iv = 0a75c4283b4539c094fc262aff0d17af
enc(00000000000000000000000000000000 00000000000000000000000000000000) =
370404dcab6e9ecbc3d24ca5573d2920 3b9e5d70e597db225609541f6ae9804a
iv = a6016a6698c3996be13e8739d9e793e2
enc(00000000000000000000000000000000 00000000000000000000000000000000) =
655e1bb3e74ee8cf9ec1540afd8b2204 b59db5ac28de43b25612dfd6f031087a
```

Malheureusement, le mode CBC est souvent utilisé avec un IV fixe au lieu d'un IV aléatoire, ce qui permet d'identifier quand des *plaintexts* identiques sont chiffrés et quand ils commencent par des blocs identiques. Par exemple, si l'on a un *plaintext* de deux blocs $P = P_1 \| P_2$ chiffré en mode CBC en un *ciphertext* $C_1 \| C_2$. Si $P_1 \| P_2'$ est chiffré avec le même IV, où P_2' est un bloc distinct de P_2, alors le *ciphertext* sera $C_1 \| C_2'$, avec C_2' différent de C_2 mais avec le même premier bloc C_1 que pour le premier *plaintext* P. Ainsi, un attaquant peut deviner que le premier bloc est le même pour les deux *plaintexts*, même s'il ne voit que les *ciphertexts*.

Note : Pour déchiffrer en mode CBC, on doit connaître l'IV qui a été utilisé pour chiffrer. L'IV est donc en général transmis avec le *ciphertext*, en clair.

Avec le mode CBC, déchiffrer peut être beaucoup plus rapide que de chiffrer grâce à la possibilité de paralléliser le déchiffrement. Alors que le chiffrement d'un nouveau bloc (P_i) doit attendre le bloc précédent (C_{i-1}), le déchiffrement d'un bloc calcule $P_i = \mathbf{D}(K, C_i) \oplus C_{i-1}$, où il n'y a pas besoin d'attendre que l'on ait calculé le bloc de *plaintext* précédent (P_{i-1}). Cela implique que tous les blocs peuvent être déchiffrés simultanément en parallèle.

4.3 Comment chiffrer n'importe quel message en mode CBC

Revenons à la question du traitement des *plaintexts* dont la longueur n'est pas un multiple de la longueur du bloc. Par exemple, comment chiffrer un texte en clair de 18 octets avec AES-CBC lorsque les blocs sont de 16 octets ? Que faire des deux octets restants ? Nous allons examiner les deux techniques utilisées pour traiter ce problème. La première, le *padding* (remplissage), rend le texte chiffré un peu plus long que le texte en clair, tandis que la seconde, le *ciphertext stealing* (vol de *ciphertext*), produit un *ciphertext* d'exactement la même longueur que le *plaintext*.

◆ *Le padding de message*

Le *padding* est une technique qui permet de chiffrer un message de n'importe quelle longueur, même s'il est plus petit qu'un seul bloc. Le *padding* pour les *blockciphers* est spécifié dans la norme PKCS#7 et dans le RFC 5652, et est utilisé presque partout où le CBC est utilisé, et a notamment longtemps été utilisé pour les connexions HTTPS via le protocole Transport Layer Security (TLS).

Le *padding* permet d'allonger un message afin de remplir un bloc complet en ajoutant des octets supplémentaires au *plaintext* traité par le mode CBC. Voici les règles de *padding* pour des blocs de 16 octets :

- ✓ Si un octet « dépasse » du bloc, par exemple si le *plaintext* fait 1, 17 ou 33 octets, alors ajoutez 15 octets 0xf (le nombre 15 en décimal) au message afin de remplir un bloc entier.
- ✓ S'il reste deux octets, complétez le dernier bloc avec 14 octets 0xe (14 en décimal).
- ✓ S'il reste trois octets, complétez le dernier bloc avec 13 octets 0xd (13 en décimal).

Et ainsi de suite. S'il reste 15 octets, et donc qu'un seul octet manque pour remplir un bloc, on ajoute un seul octet 0x1. Si le message est déjà un multiple de 16, soit la longueur du bloc, ajoutez 16 octets 0x10 (16 en décimal). Vous comprenez l'idée. L'astuce se généralise à toute longueur de bloc jusqu'à 255 octets (pour les blocs plus grands, un octet est trop petit pour encoder des valeurs supérieures à 255). Le déchiffrement d'un message « paddé » fonctionne comme suit :

1. Déchiffrez tous les blocs comme avec un CBC sans *padding*.
2. Vérifiez que les derniers octets du dernier bloc sont conformes à la règle de *padding*, soit qu'ils se terminent par au moins un octet 01, au moins deux octets 02, ou au moins trois octets 03, etc. Si le bloc ne contient pas un *padding* valide (par exemple, si les derniers octets sont 01 02 03) alors le message est rejeté. Sinon, le déchiffrement détermine le message initial en retirant les octets de *padding*.

L'un des inconvénients du *padding* est qu'il allonge le texte chiffré d'au moins un octet et d'au plus un bloc. La méthode suivante n'a pas ce problème mais est légèrement plus compliquée.

◆ *Le ciphertext stealing*

Le *ciphertext stealing* est une autre technique utilisée pour chiffrer un message quand sa longueur n'est pas un multiple de la taille du bloc. Le *ciphertext stealing* est moins simple et moins répandu que le *padding*, mais il offre au moins trois avantages :

- ✓ Les *plaintexts* peuvent être de n'importe quelle longueur de bits, et pas seulement d'octets. On pourra, par exemple, chiffrer des messages de 19 bits ou 131 bits.
- ✓ Les *ciphertexts* sont exactement de la même longueur que les textes en clair.
- ✓ Le *ciphertext stealing* n'est pas vulnérable aux attaques par oracle telles que les *padding oracle attacks* efficaces contre le mode CBC avec *padding* (comme nous le verrons dans la section « Attaques par oracle de *padding* »).

En mode CBC, le *ciphertext stealing* étend le dernier bloc incomplet de *plaintext* avec des bits du bloc de *ciphertext* précédent, puis chiffre le bloc résultant. Le *ciphertext* final a alors son dernier bloc (incomplet) composé des premiers bits du bloc de *ciphertext* auparavant calculé à partir de l'avant-dernier bloc de message (et le dernier bloc complet), c'est-à-dire les bits qui n'ont pas été ajoutés au dernier bloc de *plaintext* lors de l'étape précédente.

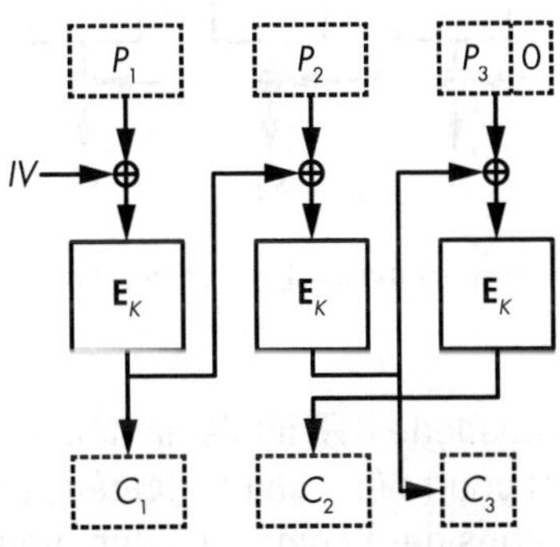

Figure 4-9 – *Ciphertext stealing* avec le mode CBC.

Sur la figure 4-9, nous avons trois blocs où le dernier bloc (P_3), représenté par un zéro, est incomplet. Si P_3 fait 4 octets, il est XORé avec les 12 derniers octets du bloc **E**(K, P_2), et le bloc de 16 octets obtenu est chiffré et forme C_2. Le dernier bloc de texte chiffré incomplet (C_3) est alors constitué des 4 premiers octets de **E**(K, P_2). Le déchiffrement est simplement l'inverse de ces opérations.

Le *ciphertext stealing* n'a pas d'inconvénient majeur, si ce n'est sa relative complexité, surtout lorsque la norme du NIST spécifie trois manières différentes de l'implémenter (voir le document NIST SP 800-38A).

4.4 Le mode compteur (CTR)

Pour éviter les problèmes et préserver la taille du message sans *padding* ni *ciphertext stealing*, on pourra utiliser le mode compteur (CTR). CTR est présenté comme un mode opératoire de *blockcipher*, même il n'est pas vraiment un mode de chiffrement par bloc. En effet, CTR transforme un *blockcipher* en un *streamcipher* (chiffrement par flux), qui se contente de générer un flux de bits pseudo-aléatoires, afin de chiffrer un message par un simple XOR (tel le *one-time pad* vu au chapitre 1).

En mode CTR (voir la figure 4-10), l'algorithme du *blockcipher* ne transforme pas les données du *plaintext*. Au lieu de cela, il va transformer des blocs composés d'un *compteur* et d'un *nonce*. Le compteur est un entier incrémenté pour chaque bloc (1, 2, 3, etc.), ce qui garantit l'unicité des blocs transformés par le *blockcipher* et donc l'unicité des valeurs de sortie. Le *nonce* (vu comme l'abréviation de *number used only once*) est une valeur qui change pour chaque message. On n'a donc jamais la même combinaison *nonce*–compteur entre différentes instances du chiffrement (mais le compteur peut être le même pour différents messages, il faut juste s'assurer que le *nonce* est bien unique pour chaque message).

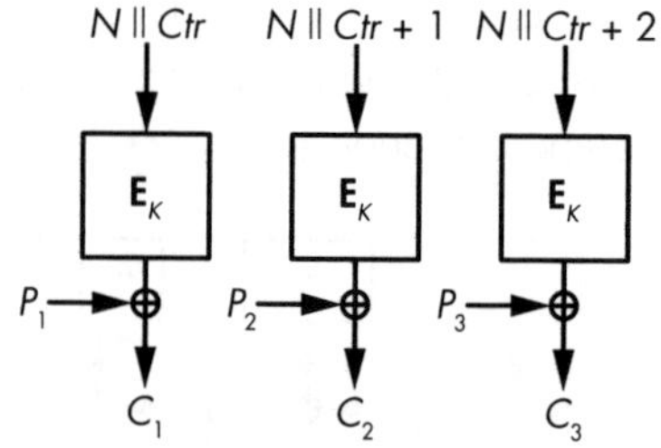

Figure 4-10 – Le mode CTR.

Note : Selon la version du mode CTR implémentée par un logiciel, le *nonce* passé comme argument pourra être soit concaténé à un compteur (comme sur la figure 4-10), soit considéré comme un compteur de la taille du bloc.

Comme le montre la figure 4-10, en mode CTR le chiffrement consiste simplement en un XOR *plaintext* avec le flux (le *keystream*) généré à partir du *nonce N* et du compteur *Ctr*. Le déchiffrement est également un XOR, et est donc identique au chiffrement, comme le montre le script Python du listing 4-6 :

Listing 4-6 – Exemple d'utilisation d'AES en mode CTR.

```
#!/usr/bin/env python

from cryptography.hazmat.primitives.ciphers import Cipher, algorithms,
    modes
from os import urandom

BLOCK_SIZE = 16
KEY_SIZE = 16

# on choisit une clé aléatoire
k = urandom(KEY_SIZE)
print(f" k  = {k.hex()}")

# on choisit un nonce aléatoire
# (attention avec les nonces aléatoires, voir plus bas)
n = urandom(BLOCK_SIZE)
print(f" nonce  = {n.hex()}")

# on utilise un plaintext de 7 octets seulement
p = bytes([0x00] * 7)

# on chiffre le plaintext p avec AES-CTR
aes_ctr_encryptor = Cipher(algorithms.AES(k), modes.CTR(n)).encryptor()

c = aes_ctr_encryptor.update(p) + aes_ctr_encryptor.finalize()
print(f" enc({p.hex()}) = {c.hex()}")

# on déchiffre le ciphertext c
aes_ctr_decryptor = Cipher(algorithms.AES(k), modes.CTR(n)).decryptor()
p = aes_ctr_decryptor.update(c) + aes_ctr_decryptor.finalize()
print(f" dec({c.hex()}) = {p.hex()}")

# on déchiffre le ciphertext c en utilisant le chiffrement
aes_ctr_encryptor = Cipher(algorithms.AES(k), modes.CTR(n)).encryptor()
p = aes_ctr_encryptor.update(c) + aes_ctr_encryptor.finalize()
print(f" enc({c.hex()}) = {p.hex()}")
```

L'exécution de ce script chiffre un *plaintext* de 7 octets en un *ciphertext* de 7 octets. Le déchiffrement peut être fait soit avec la fonction de déchiffrement (la méthode `decryptor()`), soit avec celle de chiffrement (`encryptor()`) :

```
$ ./aes_ctr.py
key = b'8365726dd7cf579cee3d1a6b4a9df0cd'
nonce = b'3194a10d4a96345ac3164107b5e13455'
enc(b'00000000000000') = b'5916fb15fc1317'
dec(b'5916fb15fc1317') = b'00000000000000'
enc(b'5916fb15fc1317') = b'00000000000000'
```

Comme pour l'IV du mode CBC, le *nonce* de CTR est en général transmis en clair avec le *ciphertext*. Mais contrairement à l'IV de CBC, le *nonce* de CTR n'a pas besoin d'être aléatoire ; il doit seulement être unique. Un *nonce* doit être unique pour la même raison qu'un *one-time pad* ne doit pas être réutilisé. Si l'on répète un *nonce*, on répète la valeur *S* masquant le message ; et pour les deux paires *plaintext–ciphertext* utilisant ce *S*, on aura $C_1 = P_1 \oplus S$ et $C_2 = P_2 \oplus S$, et donc $C_1 \oplus C_2 = P_1 \oplus P_2$.

Un *nonce* aléatoire ne fera l'affaire que s'il est suffisamment long ; si le *nonce* est long de *n* bits, après $2^{n/2}$ messages chiffrés (et autant de *nonces* différents) on aura de fortes chances d'avoir au moins un cas de *nonce* répété. Par exemple, avec un *nonce* de 64 bits, on pourra s'attendre à une répétition après environ 2^{32} nonces, ce qui peut être un nombre inacceptablement bas selon le cas d'application.

Le compteur est garanti unique s'il est incrémenté pour chaque nouveau texte en clair et s'il est suffisamment long, tel qu'un compteur de 64 bits.

L'un des avantages propres au mode CTR réside dans sa rapidité. Non seulement il est parallélisable (le traitement de chaque bloc étant indépendant des autres), mais on peut également commencer le processus de chiffrement avant même de connaître le message, en choisissant un *nonce* et en calculant le *keystream* qui sera ensuite combiné par un XOR avec le *plaintext*.

5. EXEMPLES DE PROBLÈMES

Nous allons voir deux attaques incontournables sur les *blockciphers* : les attaques de type *meet-in-the-middle* (« rencontre au milieu ») une technique découverte dans les années 1970 mais encore régulièrement utilisée dans de nombreuses attaques cryptanalytiques (à ne pas confondre avec les attaques de type *man-in-the-middle*), et les attaques par oracle de *padding* (*padding oracle attacks*), une classe d'attaques découverte en 2002 par des cryptographes chercheurs universitaires mais restée ignorée du grand public avant d'être redécouverte une décennie plus tard avec la démonstration d'attaques sur de nombreuses applications.

5.1 Les attaques *meet-in-the-middle*

Le *blockcipher* 3DES (aussi nommé «Triple DES» ou «TDES») est une version renforcée du standard DES des années 1970, qui prend une clé de 56 × 3 = 168 bits, contre seulement une clé de 56 bits pour le DES original. Cependant, le niveau de sécurité de 3DES n'est pas de 168 bits mais seulement de 112 bits. C'est à cause de l'attaque *meet-in-the-middle* (MitM).

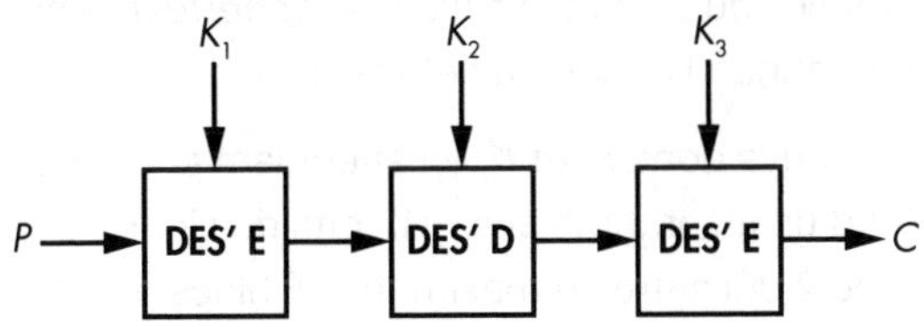

Figure 4-11 – La construction de 3DES.

Comme on peut le voir sur la figure 4-11, 3DES chiffre un bloc en combinant les fonctions de chiffrement et de déchiffrement de DES : d'abord le chiffrement avec une clé K_1, puis le déchiffrement avec autre clé K_2, et enfin le chiffrement avec une troisième clé K_3. Si $K_1 = K_2$, les deux premiers appels s'annulent et 3DES se résume à un seul DES avec la clé K_3. Cette séquence **E**-**D**-**E** plutôt qu'un triple chiffrement permet, si nécessaire, d'émuler DES tout en utilisant l'interface de 3DES.

Pourquoi utiliser un triple DES et pas simplement un double DES, c'est-à-dire $\mathbf{E}(K_2, \mathbf{E}(K_1, P))$? Il s'avère que l'attaque MitM ne rend presque pas le double DES plus sûr que le simple DES. La figure 4-12 ci-dessous montre l'attaque MitM en action.

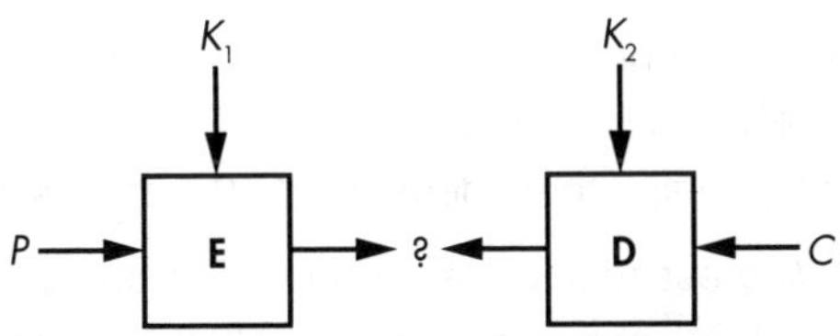

Figure 4-12 – Principe de l'attaque *meet-in-the-middle.*

L'attaque *meet-in-the-middle* fonctionne comme suit pour retrouver les 112 bits de clés de double DES à partir de paires *plaintext–ciphertext*:

1. Supposez que vous ayez un *plaintext* P et son *ciphertext* par double DES $C = \mathbf{E}(K_2, \mathbf{E}(K_1, P))$, avec deux clés inconnues K_1 et K_2, de 56 bits chacune. L'attaque commence par construire une table avec 2^{56} entrées de $\mathbf{E}(K_1, P)$, pour chacune des 2^{56} valeurs de K_1 et pour notre P connu. Chaque entrée de la table doit également indiquer la valeur de K_1 correspondante.

2. Pour chacune des 2^{56} valeurs de K_2, calculez $\mathbf{D}(K_2, C)$ et regardez si la valeur résultante apparaît dans la table construite à la première étape (c'est la valeur « au milieu » représentée par un point d'interrogation sur la figure 4-12).
3. Si une valeur est trouvée dans la table, cela signifie qu'on a une paire (K_1, K_2) telle que $\mathbf{E}(K_1, P) = \mathbf{D}(K_2, C)$, et donc potentiellement la paire de clé recherchée. Pour s'assurer que c'est la bonne, il suffit d'utiliser une autre paire *plaintext–ciphertext* et chiffrer le *plaintext* en utilisant les K_1 et K_2 trouvés par l'attaque et vérifier qu'on obtient bien le *ciphertext* connu. Si ça ne tombe pas juste, on continue l'attaque à l'étape 2.

Cette méthode retrouve donc K_1 et K_2 en effectuant environ 2^{57} opérations, alors qu'on attendrait 2^{112} d'un algorithme avec 112 bits de clé. En effet, l'étape 1 chiffre 2^{56} blocs, puis l'étape 2 déchiffre au maximum 2^{56} blocs, soit $2^{56} + 2^{56} = 2^{57}$ opérations au total. On doit également stocker 2^{56} éléments de 15 octets chacun, soit environ 1 exaoctet. C'est beaucoup, mais il existe une astuce qui permet d'exécuter la même attaque avec une mémoire négligeable (comme vous le verrez au chapitre 6).

Revenons à 3DES : on peut appliquer la même attaque, sauf que la troisième étape teste toutes les 2^{112} valeurs de K_2 et K_3. L'attaque réussit donc après avoir effectué environ 2^{112} opérations, ce qui signifie que permet de retrouver la clé de 168 bits de 3DES bien plus rapidement qu'en 2^{168} opérations.

5.2 Attaques par oracle de *padding*

Terminons ce chapitre par l'une des attaques les plus simples et pourtant les plus dévastatrices des années 2000 : l'attaque par oracle de *padding* (ou *padding oracle attack*). Rappelez-vous que le *padding* complète un *plaintext* avec des octets supplémentaires afin de remplir un bloc de *blockcipher*. Un *plaintext* de 111 octets, par exemple, donnera une suite de six blocs de 16 octets suivis de 15 octets. Pour compléter le bloc restant, le *padding* ajoute un octet 01. Pour un *plaintext* de 110 octets, on ajouterait deux octets 02, et ainsi de suite.

Un oracle de *padding* est tout système qui reçoit des *ciphertexts* afin de les déchiffrer avec le mode CBC, et qui se comporte différemment selon que le *padding* est valide ou non. On peut voir un tel oracle comme une boîte noire qui renvoie un code d'erreur ou de succès. Un oracle de *padding* peut par exemple être obtenu via l'API d'un service Web distant qui envoie des messages d'erreur lorsqu'il reçoit des *ciphertexts* mal formés. Les attaques par oracle de *padding* exploitent alors ces informations afin de déchiffrer des *ciphertexts* sans connaître la clé.

Considérons l'exemple illustré sur la figure 4-13, où C_2 est le bloc de *ciphertext* que l'on souhaite déchiffrer et où X est la valeur recherchée, à savoir $\mathbf{D}(K, C_2)$. Cette valeur est différente de P_2, qui est le bloc obtenu après déchiffrement en mode CBC, soit : $P_2 = X \oplus C_1$. L'attaque choisira des blocs aléatoires C_1 et enverra le *ciphertext* de deux blocs $C_1 \parallel C_2$ à l'oracle ; le déchiffrement ne réussira que si $C_1 \oplus X = P_2$ se termine par un *padding* valide, soit au moins un octet 01, ou deux octets 02, ou trois octets 03, etc. L'attaquant pourra alors deviner les derniers octets de la valeur recherchée X, C_1 étant connu.

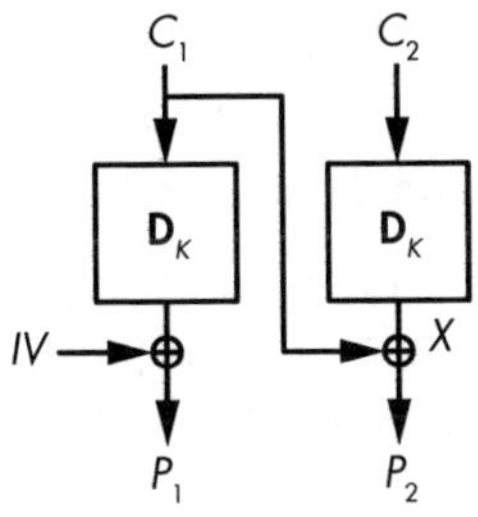

Figure 4-13 – Une attaque par oracle de *padding* retrouve X en choisissant C1 et vérifiant la validité du *padding*.

On peut ainsi décrire l'attaque plus en détail, en utilisant les notations suivantes : $C_1[0]$ est le premier octet de C_1, $C_1[1]$ son deuxième octet, et ainsi de suite jusqu'à $C_1[15]$, le seizième et dernier octet de C_1. Si l'objectif est de déchiffrer C_2, l'attaque fonctionnera ainsi :

1. Choisissez un bloc aléatoire C_1 et faites varier son dernier octet jusqu'à ce que l'oracle accepte le *ciphertext* $C_1 \parallel C_2$. Dès que cela arrive, il y a de fortes chances que cela soit parce que le dernier octet $C_1[15] \oplus X[15]$ est égal à 01. On peut donc en déduire le dernier octet de X, soit $X[15] = C_1[15] \oplus 01$. Vu qu'il y a 256 valeurs possibles pour le dernier octet, on tombera sur celui qui donne 01 après en moyenne 128 essais.
2. Pour trouver la valeur de $X[14]$, on fixe d'abord $C_1[15]$ à $X[15] \oplus 02$, et on cherche le $C_1[14]$ qui donne un *padding* correct. Lorsque l'oracle accepte le *ciphertext* comme valide, cela signifie que vous avez trouvé $C_1[14]$ tel que $C_1[14] \oplus X[14] = 02$.
3. Répétez les étapes 1 et 2 pour les 16 octets.

L'attaque nécessite en moyenne 128 requêtes à l'oracle pour chacun des 16 octets, soit environ 2000 requêtes au total. (À noter que chaque requête doit utiliser le même IV, parmi les 128 requêtes pour un octet donné.)

Note : En pratique, les attaques par oracle de *padding* sont un peu plus compliquées que ce que j'ai décrit, car vous devez gérer les cas de « malchance » à l'étape 1 : un *ciphertext* peut en effet avoir un *padding* valide non pas parce que P_2 se termine par un seul 01 mais parce qu'il se termine par deux octets 02 ou trois octets 03. Mais ce problème est facilement contourné en testant la validité des *ciphertexts* ayant plus d'octets modifiés.

6. POUR ALLER PLUS LOIN

Il y a beaucoup à dire sur les *blockciphers*, que ce soit sur leurs opérations internes ou sur les façons de les attaquer. Par exemple, les réseaux de Feistel et les SPN ne sont pas les seules constructions possibles : il y a également les *block-ciphers* IDEA et FOX qui utilisent la construction Lai-Massey, ainsi que Threefish qui utilise les réseaux ARX (pour *add, rotate, xor*), soit une combinaison d'addition d'entiers, de rotations de mots de 32 ou 64 bits et de XORs.

Il existe également d'autres modes que ECB, CBC, et CTR. Certains modes sont rarement utilisés, comme CFB et OFB, tandis que d'autres sont destinés à des applications spécifiques, comme XTS pour le chiffrement de disque, ou GCM pour le chiffrement authentifié.

J'ai présenté Rijndael, le vainqueur de la compétition AES, mais il y avait 14 autres algorithmes en course : CAST-256, CRYPTON, DEAL, DFC, E2, FROG, HPC, LOKI97, Magenta, MARS, RC6, SAFER+, Serpent, et Twofish. Je vous encourage à consulter leur documentation pour voir comment ils fonctionnent, comment ils ont été conçus, comment ils ont été attaqués, et quelles sont leurs performances. Il vaut également la peine de s'intéresser aux *blockciphers* créés par la NSA (Skipjack, et plus récemment, SIMON et SPECK) et aux *blockciphers* "lightweight" plus récents tels que GIFT, KATAN, PRESENT, ou PRINCE.

5 Les *streamciphers*

Le chiffrement symétrique peut être réalisé soit à l'aide de *blockciphers* (chiffrement par bloc), soit de *streamciphers* (chiffrement de flux). Nous avons vu au chapitre 4 que les *blockciphers* « mélangent » un bloc de *plaintext* avec la clé pour produire un bloc de *ciphertext* de même taille, en général 64 ou 128 bits. Les *streamciphers*, en revanche, ne combinent pas directement le *plaintext* et la clé ; ils produisent des séquences de bits pseudo-aléatoires à partir de la clé et font juste un XOR avec le *plaintext* pour obtenir le *ciphertext*, comme le *one-time pad* présenté au chapitre 1.

Les *streamciphers* ont parfois eu mauvaise réputation car, historiquement, ils se sont souvent révélés plus fragiles que les *blockciphers*, qu'il s'agisse d'algorithmes expérimentaux conçus par des amateurs ou déployés dans des systèmes utilisés par des millions de personnes, notamment les téléphones mobiles, le Wi-Fi et les cartes à puce de transport public. Mais tout cela est du passé. Heureusement, bien que cela ait pris 20 ans, nous savons maintenant comment concevoir des *streamciphers* fiables. Ils sont par exemple utilisés pour protéger les connexions Bluetooth, les communications mobiles 5G, ainsi que les connexions TLS et SSH.

Ce chapitre présente tout d'abord le principe des *streamciphers*, et en décrit les deux principales classes : les *streamciphers* avec état (*stateful*) et ceux avec un compteur (qui sont donc sans état, ou *stateless*). Nous étudierons ensuite les *streamciphers* orientés matériel et ceux orientés logiciel, puis examinerons des algorithmes qui se sont révélés cassables (tels que A5/1 dans les communications mobiles GSM et RC4 dans TLS), et enfin des *streamciphers* plus sûrs et recommandables (tels que Grain-128a pour le matériel et Salsa20 pour le logiciel).

1. FONCTIONNEMENT DES *STREAMCIPHERS*

Les *streamciphers* sont bien plus proches des générateurs de bits aléatoires déterministes (DRBG) que des *blockciphers*, car ils génèrent aussi un flux de bits pseudo-aléatoires plutôt que de directement mélanger les bits de *plaintext*.

Ce qui distingue les *streamciphers* des DRBG, c'est que les DRBG prennent en général une seule valeur d'initialisation en entrée, alors que les *streamciphers* en prennent deux : une clé et un *nonce*. La clé doit être secrète et est généralement de 128 ou 256 bits. Le *nonce* ne doit pas nécessairement être secret, mais il doit être *unique* pour chaque utilisation avec une clé donnée, et fait généralement entre 64 et 128 bits.

Un *streamcipher* produit une suite de bits pseudo-aléatoires appelée le *keystream* (flux de clé). Ce *keystream* est XORé avec les bits du *plaintext* pour obtenir un *ciphertext*, et on déchiffre alors de la même façon. La figure 5-1 illustre ce mécanisme, où **SC** et un algorithme de *streamcipher*, calculant un *keystream* KS = **SC**(K, N), pour chiffrer un *plaintext* P en $C = P \oplus KS$, qu'on déchiffrera donc en $C \oplus KS$. En masquant le message avec un flux pseudo-aléatoire, les *streamciphers* simulent donc un *one-time pad*.

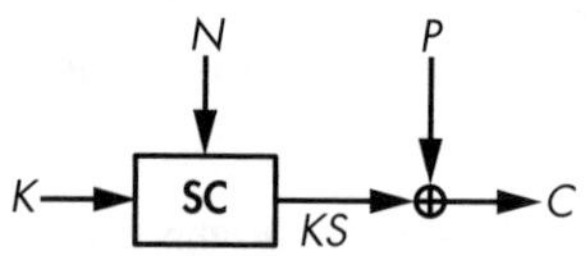

Figure 5-1 – Le chiffrement par un *streamcipher*, à partir d'une clé secrète K et d'un *nonce* public N, pour créer un *keystream* KS chiffrant un *plaintext* P en un *ciphertext* C.

Les fonctions de chiffrement et de déchiffrement d'un *streamcipher* sont donc identiques car elles font exactement la même chose, à savoir un XOR entre le *keystream* et le message en entrée, qu'il soit clair ou chiffré. C'est pourquoi, par exemple, certaines bibliothèques cryptographiques fournissent une seule fonction `encrypt()` utilisée pour chiffrer et déchiffrer.

Les *streamciphers* vous permettent de chiffrer un message plusieurs fois avec la même clé et d'obtenir des *ciphertexts* différents : en chiffrant clé K_1 et le *nonce* N_1, puis encore avec la clé K_1 et un autre *nonce* N_2. De même, pour chiffrer différents messages, il est indispensable d'utiliser des *nonces* différents, si la même clé est utilisée.

En effet, si l'on utilise deux fois le même nonce N avec la même clé K, on produira deux fois le même *keystream* KS et on chiffrera donc deux messages distincts P_1 et P_2 en respectivement $C_1 = P_1 \oplus KS$ et $C_2 = P_2 \oplus KS$. On a donc :

$$KS = P_1 \oplus C_1 = P_2 \oplus C_2$$

ou, par exemple, $P_1 = P_2 \oplus C_2 \oplus C_1$. Si l'on connaît le *plaintext* P_2, il suffit alors d'observer les deux *ciphertexts* pour déterminer le *plaintext* P_1 ! Cette fragilité des *streamcipher* constitue leur principal désavantage et le problème le plus fréquent rencontré en pratique.

Note : En cryptographie, le terme *nonce* est vu comme l'abréviation de *number used only once* (nombre utilisé une seule fois), mais on trouve aussi parfois le terme IV utilisé à la place (pour *initial value*).

1.1 *Streamciphers* avec état ou avec compteur

On peut distinguer deux catégories de *streamciphers* : ceux qui ont un état interne modifié par le *streamcipher* au fur et à mesure de son opération (*stateful*) et ceux qui n'ont pas un tel état (*stateless*), car utilisant un compteur (*counter-based*) — ce qui peut être vu comme un état de taille minimale. Les *streamciphers* avec état ont un état interne secret qui évolue tout au long de la génération du *keystream*. L'algorithme initialise l'état à partir de la clé et du *nonce*, puis appelle une fonction de mise à jour (*update*) pour actualiser la valeur de l'état, et produire les bits de *keystream*, comme le montre la figure 5-2. Par exemple, le célèbre RC4 est un *streamcipher* à état.

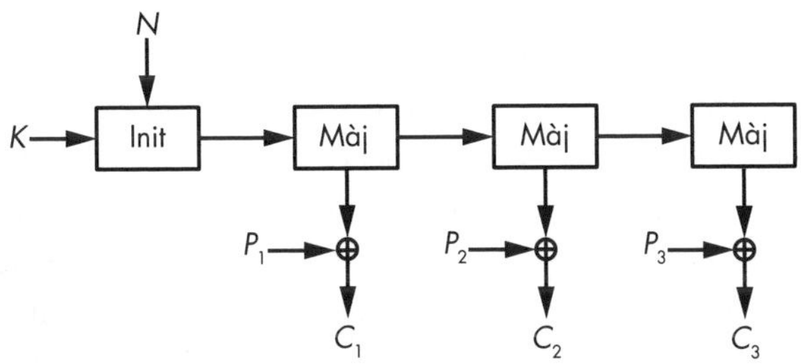

Figure 5-2 – Les *streamciphers* avec état.

Les *streamciphers* basés sur des compteurs produisent des morceaux de *keystream* à partir d'une clé, d'un *nonce*, et d'une valeur de compteur incrémentée à chaque étape, comme le montre la figure 5-3. Les *streamciphers* avec compteur, tels que Salsa20, ne mémorisent donc aucun état lors de la génération du *keystream*, si ce n'est la valeur du compteur.

Ces deux approches définissent l'architecture de haut niveau des *streamciphers*, indépendamment de la façon dont leurs algorithmes fonctionnent. Les éléments internes des *streamciphers* se divisent également en deux catégories selon la plateforme cible de leur implémentation : matérielle ou logicielle.

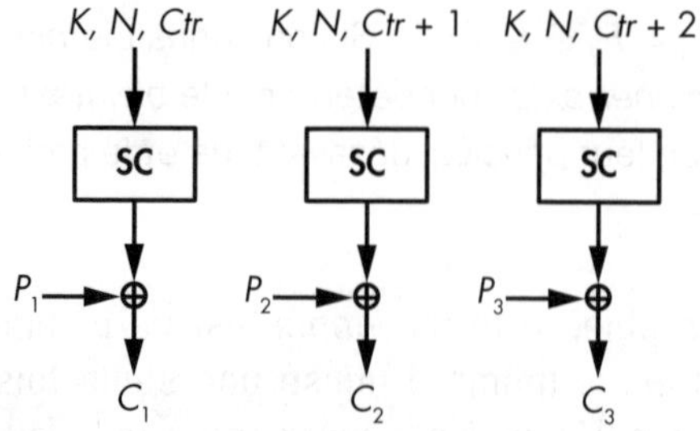

Figure 5-3 – Les *streamciphers* avec compteur.

2. *STREAMCIPHERS* ORIENTÉS MATÉRIEL

Lorsque les cryptographes parlent de matériel (*hardware*), ils font référence aux implémentations « en dur » dans des circuits intégrés (*application specific integrated circuits*, ASIC), ainsi qu'aux systèmes matériels programmables tels que les FPGA (*field programmable gate array*) ou PLD (*programmable logic device*). L'implémentation matérielle est réalisée sous forme de circuit électronique dédié, qui ne peut être utilisé pour autre chose que l'algorithme pour lequel il est conçu.

Les implémentations logicielles, à l'inverse, indiquent simplement à un microprocesseur les instructions à exécuter afin de calculer l'algorithme. Ces instructions opèrent sur des séquences d'octets comme entrées, et appellent des éléments de circuit électronique qui implémentent des opérations d'usage général telles que l'addition et la multiplication. Le logiciel traite les données comme des octets ou des mots de 32 ou 64 bits, alors que par défaut le matériel traite des suites de bits. Les premiers *streamciphers* traitaient directement des bits, afin de s'affranchir de la représentation sous forme de mots et de leur arithmétique propre, afin d'être plus efficaces lorsqu'ils étaient implémentés directement sous forme de circuits matériels.

Historiquement, la principale raison pour laquelle les *streamciphers* étaient couramment utilisés pour les implémentations matérielles est qu'ils étaient moins coûteux que les *blockciphers* ; ils nécessitaient moins de mémoire et moins de portes logiques, et occupaient donc une plus petite surface sur un circuit intégré, réduisant les coûts de fabrication. Par exemple, en comptant en équivalents portes logiques (une mesure de coût standard pour les circuits intégrés), vous pouviez trouver des *streamciphers* prenant moins de 1 000 équivalents portes, alors qu'un *blockcipher* orienté logiciel occuperait typiquement au moins 10 000 portes logiques.

Cependant, les *blockciphers* ne sont aujourd'hui plus aussi coûteux, d'abord parce qu'il existe maintenant des algorithmes *hardware-friendly* optimisés pour les implémentations matérielles, et ensuite parce que le coût du matériel des implémentations matérielles a baissé. Les *streamciphers* restent néanmoins souvent associés au matériel car ils constituaient autrefois la meilleure option.

Dans la section suivante, j'expliquerai le mécanisme de base des chiffrements de flux matériels, appelés registres à décalage à rétroaction (*feedback shift register*, FSR). Presque tous les chiffrements de flux matériels reposent sur les FSR d'une manière ou d'une autre, qu'il s'agisse du chiffrement A5/1 utilisé dans les téléphones mobiles 2G ou du chiffrement plus récent Grain-128a.

Note: Le premier standard de *blockcipher*, le Data Encryption Standard (DES), a été optimisé pour le matériel plutôt que pour le logiciel. Lorsque le gouvernement américain a normalisé DES dans les années 1970, la plupart des applications cibles étaient des implémentations matérielles. Il n'est donc pas surprenant que les *S-box* de DES soient petites et rapides à calculer lorsqu'elles sont implémentées en tant que circuit logique en matériel, mais relativement coûteuses en logiciel. Contrairement à DES, l'actuel Advanced Encryption Standard (AES) a été conçu autant pour des plateformes logicielles que matérielles.

2.1 Registres à décalage

D'innombrables *streamciphers* ont utilisé des registres à décalage (*feedback shift registers*, FSR) comme composant de leur mécanique interne. Un FSR est simplement un tableau de bits accompagné d'une fonction de mise à jour, ou rétroaction (*feedback*), que je noterai **f**. L'état du FSR est stocké dans le tableau, ou *registre*, et chaque mise à jour du FSR utilise la fonction de rétroaction pour modifier la valeur de l'état et produire un bit de sortie.

Un FSR fonctionne comme suit: si R_0 est l'état initial du FSR, l'état suivant R_1 est défini comme R_0 décalé d'un bit vers la gauche, où le bit « quittant » le registre est renvoyé en sortie, et où la position vide est remplie par $\mathbf{f}(R_0)$.

La même règle est répétée pour calculer les valeurs des états suivants R_2, R_3, etc. Autrement dit, étant donné un état R_t, soit l'état du FSR à l'instant t, l'état suivant R_{t+1} est calculé de la façon suivante:

$$R_{t+1} = (R_t << 1) \mid \mathbf{f}(R_t)$$

Dans cette équation, | est l'opérateur logique OU, et << est l'opérateur de décalage, tel qu'il est utilisé dans le langage C. Par exemple, étant donné la chaîne de 8 bits 00001111, nous avons ceci:

$$00001111 << 1 = 00011110$$

$$00011110 << 1 = 00111100$$

$$00111100 << 1 = 01111000$$

Le décalage des bits déplace les bits « vers la gauche », en perdant le bit le plus à gauche afin de conserver une taille d'état fixe, et en mettant à zéro le bit le plus à droite. L'opération de mise à jour d'un FSR est identique, sauf qu'au lieu d'être mis à 0, le bit le plus à droite est mis à $\mathbf{f}(R_t)$.

Considérons par exemple un FSR de 4 bits dont la fonction **f** effectue un XOR des 4 bits de l'état. Initialisez l'état comme suit

1100

Décalez maintenant les bits vers la gauche, où 1 est éliminé et le nouveau bit le plus à droite est calculé comme suit :

$$\mathbf{f}(1100) = 1 \oplus 1 \oplus 0 \oplus 0 = 0$$

L'état devient alors le suivant :

1000

La mise à jour suivante produit 1, décale l'état vers la gauche et définit le bit le plus à droite comme suit :

$$\mathbf{f}(1000) = 1 \oplus 0 \oplus 0 \oplus 0 = 1$$

Le nouvel état est alors :

0001

Les trois mises à jour suivantes renvoient trois bits 0 (les bits « éliminés » à gauche), et donnent les valeurs d'état suivantes :

0011

0110

1100

Nous revenons donc à notre état initial 1100 après cinq itérations. On peut observer que quelle que soit la valeur de départ parmi les cinq valeurs observées, on reviendra toujours à l'état de départ après cinq transformations. On dit que ces valeurs font partie d'un *cycle* de *période* 5. Si l'on effectue 10, 15, ou 20 mises à jour, alors on reviendra toujours au point de départ. Avec 20 mises à jour à partir de 1100, on produira alors la séquence de sortie 11000110001100011000, soit quatre fois la même séquence de 5 bits 11000. Intuitivement, il est clair que de telles répétitions seront indésirables pour un *streamcipher*, où l'on souhaitera une période la plus longue possible.

Note : Un FSR seul ne constitue pas un *streamcipher* sûr mais un FSR peut être un des composants d'un *streamcipher*. Dans ce cas, il faudra s'assurer que sa période est suffisamment longue. Certains types de FSR permettent de déterminer facilement leur période, alors que c'est presque impossible pour d'autres selon le type de fonction de rétroaction utilisée.

La figure 5-4 illustre la structure de cycle de notre exemple, ainsi que les autres cycles de ce FSR avec d'autres valeurs initiales. Dans ces figures, chaque point représente un état, et la flèche décrit la transition d'un état à l'autre, dans le sens des aiguilles d'une montre.

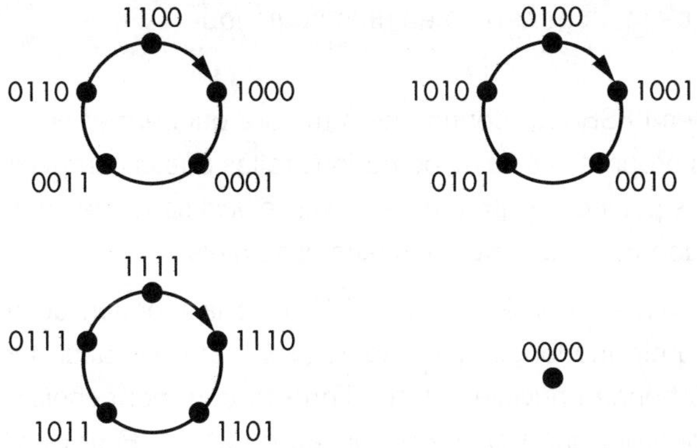

Figure 5-4 – Cycles d'un FSR dont la fonction de mise à jour est un XOR entre les 4 bits de l'état.

En effet, ce FSR possède deux autres cycles de période 5, à savoir {0100, 1001, 0010, 0101, 1010} et {1111, 1110, 1101, 1011, 0111}. Notez qu'un état donné ne peut appartenir qu'à un seul cycle. Ici, nous avons trois cycles de cinq états chacun, couvrant 15 des $2^4 = 16$ valeurs possibles de notre registre de 4 bits. La 16e valeur possible est 0000, ce qui, comme le montre la figure 5-4, est un cycle de période 1 car le FSR transformera 0000 en 0000.

Un registre à décalage, ou FSR, est un registre de bits où chaque mise à jour du registre retourne un bit (le bit le plus à gauche du registre) et où une fonction calcule le nouveau bit le plus à droite du registre (tous les autres bits sont décalés vers la gauche). On peut évidemment voir le système comme décalant les bits vers la droite plutôt que vers la gauche, et concevoir des registres dont les éléments ne sont pas des bits mais des octets ou des mots de 32 ou 64 bits par exemple.

La période d'un FSR, à partir d'un certain état initial, correspond ensuite au nombre de mises à jour nécessaires jusqu'à ce que le FSR revienne au même état. S'il faut *N* mises à jour pour y parvenir, le FSR produira les mêmes *N* bits encore et encore.

◆ Registres à décalage linéaires

Les registres à décalage à rétroaction linéaire (*linear feedback shift registers*, LFSR) sont des FSR dotés d'une fonction de rétroaction *linéaire*, c'est-à-dire une fonction qui n'est qu'un XOR entre certains bits de l'état, comme dans l'exemple du FSR de 4 bits présenté dans la section précédente. Une fonction qui fait des opérations logiques ET et OU entre les bits n'est pas linéaire.

Note : Rappelons qu'en cryptographie, la linéarité est synonyme de prévisibilité et suggère une structure mathématique sous-jacente simple. En algèbre linéaire, on définit une transformation linéaire **f** comme une fonction qui vérifie **f**($u + v$) = **f**(u) + **f**(v) : si l'on connaît **f**(u) et **f**(v), on pourra alors prédire **f**($u + v$) sans même connaître u ou v ; tandis que si la fonction n'est pas linéaire, c'est en général bien plus compliqué.

La linéarité des LFSR leur donne une structure qui permet aux cryptographes d'analyser leurs propriétés à l'aide de notions telles que la complexité linéaire, les corps finis, et les polynômes primitifs — mais je vais sauter les détails mathématiques et vous donner simplement les faits essentiels.

Le choix des bits combinés par un XOR dans la fonction de rétroaction est crucial pour garantir une longue période au LFSR, et donc pour son intérêt cryptographique. La bonne nouvelle est que l'on sait comment choisir des positions de bits qui garantiront une période maximale de $2^n - 1$. Pour cela, on définit un polynôme de la forme $1 + X + X^2 + \ldots + X^n$, où le terme X^i n'est inclus que si le $i$ème bit du registre est inclus dans le XOR, où l'indice 1 correspond au bit le plus à droite du registre, et n au bit le plus à gauche. La période est alors maximale si et seulement si ce polynôme est *primitif*. Par exemple, si l'on inclut seulement le premier et le dernier bit du registre, alors le polynôme sera $1 + X + X^n$, où n est le nombre de bits du registre.

Pour être primitif, le polynôme doit avoir les qualités suivantes :

✓ Le polynôme doit être irréductible, c'est-à-dire qu'il ne peut être factorisé, soit écrit comme le produit de plusieurs polynômes. Par exemple, $X + X^3$ n'est pas irréductible car il est égal à $(1 + X)(X + X^2)$; en effet, on a le résultat suivant (où $X^2 + X^2$ est égal à zéro car les coefficients sont binaires, donc on a $1 + 1 = 0$ et $X^2 + X^2 = 0$) :

$$(1 + X)(X + X^2) = X + X^2 + X^2 + X^3 = X + X^3$$

✓ Le polynôme doit satisfaire d'autres propriétés mathématiques qui ne peuvent pas facilement être expliquées ici mais sont relativement faciles à tester.

Note : La période maximale d'un LFSR de n bits est de $2^n - 1$, et non de 2^n, car l'état « tout à zéro » boucle sur lui-même à l'infini. Comme le XOR d'un nombre quelconque de zéros est nul, la fonction de rétroaction retournera toujours zéro ; par conséquent, l'état nul est condamné à rester nul.

Par exemple, la figure 5-5 montre un LFSR de 4 bits avec le polynôme de rétroaction $1 + X + X^3 + X^4$, par lequel les bits aux positions 1, 3, et 4 sont XORés pour calculer le nouveau bit de L_1. Toutefois, ce polynôme n'est pas primitif, car il n'est pas irréductible, se factorisant en $(1 + X^3)(1 + X)$.

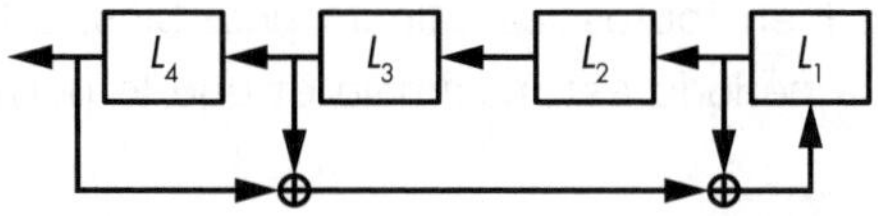

Figure 5-5 – Un LFSR ayant comme polynôme de rétroaction $1 + X + X^3 + X^4$.

On peut alors vérifier que la période du LFSR de la figure 5-5 n'est pas maximale. Partons par exemple de l'état 0001 :

0001

Maintenant, décalez d'un bit vers la gauche, en mettant le nouveau bit à $0 + 0 + 1 = 1$:

0011

En répétant l'opération quatre fois, on obtient les valeurs d'état suivantes :

0111

1110

1100

1000

Comme on peut le voir, l'état après six mises à jour est le même que l'état initial, ce qui prouve que nous sommes dans un cycle période-6, et donc que la période du LFSR n'est pas la valeur maximale de $2^4 - 1 - 15$.

Par contraste, considérons maintenant le LFSR illustré à la figure 5-6.

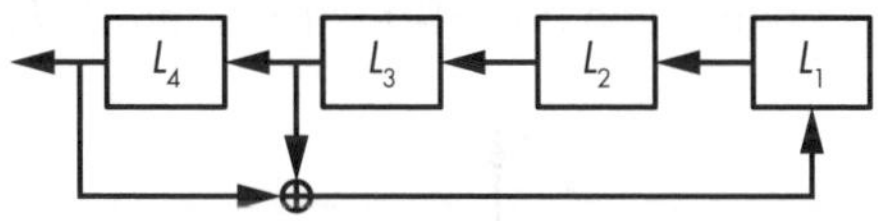

Figure 5-6 – Un LFSR ayant comme polynôme de rétroaction $1 + X^3 + X^4$, un polynôme primitif, garantissant une période maximale.

Ce polynôme de rétroaction est un polynôme primitif décrit par $1 + X^3 + X^4$, et on peut vérifier que sa période est bien maximale (à savoir 15). Concrètement, à partir d'une valeur initiale, l'état évolue comme suit (de haut en bas et de gauche à droite) :

0001 | 0011 | 0101 | 1110

0010 | 0110 | 1011 | 1100

0100 | 1101 | 0111 | 1000

1001 | 1010 | 1111 | 0001

L'état couvre donc bien toutes les valeurs possibles, à l'exception de 0000. Ceci démontre que la période est maximale et que le polynôme de rétroaction est primitif.

Hélas, l'utilisation directe d'un LFSR comme *streamcipher* n'est pas sûre ; si n est le nombre de bits du LFSR, alors un attaquant n'a besoin que de n bits de sortie pour calculer l'état initial du LFSR, ce qui lui permet de déterminer tous les bits précédents et de prédire tous les bits futurs. Cette attaque est possible parce qu'un LFSR est linéaire, et donc les relations entre les bits de l'état ne sont régies que par des équations linéaires simples à résoudre. L'algorithme utilisé pour reconstruire l'état d'un LFSR à partir de ses bits de sortie est l'algorithme dit de Berlekamp–Massey, qui permet de calculer non seulement l'état initial du LFSR, mais aussi son polynôme de rétroaction, s'il était inconnu. Il n'est même pas nécessaire de connaître la longueur exacte du LFSR pour une telle attaque ; on peut répéter l'algorithme de Berlekamp-Massey pour toutes les valeurs possibles de n jusqu'à ce qu'on trouve la bonne.

En résumé, les LFSR sont cryptographiquement faibles, car ils sont linéaires. Cependant, ils ont l'avantage d'avoir une période maximale (si le polynôme est bien choisi), ce qui les rend utiles dans certaines constructions de *streamciphers*, lorsqu'ils sont combinés à d'autres types de registres. Pour renforcer les LFSR, ajoutons donc une pincée de non-linéarité.

◆ Registres à décalage filtrés

Pour renforcer la sécurité des LFSR, il est possible de masquer leur linéarité en faisant passer leurs bits de sortie par une fonction non linéaire avant de les retourner. On appelle cette construction un LFSR filtré (*filtered LFSR*, voir la figure 5-7).

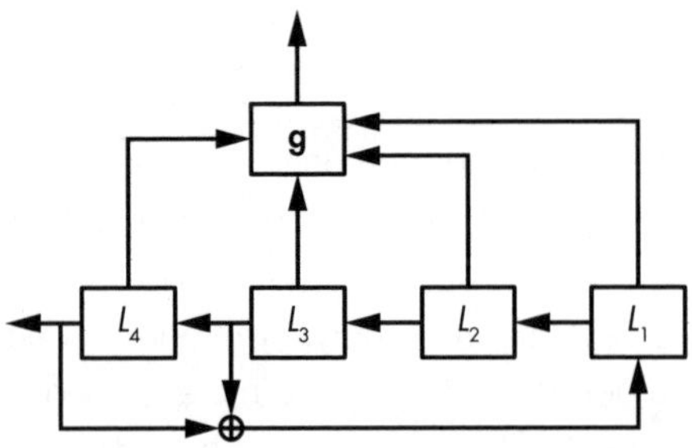

Figure 5-7 – Un LFSR filtré.

La fonction **g** de la figure 5-7, doit être une fonction *non linéaire*, c'est-à-dire, une fonction qui combine les bits non seulement par des XOR (comme un LFSR), mais aussi par des opérations logiques ET et OU. Par exemple, la fonction $L_1L_2 + L_3L_4$ est une fonction non linéaire (où L_1L_2 signifie L_1 ET L_1 en termes logiques, soit $L_1 \times L_2$ sous forme arithmétique, ou encore L_1 & L_2 avec la syntaxe du langage C).

Note: On peut écrire les fonctions de rétroaction directement en termes de bits d'un FSR, comme $L_1L_2 + L_3L_4$, soit en utilisant la notation polynomiale équivalente $1 + XX^2 + X^3X^4$. La notation directe est plus facile à comprendre, mais la notation polynomiale sert parfois mieux l'analyse mathématique des propriétés d'un FSR. Nous nous en tiendrons donc à la notation directe, à moins que les propriétés mathématiques nous intéressent.

Les LFSR filtrés sont plus robustes que les LFSR ordinaires car leur fonction non linéaire contrecarre les attaques directes, tels que l'algorithme de Berlekamp–Massey. Cependant, des attaques un peu plus complexes telles que les suivantes en viendront en général à bout :

- ✓ Les *attaques algébriques (algebraic attacks)* résoudront simplement les systèmes d'équations non linéaires déduits des bits de sortie, où les inconnues dans les équations sont des bits de l'état du LFSR, et la combinaison non linéaire est définie par la fonction **g**.
- ✓ Les *cube attacks* calculent des dérivées d'ordre supérieur des équations non linéaires afin de réduire leur degré, jusqu'à les résoudre plus facilement comme un système (presque) linéaire. (Notez que la dérivée d'une fonction polynomiale de degré n est une autre fonction de degré au plus $n - 1$).
- ✓ Les *attaques par corrélation* (*fast correlation attacks*) exploitent les fonctions de filtrage qui, malgré leur non-linéarité, ont tendance à se comporter comme des fonctions linéaires.

La leçon à retenir, comme nous l'avons vu dans les exemples précédents, est qu'on ne répare pas une vulnérabilité fondamentale avec des rustines. Ajouter à un algorithme défectueux une couche de correction un peu plus solide ne rendra pas l'ensemble plus sûr. Le problème doit être résolu à la base.

◆ Registres à décalage non linéaires

Les FSR non linéaires (NFSR) sont semblables aux LFSR, mais avec une fonction de rétroaction non linéaire au lieu d'une fonction linéaire ; plutôt que de faire seulement des XORs bit à bit, la fonction de rétroaction inclut des opérations ET et OU logique bit à bit — une propriété qui présente à la fois des avantages et des inconvénients.

L'avantage principal des fonctions de rétroaction non linéaires est qu'elles rendent les NFSR cryptographiquement bien plus solides que les LFSR, car les bits de sortie dépendent de l'état secret initial de manière complexe, selon des équations de taille croissant de façon exponentielle avec le nombre de bits produits. Les fonctions linéaires du LFSR, à l'inverse, ont au plus n termes, les valeurs initiales du registre (qu'on notera N_1, N_2, …, N_n). Par exemple, un LFSR de 4 bits avec un état secret initial (N_1, N_2, N_3, N_4) et une fonction de rétroaction $N_1 + N_2 + N_1N_2 + N_3N_4$ produira un premier bit de sortie égal à :

$$N_1 + N_2 + N_1N_2 + N_3N_4$$

La deuxième itération remplace dans le registre la valeur N_1 par ce nouveau bit. En exprimant le deuxième bit de sortie en fonction de l'état initial, nous obtenons l'équation suivante :

$$(N_1 + N_2 + N_1N_2 + N_3N_4) + N_1 + (N_1 + N_2 + N_1N_2 + N_3N_4)N_1 + N_2N_3$$
$$= N_1 + N_2 + N_1N_2 + N_2N_3 + N_3N_4 + N_1N_3N_4$$

Cette nouvelle équation a un degré algébrique de 3 (le plus grand nombre de bits multipliés ensemble, ici dans le terme $N_1N_3N_4$), contre un degré 2 pour la fonction de rétroaction ; et l'équation a six termes au lieu de quatre. Avec des registres plus grands, l'itération de la fonction non linéaire produit rapidement des équations de taille ingérables, car le nombre de termes croît de manière exponentielle. Bien que ces équations ne soient jamais calculées explicitement lors de l'exécution du NFSR, un cryptanalyste devrait les résoudre pour casser le système par une attaque algébrique.

Un inconvénient des NFSR est qu'il n'existe pas de méthode simple pour déterminer systématiquement leur période, ni même pour savoir si cette période est maximale. Pour un NFSR de *n* bits, il faudrait effectuer de l'ordre de 2^n essais pour vérifier que sa période est maximale. Un tel calcul est impossible pour les grands NFSR de 80 bits ou plus.

Heureusement, on peut bénéficier de la solidité cryptographique d'un NFSR tout en garantissant une période longue, voire maximale. L'astuce consiste à combiner un LFSR et un NFSR, comme l'a fait le *streamcipher* Grain-128a.

2.2 Grain-128a

Vous souvenez-vous du concours AES évoqué au chapitre 4, dans le contexte du *blockcipher* AES ? Le *streamcipher* Grain est issu d'un projet similaire, le concours eSTREAM. Cette initiative s'est achevée en 2008 avec une sélection de recommandations de *streamciphers*, qui comprenait quatre algorithmes orientés matériel et quatre orientés logiciel. Grain fait partie de la première catégorie et Grain-128a est une version améliorée proposée par les auteurs de Grain. La figure 5-8 illustre le mécanisme d'action de Grain-128a.

Comme vous pouvez le voir à la figure 5-8, Grain-128a est relativement simple et minimaliste, combinant un LFSR de 128 bits (et sa fonction **f**), un NFSR de 128 bits (et sa fonction **g**), ainsi qu'une fonction de filtrage **h**. Le LFSR a une période maximale de $2^{128} - 1$, ce qui garantit que la période de l'ensemble du système est d'au moins $2^{128} - 1$ pour se prémunir contre d'éventuels cycles courts dans le NFSR. En effet, si l'on sait que le LFSR ne reviendra pas dans le même état d'ici au moins $2^{128} - 1$ du système, alors le système dans son ensemble ne reviendra pas non plus dans le même état. Le NFSR et la fonction de filtrage **h**, quant à eux, apportent non-linéarité et force cryptographique à l'ensemble de l'algorithme.

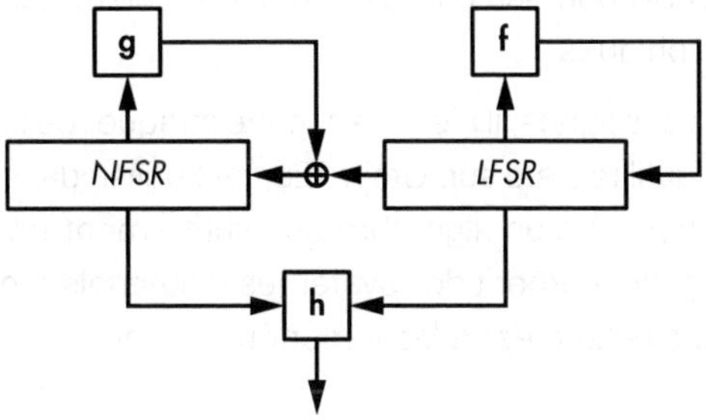

Figure 5-8 – Le mécanisme de Grain-128a, comprenant un NFSR de 128 bits et un LFSR de 128 bits.

Grain-128a prend une clé de 128 bits et un *nonce* de 96 bits. Il copie les 128 bits de clé dans les 128 bits du NFSR et copie les 96 bits de *nonce* dans les 96 premiers bits du LFSR, en remplissant les 32 bits restants avec des 1 et un bit de zéro à la fin. La phase d'initialisation met à jour l'ensemble du système 256 fois avant de renvoyer le premier bit de *keystream*, qui est calculé par la fonction **h**. Lors de l'initialisation, le bit renvoyé par **h** est injecté dans le LFSR, pour garantir que son état ultérieur dépende à la fois de la clé et du *nonce*.

La fonction de rétroaction du LFSR de Grain-128a est la suivante :

$$\mathbf{f}(L) = L_{32} + L_{47} + L_{58} + L_{90} + L_{121} + L_{128}$$

Ici, $L_1, L_2, \ldots, L_{128}$ sont les 128 bits du LFSR, Cette fonction de rétroaction utilise donc seulement 6 bits du LFSR, mais c'est suffisant pour avoir un polynôme primitif, qui garantit une période maximale. Le petit nombre de bits réduit le coût d'une implémentation matérielle, en termes de portes logiques et de circuit.

Le polynôme de rétroaction du NFSR est un peu plus long ; à partir des bits $N_1, N_2, \ldots, N_{128}$ du registre, il calcule :

$$\mathbf{g}(N) = N_{32} + N_{37} + N_{72} + N_{102} + N_{128} + N_{44}N_{60} + N_{61}N_{125} + N_{65}N_{67} + N_{69}N_{102} + N_{80}N_{88} + N_{110}N_{111} + N_{115}N_{117} + N_{46}N_{50}N_{58} + N_{103}N_{104}N_{106} + N_{33}N_{35}N_{36}N_{40}$$

Cette fonction a été soigneusement choisie pour maximiser sa force cryptographique tout en minimisant son coût d'implémentation. Elle a un degré algébrique de 4 parce que son terme avec le plus de variables possède quatre variables (à savoir, $N_{33}N_{35}N_{36}N_{40}$). De plus, **g** ne peut pas être approximé par une fonction linéaire, car elle est fortement non linéaire — c'est-à-dire qu'on ne peut pas trouver de fonction linéaire dont le résultat coïncide avec celui de **g** pour une grande partie des valeurs d'entrée. De plus, Grain-128a rajoute (via XOR) le bit provenant du LFSR au résultat de **g**, pour calculer le nouveau bit du NFSR, soit la nouvelle valeur de L_1.

La fonction de filtrage **h** est une autre fonction non linéaire ; elle prend 9 bits du NFSR et 7 bits du LFSR pour les combiner d'une manière qui garantit de bonnes propriétés cryptographiques.

À l'heure où j'écris ces lignes, il n'existe aucune attaque réelle contre Grain-128a, et je suis convaincu qu'il restera sûr. Grain-128a est utilisé dans certains systèmes embarqués qui ont besoin d'un algorithme de chiffrement très compact et suffisamment rapide — généralement des systèmes industriels propriétaires — ce qui explique pourquoi Grain-128a est relativement méconnu.

2.3 A5/1

A5/1 est un *streamcipher* qui a été utilisé pour chiffrer les communications vocales dans la norme mobile 2G. A5/1 a été créé en 1987 mais n'a été rendu public qu'à la fin des années 1990, après avoir fait l'objet d'une ingénierie inverse (*reverse engineering*). Des attaques ont été découvertes au début des années 2000, et A5/1 a finalement été cassé de manière à permettre le décryptage de vraies communications chiffrées (plutôt qu'une attaque seulement théorique). Voyons pourquoi et comment.

◆ *Mécanisme de A5/1*

A5/1 repose sur trois LFSR, et utilise une astuce qui semble assez intelligente à première vue, mais qui n'est en fait pas sûre (voir la figure 5-9).

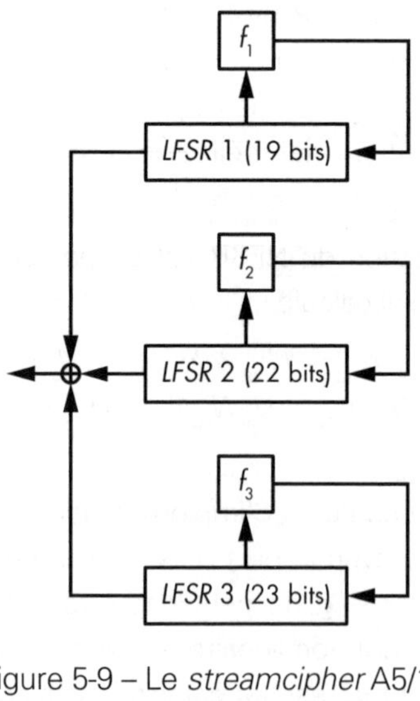

Figure 5-9 – Le *streamcipher* A5/1.

Comme on peut le voir sur la figure 5-9, A5/1 utilise des LFSRs de 19, 22, et 23 bits, avec les polynômes respectifs suivants :

$$1 + X^{14} + X^{17} + X^{18} + X^{19}$$

$$1 + X^{21} + X^{22}$$

$$1 + X^{8} + X^{21} + X^{22} + X^{23}$$

Comment un tel *streamcipher* peut-il être considéré comme sûr avec seulement des LFSR et pas de NFSR ni de fonction de filtrage non linéaire ? L'astuce se trouve dans le mécanisme de mise à jour du A5/1. Au lieu de mettre à jour les trois LFSR à chaque itération, ou chaque « cycle d'horloge », les concepteurs de l'A5/1 ont défini la règle suivante :

1. Observer les valeurs du neuvième bit du LFSR 1, du onzième bit du LFSR 2 et du onzième bit du LFSR 3, appelés *bits d'horloge*. Soit tous ces bits ont la même valeur (1 ou 0), soit seulement deux ont la même valeur.
2. Mettre à jour les registres dont les bits d'horloge sont égaux à la valeur majoritaire 0 ou 1. Deux ou trois LFSR sont donc mis à jour à chaque fois.

Sans cette règle simple, A5/1 serait trivialement cassable, car il serait totalement linéaire. Mais la règle de mise à jour introduit une non-linéarité qui « casse » la structure prévisible des LFSR. Cependant, il est possible de contourner cette règle, en quelque sorte, comme nous allons le voir.

> **Note** : Dans la règle de mise à jour d'A5/1, chaque registre est mis à jour avec une probabilité de 3/4 à chaque fois. Donné un registre, la probabilité qu'au moins un autre registre ait la même valeur binaire est de $1 - (1/2)^2$, où $(1/2)^2$ est la probabilité que les deux autres bits d'horloge registres aient une valeur différente.

Les communications 2G utilisent A5/1 avec une clé de 64 bits et un *nonce* de 22 bits, qui est modifié à chaque nouveau paquet de données. Le mécanisme d'initialisation de A5/1 met d'abord tous les registres à zéro, et injecte la clé puis le *nonce* bit par bit à chaque registre, et après chaque bit les registres sont mis à jour. Ensuite, le système est mis à jour 100 fois en suivant la règle irrégulière ci-dessus.

Les attaques contre A5/1 permettent de retrouver l'état initial de 64 bits (la valeur des LFSR, de 19 + 22 + 23 = 64 bits, au début de la génération de *keystream*), qui permet de déterminer le *nonce* (s'il n'était pas déjà connu) et la clé en inversant le mécanisme d'initialisation. Ces attaques sont de type *known-plaintext*, car une partie des données chiffrées est connue, ce qui permet aux attaquants de déterminer les parties correspondantes du *keystream* en faisant un XOR entre le *ciphertext* et les morceaux de *plaintext* connus.

Il existe deux principaux types d'attaques contre A5/1 :

- ✓ **Les attaques subtiles**, qui exploitent la linéarité interne d'A5/1 et son système de mise à jour relativement simple.
- ✓ **Les attaques brutales**, qui exploitent uniquement la clé courte de l'A5/1 et l'inversibilité de l'injection du numéro de trame.

Voyons comment ces attaques fonctionnent.

◆ *Attaques subtiles*

Dans une attaque subtile dite de type *guess-and-determine* (deviner et déterminer), un attaquant « devine » certaines valeurs secrètes de l'état afin d'en déterminer d'autres. En cryptanalyse, « deviner » signifie rechercher par force brute : pour chaque valeur possible des LFSR 1 et 2, et pour toutes les valeurs possibles du bit d'horloge du LFSR 3 pendant les 11 premiers cycles d'horloge, l'attaque reconstruit les bits du LFSR 3 en résolvant des équations qui dépendent des bits devinés. Lorsque la supposition est vérifiée comme correcte, l'attaquant a identifié la bonne valeur pour le LFSR 3, ce qui lui permet ensuite d'inverse le processus d'initialisation pour retrouver la clé.

Le pseudocode de l'attaque se présente comme suit :

```
Pour chacune des 2^19 valeurs initiales possibles du LFSR 1
    Pour chacune des 2^22 valeurs initiales possibles du LFSR 2
        Pour chacune des 2^11 valeurs des bits d'horloge du LFSR 3
            Reconstruire l'état initial du LFSR 3
            Tester si l'état initial est correct; si oui, retourner, sinon
               continuer
```

Quelle est l'efficacité de cette attaque par rapport à la recherche par force brute de 2^{64} essais décrite au chapitre 3 ? Dans le pire des cas, cette attaque effectuera $2^{19} \times 2^{22} \times 2^{11} = 2^{52}$ opérations, lorsque l'algorithme ne réussit qu'au tout dernier essai. C'est 2^{12} (ou environ 4 000) fois plus rapide que la recherche par force brute, en supposant que les deux dernières opérations du pseudocode ci-dessus nécessitent à peu près autant de calculs que le test d'une clé de 64 bits dans une recherche par force brute. Mais cette dernière hypothèse est-elle correcte ?

Rappelez-vous notre discussion sur le coût total de l'attaque au chapitre 3. Lorsque l'on évalue le coût réel d'une attaque, il faut tenir compte non seulement de la quantité de calcul nécessaire, mais aussi du parallélisme et de la consommation de mémoire. Ces deux derniers aspects ne sont pas un problème ici : comme une attaque par force brute, l'attaque *guess-and-determine* peut être exécutée en parallèle sur *N* processeurs afin d'être *N* fois plus rapide, et elle ne nécessite pas plus de mémoire que le calcul du chiffrement lui-même.

Notre estimation d'un coût de 2^{52} est imprécise pour une autre raison. En fait, chacune des 2^{52} opérations (test d'une clé candidate) nécessite environ quatre fois plus de cycles d'horloge que le test d'une clé dans le cadre d'une attaque par force brute. Il en résulte que le coût réel de notre attaque *guess-and-determine* est plus proche de $4 \times 2^{52} = 2^{54}$ opérations, si l'on compte le même type d'opération que pour l'attaque générique par force brute.

Notre attaque « subtile » peut décrypter des communications mobiles chiffrées avec A5/1, mais il faut quelques heures pour retrouver la clé, même lorsque l'attaque est exécutée sur un *cluster* optimisé pour ce calcul. On est loin d'un décryptage en temps réel. Pour cela, il existe une autre technique d'attaque.

◆ Attaques brutales

L'attaque de type compromis temps-mémoire (*time-memory trade-off*, TMTO) est l'attaque brutale contre A5/1. Cette attaque ne se préoccupe pas de la mécanique interne de l'A5/1, mais exploite uniquement la petite taille de l'état, 64 bits. L'attaque TMTO considère A5/1 comme une boîte noire qui, à partir d'un état interne initial de 64 bits, calcule une valeur de 64 bits correspondant aux 64 premiers bits du *keystream*.

L'idée de cette attaque est de réduire le coût d'une recherche par force brute en échange de l'utilisation d'une grande quantité de mémoire. Le type le plus simple de TMTO est l'attaque *codebook*, où l'on calcule à l'avance un tableau de 2^{64} entrées de type valeur/état, contenant l'état initial correspondant à chacune des 2^{64} valeurs de sortie possibles. Une fois ce tableau précalculé, il vous suffit de collecter les 64 bits de *keystream* d'une instance A5/1 puis de rechercher dans la table l'état correspondant à cette sortie. L'attaque elle-même est relativement rapide — elle ne prend que le temps nécessaire à la recherche d'une valeur en mémoire — mais la création du tableau nécessite environ 2^{64} calculs de A5/1. Pire encore, l'attaque nécessite une quantité absurde de mémoire : $2^{64} \times (64 + 64)$ bits, soit 2^{68} octets, ou 2^{56} exaoctets. Cela représente des dizaines de centres de données, ce qui rend l'attaque impossible en pratique.

Les attaques par TMTO sont un compromis entre l'attaque *codebook* et une recherche par force brute : elles permettent d'ajuster la mémoire nécessaire à une attaque *codebook* au prix d'une augmentation des calculs pendant la phase *online* de l'attaque ; plus la table est petite, plus la quantité de calcul nécessaire pour casser une clé est élevée. Dans tous les cas, la préparation de la table coûtera toujours environ 2^{64} opérations, mais cela ne doit être fait qu'une seule fois.

En 2010, des chercheurs ont mis environ deux mois pour générer des tables d'environ deux téraoctets, en utilisant des processeurs de cartes graphiques (*graphics processing units*, GPU) et en exécutant 100 000 instances d'A5/1 en parallèle. Grâce à ces grandes tables, des appels chiffrés avec A5/1 ont pu être décryptés presque en temps réel. Suite à cette attaque, les opérateurs de télécommunications ont mis en place des corrections pour se prémunir contre l'attaque, mais une véritable solution est apparue avec les normes 3G et 4G, qui ont complètement abandonné A5/1.

3. *STREAMCIPHERS* ORIENTÉS LOGICIEL

Les algorithmes de chiffrement logiciel fonctionnent avec des octets ou des mots de 32 ou 64 bits au lieu de bits individuels, ce qui s'avère plus efficace sur les processeurs modernes où les instructions peuvent effectuer des opérations arithmétiques sur un mot dans le même laps de temps que sur un bit. Les chiffrements de flux logiciels sont donc mieux adaptés que les chiffrements matériels pour les serveurs ou les navigateurs fonctionnant sur des ordinateurs personnels, où de puissants processeurs à usage général exécutent le chiffrement en tant que logiciel natif.

Aujourd'hui, les algorithmes de chiffrement logiciel suscitent un intérêt considérable, et ce pour plusieurs raisons. Tout d'abord, étant donné que de nombreux appareils intègrent des processeurs puissants et que le matériel est devenu moins cher, il est moins nécessaire d'utiliser des algorithmes de chiffrement opérant bit à bit Par exemple, les deux algorithmes de chiffrement de flux de la norme de communication mobile 4G (le SNOW3G européen et le ZUC chinois) fonctionnent avec des mots de 32 bits et non des bits, contrairement à l'ancien A5/1.

Deuxièmement, les algorithmes de chiffrement par flot ont gagné en popularité dans les logiciels au détriment des algorithmes de chiffrement par bloc, notamment à la suite du fiasco de l'attaque de l'oracle de *padding* contre les algorithmes de chiffrement par bloc en mode CBC. En outre, les algorithmes de chiffrement par flot sont plus faciles à spécifier et à mettre en œuvre que les algorithmes de chiffrement par bloc : au lieu de mélanger les bits de message et de clé, les algorithmes de chiffrement par flot se contentent d'ingérer les bits de clé en tant que secret. En réalité, l'un des algorithmes de chiffrement par flot les plus populaires est un algorithme de chiffrement par bloc déguisé : AES en mode compteur (CTR).

Un modèle de chiffrement de flux logiciel, utilisé par SNOW3G et ZUC, copie les chiffrements matériels et leurs FSR en remplaçant les bits par des octets ou des mots. Mais ce ne sont pas les conceptions les plus intéressantes pour un cryptographe. À l'heure où nous écrivons ces lignes, les deux modèles les plus intéressants sont RC4 et Salsa20, qui sont utilisés dans de nombreux systèmes, même si l'un d'entre eux est complètement cassé.

3.1 RC4

Conçu en 1987 par Ron Rivest, alors de la société RSA Security, puis divulgué en 1994, RC4 a longtemps été le *streamcipher* le plus répandu. RC4 était utilisé dans d'innombrables applications, notamment dans la première norme de sécurité Wi-Fi Wired Equivalent Privacy (WEP), et dans le protocole Transport Layer Security (TLS), qui est derrière les connexions HTTPS. Malheureusement, RC4 n'est pas suffisamment sûr pour la plupart des applications, y compris WEP et TLS. Pour comprendre pourquoi, voyons comment fonctionne RC4.

◆ Fonctionnement de RC4

RC4 est l'un des algorithmes de chiffrement les plus simples jamais créés. Il n'effectue aucune opération typiquement cryptographique, ne comportant aucun XOR, aucune multiplication, aucune *S-box*. Il échange simplement des octets. L'état interne de RC4 est un tableau *S* de 256 octets, dont la valeur de base est *S*[0] = 0, *S*[1] = 1, *S*[2] = 2, ..., *S*[255] = 255. *S* est ensuite initialisé à partir d'une clé *K* de *n* octets à l'aide de son *key scheduling algorithm* (KSA), qui fonctionne comme indiqué dans le code Python du listing 5-1.

Listing 5-1 – L'algorithme d'initialisation de RC4 (KSA)

```
j = 0
# définir S comme le tableau S[0] = 0, S[1] = 1, ..., S[255] = 255
S = range(256)
# itérer i de 0 à 255
for i in range(256):
    # calculer un index du tableau
    j = (j + S[i] + K[i % n]) % 256
    # échanger S[i] et S[j]
    S[i], S[j] = S[j], S[i]
```

Une fois l'algorithme d'initialisation terminé, le tableau *S* contient toujours toutes les valeurs d'octets de 0 à 255, mais désormais dans un ordre pseudo-aléatoire. Par exemple, avec la clé de 128 bits avec tous les 16 octets à zéro, l'état *S* (de *S*[0] à *S*[255]) devient le suivant après l'initialisation :

0, 35, 3, 43, 9, 11, 65, 229, (. . .), 233, 169, 117, 184, 31, 39

Cependant, si je change le tout premier bit de clé et que j'exécute à nouveau le KSA, j'obtiens un état totalement différent :

32, 116, 131, 134, 138, 143, 149, (. . .), 152, 235, 111, 48, 80, 12

Étant donné l'état initial *S*, RC4 génère un *keystream KS*, de la même longueur que le *plaintext P*, afin de calculer un texte chiffré $C = P \oplus KS$. Les octets du *keystream KS* sont calculés à partir de *S* conformément au code Python du listing 5-2, pour un *P* ayant une longueur de *m* octets.

Listing 5-2 – L'algorithme de génération de *keystream* de RC4, où S est l'état initialisé selon le listing 5-1.

```
i = 0
```

```
j = 0
for b in range(m):
    i = (i + 1) % 256
    j = (j + S[i]) % 256
    S[i], S[j] = S[j], S[i]
    KS[b] = S[(S[i] + S[j]) % 256]
```

Dans le listing 5-2, chaque itération de la boucle `for` modifie jusqu'à deux octets de l'état interne *S*: les *S*[*i*] et *S*[*j*] dont les valeurs sont échangées à l'avant-dernière ligne. Ainsi, si *i* = 0 et *j* = 4, et si *S*[0] = 56 et *S*[4] = 78, l'opération de permutation fixe *S*[0] à 78 et *S*[4] à 56. Si *j* est égal à *i*, *S*[*i*] n'est pas modifié.

Ces algorithmes semblent trop simples pour être sûrs; et pourtant, il aura fallu vingt ans aux cryptanalystes pour y trouver des failles exploitables. Avant que ces problèmes ne soient révélés, RC4 avait seulement failli dans des implémentations non conventionnelles, comme dans la première norme de sécurité Wi-Fi, WEP.

◆ RC4 dans WEP

WEP, le protocole de sécurité Wi-Fi de première génération, est aujourd'hui complètement cassé en raison de faiblesses dans la conception du protocole et dans son utilisation peu orthodoxe de RC4.

Tel qu'intégré dans le protocole WEP, RC4 chiffre les données des trames réseau 802.11, les paquets qui transportent les données sur le réseau mobile sans fil. Toutes les données transmises au cours d'une même session utilisent la même clé secrète de 40 ou 104 bits, mais disposent d'un *nonce* de trois octets supposé unique, codé dans l'en-tête de la trame (la partie de la trame qui encode les métadonnées et précède le *payload*, soit les données utiles). Voyez-vous déjà le problème ?

Le problème est que RC4, tel que défini dans la section précédente ainsi que dans sa spécification « officielle », ne prend pas en charge de *nonce* alors qu'un *streamcipher* ne peut pas être utilisé sans *nonce*. Les concepteurs du WEP ont tenté de régler le problème avec l'astuce suivante : le *nonce* de 24 bits dans l'en-tête de la trame a été ajouté comme préfixe de la clé secrète WEP de RC4. Avec un nonce composé des octets *N*[0], *N*[1], *N*[2] et une clé secrète *K*[0], *K*[1], *K*[2], *K*[3], *K*[4], la clé effective utilisée pour l'initialisation de RC4 est alors composée des huit octets *N*[0], *N*[1], *N*[2], *K*[0], *K*[1], *K*[2], *K*[3], *K*[4]. L'effet net est que les clés secrètes de 40 bits produisent des clés effectives de 64 bits et que les clés de 104 bits produisent des clés effectives de 128 bits. Le protocole WEP annoncé comme « 128 bits » n'offre donc au maximum qu'une sécurité 104 bits, dans le meilleur des cas — ce qui en soi pourrait être suffisant, s'il n'y avait pas d'autres problèmes.

Voici donc les problèmes plus inquiétants que pose l'astuce des *nonces* du WEP :

✓ **Les *nonces* sont trop courts, avec juste 24 bits**. Cela implique que si un *nonce* est choisi au hasard pour chaque nouveau message, il suffit d'attendre environ $2^{24}/2 = 2^{12}$ paquets, soit quelques mégaoctets de trafic, jusqu'à ce que vous trouviez deux paquets chiffrés avec le même nonce, et donc le même *keystream*. Même si le nonce est un compteur allant de 0 à $2^{24} - 1$, il suffira de quelques gigaoctets de données jusqu'à ce qu'un *nonce* soit répété. Mais il y a un problème encore plus grave.

✓ **La combinaison du nonce et de la clé n'est pas sûre**. Le *key scheduling* de RC4 combine les octets de la clé de telle façon que les premiers octets de *keystream* ont des biais statistiques et ne dépendent pas de tous les octets de clé de façon uniforme. Le fait que les trois premiers octets de la clé de RC4 dans WEP soit connus (le *nonce*), ces biais sont d'autant plus exploitables et permettent de retrouver la clé secrète relativement facilement.

L'exploitation de ces faiblesses nécessite l'accès à une partie du *keystream*, afin d'observer et d'exploiter ses biais statistiques. Pour connaître le *keystream* à partir d'un flux chiffré, il faut donc connaître le début des *plaintexts*. Mais c'est relativement facile : des *plaintexts* connus arrivent lorsque les trames Wi-Fi encapsulent des données avec un en-tête (*header*) connu, et des *plaintexts* choisis arrivent lorsque l'attaquant injecte un message connu qui sera chiffré avec la clé ciblée. Il en résulte que les attaques fonctionnent en pratique, et pas seulement sur le papier.

Après l'apparition des premières attaques contre WEP en 2001, les chercheurs ont trouvé des attaques plus efficaces nécessitant moins de *ciphertexts*. Aujourd'hui, on peut trouver des outils tels qu'Aircrack-ng qui implémentent l'ensemble de l'attaque, de la capture réseau à la cryptanalyse.

L'insécurité du WEP est due à la fois aux problèmes propres à RC4 (pas de *nonce*, les biais statistiques dans les premiers octets du *keystream*), et à la conception même du WEP (taille du *nonce*, intégré dans les trois premiers octets de la clé).

Examinons maintenant un autre cas où RC4 a nui à la sécurité d'un protocole.

◆ RC4 dans TLS

TLS est le protocole de sécurité le plus important sur Internet. Il est surtout connu comme étant le protocole sécurisant les connexions HTTPS, mais TLS est utilisé dans beaucoup d'autres applications : les logiciels de VPN (*virtual private network*), les connexions entre les serveurs *email*, entre les applications mobiles et leurs serveurs, et bien d'autres encore. Malheureusement, TLS a longtemps accepté RC4 comme l'un de ses algorithmes de chiffrement.

Contrairement à WEP, TLS ne commet pas l'erreur grossière de modifier les spécifications RC4 afin d'utiliser un *nonce* public. Au lieu de cela, TLS fournit simplement à RC4 une clé de session unique de 128 bits, ce qui implique qu'il est un peu moins cassé que dans WEP.

La faiblesse de TLS utilisé avec RC4 n'est due qu'à ses défauts intrinsèques : les biais statistiques, ou le caractère non aléatoire, qui, nous le savons, est un élément rédhibitoire pour un *streamcipher*. Par exemple, le deuxième octet du *keystream* de RC4 est égal à zéro avec une probabilité de 1/128, alors qu'elle devrait être de 1/256 dans l'idéal (car un octet peut prendre 256 valeurs de 0 à 255 ; par conséquent, un octet vraiment aléatoire est nul avec une probabilité de 1/256). Le fait que la plupart des experts aient continué à faire confiance à RC4 jusqu'en 2013, alors que ses biais étaient connus depuis 2001, est encore plus incroyable.

Les biais statistiques auraient dû être suffisants pour convaincre les concepteurs de TLS d'abandonner complètement RC4, même si nous ne savions pas encore comment exploiter ces biais pour compromettre des applications réelles. Dans le cas de TLS, les failles de RC4 n'ont été exploitées publiquement qu'en 2011, mais la NSA aurait réussi à exploiter les faiblesses de RC4 pour compromettre les connexions RC4 de TLS bien avant cette date.

Il s'est avéré que non seulement le deuxième octet du flux de clés RC4 était biaisé, mais que tous les 256 premiers octets l'étaient également. En 2011, des chercheurs ont découvert que la probabilité que l'un de ces octets soit égal à zéro est égale à $1/256 + c/256^2$, avec un coefficient c dont les valeurs sont comprises entre 0,24 et 1,34. Ce n'est pas seulement un biais en faveur de l'octet zéro, mais aussi pour d'autres valeurs. Ce qui est étonnant avec RC4, c'est qu'il ne parvient même pas à réaliser ce que de nombreux PRNG non cryptographiques réussissent, c'est-à-dire à produire des octets pseudo-aléatoires uniformément distribués (c'est-à-dire où chacun des 256 octets a une chance sur 1/256 d'apparaître).

Même le modèle d'attaque le plus simple peut être utilisé pour exploiter RC4 tel qu'utilisé dans TLS : on collecte des *ciphertexts* afin de déterminer le *plaintext* sous-jacent, plutôt que de chercher la clé. Il y a juste un petit détail : on aura besoin de nombreux *ciphertexts*, chiffrant chacun le même texte *plaintext* à l'aide de différentes clés secrètes. Ce modèle d'attaque est parfois appelé le *broadcast model*, car il est applicable lorsque le même message est transmis à plusieurs destinataires.

Par exemple, disons que l'on souhaite décrypter le premier octet P_1 d'un *plaintext* P à partir de plusieurs octets de *ciphertexts* chiffrant le même message ; on aura alors les premiers octets de chacun des quatre *ciphertexts* $C^1, \ldots, C^4$ pour quatre *keystreams* $KS^1, \ldots, KS^4$ tels que :

$$C_1^1 = P_1 \oplus KS_1^1$$
$$C_1^2 = P_1 \oplus KS_1^2$$
$$C_1^3 = P_1 \oplus KS_1^3$$
$$C_1^4 = P_1 \oplus KS_1^4$$

En raison du biais de RC4, les octets KS_1^i du *keystream* (le premier octet de chacune des quatre instances) ont plus de chances d'être nuls que d'être n'importe quelle autre valeur d'octet. Par conséquent, les octets C_1^i ont plus de chances d'être égaux à P_1 qu'à toute autre valeur. Pour déterminer P_1 à partir des octets C_1^i, il suffit de compter le nombre d'occurrences de chaque valeur d'octet et de retourner la valeur la plus fréquente. Toutefois, comme le biais statistique est très faible, il vous faudra des millions de valeurs pour y parvenir avec certitude.

L'algorithme se généralise pour pouvoir retrouver plus d'un octet de *plaintext*, et pour exploiter les biais d'autres valeurs que zéro. L'attaque devient simplement un peu plus compliquée. Cependant, elle est difficile à mettre en pratique car elle nécessite de collecter de nombreux *ciphertexts* chiffrant le même *plaintext* mais avec des clés différentes. Cette méthode ne permet pas de casser toutes les connexions protégées par TLS qui utilisent RC4, car il faudrait faire en sorte que le même contenu soit chiffré pour de nombreux destinataires différents, ou bien plusieurs fois au même destinataire avec des clés différentes, ce qui est rarement possible (mais pas impossible).

3.2 Salsa20

Salsa20 est un *streamcipher* orienté logiciel optimisé pour les processeurs modernes et leurs instructions SIMD (*single-instruction, multiple data*). Salsa20 est intégré dans de nombreux protocoles et bibliothèques, ainsi que sous la forme de sa variante, ChaCha. Son concepteur, le célèbre cryptographe Daniel J. Bernstein, a soumis Salsa20 au concours eSTREAM en 2005 et a remporté une place dans la sélection finale du projet. La simplicité et la rapidité de Salsa20 l'ont rendu populaire auprès des développeurs.

Salsa20 est un *streamcipher* avec compteur — il génère son *keystream* en transformant une séquence de blocs, où chacun intègre un compteur incrémenté pour chaque bloc suivant. Comme on peut le voir à la figure 5-10, l'algorithme de base de Salsa20 transforme un bloc de 512 bits à l'aide d'une clé (*K*), d'un *nonce* (*N*) et d'une valeur de compteur (*Ctr*). Salsa20 ajoute ensuite le résultat de la transformation à la valeur originale du bloc pour produire un bloc de *keystream* de 512 bits. (Si l'algorithme retournait directement le résultat de la permutation de base, Salsa20 ne serait pas du tout sûr, car il pourrait être inversé. L'ajout final de l'état secret initial $K \| N \| Ctr$ rend la transformation depuis la clé au bloc de *keystream* non inversible.)

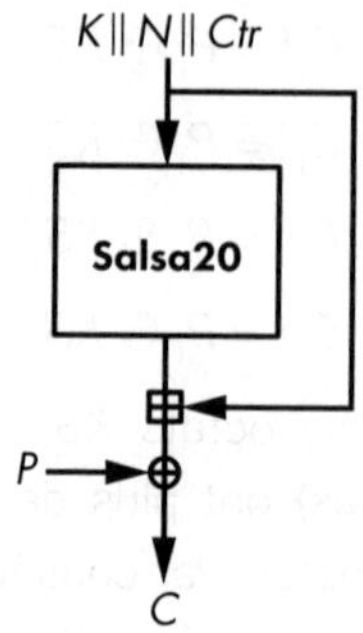

Figure 5-10 – Le chiffrement d'un bloc de 512 bits par Salsa20.

◆ Fonction quarter-round

La permutation de base de Salsa20 utilise une fonction appelée *quarter-round* (**QR**) pour transformer quatre mots de 32 bits (*a*, *b*, *c*, et *d*), comme illustré ici :

$$b = b \oplus [(a + d) <<< 7)$$

$$c = c \oplus [(b + a) <<< 9)$$

$$d = d \oplus [(c + b) <<< 13)$$

$$a = a \oplus [(d + c) <<< 18)$$

Ces quatre lignes sont calculées de haut en bas, ce qui signifie que la nouvelle valeur de *b* dépend de *a* et de *d*, la nouvelle valeur de *c* dépend de *a* et de la nouvelle valeur de *b* (et donc dépend de *d* également), et ainsi de suite.

L'opération $x <<< y$ est une rotation vers la gauche (vers les bits les plus significatifs) du mot *x* du nombre de bits *y*, qui peut être n'importe quelle valeur entre 1 et 31 (pour les mots de 32 bits). Par exemple, <<< 8 décale les bits d'un mot de huit positions vers la gauche de façon circulaire, comme le montrent les exemples suivants :

0x01234567 <<< 8 = 0x23456701
0x01234567 <<< 16 = 0x45670123
0x01234567 <<< 22 = 0x59c048d1

◆ Transformation de l'état de 512 bits

La permutation de Salsa20 transforme un état interne de 512 bits vu comme un tableau de 4 × 4 mots de 32 bits. La figure 5-11 montre l'état initial, qui utilise une clé de huit mots (256 bits), un *nonce* de deux mots (64 bits), un compteur de deux mots (64 bits), et quatre mots constants (128 bits), identiques pour chaque chiffrement/déchiffrement et pour tous les blocs.

Pour transformer son état de 512 bits, Salsa20 applique d'abord la fonction **QR** aux quatre colonnes indépendamment (appelée *column-round*), puis aux quatre lignes indépendamment (*row-round*, avec un décalage des arguments pour chaque ligne), comme le montre la figure 5-12. La séquence *column-round/row-round* est appelée *double-round*. Salsa20 répète 10 *double-rounds*, soit 20 *rounds* au total, d'où le « 20 » dans « Salsa20 ».

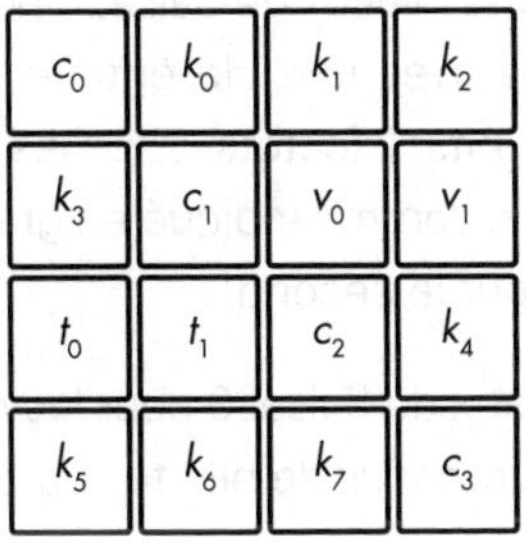

Figure 5-11 – L'initialisation de l'état de Salsa20.

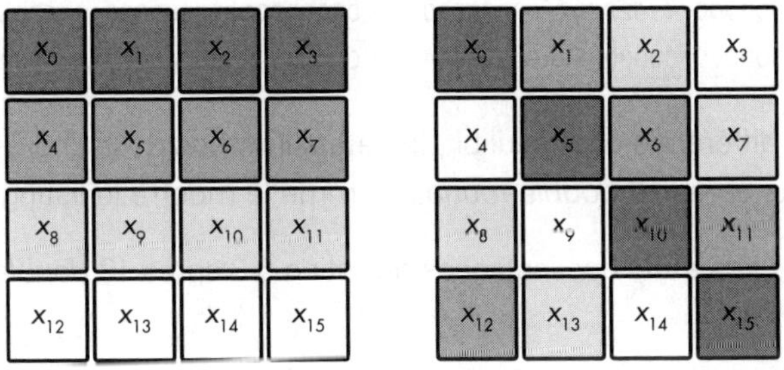

Figure 5-12 – Colonnes et lignes transformées par la fonction quarter-round (**QR**) de Salsa20.

Un *column-round* transforme les colonnes avec les opérations suivantes :

$$\mathbf{QR}(x_0, x_4, x_8, x_{12})$$

$$\mathbf{QR}(x_1, x_5, x_9, x_{13})$$

$$\mathbf{QR}(x_2, x_6, x_{10}, x_{14})$$

$$\mathbf{QR}(x_3, x_7, x_{11}, x_{15})$$

Un *row-round* transforme les lignes avec les opérations suivantes :

$$\mathbf{QR}(x_0, x_1, x_2, x_3)$$

$$\mathbf{QR}(x_5, x_6, x_7, x_4)$$

$$\mathbf{QR}(x_{10}, x_{11}, x_8, x_9)$$

$$\mathbf{QR}(x_{15}, x_{12}, x_{13}, x_{14})$$

Notez que dans un *column-round*, chaque **QR** prend les arguments x_i ordonnés de la ligne supérieure à la ligne inférieure, alors que le **QR** d'un *row-round* prend comme premier argument les mots de la diagonale (comme indiqué dans le tableau de droite de la figure 5-12).

◆ Évaluer Salsa

Le listing 5-3 montre les états initiaux de Salsa20 pour le premier et le deuxième bloc, lorsqu'ils sont initialisés avec une clé entièrement nulle (octets `00`) et un *nonce* avec uniquement des bits 1 (octets `ff`). Ces deux états ne diffèrent que d'un seul bit dans le compteur, comme indiqué en gras, soit l'encodage de l'entier 0 pour le premier bloc et 1 pour le second.

Listing 5-3 – Les états initiaux de Salsa20 pour les deux premiers blocs, avec une clé de bits tous à 0 et un *nonce* de bits tous à 1, et où le compteur est indiqué en gras.

```
61707865 00000000 00000000 00000000    61707865 00000000 00000000 00000000
00000000 3320646e ffffffff ffffffff    00000000 3320646e ffffffff ffffffff
00000000 00000000 79622d32 00000000    00000001 00000000 79622d32 00000000
00000000 00000000 00000000 6b206574    00000000 00000000 00000000 6b206574
```

Malgré une différence d'un seul bit, les états internes du listing 5-3 sont totalement différents après 10 *double-rounds*, comme le montre le listing 5-4.

Listing 5-4 – Les états des instances du listing 5-3 après 10 *double-rounds* de Salsa20.

```
e98680bc f730ba7a 38663ce0 5f376d93    1ba4d492 c14270c3 9fb05306 ff808c64
85683b75 a56ca873 26501592 64144b6d    b49a4100 f5d8fbbd 614234a0 e20663d1
6dcb46fd 58178f93 8cf54cfe cfdc27d7    12e1e116 6a61bc8f 86f01bcb 2efead4a
68bbe09e 17b403a1 38aa1f27 54323fe0    77775a13 d17b99d5 eb773f5b 2c3a5e7d
```

Mais n'oubliez pas que même si les valeurs des mots dans le bloc peuvent avoir l'air aléatoire, nous avons vu que c'est loin d'être une garantie de sécurité. Le *keystream* de RC4 semble aléatoire à première vue, mais il présente des biais flagrants. Et même les valeurs du *keystream* sont *statistiquement* indistinguables de valeurs parfaitement aléatoires, ce n'est pas une garantie suffisante de sécurité pour un générateur cryptographique.

◆ Cryptanalyse différentielle

Afin de démontrer pourquoi Salsa20 est plus sûr que RC4, intéressons-nous aux bases de la cryptanalyse différentielle, c'est-à-dire l'étude de l'évolution des différences entre des états à partir de différences dans l'état initial. Par exemple, les deux états initiaux du listing 5-3 diffèrent d'un bit dans le compteur, soit du mot x_8 dans le tableau d'état. La différence bit à bit entre ces deux états peut donc être décrite comme suit, en tant que XOR entre les deux états :

```
00000000 00000000 00000000 00000000
00000000 00000000 00000000 00000000
00000001 00000000 00000000 00000000
00000000 00000000 00000000 00000000
```

Dans cette représentation des différences, le bit 1 du mot en gras correspond à une différence d'un bit entre les deux états (spécifiquement, le bit le moins significatif de x_8). Dans le XOR des deux états, tous les bits non nuls indiquent des différences.

Pour voir à quelle vitesse les changements se propagent dans l'état initial grâce à l'algorithme de Salsa20, examinons la différence entre deux états tout au long de l'itération des *rounds*. Après un *round* (*column-round*), la différence se propage à travers la première colonne vers deux des trois autres mots de cette colonne :

```
80040003 00000000 00000000 00000000
00000000 00000000 00000000 00000000
00000001 00000000 00000000 00000000
00002000 00000000 00000000 00000000
```

Après deux tours, les différences se propagent dans les lignes qui comportent déjà une différence, c'est-à-dire toutes les lignes sauf la deuxième. À ce stade, les différences sont relativement éparses ; peu de bits ont changé à l'intérieur d'un mot, comme on le voit ici :

```
9cd7eb7f 060002c0 18028b0c 57ca83c0
00000000 00000000 00000000 00000000
00000001 0000e000 801c0006 00000000
00002000 00400000 04000008 0060f300
```

Après trois tours, les différences entre les états deviennent plus denses, bien que les zéros indiquent que de nombreuses positions de bits toujours pas affectées par la différence initiale :

```
3ab3c25d 9f40a5c9 10070e30 07bd03c0
db1ee2ce 43ee9401 21a702c3 48fd800c
403c1e72 00034003 4dc843be 700b8857
5625b75b 09c00e00 06000348 23f712d4
```

Après quatre tours, les différences semblent aléatoires à vue d'œil, et elles sont également presque aléatoires d'un point de vue statistique, comme le suggère le tableau ci-dessous :

```
d93bed6d a267bf47 760c2f9f 4a41d54b
0e03d792 7340e010 119e6a00 e90186af
7fa9617e b6aca0d7 4f6e9a4a 564b34fd
98be796d 64908d32 4897f7ca a684a2df
```

Ainsi, après seulement quatre tours, une seule différence se propage à la plupart des bits de l'état de 512 bits. En cryptographie, c'est ce qu'on appelle la diffusion complète (*full diffusion*).

Nous avons vu que les différences se propagent rapidement au cours des *rounds* de Salsa20. Non seulement les différences se propagent rapidement à tous les mots de l'état, mais elles le font selon des équations non linéaires complexes qui rendent les futures différences difficiles à prévoir à partir de la différence initiale. Cette complexité est possible grâce à la combinaison de XOR, d'addition, et de rotation du *quarter-round*. Si l'on n'utilisait que des XORs, de nombreuses différences se propageraient encore, mais le processus serait linéaire et donc facile à casser.

◆ Attaquer Salsa20/8

Par défaut, Salsa20 fait 20 *rounds*, mais il est parfois utilisé avec seulement 12 *rounds*, dans une version appelée Salsa20/12, plus rapide car faisant 40 % moins de calculs. Bien que Salsa20/12 fait huit tours de moins que Salsa20, il est en pratique aussi fiable — du moins selon nos connaissances actuelles. Même Salsa20/8, avec seulement huit *rounds*, n'est attaquable qu'en théorie, et pas en pratique.

Attaquer Salsa20 pour retrouver sa clé devrait idéalement prendre 2^{256} opérations, du fait de sa clé de 256 bits. Si la clé peut être récupérée en effectuant moins de 2^{256} opérations, le chiffrement est *en théorie* cassé. C'est le cas de Salsa20/8.

L'attaque contre Salsa20/8 (initialement publiée en 2008 dans l'article "New Features of Latin Dances: Analysis of Salsa, ChaCha, and Rumba", dont je suis l'un des co-auteurs et pour lequel nous avons reçu un prix de cryptanalyse de Daniel J. Bernstein) exploite un biais statistique après quatre *rounds* pour récupérer la clé de Salsa20/8. Sa complexité étant alors estimée à l'équivalent de 2^{251} évaluations de Salsa20/8 ; évidemment impossible en pratique, comme tout calcul de 2^{100} opérations ou plus, par exemple, mais moins que la complexité attendue de 2^{256}.

L'attaque exploite non seulement l'existence d'un biais statistique après les quatre premiers *rounds* de Salsa20/8, mais aussi une propriété des quatre derniers *rounds* : connaissant le *nonce* *N*, et le compteur *Ctr* (voir la figure 5-10), la seule valeur nécessaire pour inverser le calcul depuis le bloc de *keystream* vers l'état initial est la clé *K*. Mais comme le montre la figure 5-13, si l'on ne connaît qu'une partie de *K*, on peut inverser partiellement le calcul jusqu'au quatrième tour et observer certains bits de cet état intermédiaire — y compris le bit biaisé ! On observera seulement le biais si l'on a correctement deviné la clé partielle ; le biais sert donc d'indicateur que la (partie de la) clé est correcte.

Afin d'attaquer Salsa20/8 en suivant la technique ci-dessus, il faut « deviner » — c'est-à-dire, identifier par recherche exhaustive — 220 bits de clé, et il faut 2^{31} paires de blocs de *keystream* avec chacune la même différence dans le *nonce*. Pour chacune des 2^{220} valeurs possibles de la clé, on doit alors calculer les 2^{31} paires et mesurer le biais éventuel, ce qui coûte de l'ordre de $2^{220} \times 2^{31} = 2^{251}$ opérations. Après avoir identifié ces 220 bits de clé, il ne reste qu'à rechercher (par force brute) les 36 bits restants, ce qui ne coûte qu'environ 2^{36} opérations. Cette attaque est donc loin de mettre en péril la sécurité de Salsa20/8, car 2^{251} opérations représentent un effort en pratique identique à 2^{256} opérations (clairement impossible).

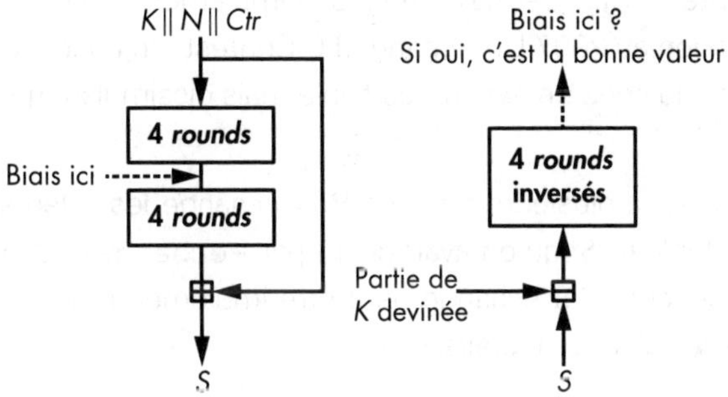

Figure 5-13 – Le principe de l'attaque contre Salsa20/8.

4. EXEMPLES DE PROBLÈMES

Hélas, de nombreux problèmes peuvent survenir en pratique avec les *streamciphers*, que ce soit des algorithmes fragiles et cassables ou des algorithmes fiables trahis par leurs implémentations. Explorons quelques exemples de ces différents cas de figure.

4.1 Réutilisation de *nonce*

L'erreur la plus fréquente lors de l'utilisation de *streamcipher* est triviale : utiliser un même *nonce* plusieurs fois avec la même clé, ce qui produit des *keystreams* identiques et permet donc de déterminer valeur du XOR entre deux *plaintexts* en calculant le XOR entre leurs *ciphertexts*.

Par exemple, d'anciennes versions de Microsoft Word et Excel utilisaient un *nonce* unique par document, inchangé lors de modifications du document. Par conséquent, on pouvait déterminer d'anciens *plaintexts* à partir de leur *ciphertext* ainsi que d'une version récente en clair et son *ciphertext* respectif. Si même Microsoft a pu faire ce genre d'erreur, imaginez comme ce bug doit être répandu.

Certains *streamciphers* conçus dans les années 2010 atténuent le risque de réutilisation du *nonce*. Ces algorithmes, dits *misuse-resistant*, dérivent le *nonce* final à partir du *nonce* initial et du message ; des messages différents seront donc chiffrés avec différents *keystreams*. Cependant, ce pré-calcul du *nonce* effectif a un impact en termes de performance, comme nous le verrons au chapitre 8.

4.2 Bug dans une implémentation de RC4

En plus de ses faiblesses intrinsèques, RC4 peut réduire à néant toute confidentialité si l'on tente d'optimiser naïvement son implémentation, comme démontré par une soumission au 2007 Underhanded C Contest, un concours informel où le but était d'écrire du code en apparence fiable mais dissimulant une fonctionnalité malveillante.

Rappelez-vous qu'à plusieurs reprises RC4 échange les valeurs de deux positions dans son tableau *S*, qu'on avait décrit par « `échanger S[i] et S[j]` » dans son pseudocode. Cet échange peut être implémenté de la façon suivante, en utilisant une variable temporaire `buf` :

```
buf = S[i]
S[i] = S[j]
S[j] = buf
```

Il n'y a aucun problème avec cette façon de faire, si ce n'est la nécessité de créer une nouvelle variable, `buf`. Pour éviter ça, et rendre le code plus élégant, les programmeurs utilisent parfois la technique dite du *XOR swap*, où on échange les valeurs en faisant trois XORs successifs entre les variables dont les valeurs sont à échanger. Par exemple, pour échanger les valeurs de variables `x` et `y` on fera :

```
x = x ⊕ y
y = x ⊕ y
x = x ⊕ y
```

Cette astuce fonctionne car la deuxième ligne définit la nouvelle valeur de `y` à $x \oplus y \oplus y = x$, soit la valeur initiale de `x`. La troisième ligne définit la nouvelle valeur de `x` à $x \oplus y \oplus x \oplus y \oplus y = y$. Pour implémenter RC4 avec le XOR swap, on pourra alors écrire le code du listing 5-5 (adapté du programme initialement soumis par Wagner et Biondi au Underhanded C Contest, et disponible à l'adresse http://www.underhanded-c.org/_page_id_16.html).

Listing 5-5 – Implémentation incorrecte de RC4.

```
#define TOBYTE(x) (x) & 255
#define SWAP(x,y) do { x^=y; y^=x; x^=y; } while (0)

static unsigned char S[256];
static int i=0, j=0;
void init(char *passphrase) {
    int passlen = strlen(passphrase);
    for (i=0; i<256; i++)
        S[i] = i;
    for (i=0; i<256; i++) {
        j = TOBYTE(j + S[TOBYTE(i)] + passphrase[j % passlen]);
        SWAP(S[TOBYTE(i)], S[j]);
    }
    i = 0; j = 0;
}
unsigned char encrypt_one_byte(unsigned char c) {
    int k;
    i = TOBYTE(i+1);
    j = TOBYTE(j + S[i]);
    SWAP(S[i], S[j]);
    k = TOBYTE(S[i] + S[j]);
    return c ^ S[k];
}
```

Maintenant, interrompez votre lecture et essayer de trouver le problème dans le code du listing 5-5.

Que se passe-t-il dans les cas où `i` est égal à `j` dans `SWAP(S[i], S[j])` ? Au lieu de laisser l'état inchangé, comme la spécification de RC4 le définit, la macro `SWAP` définira `S[i]` à `S[i]` ⊕ `S[j]`, soit `S[i]` ⊕ `S[i] = 0`. Ceci fixera un octet de l'état à zéro chaque fois que `i` se trouve être égal à `j` lors de l'initialisation `init()` ou durant le chiffrement `encrypt_one_byte()`. Au final, l'état convergera vers le tableau tout à zéro, et donc au *keystream* tout à zéro, produisant des octets de *ciphertext* identiques à ceux du *plaintext*. Par exemple, j'ai choisi une clé aléatoire et après environ 68 kilooctets de données chiffrées, la plupart des valeurs de l'état étaient nulles et le *keystream* produit ressemblait à ceci :

```
00 00 00 00 00 00 00 53 53 00 00 00 00 00 00 00 00 00 00 00
13 13 00 5c 00 a5 00 00 ...
```

L'une des leçons à tirer de cet exemple est qu'il peut être dangereux de trop chercher à optimiser le code d'implémentations cryptographiques. La clarté du code et son niveau de test sont en général plus importants que quelques cycles d'horloge de moins.

4.3 Algorithmes propriétaires faibles

Quand un cryptosystème est moins sûr que prévu par ses créateurs, ou imaginé par ses utilisateurs, on peut parfois directement déployer une correction à l'application (par exemple pour une application Web), ou sortir une nouvelle version et inciter les utilisateurs à mettre à jour leurs systèmes (par exemple pour des applications mobiles). Mais tous les systèmes n'ont pas cette chance, et il faut parfois des années avant de pouvoir déployer une version corrigée d'un cryptosystème, comme ce fut le cas pour certains systèmes de téléphonie par satellite.

Au début des années 2000, les organismes de standardisation américains et européens (TIA et ETSI) ont conjointement développé deux normes de téléphonie satellitaire. Un *satphone* est un peu comme un téléphone mobile, à la différence que son signal est transmis via des satellites plutôt que par un réseau d'antennes terrestres. L'avantage est qu'on peut les utiliser n'importe où une couverture du réseau satellite est disponible, et presque partout dans le monde pour les réseaux majeurs. Les inconvénients résident par ailleurs dans leur coût, leur qualité de communication, leur latence de transmission, et en l'occurrence leur sécurité.

GMR-1 et GMR-2 sont deux normes qui furent adoptées par d'importants fournisseurs commerciaux de *satphone*, notamment Thuraya et Inmarsat. Ces normes comprennent des *streamciphers* pour chiffrer les communications audios. Le *streamcipher* de GMR-1 est orienté matériel, avec sa combinaison de quatre LFSRs. Sa construction rappelle A5/2, l'algorithme à sécurité réduite initialement inclus dans la norme 2G et destiné à certaines régions du monde. Le *streamcipher* de GMR-2, quant à lui, est orienté logiciel, avec un état de seulement 8 octets et un mécanisme interne comprenant des *S-boxes*. Ces deux algorithmes sont en fait relativement faibles, attaquables et ne protègeront leurs utilisateurs que contre des amateurs mais pas contre l'espionnage gouvernemental.

Cette histoire illustre le fait qu'historiquement, les *streamciphers* ont souvent été plus faciles à casser et saboter que les *blockciphers*. Pourquoi ? Peut-être qu'il était plus facile de rejeter la faute sur les *streamciphers*, du fait de leur prétendue fragilité, afin de nier toute mauvaise intention.

5. POUR ALLER PLUS LOIN

Pour en apprendre plus sur les *streamciphers*, je vous suggère de commencer par consulter les archives du concours eSTREAM, disponibles en ligne à https://www.ecrypt.eu.org/stream/project.html. Vous y trouverez des centaines d'articles concernant les *streamciphers*, dont les détails de plus de trente algorithmes et de nombreuses attaques. Parmi les attaques les plus intéressantes, citons les attaques par corrélation, les attaques algébriques, et les *cube attacks*, respectivement décrites dans les articles de Courtois et Meier pour les deux premières, et dans l'article de Dinur et Shamir pour les dernières.

Pour en savoir plus sur les attaques contre RC4, recherchez l'attaque dite FMS de Fluhrer, Mantin, Shamir, publiée en 2001, ainsi que l'article de 2013 "On the Security of RC4 in TLS".

Enfin, Salsa20 est aussi digne d'attention, notamment sa variante ChaCha qui diffère seulement par son algorithme de permutation et qui a été utilisée dans la famille de fonctions de hachage BLAKE, comme nous le verrons au chapitre 6. Comme Salsa20, ChaCha bénéficie d'optimisations pour paralléliser son évaluation sur les processeurs supportant les instructions vectorisées, tel que décrit sur https://cr.yp.to/snuffle.html.

6 Les fonctions de hachage

Les fonctions de hachage telles que MD5, SHA-1, SHA-256, SHA-3, et BLAKE2 sont le couteau suisse du cryptographe : elles sont omniprésentes dans les constructions et protocoles cryptographiques, qu'il s'agisse de signatures, de chiffrement asymétrique, de vérification d'intégrité, d'authentification de message, de protection de mots de passe, d'échange de clé, et bien d'autres.

Que ce soit pour chiffrer un email, envoyer un message par WhatsApp ou Signal, se connecter à un site via HTTPS ou à une machine distante avec IPSec ou SSH, il y a toujours au moins une fonction de hachage impliquée dans les opérations cryptographiques sous-jacentes.

Les fonctions de hachage sont des primitives polyvalentes et omniprésentes dans les protocoles cryptographiques. Parmi les exemples d'applications, nous pouvons citer :

- ✓ la détection de fichiers identiques dans les systèmes de stockage *cloud*, à des fins de déduplication ;
- ✓ l'identification de fichier et de version dans Git, le logiciel de gestion de version logiciel le plus utilisé ;
- ✓ les systèmes de détection d'intrusion de type HIDS (*host-based instrusion detection*) lors de la recherche de fichiers modifiés, ainsi que ceux de type NIDS (*network-based IDS*) et autres logiciels anti-virus ou EDR (*endpoint detection and response*) qui identifient des données malveillantes via leur *hash*, par exemple via des *indicators of compromise* (IoC) ;
- ✓ les analyses forensiques, qui utilisent les fonctions de hachage pour identifier et démontrer l'intégrité d'artefacts numériques ;
- ✓ les cryptomonnaies telles que Bitcoin qui utilisent un système de *proof-of-work*, qui consiste essentiellement à évaluer des fonctions de hachage, etc.

À l'inverse des *streamciphers* qui calculent une valeur arbitrairement longue à partir d'une petite valeur de taille fixe, les fonctions de hachage prennent en entrée une valeur de taille quelconque et produisent une valeur de taille fixe, qu'on appelle le *hash*, l'empreinte, ou valeur de hachage (on emploiera dans la suite le premier terme) étant le plus courant dans les conversations entre cryptographes francophones.

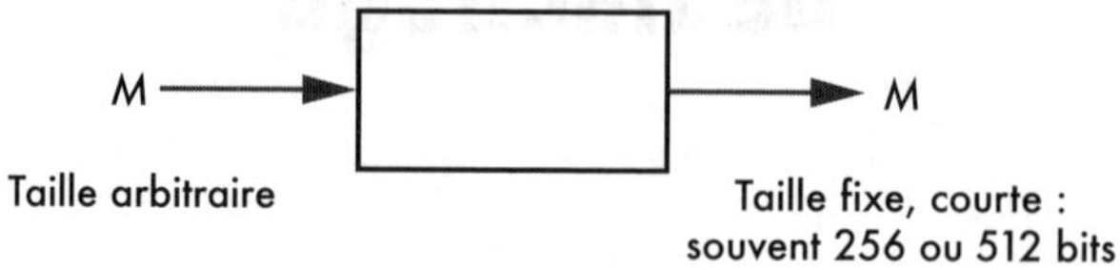

Figure 6-1 – L'interface d'une fonction de hachage.

Ce chapitre couvre deux thèmes principaux. Tout d'abord, la sécurité: qu'entend-on par *sécurité* quand on parle de fonctions de hachage? Pour y répondre, je présenterai deux notions essentielles: la résistance aux collisions et la résistance aux préimages. La seconde partie du chapitre concerne la construction d'une fonction de hachage. Nous verrons les approches suivies par les fonctions de hachage modernes, et observerons le fonctionnement des fonctions SHA-1, SHA-2, SHA-3, et BLAKE2. Enfin, nous conclurons avec des exemples de problèmes arrivant quand les fonctions de hachage sont mal utilisées.

Note: Il ne faut pas confondre les fonctions de hachage *cryptographiques* avec les fonctions de hachage utilisées à d'autres fins, telles que les tables de hachage. Par exemple, les CRC (*cyclic redundancy checks*) et autres *checksums* élémentaires utilisés dans certains protocoles de transmission de données pour détecter les erreurs accidentelles ne sont pas cryptographiques et ne répondent pas aux exigences de sécurité que nous allons voir.

1. SÉCURITÉ ET HACHAGE

La notion de sécurité pour une fonction de hachage diffère de ce que l'on a vu jusqu'à maintenant. Alors qu'un schéma de chiffrement protège la confidentialité d'un message, afin qu'il reste secret, les fonctions de hachage sont conçues pour garantir l'intégrité d'un message, qu'il soit en clair ou chiffré, afin de s'assurer qu'il n'a pas été modifié. Si une fonction de hachage est sûre, on ne devrait jamais observer deux valeurs de *hash* identiques pour deux valeurs différentes. Il en suit par exemple que le *hash* d'un fichier peut servir d'identifiant unique, plutôt que son nom (qui peut être dupliqué et reste inchangé si son contenu change).

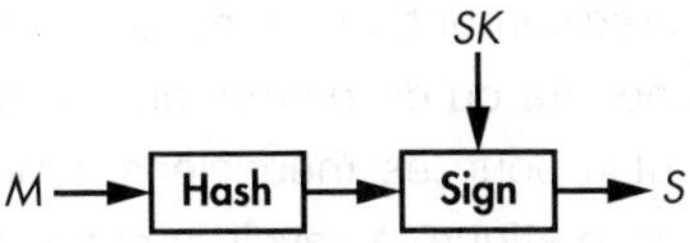

Figure 6-2 – Une fonction de hachage dans un schéma de signature, où le *hash* du message est reçu par l'algorithme de signature.

Considérons l'application la plus courante du hachage : les signatures numériques, ou simplement les *signatures*. Lorsque des signatures sont calculées, elles traitent le *hash* du message à signer plutôt que le message lui-même, comme le montre la figure 6-2. Le *hash* sert ici d'identifiant pour le message. Si un seul bit est modifié dans le message, son *hash* sera totalement différent. La fonction de hachage garantit que le message n'a pas été modifié lorsque la signature est vérifiée. Signer le *hash* d'un message est aussi sûr que signer le message directement, tant que la fonction de hachage est fiable.

Les algorithmes de signature traitent un *hash* de taille fixe plutôt qu'un message de taille arbitraire car ils sont conçus pour prendre en entrée une valeur de taille fixe et relativement courte, tel qu'un *hash* de 256 bits.

1.1 Sécurité et imprédictibilité

Toute la sécurité cryptographique des fonctions de hachage repose sur l'imprédictibilité de leurs valeurs de sortie. Prenons par exemple les *hash* de 256 bits ci-dessous, calculés avec la fonction de hachage SHA-256 (un standard NIST) à partir des caractères ASCII a, b, c en entrée :

```
SHA-256("a") = ca978112ca1bbdcafac231b39a23dc4da786eff8147c4e-
72b9807785afee48bb
SHA-256("b") = 3e23e8160039594a33894f6564e1b1348bbd7a0088d42c4acb73eeae-
d59c009d
SHA-256("c") = 2e7d2c03a9507ae265ecf5b5356885a53393a-
2029d241394997265a1a25aefc6
```

Comme nous pouvons le voir, les valeurs de *hash* (représentés en hexadécimal) sont totalement différentes, bien que les entrées ne diffèrent que d'un ou deux bits (le caractère a est la séquence de bits 01100001, b est 01100010, et c est 01100011).

À partir de ces trois valeurs, il serait impossible de prédire le *hash* de d, ni même de deviner certains de ses bits, sans le calculer explicitement avec SHA-256. En effet, une fonction de hachage doit être imprédictible, et doit se comporter comme une boîte noire retournant une valeur choisie au hasard pour chaque nouvelle entrée.

La définition générale et théorique d'une fonction de hachage sûre est qu'elle se comporte comme une fonction véritablement aléatoire (ce qu'on appelle parfois un *oracle aléatoire*). Plus précisément, une fonction de hachage cryptographique ne devrait pas avoir de propriété ou de *pattern* qu'une fonction aléatoire n'aurait pas. Cette définition est utile pour les théoriciens, mais nous avons besoin de notions plus spécifiques en pratique, à savoir la résistance aux préimages et la résistance aux collisions.

1.2 Résistance aux préimages

Une *préimage* d'une valeur de *hash* donnée, *H*, est tout message *M* tel que **Hash**(*M*) = *H*. La résistance aux préimages décrit la garantie de sécurité selon laquelle, étant donné une valeur de *hash* aléatoire, un attaquant ne trouvera jamais une préimage de cette valeur de hachage. En effet, les fonctions de hachage sont parfois appelées fonctions à sens unique (*one-way functions*), car il est possible de passer du message à son *hash*, mais pas l'inverse.

Tout d'abord, notez qu'une fonction de hachage ne peut pas être inversée, même avec une puissance de calcul illimitée. Par exemple, supposons que je hache un message avec la fonction de hachage SHA-256 et que j'obtienne cette valeur de 256 bits :

```
f67a58184cef99d6dfc3045f08645e844f2837ee4bfcc6c949c9f7674367adfd
```

Même avec une puissance de calcul infinie, vous ne pourriez jamais déterminer *le* message que j'ai choisi pour produire ce *hash*, puisqu'il existe de nombreux messages de la même valeur comme *hash*. Vous trouveriez donc des messages qui produisent cette valeur avec SHA-256 (y compris potentiellement le message que j'ai choisi), mais vous ne pourriez pas déterminer quel message j'ai utilisé.

Par exemple, il y a 2^{256} valeurs possibles pour un *hash* de 256 bits (une longueur typique des fonctions de hachage utilisées en pratique), mais il y a beaucoup plus de valeurs pour, disons, des messages de 1 024 bits (à savoir, 2^{1024} valeurs possibles). Il s'ensuit qu'en moyenne, chaque valeur de *hash* possible de 256 bits aura $2^{1024}/2^{256} = 2^{1024-256} = 2^{768}$ préimages de 1 024 bits chacune.

En pratique, nous devons nous assurer qu'il est effectivement impossible (trop coûteux) de trouver *n'importe quel* message correspondant à une valeur de *hash* donnée, et pas seulement le message utilisé, ce qui est la raison d'être de la résistance à la préimage.

De plus, on distingue deux formes de résistance à la préimage : résistance à la première image et à la seconde image. La résistance à la *première image* (ou simplement la résistance à la préimage) impose qu'il doit être pratiquement impossible de trouver un message dont le *hash* est égal à une valeur donnée. La résistance à la *deuxième image*, quant à elle, impose qu'étant donné un message M_1, il doit être est pratiquement impossible de trouver un autre message M_2 dont le *hash* est le même que celui de M_1.

◆ *Le coût des préimages*

Étant donné une fonction de hachage et une valeur de *hash*, on peut chercher une préimage en essayant différents messages jusqu'à tomber sur le *hash* recherché, avec un algorithme similaire à celui du listing 6-1.

Listing 6-1 – L'algorithme optimal de recherche de préimage pour une fonction de hachage sûre.

```
solve_preimage(H) {
    repeat {
        M = random_message()
        if Hash(M) == H then return M
    }
}
```

Dans le pseudocode du listing 6-1, la fonction `random_message()` produit un message aléatoire (disons, une valeur de 1 024 bits). Évidemment, `solve_preimage()` ne se terminera jamais si le nombre de bits n du *hash* est suffisamment grand, car il faudra environ 2^n essais avant de trouver une préimage. La situation est donc désespérée avec $n = 256$, comme dans des fonctions de hachage telles que SHA-256 et BLAKE3.

◆ *Seconde préimage, une notion plus faible*

Je prétends que si vous pouvez trouver des premières préimages, vous pouvez également trouver des secondes préimages (pour la même fonction de hachage). Pour preuve, si l'algorithme `solve_preimage()` du listing 6-1 renvoie une préimage d'une valeur de hachage donnée, vous pouvez utiliser l'algorithme du listing 6-2 afin de trouver une seconde préimage d'un message *M*.

Listing 6-2 – Comment calculer des secondes préimages si l'on peut trouver des préimages.

```
solve_second_preimage(M) {
    H = Hash(M)
    return solve_preimage(H)
}
```

Autrement dit, vous trouverez la seconde préimage en considérant le problème comme un problème de première préimage. Il s'ensuit que toute fonction de hachage résistante à la seconde préimage est également résistante à la préimage. (Si ce n'était pas le cas, elle ne serait pas non plus résistante à la seconde préimage, conformément à l'algorithme précédent de résolution de la seconde préimage.)

La meilleure attaque que nous puissions utiliser pour trouver des secondes préimages est presque identique à la meilleure attaque que nous puissions utiliser pour trouver les premières préimages (à moins que la fonction de hachage ne présente un défaut qui permette des attaques plus efficaces). Notez également qu'une attaque par recherche de préimages est essentiellement la même qu'une attaque de recherche exhaustive de clé sur un *blockcipher* ou *streamcipher* — avec la différence que l'on sait qu'il existe une seule solution, de taille fixe, pour le chiffrement.

1.3 Résistance aux collisions

Quelle que soit la fonction de hachage que vous choisissez d'utiliser, il y aura inévitablement des collisions en raison du *principe des tiroirs*, qui stipule que si vous avez *m* tiroirs et *n* chemises à ranger dans ces tiroirs, et si *n* est supérieur à *m*, alors au moins un tiroir doit contenir plus d'une chemise.

Note : On peut appliquer le principe des tiroirs à différents types d'objets et de conteneurs. Par exemple, si l'on prend dans n'importe quel texte une série de 27 mots consécutifs, alors il y aura nécessairement au moins deux mots commençant par la même lettre. Dans le contexte des fonctions de hachage, les tiroirs sont les valeurs de *hash* et les chemises sont les messages. Étant donné qu'il existe plus de messages possibles que de valeurs de *hash*, des collisions existent.

Toutefois, même si elles sont inévitables, les collisions doivent être difficiles à trouver pour qu'une fonction de hachage soit considérée comme résistante aux collisions ; en d'autres termes, les attaquants ne doivent pas être en mesure de trouver deux messages distincts dont la valeur de hachage est la même, quels que soient ces messages.

La notion de résistance aux collisions est liée à la notion de résistance aux secondes préimages : si vous pouvez trouver des secondes préimages pour une fonction de hachage, vous pouvez également trouver des collisions, comme le montre le listing 6-3.

Listing 6-3 – L'algorithme naïf de recherche de collision.

```
solve_collision() {
    M = random_message()
    return (M, solve_second_preimage(M))
}
```

Toute fonction de hachage résistante aux collisions est donc également résistante aux secondes préimages. Si ce n'était pas le cas, il existerait un algorithme efficace de résolution de la seconde image qui pourrait être utilisé pour contredire la résistance aux collisions.

1.4 Trouver des collisions

Il faut moins d'opérations pour trouver des collisions que des préimages : de l'ordre d'environ $2^{n/2}$ opérations au lieu de 2^n, grâce à l'attaque dite des *anniversaires*, dont l'idée clé est la suivante : étant donné N messages et leurs *hash* respectifs, vous pouvez produire un total de $N \times (N - 1)/2$ paires de valeurs, soit autant de collisions potentielles. Ce nombre est alors du même ordre de grandeur que N^2. On parle d'attaque des anniversaires car son principe est généralement illustré par le *paradoxe des anniversaires*, ou le fait qu'un groupe de seulement 23 personnes comprendra au moins deux personnes ayant la même date de naissance avec une probabilité de 1/2.

> **Note** : Dans l'expression $N \times (N - 1)/2$, on compte le nombre de paires de messages *distincts* et on divise par 2 car l'ordre n'importe pas. On peut voir (M_1, M_2) et (M_2, M_1) comme la même paire.

À titre de comparaison, dans le cas d'une recherche de préimages, N messages ne vous donnent que N préimages potentielles, alors que les mêmes N messages donnent près de N^2 collisions potentielles, comme nous venons de le voir. Avec N^2 au lieu de N, nous avons *quadratiquement* plus de chances de trouver une solution. La complexité de la recherche est à son tour quadratiquement plus basse : pour trouver une collision, vous devrez utiliser environ la racine carrée de 2^n messages, c'est-à-dire $2^{n/2}$, au lieu de 2^n pour des préimages ou secondes préimages.

◆ *L'attaque naïve des anniversaires*

Voici la façon la plus simple d'effectuer l'attaque des anniversaires afin de trouver des collisions :

1. Calculez les $2^{n/2}$ valeurs de *hash* de $2^{n/2}$ messages choisis arbitrairement, et stockez toutes les paires message/*hash* dans une liste.
2. Triez la liste en fonction de la valeur de *hash* afin de placer toutes les valeurs de hachage identiques l'une à côté de l'autre.
3. Recherchez dans la liste triée deux entrées consécutives ayant la même valeur de hachage.

Malheureusement, cette méthode nécessite beaucoup de mémoire (suffisamment pour stocker $2^{n/2}$ paires message/*hash*). Elle nécessite aussi l'exécution d'un algorithme de tri, qui nécessitera environ $n2^{n/2}$ opérations de base en moyenne. Heureusement, on peut faire mieux.

◆ Recherche de collision sans mémoire : la méthode rho

La *méthode rho* est un algorithme de recherche de collisions qui, contrairement à l'attaque naïve des anniversaires, ne nécessite qu'une petite quantité de mémoire. Elle fonctionne de la manière suivante :

1. Étant donné une fonction de hachage produisant des *hash* de n bits, choisissez une valeur de hachage aléatoire H_1 et définissez $H_1' = H_1$, qui sera le point de départ de nos deux branches de hachage.
2. Calculez $H_2 = \mathbf{Hash}(H_1)$, et $H_2' = \mathbf{Hash}(\mathbf{Hash}(H_1'))$; dans le premier cas, on applique la fonction de hachage une fois, tandis que dans le second cas on l'applique deux fois à la suite.
3. Répétez le processus en calculant $H_{i+1} = \mathbf{Hash}(H_i)$, et $H_{i+1}' = \mathbf{Hash}(\mathbf{Hash}(H_i'))$, jusqu'à ce que vous atteigniez un i tel que $H_{i+1} = H_{i+1}'$.

La figure 6-3 vous aidera à visualiser l'attaque, où une flèche de H_1 à H_2 (par exemple) signifie $H_2 = \mathbf{Hash}(H_1)$. Observez que la séquence des H_i crée finalement une boucle, qu'on appelle *cycle*, dont la forme ressemble à la lettre grecque rho (ρ). Le cycle commence ici à H_5 et est caractérisé par la collision $\mathbf{Hash}(H_4) = \mathbf{Hash}(H_{10}) = H_5$. L'observation clé ici réside dans le fait que pour trouver une collision, il suffit de trouver un tel cycle. L'algorithme ci-dessus permet à un attaquant de détecter la position du cycle, et donc de pouvoir ensuite trouver la collision.

Les techniques avancées de recherche de collisions détectent d'abord le début du cycle et trouvent ensuite la collision, sans stocker de nombreuses valeurs en mémoire et sans avoir à trier une longue liste. La méthode rho nécessite environ $2^{n/2}$ opérations pour réussir. La figure 6-3 contient évidemment beaucoup moins de valeurs qu'une fonction réelle avec des *hash* de 256 bits ou plus.

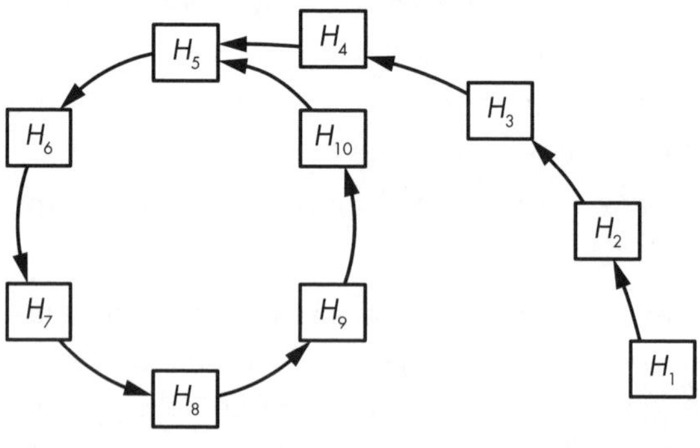

Figure 6-3 – La structure en rho d'une fonction de hachage. Chaque flèche représente une évaluation de la fonction. Le cycle commençant à H_5 correspond à une collision, où $\mathbf{Hash}(H_4) = \mathbf{Hash}(H_{10}) = H_5$.

En moyenne, le cycle et la queue (la partie qui s'étend de H_1 à H_5 dans la figure 6-3) comprennent chacun environ $2^{n/2}$ valeurs, où *n* est la taille du *hash* en bits. Par conséquent, vous aurez en moyenne besoin d'au moins $2^{n/2} + 2^{n/2}$ évaluations du hachage pour trouver une collision.

2. CONSTRUIRE DES FONCTIONS DE HACHAGE

Dès les années 1980, les cryptographes ont compris que le moyen le plus simple de hacher un message était de le découper en morceaux et de les traiter les uns à la suite des autres à l'aide d'un algorithme similaire. Cette stratégie, appelée *hachage itératif*, se présente sous deux formes principales :

- ✓ Le hachage itératif utilisant une *fonction de compression* qui transforme une entrée en une sortie *plus petite*, comme le montre la figure 6-4. Cette technique est également connue sous le nom de construction Merkle–Damgård (d'après les cryptographes Ralph Merkle et Ivan Damgård).
- ✓ Le hachage itératif utilisant une fonction qui transforme une entrée en une sortie de *même taille*, de telle sorte que deux entrées différentes donnent toujours deux sorties différentes (une telle fonction est alors une permutation), comme le montre la figure 6-7. Ces fonctions sont appelées fonctions *sponge* (éponges).

Voyons maintenant comment ces constructions fonctionnent et comment les fonctions de compression se présentent dans la pratique.

2.1 Hachage basé sur la compression : la construction Merkle–Damgård

Toutes les fonctions de hachage développées entre les années 1980 et 2010 sont basées sur la construction Merkle–Damgård (M–D) : MD4, MD5, SHA-1 et la famille SHA-2, ainsi que les fonctions de hachage moins connues telles que RIPEMD et Whirlpool. La construction M–D n'est pas parfaite, mais elle est simple et s'est avérée suffisamment sûre pour de nombreuses applications.

Note : Dans les fonctions MD4, MD5, et RIPEMD, le « MD » signifie *message digest*, et non Merkle–Damgård.

Pour hacher un message, la construction M–D divise le message en blocs de taille identique et mélange ces blocs avec un état interne à l'aide d'une fonction de compression, comme le montre la figure 6-4. Ici, H_0 est la valeur initiale (souvent notée IV) de l'état interne, et les valeurs intermédiaires de l'état interne H_1, H_2, … sont appelées valeurs de chaînage (*chaining values*). La valeur finale retournée comme *hash* est la valeur finale de l'état interne.

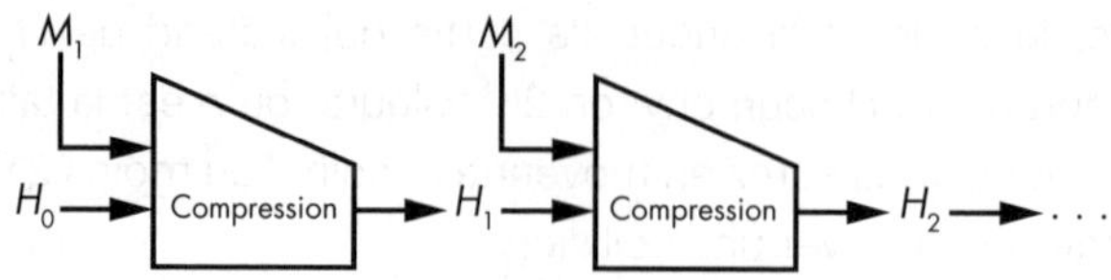

Figure 6-4 – La construction Merkle–Damgård, basée sur une fonction de compression, notée Compression.

Les blocs de messages sont généralement de 512 ou 1 024 bits, mais ils peuvent, en principe, être de n'importe quelle taille. Toutefois, la longueur des blocs est fixe pour une fonction de hachage donnée. Par exemple, SHA-256 fonctionne avec des blocs de 512 bits et SHA-512 avec des blocs de 1 024 bits.

◆ Le padding de bloc

Que se passe-t-il si vous voulez hacher un message dont la taille n'est pas un multiple de la taille de bloc ? Par exemple, si les blocs sont de 512 bits, un message de 520 bits sera divisé en un bloc de 512 bits plus 8 bits restants. Dans ce cas, la construction M–D forme le dernier bloc de la manière suivante : prenez les données restantes (8 bits dans notre exemple), ajoutez un bit 1, puis ajoutez un bit 0, et enfin ajoutez le nombre entier égal à la longueur du message original, encodée sur un nombre fixe de bits (520 dans notre cas). Cette technique de *padding* (remplissage) garantit que deux messages distincts donneront toujours une séquence de blocs distincte, et donc une valeur de hachage distincte.

Par exemple, si vous hachez la chaîne de 8 bits 10101010 avec SHA-256, qui utilise des blocs de message de 512 bits, le premier et unique bloc sera la série de bits suivante :

10101010 *1000000000000000* (...) *00000000000*<u>*1000*</u>

Ici, les bits de message sont les huit premiers bits (10101010) et les bits de *padding* sont tous les bits suivants en italique. Les 1 000 à la fin du bloc (souligné) correspondent à la longueur du message, soit 8 codé en binaire (sur 32 bits au maximum). Le *padding* produit donc un message de 512 bits composé d'un seul bloc de 512 bits, prêt à être traité par la fonction de compression de SHA-256.

◆ Garanties de sécurité

La construction Merkle–Damgård est essentiellement un moyen de transformer une fonction de compression prenant en entrée des valeurs de taille fixe en une fonction de hachage qui reçoit des entrées de longueur arbitraire. La construction est conçue telle que si une fonction de compression est résistante aux préimages et aux collisions, alors la fonction de hachage basée sur cette fonction à l'aide de la construction M–D le sera également. En effet, toute attaque par préimage contre une fonction de hachage M–D peut être transformée en une attaque par préimage contre sa fonction de compression, comme Merkle et Damgård l'ont tous deux démontré dans leurs articles de 1989 (voir la section « Pour aller plus loin » de ce chapitre). Il en va de même pour les collisions : un attaquant ne peut pas briser la résistance aux collisions de la fonction de hachage sans briser la résistance aux collisions de la fonction de compression sous-jacente ; par conséquent, la sécurité de cette dernière garantit la sécurité du hachage.

Notez que l'argument inverse est faux, car une collision pour la fonction de compression ne donne pas nécessairement une collision pour le hachage. Une collision, **Compress**(X, M_1) = **Compress**(Y, M_2), pour des valeurs de chaînage X et Y distinctes de H_0 n'impliquera pas de collision pour le hachage, car on ne peut pas intégrer la collision dans la chaîne de compressions — sauf si l'on arrive à tomber sur des valeurs de chaînage l'une égale à X et l'autre à Y, mais il est peu probable que cela se produise.

◆ *Trouver des multicollisions*

Une *multicollision* se produit lorsque trois messages, ou plus, donnent la même valeur de *hash* pour une même fonction de hachage. Par exemple, le triplet (X, Y, Z), tel que **Hash**(X) = **Hash**(Y) = **Hash**(Z), est noté *3-collision*. Idéalement, les multicollisions devraient être beaucoup plus difficiles à trouver que les collisions de deux éléments, mais il existe pour les fonctions M–D une astuce simple pour les trouver à un coût presque identique à celui d'une simple collision. Voici comment cela fonctionne :

1. Trouvez une collision pour la fonction de compression avec la même valeur de chaînage initiale de la fonction de hachage H_0 comme argument : **Compr ess**(H_0, $M_{1,1}$) = **Compress**(H_0, $M_{1,2}$) = H_1.
2. Trouvez une seconde collision, avec le H_1 de la première étape comme valeur de chaînage : **Compress**(H_1, $M_{2,1}$) = **Compress**(H_1, $M_{2,2}$) = H_2. À ce stade, vous avez une *4-collision*, soit quatre messages de deux blocs chacun, qui donnent le même *hash* : $M_{1,1} \| M_{2,1}$, $M_{1,1} \| M_{2,2}$, $M_{1,2} \| M_{2,1}$, et $M_{1,2} \| M_{2,2}$.
3. Répétez l'étape 2 pour les fonctions de chaînage suivantes comme valeurs initiales : H_2, H_3, …, H_N. Vous aurez alors N paires de blocs et donc 2^N combinaisons possibles de messages de N blocs, qui chacun donneront le même *hash*.

Cette méthode permet donc de construire une 2^N-collision. Combien d'opérations sont-elles nécessaires ? Si la taille du *hash* est de n bits, chaque recherche de collision aux étapes 1 et 2 coûtera environ 2^n opérations. On doit trouver N collisions, donc on fera environ $N2^{n/2}$ opérations. Si la fonction était une boîte noire, et non une fonction itérée M–D, le coût d'une multicollision serait bien plus élevé (précisément, $k!^{1/k} \times 2^{n(k-1)/k}$ pour une k-collision).

◆ Construire la fonction de compression : la construction Davies–Meyer

Toutes les fonctions de compression utilisées dans les fonctions de hachage réelles telles que SHA-256 et BLAKE2 sont basées sur un *blockcipher*, car c'est la manière la plus simple de construire une fonction de compression. La figure 6-5 illustre la manière la plus courante de former une fonction compression en utilisant un *blockcipher*: la construction *Davies–Meyer*.

À partir d'un bloc de message M_i et de la dernière valeur de chaînage H_{i-1}, une fonction de compression Davies–Meyer utilise un *blockcipher*, noté **E**, pour calculer la nouvelle valeur de chaînage :

$$H_i = \mathbf{E}(M_i, H_{i-1}) \oplus H_{i-1}$$

Le bloc de message à hacher M_i sert de clé au *blockcipher* et la valeur de chaînage H_{i-1} sert de bloc de message à chiffrer. Tant que le *blockcipher* est sûr, la fonction de compression qui en résulte est sûre et résistante aux collisions et aux préimages. Sans le XOR de la valeur de chaînage précédente ($\oplus H_{i-1}$), le mode Davies–Meyer ne serait pas sûr car vous pourriez l'inverser, en passant de la nouvelle valeur de chaînage à la précédente en utilisant la fonction de déchiffrement du *blockcipher*.

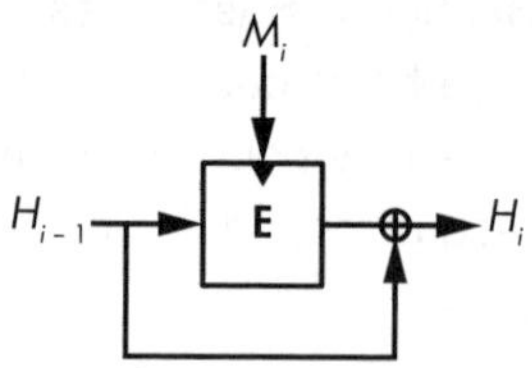

Figure 6-5 – La construction Davies–Meyer, qui forme une fonction de compression à partir d'un *blockcipher*. Le triangle noir indique l'entrée de la clé du *blockcipher*.

Note : La construction de Davies–Meyer possède une propriété surprenante : vous pouvez facilement lui trouver des *points fixes*, ou valeurs de chaînage qui restent inchangées après l'application de la fonction de compression. Il suffit de choisir $H_{i-1} = \mathbf{D}(M_i, 0)$ comme valeur de chaînage de départ, où **D** est la fonction de déchiffrement correspondant au **E** utilisé pour dans la fonction de compression. La nouvelle valeur H_i sera alors égale à l'originale H_{i-1} :

$$H_i = \mathbf{E}(M_i, H_{i-1}) \oplus H_{i-1} = \mathbf{E}(M_i, \mathbf{D}(M_i, 0)) \oplus \mathbf{D}(M_i, 0) = 0 \oplus \mathbf{D}(M_i, 0) = H_{i-1}$$

Nous obtenons $H_i = H_{i-1}$ car l'insertion du déchiffrement de zéro dans la fonction de chiffrement donne zéro. On peut donc, par exemple, trouver des points fixes pour les fonctions de compression des fonctions du standard SHA-2, qui sont également basées sur la construction de Davies-

Meyer. Heureusement, les points fixes ne constituent pas un risque pour la sécurité du hachage.

Il existe de nombreuses autres constructions de fonctions de compression basées sur des *blockciphers*, telles que celles illustrées à la figure 6-6, mais elles sont moins populaires parce qu'elles sont un peu plus complexes ou parce qu'elles exigent que le bloc de message ait la même longueur que la valeur de chaînage.

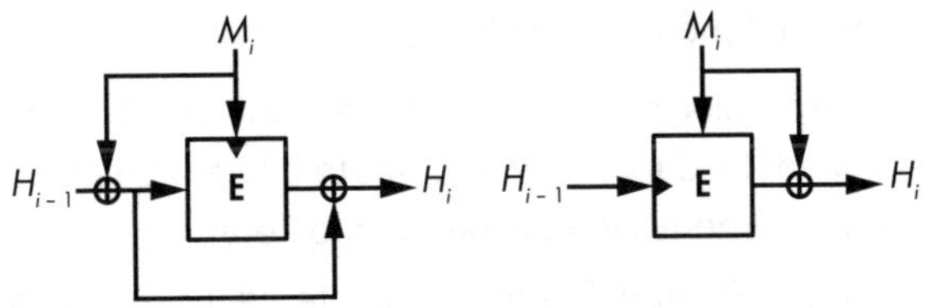

Figure 6-6 – Exemples d'autres constructions de fonctions de compression basées sur un *blockcipher*.

2.2 Hachage basé sur une permutation : les fonctions *sponge*

Après des décennies de recherche, les cryptographes savent tout ce qu'il y a à savoir sur les techniques de hachage basées sur les *blockciphers*. Pourtant, ne devrait-il pas y avoir une façon plus simple de hacher un message ? Pourquoi s'embarrasser d'un *blockcipher*, un algorithme qui nécessite une clé secrète, alors que les fonctions de hachage ne nécessitent pas de clé ? Pourquoi, par exemple, ne pas construire des fonctions de hachage avec un *blockcipher* à clé fixe, soit simplement un algorithme de permutation ?

De telles fonctions de hachage, basées sur une simple permutation plutôt qu'une famille de permutations définies par une clé, sont appelées fonctions *sponge* (éponges). Elles fonctionnent tel que décrit sur la figure 6-7. Au lieu d'utiliser un *blockcipher* pour mélanger les bits du message avec l'état interne, les fonctions *sponge* effectuent simplement un XOR entre l'état et les blocs de message.

Les fonctions *sponge* ne sont pas seulement plus simples que les fonctions Merkle–Damgård, elles sont aussi plus polyvalentes. Avec seulement de simples adaptations, elles peuvent être utilisées non seulement pour du hachage élémentaire, mais aussi comme générateurs de bits aléatoires déterministes, *streamcipher*, fonctions pseudo-aléatoires (voir chapitre 7) et de chiffrement authentifié (voir chapitre 8). La fonction *sponge* la plus célèbre est Keccak, également connue sous le nom de SHA-3, le standard NIST de hachage établi en 2012.

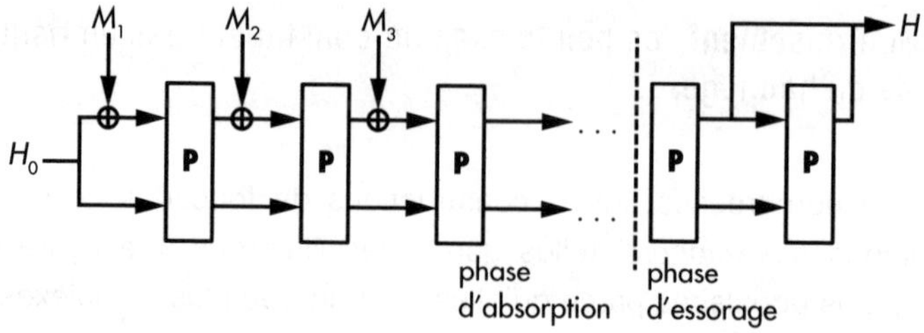

Figure 6-7 – La construction *sponge*.

Une fonction *sponge* fonctionne de la façon suivante :

1. On XOR le premier bloc de message, M_1, à la valeur initiale de l'état, H_0, fixée à une valeur prédéfinie (par exemple, toute à zéro). Les blocs de messages sont tous de la même taille, plus petite que l'état.
2. Une permutation, **P**, transforme l'état interne en un autre état de taille identique.
3. On XOR le bloc de message suivant M_2, et on applique P, puis on répète cette procédure pour les messages suivants M_3, M_4, etc. Cette étape est dite *phase d'absorption* (*absorbing phase*).
4. Après que la fonction a ingéré le dernier bloc de message par un XOR, on applique de nouveau **P**, et on extrait un bloc de bits du message pour former le *hash* en copiant simplement des bits de l'état. On répète cette étape jusqu'à ce que l'on ait collecté assez de bits pour former le *hash* de sortie. Cette étape est dite *phase d'essorage* (*squeezing phase*).

La sécurité d'une fonction *sponge* dépend de la longueur de son état interne et de la longueur des blocs. Si les blocs de message ont une longueur de r bits et que l'état interne a une longueur de w bits, alors il y a $c = w - r$ bits de l'état interne qui ne peuvent pas être modifiés par les blocs de messages. La valeur c est appelée la *capacité* d'une fonction *sponge*, et le niveau de sécurité garanti par la fonction éponge est alors de $c/2$. Par exemple, pour atteindre une sécurité de 256 bits avec des blocs de messages de 64 bits, l'état interne doit être d'au moins $w = 2 \times 256 + 64 = 576$ bits. Bien entendu, le niveau de sécurité dépend également de la longueur n de la valeur de hachage finale. La complexité d'une attaque par collision est donc la plus petite valeur entre $2^{n/2}$ et $2^{c/2}$, tandis que la complexité d'une attaque par seconde image est la plus petite valeur entre 2^n et $2^{c/2}$.

Pour être sûre, la permutation **P** doit se comporter comme une permutation aléatoire, sans biais statistique et sans structure mathématique qui permettrait à un attaquant de prédire les résultats. Comme pour les fonctions de hachage basées sur des fonctions de compression, les fonctions *sponge* procèdent à un *padding* des messages, mais ce *padding* est plus simple car il n'a pas besoin d'inclure la longueur du message. Le dernier bit du message est simplement suivi d'un bit 1 et d'autant de zéros que nécessaire.

3. LA FAMILLE DE FONCTIONS DE HACHAGES SHA

Les fonctions de hachage SHA (*Secure Hash Algorithm*) sont des standards définis par l'agence NIST pour être utilisées par les organisations gouvernementales fédérales non militaires aux États-Unis. Comme beaucoup de standards cryptographiques du NIST, les fonctions de hachages SHA deviennent *de facto* des standards mondiaux. Cependant, certains gouvernements optent pour leurs propres algorithmes de hachage (comme SM3 en Chine, Streebog en Russie, et Kupyna en Ukraine), plus pour des raisons de principe de souveraineté plutôt que par réel manque de confiance dans la sécurité des SHA, qui ont fait l'objet d'un examen plus approfondi par les cryptanalystes que tout autre standard national.

Note : Message Digest 5 (MD5) a été la fonction de hachage cryptographique la plus populaire de 1992 jusqu'à ce qu'elle soit cassée vers 2005, quand de nombreuses applications sont alors passées à SHA-1 ou SHA-2. MD5 traite des messages en bloc de 512 bits et met à jour un état interne de 128 bits pour produire un *hash* de 128 bits, offrant ainsi au mieux une sécurité de 128 bits contre les préimages et de 64 bits contre les collisions. Déjà en 1996, des cryptanalystes ont découvert la relative faiblesse de la fonction de compression de MD5, et ont exprimé des doutes quant à la sécurité de la fonction de hachage, mais leur avertissement est resté lettre morte jusqu'en 2005, lorsqu'une équipe de cryptanalystes chinois a découvert comment calculer les collisions pour le hachage MD5 complet. À l'heure où j'écris ces lignes, il ne faut que quelques secondes pour trouver une collision pour MD5. Heureusement, MD5 n'est désormais presque plus utilisé.

3.1 SHA-1

Le standard SHA-1 est né d'une défaillance de l'algorithme nommé SHA-0, émanant alors de la NSA. En 1993, le NIST a standardisé l'algorithme de hachage SHA-0 ; mais en 1995, la NSA a publié SHA-1 pour le remplacer, sans décrire publiquement le problème de sécurité de SHA-0. La raison de cette modification est apparue clairement lorsque deux chercheurs ont découvert en 1998 comment trouver des collisions pour SHA-0 en environ 2^{60} opérations, au lieu des 2^{80} attendues pour les fonctions de hachage de 160 bits telles que SHA-0 et SHA-1. Des attaques ultérieures ont réduit la complexité à environ 2^{33} opérations, conduisant à des collisions réelles en moins d'une heure pour SHA-0.

◆ Fonctionnement de SHA-1

SHA-1 combine une fonction de hachage Merkle–Damgård avec une fonction de compression Davies–Meyer basée sur un *blockcipher* parfois appelé SHACAL. Concrètement, SHA-1 fonctionne en itérant l'opération suivante sur des blocs de messages de 512 bits :

$$H = \mathbf{E}(M, H) + H$$

Ici, l'utilisation du signe plus (+) plutôt que XOR (⊕) est intentionnelle. En effet, $\mathbf{E}(M, H)$ et H sont vus comme des tableaux d'entiers de 32 bits, et chaque fois que deux mots se trouvent à la même position, ils sont additionnés ; le premier mot de 32 bits de $\mathbf{E}(M, H)$ avec le premier mot de 32 bits de H, et ainsi de suite. La valeur initiale de H est constante pour tout message, ensuite H est modifié selon l'équation ci-dessus, et la valeur finale de H après traitement de tous les blocs est renvoyée en tant que *hash* du message.

Une fois que le *blockcipher* est exécuté en utilisant le bloc de message comme clé et la valeur de chaînage de 160 bits comme bloc de *plaintext*, le résultat de 160 bits est considéré comme un tableau de cinq mots de 32 bits, chacun étant ajouté au mot à la même position le H initial.

Le listing 6-4 présente la fonction de compression `SHA1_compress()`, dont les listings suivants décriront les détails :

Listing 6-4 – La fonction de compression de SHA-1.

```
SHA1_compress(H, M) {
    (a0, b0, c0, d0, e0) = H // H est lu comme cinq mots de 32 bits
    (a, b, c, d, e) = SHA1_blockcipher(a0, b0, c0, d0, e0, M)
    return (a + a0, b + b0, c + c0, d + d0, e + e0)
}
```

Le *blockcipher* SHA-1, indiqué par la fonction `SHA_1_blockcipher()` dans le listing 6-4, prend un bloc de message de 512 bits, M, comme clé et transforme les cinq mots de 32 bits (`a`, `b`, `c`, `d`, et `e`) en itérant 80 étapes d'une courte séquence d'opérations pour remplacer le mot de la variable `a` par une combinaison des cinq mots. Il décale ensuite les autres mots du tableau, comme dans un registre à décalage. Le listing 6-5 décrit ce mécanisme :

Listing 6-5 – Le *blockcipher* de SHA-1.

```
SHA1_blockcipher(a, b, c, d, e, M) {
    W = expand(M)
    for i = 0 to 79 {
        new = (a <<< 5) + f(i, b, c, d) + e + K[i] + W[i]
        (a, b, c, d, e) = (new, a, b >>> 2, c, d)
    }
```

```
    return (a, b, c, d, e)
}
```

La fonction `expand()` du listing 6-6 initialise un tableau de 80 mots de 32 bits, *W*, à partir des 16 mots du bloc de message. Les 16 premiers mots de *W* sont ceux de *M*, et les suivants forment une combinaison linéaire des mots précédents dans *W*, qui inclut notamment une rotation d'un bit vers la gauche (cette opération <<< `1`, absente dans SHA-0, est la seule différence entre SHA-1 et son prédécesseur) :

Listing 6-6 – La fonction `expand()` de SHA-1.

```
expand(M) {
    // M est vu comme un tableau de seize mots de 32 bits
    W = tableau vide de huit mots de 32 bits
    for i = 0 to 79 {
        if i < 16 then W[i] = M[i]
        else
            W[i] = (W[i - 3] ⊕ W[i - 8] ⊕ W[i - 14] ⊕ W[i - 16]) <<< 1
    }
    return W
}
```

Enfin, la fonction `f()` utilisée par `SHA1_blockcipher()` est une simple combinaison logique des bits des trois mots passés comme arguments, sans qu'il y ait de rotation (le bit de sortie à une position donnée ne dépend donc que des trois bits à cette même position). La fonction utilisée dépend du round (l'indice `i`) :

Listing 6-7 – La fonction `f()` de SHA-1.

```
f(i, b, c, d) {
    if i < 20 then return ((b & c) ⊕ (~b & d))
    if i < 40 then return (b ⊕ c ⊕ d)
    if i < 60 then return ((b & c) ⊕ (b & d) ⊕ (c & d))
    if i < 80 then return (b ⊕ c ⊕ d)
}
```

Les deuxième et quatrième fonctions booléennes du listing 6-7 se contentent de faire un XOR entre les trois mots d'entrée, une opération linéaire. En revanche, les première et troisième fonctions utilisent l'opérateur non linéaire `&` (ET logique) pour se protéger contre la cryptanalyse différentielle qui, comme vous vous en souvenez, exploite la prévisibilité des propagations de différences entre les bits. Sans l'opérateur `&` (autrement dit, si `f()` était toujours linéaire, `b ⊕ c ⊕ d` par exemple), SHA-1 serait relativement facile à casser.

◆ *Attaques sur SHA-1*

Bien que plus solide que SHA-0, SHA-1 n'est pas suffisamment sûre. C'est pourquoi, dès 2014, le navigateur Chrome marque les sites Web utilisant SHA-1 dans leur connexion HTTPS comme non sûrs. Alors qu'une valeur de *hash* de 160 bits devrait garantir une résistance aux collisions de 80 bits, des chercheurs ont découvert en 2005 des faiblesses dans SHA-1 et ont estimé qu'il faudrait environ 2^{63} opérations pour trouver une collision (contre 2^{80} si SHA-1 était dénué de faiblesses). Une véritable collision pour SHA-1 n'a été trouvée que douze ans plus tard, lorsqu'après des années de cryptanalyse, le cryptanalyste Marc Stevens et d'autres chercheurs ont présenté deux documents PDF ayant le même *hash* dans le cadre d'une collaboration avec des chercheurs de Google (voir https://shattered.io).

Il s'ensuit que vous devriez éviter d'utiliser SHA-1. Comme nous l'avons mentionné, les navigateurs Web considèrent désormais que SHA-1 n'est pas sûr, et SHA-1 n'est plus recommandé par le NIST. Utilisez plutôt les fonctions de hachage SHA-2, BLAKE2, ou SHA-3.

3.2 SHA-2

SHA-2, le successeur de SHA-1, a été conçu par la NSA et standardisé par le NIST dès 2002. SHA-2 n'est pas un unique algorithme, mais une famille de quatre fonctions de hachage : SHA-224, SHA-256, SHA-384, et SHA-512, dont SHA-256 et SHA-512 sont les deux principaux algorithmes. Les nombres à trois chiffres représentent la longueur des bits de chaque fonction.

La motivation initiale derrière le développement de SHA-2 était double : produire des valeurs de *hash* plus longs, et offrir une plus grande résistance à la cryptanalyse que SHA-1. SHA-1 et les algorithmes de SHA-2 sont cependant similaires dans leur construction. Notamment, tous utilisent la construction Merkle–Damgård, et ont une fonction de compression qui ressemble beaucoup à celle de SHA-1, mais avec une plus forte non-linéarité et propagation des différences.

◆ *SHA-256*

SHA-256 est la version la plus courante de SHA-2. Alors que SHA-1 a des valeurs de chaînage de 160 bits, SHA-256 a des valeurs de chaînage de 256 bits, soit huit mots de 32 bits. SHA-1 et SHA-256 ont tous deux des blocs de messages de 512 bits ; cependant, alors que SHA-1 fait 80 tours, SHA-256 en fait 64 et étend le bloc de message de 16 à 64 mots en utilisant la fonction `expand256()` présentée dans le listing 6-8.

Listing 6-8 – La fonction `expand256()` de SHA-256.

```
expand256(M) {
    // le bloc de 512 bits M est vu comme un tableau de seize mots de 32
bits
    W = tableau vide de soixante-quatre mots de 32 bits
    for i = 0 to 63 {
        if i < 16 then W[i] = M[i]
        else {
            // l'opération >> est un décalage et non une rotation (>>>)
            s0 = (W[i - 15] >>> 7) ⊕ (W[i - 15] >>> 18) ⊕ (W[i - 15] >> 3)
            s1 = (W[i - 2] >>> 17) ⊕ (W[i - 2] >>> 19) ⊕ (W[i - 2] >> 10)
            W[i] = W[i - 16] + s0 + W[i - 7] + s1
        }
    }
    return W
}
```

Notez que l'expansion du message dans `expand256()` est plus complexe que celle du `expand()` de SHA-1, décrit dans le listing 6-6, qui, à l'inverse, effectue simplement des XOR et une rotation d'un bit. La boucle principale de la fonction de compression de SHA-256 est également plus complexe que celle de SHA-1 : elle effectue 26 opérations arithmétiques par itération, contre 11 pour SHA-1. Là encore, ces opérations sont des XOR, des ET logiques, et des rotations de mots. Cette plus grande complexité contribue à rendre SHA-256 bien plus robuste contre la cryptanalyse différentielle.

◆ *Autres fonctions de SHA-2*

La famille SHA-2 comprend SHA-224, qui est algorithmiquement identique à SHA-256, sauf que sa valeur d'état initiale est différente et que la longueur de sa valeur de *hash* est de 224 bits, au lieu de 256 bits. Ces 224 bits sont déterminés en prenant les 224 premiers bits de la valeur de chaînage finale.

La famille SHA-2 contient également les algorithmes SHA-512 et SHA-384. SHA-512 est similaire à SHA-256, sauf qu'il utilise des mots de 64 bits au lieu de 32 bits. Par conséquent, il utilise des valeurs de chaînage de 512 bits (huit mots de 64 bits) et traite des blocs de messages de 1 024 bits (seize mots de 64 bits).

La fonction de compression de SHA-512 est pratiquement la même que celle de SHA-256 : SHA-512 fait 80 *rounds* au lieu de 64 pour SHA-256, et utilise des distances de rotation différentes pour tenir compte de la plus grande taille des mots. (Par exemple, SHA-512 inclut l'opération `a >>> 34`, qui n'aurait pas de sens avec les mots de 32 bits de SHA-256). SHA-384 est à SHA-512 ce que

SHA-224 est à SHA-256 : le même algorithme, mais avec une valeur initiale différente et un *hash* final tronqué à 384 bits.

Sur le plan de la sécurité, les quatre versions de SHA-2 ont jusqu'à présent tenu leurs promesses : SHA-256 garantit une résistance aux préimages de 256 bits, SHA-512 garantit une résistance aux collisions d'environ 256 bits, etc. Cependant, il n'existe pas de véritable preuve formelle que les fonctions SHA-2 sont sûres ; on parle de sécurité probable, comme pour AES.

Cela dit, après les attaques pratiques contre MD5 et SHA-1, les chercheurs et le NIST se sont inquiétés de la sécurité à long terme de SHA-2 en raison de sa similitude avec SHA-1, et beaucoup pensaient que des attaques contre SHA-2 n'étaient qu'une question de temps. À l'heure où j'écris ces lignes, nous n'avons pas encore vu d'attaque contre SHA-2, même d'attaque théorique. Quoi qu'il en soit, le NIST a mis au point un plan de secours : SHA-3.

3.3 La compétition SHA-3

Annoncée en 2007, la compétition SHA-3 (officiellement *NIST Hash Function Competition*) a commencé par un appel à soumissions avec quelques exigences de base : les fonctions de hachage soumises par les cryptographes devaient être au moins aussi sûres et aussi rapides que SHA-2, et elles devaient être capables de faire au moins autant que SHA-2 en termes de fonctionnalités. Les candidats SHA-3 ne devaient pas non plus trop ressembler à SHA-1 et SHA-2 afin de se prémunir contre des techniques d'attaques efficaces contre SHA-1 et potentiellement SHA-2. En 2008, le NIST a reçu 64 soumissions provenant du monde entier, notamment d'universités et de grandes entreprises (British Telecom, IBM, Microsoft, Qualcomm, Sony, pour n'en citer que quelques-unes). Sur ces 64 propositions, 51 correspondaient aux exigences du NIST et ont été retenues pour le premier tour de la compétition.

Pendant les premières semaines de la compétition, les cryptanalystes ont attaqué sans pitié les différentes soumissions. En juillet 2009, le NIST a annoncé 14 candidats pour le deuxième tour. Après avoir passé 15 mois à analyser et à évaluer les performances de ces candidats, le NIST a choisi cinq finalistes :

- ✓ **BLAKE** : Reposant sur une version améliorée de la construction Merkle–Damgård, avec une fonction de compression basée sur le *streamcipher* ChaCha, soit une série d'additions, XORs, et rotations de mots. BLAKE a été conçu par une équipe de cryptographes en Suisse et au Royaume-Uni, dont l'auteur de ce livre fait partie.
- ✓ **Grøstl** : Également une construction Merkle–Damgård améliorée, dont la fonction de compression utilise deux permutations basées sur le *blockcipher* AES. Grøstl a été créé par une équipe de sept chercheurs universitaires du Danemark et d'Autriche.

✓ **JH** : Une variante d'une fonction *sponge* où des blocs de message sont injectés avant et après la permutation, plutôt que seulement avant. La permutation effectue des opérations similaires à celles d'un *blockcipher* de type substitution–permutation (SPN). JH est l'œuvre d'un cryptographe de Singapour.

✓ **Keccak** : Une fonction *sponge* dont la permutation ne fait que des opérations bit à bit. Keccak est le fruit d'une collaboration entre quatre cryptographes travaillant alors pour une société de semi-conducteurs, basés en Belgique et en Italie, et comptant un des auteurs d'AES.

✓ **Skein** : Une fonction basée sur un mode différent de Merkle–Damgård, et dont la fonction de compression est basée sur un *blockcipher* qui n'utilise que des additions, XORs, et rotations de mots. Skein a été conçu par huit cryptographes, tous basés aux USA (à l'exception d'un seul), et comptant notamment le célèbre cryptographe Bruce Schneier.

Après une analyse approfondie des cinq finalistes, le NIST a annoncé le nom du gagnant : Keccak. Le rapport du NIST sur la compétition SHA-3 a récompensé Keccak pour « sa conception élégante, sa grande marge de sécurité, ses bonnes performances générales, son excellente efficacité dans les implémentations matérielles, et sa flexibilité ». Voyons donc comment fonctionne Keccak.

3.4 Keccak (SHA-3)

L'une des raisons pour lesquelles le NIST a choisi Keccak est qu'elle est complètement différente de SHA-1 et SHA-2. Tout d'abord, il s'agit d'une fonction *sponge*. L'algorithme de base de Keccak est une permutation d'un état de 1 600 bits qui absorbe des blocs de 1 152, 1 088, 832, ou 576 bits, selon sa version, produisant respectivement des valeurs de hachage de 224, 256, 384, ou 512 bits — les quatre mêmes longueurs de *hash* produites par les fonctions de la famille SHA-2. Mais contrairement à SHA-256 et SHA-512, SHA-3 utilise un seul algorithme de base plutôt que deux algorithmes pour les quatre longueurs de hachage.

Un autre avantage de Keccak est qu'elle offre bien plus que le simple hachage de message. La norme officielle de SHA-3, le document FIPS 202, définit quatre algorithmes de hachage (SHA3-224, SHA3-256, SHA3-384, et SHA3-512) ainsi que deux algorithmes nommés SHAKE128 et SHAKE256. (Le nom SHAKE signifie *Secure Hash Algorithm with Keccak*.) Ces deux algorithmes sont des fonctions à sortie extensible (*extendable-output functions*, XOF), soit des fonctions de hachage qui peuvent produire des valeurs de *hash* de taille variable, et potentiellement très longue. Les suffixes 128 et 256 représentent le niveau de sécurité de chaque algorithme.

La norme FIPS 202 elle-même est longue et difficile à analyser, mais vous trouverez des implémentations *open-source* qui sont raisonnablement rapides et qui rendent l'algorithme plus facile à comprendre que sa documentation officielle.

Par exemple, tiny_sha3 (https://github.com/mjosaarinen/tiny_sha3) de Markku-Juhani O. Saarinen, sous licence MIT, décrit l'algorithme de base de Keccak en seulement environ 20 lignes de code C (si l'on ne compte pas les déclarations de variables et de constantes), comme reproduit dans le listing 6-9.

Listing 6-9 – Le code de la permutation de Keccak dans l'implémentation tiny_sha3.

```
void sha3_keccakf(uint64_t st[25])
{
    // constants
    const uint64_t keccakf_rndc[24] = {
        0x0000000000000001, 0x0000000000008082, 0x800000000000808a,
        0x8000000080008000, 0x000000000000808b, 0x0000000080000001,
        0x8000000080008081, 0x8000000000008009, 0x000000000000008a,
        0x0000000000000088, 0x0000000080008009, 0x000000008000000a,
        0x000000008000808b, 0x800000000000008b, 0x8000000000008089,
        0x8000000000008003, 0x8000000000008002, 0x8000000000000080,
        0x000000000000800a, 0x800000008000000a, 0x8000000080008081,
        0x8000000000008080, 0x0000000080000001, 0x8000000080008008
    };
    const int keccakf_rotc[24] = {
        1,  3,  6,  10, 15, 21, 28, 36, 45, 55, 2,  14,
        27, 41, 56, 8,  25, 43, 62, 18, 39, 61, 20, 44
    };
    const int keccakf_piln[24] = {
        10, 7,  11, 17, 18, 3, 5,  16, 8,  21, 24, 4,
        15, 23, 19, 13, 12, 2, 20, 14, 22, 9,  6,  1
    };

    // variables
    int i, j, r;
    uint64_t t, bc[5];

    // actual iteration
    for (r = 0; r < KECCAKF_ROUNDS; r++) {

        // Theta
        for (i = 0; i < 5; i++)
            bc[i] = st[i] ^ st[i + 5] ^ st[i + 10] ^ st[i + 15] ^ st[i +
                  20];

        for (i = 0; i < 5; i++) {
            t = bc[(i + 4) % 5] ^ ROTL64(bc[(i + 1) % 5], 1);
```

```
            for (j = 0; j < 25; j += 5)
                st[j + i] ^= t;
        }

        // Rho Pi
        t = st[1];
        for (i = 0; i < 24; i++) {
            j = keccakf_piln[i];
            bc[0] = st[j];
            st[j] = ROTL64(t, keccakf_rotc[i]);
            t = bc[0];
        }

        //  Chi
        for (j = 0; j < 25; j += 5) {
            for (i = 0; i < 5; i++)
                bc[i] = st[j + i];
            for (i = 0; i < 5; i++)
                st[j + i] ^= (~bc[(i + 1) % 5]) & bc[(i + 2) % 5];
        }

        //  Iota
        st[0] ^= keccakf_rndc[r];
    }
```

Dans le listing 6-9, la fonction `sha3 keccakf()` implémente la permutation de Keccak, qui transforme un état de 1 600 bits, que le code voit comme un tableau de 25 mots de 64 bits. Dans le code, on remarque la boucle qui répète des *rounds* (sous le commentaire `//actual iteration`), où chaque *round* consiste en quatre étapes principales, indiquées chacune par une ligne de commentaire :

1. La première étape, `Theta`, ne fait que des XORs entre des mots de 64 bits ou bien des mots décalés d'un bit (l'opération `ROTL64(w,1)` décale les bits d'un mot `w` « vers la gauche » de façon circulaire).
2. La deuxième étape, `Rho Pi`, replace les mots de l'état par la valeur d'un autre mot décalé d'un nombre de bits défini par le tableau `keccakf_rotc[]`.
3. La troisième étape, `Chi`, effectue des XORs et des ET logiques (l'opération notée `&`) entre des mots de 64 bits. Ces ET sont les seules opérations non linéaires dans Keccak, et lui apportent sa force cryptographique.
4. La quatrième étape, `Chi`, fait simplement un XOR entre le premier mot de l'état et une constante prédéfinie dans la table `keccakf_rndc[]`.

Ces opérations confèrent à SHA-3 un algorithme de permutation cryptographiquement solide, exempt de tout biais ou structure exploitable. SHA-3 est le fruit de plus d'une décennie de recherche, et des centaines de cryptanalystes compétents n'ont pas réussi à l'attaquer. Il est peu probable qu'il le soit de sitôt.

4. BLAKE2 ET BLAKE3

La sécurité est peut-être le facteur le plus important, mais la vitesse vient en second. Dans de nombreux cas, des applications ne sont pas passées de MD5 à SHA-1 ou de SHA-1 à SHA-2 car la version plus sûre était sensiblement plus lente. Malheureusement, SHA-3 n'est pas plus rapide que SHA-2 ; et comme SHA-2 est toujours sûr, il n'y a guère d'intérêt à passer à SHA-3. Alors, comment faire pour hacher plus rapidement que SHA-1 et SHA-2 et être encore plus sûr ? La réponse se trouve dans la fonction de hachage BLAKE2, publiée après la compétition SHA-3.

Note : Par transparence, je dois divulguer que je suis l'un des auteurs de BLAKE2, avec Samuel Neves, Zooko Wilcox-O'Hearn, et Christian Winnerlein.

BLAKE2 a été conçu sur la base des exigences suivantes :

- ✓ au moins aussi sûr que SHA-3, sinon plus ;
- ✓ plus rapide que tous les standards de hachage précédents, dont MD5 ;
- ✓ adapté à toutes les applications modernes, et pouvant hacher de grandes quantités de données, que ce soit beaucoup de petits messages ou peu de gros messages, avec ou sans clé secrète ;
- ✓ optimisé pour les processeurs modernes, permettant de paralléliser l'exécution d'instructions indépendantes via des architectures multi-cœurs ou bien des instructions vectorisées.

Le produit de ce travail d'ingénierie est une paire de deux fonctions principales :

1. BLAKE2b (ou juste BLAKE2), optimisé pour les processeurs 64 bits, produisant un hash de 1 à 64 octets.
2. BLAKE2s, optimisé pour les processeurs entre 8 et 32 bits, produisant un hash de 1 à 32 octets.

Chacune des deux fonctions a une variante parallélisable qui peut exploiter plusieurs cœurs d'un processeur. La version parallèle de BLAKE2b, nommée BLAKE2bp, peut utiliser quatre cœurs ; tandis que la version parallèle de BLAKE2s, BLAKE2sp, peut utiliser jusqu'à huit cœurs. La première est la plus rapide sur les serveurs modernes et ordinateurs portables récents, et peut hacher à près de 2 gigabits par seconde. BLAKE2 a vite été reconnu comme l'une des fonctions de hachage sûres les plus rapides disponibles, et est devenu l'algorithme de hachage le plus populaire en dehors des standards NIST. BLAKE2 est utilisé dans d'innombrables applications, et a été intégré dans les principales bibliothèques de cryptographie telles que OpenSSL et Sodium. BLAKE2 est aussi un standard IETF, décrit dans le RFC 7693.

Note : La description de BLAKE2 et son code de référence sont disponibles à https://blake2.net, et sur https://github.com/BLAKE2. Le code de référence inclut également BLAKE2X, une extension de BLAKE2 qui peut créer des valeurs de *hash* de taille arbitraire.

La fonction de compression de BLAKE2, illustrée sur la figure 6-8, est une variante de la construction de Davies–Meyer qui prend en entrée des paramètres supplémentaires, à savoir un compteur (garantissant que chaque fonction de compression se comporte comme une fonction différente) et un *flag* (indiquant si la fonction de compression traite le dernier bloc de message, nécessaire pour la sécurité de la construction).

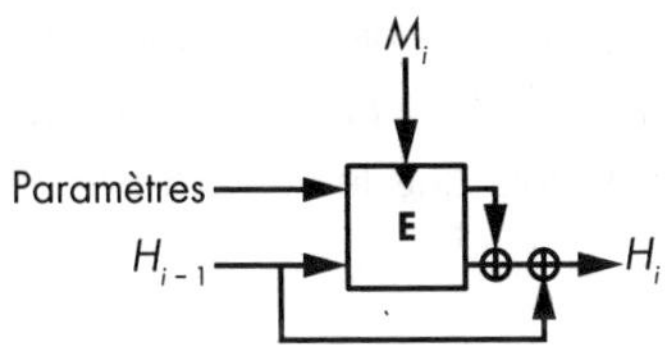

Figure 6-8 – La fonction de compression de BLAKE2.

Le *blockcipher* de la fonction de compression de BLAKE2 est basé sur le *streamcipher* ChaCha, lui-même une variante de l'algorithme Salsa20 présenté au chapitre 5. Dans le cadre du *blockcipher* de BLAKE2, l'opération principale de BLAKE2b se compose de la chaîne d'opérations suivante, qui transforme un état de quatre mots de 64 bits à l'aide de deux mots de message, M_i et M_j :

$$a = a + b + M_i$$

$$d = (d \oplus a) >>> 32$$

$$c = c + d$$

$$b = (b \oplus c) >>> 24$$

$$a = a + b + M_j$$

$$d = (d \oplus a) >>> 16$$

$$c = c + d$$

$$b = (b \oplus c) >>> 63$$

Les opérations effectuées par BLAKE2s sont similaires, avec des mots de 32 bits au lieu de 64 bits (et donc différentes valeurs de rotation).

Enfin, mentionnons BLAKE3, une version encore plus parallélisable, encore plus simple, encore plus versatile et encore plus rapide que BLAKE2, présentée en 2020 à la conférence Real World Crypto. Conçue par Jack O'Connor, Samuel Neves, Zooko Wilcox-O'Hearn, et l'auteur de ce livre, BLAKE3 est vite devenue une fonction de hachage parmi les plus importantes, du fait de ces avantages indéniables. Pour plus de détails, consultez https://github.com/BLAKE3-team/BLAKE3.

5. EXEMPLES DE PROBLÈMES

Malgré leur apparente simplicité, les fonctions de hachage peuvent être à l'origine de vulnérabilités majeures lorsqu'elles sont utilisées au mauvais endroit ou de la mauvaise façon. Par exemple, lorsque des algorithmes de somme de contrôle faibles tels que les CRC sont utilisés à la place d'un hachage cryptographique pour vérifier l'intégrité d'un fichier dans des applications transmettant des données sur le réseau.

Toutefois, cette faiblesse n'est rien comparée à d'autres, qui peuvent compromettre totalement des fonctions de hachage apparemment sûres. Nous allons voir deux exemples de défaillances : le premier s'applique à SHA-1 et SHA-2, mais pas à BLAKE2 ni à SHA-3, tandis que le second s'applique à l'ensemble de ces quatre fonctions.

5.1 L'extension de longueur

L'attaque par extension de longueur (*length-extension attack*) telle que décrite à la figure 6-9 est le talon d'Achille des fonctions de hachage itérées de type Merkle–Damgård.

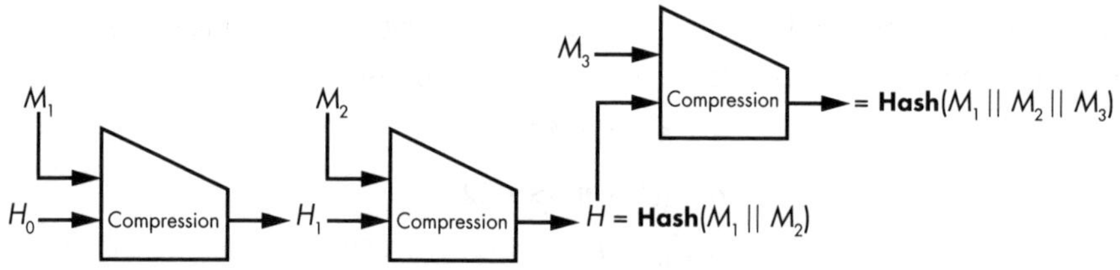

Figure 6-9 – L'attaque par extension de longueur.

Le principe de l'attaque est le suivant : si vous connaissez **Hash**(M) pour un message inconnu M, composé des blocs M_1 et M_2 (avec le *padding* dans M_2), vous pouvez déterminer **Hash**(M_1 || M_2 || M_3) pour n'importe quel bloc M_3. Étant donné que le *hash* de M_1 || M_2 est la valeur de chaînage qui suit immédiatement M_2, vous pouvez ajouter un autre bloc, M_3, au message haché, même si vous ne connaissez pas les données qui ont été hachées (M_1 et M_2 dans notre exemple). De plus, cette astuce s'applique à n'importe quel nombre de blocs dans le message inconnu ou dans l'extension (on peut ajouter un nombre arbitraire de blocs, tant que le dernier a un *padding* valide).

L'attaque par extension de longueur n'affecte pas la plupart des applications des fonctions de hachage, mais elle peut compromettre la sécurité si le hachage est utilisé de manière un peu trop créative. Malheureusement, les fonctions de hachage SHA-2 sont vulnérables à l'attaque par extension de longueur, bien que la NSA ait conçu les fonctions et que le NIST les ait normalisées alors qu'ils étaient tous deux bien conscients de cette propriété. Ceci aurait pu être évité simplement en faisant en sorte que le dernier appel à la fonction de compression soit différent de tous les autres (par exemple, en prenant un bit 1 comme paramètre supplémentaire alors que les appels précédents prennent un bit 0). Et c'est en fait l'idée de ce que fait la fonction BLAKE2 pour se prémunir contre l'extension de longueur.

5.2 Attaques sur les preuves de stockage

Certains systèmes de stockage *cloud* ont utilisé des fonctions de hachage dans le cadre de protocoles de *preuves de stockage* (*proof of storage*), où un serveur démontre à un client qu'il détient effectivement une copie d'un fichier donné.

L'article "SafeStore: A Durable and Practical Storage System", écrit en 2007 par Ramakrishna Kotla, Lorenzo Alvisi, et Mike Dahlin, propose un protocole vérifiant le stockage d'un fichier *M* de la façon suivante :

1. Le client choisit une valeur aléatoire *C*, le *challenge*.
2. Le serveur calcule **Hash**($M \| C$) comme réponse et l'envoie au client.
3. Le client calcule aussi **Hash**($M \| C$) et vérifie qu'il obtient la même valeur que celle que le serveur a envoyée.

L'idée est que le serveur ne puisse pas tricher car il doit connaître *M* pour calculer **Hash**($M \| C$). Mais ce n'est pas si simple : si **Hash** est une fonction itérée qui traite le message bloc par bloc, en déterminant à chaque fois une nouvelle valeur de chaînage intermédiaire, le serveur peut simplement calculer la dernière valeur de chaînage (de taille fixe, par exemple 256 bits avec SHA-256), ne pas stocker le message (potentiellement beaucoup plus grand), et se servir de la valeur de chaînage pour calculer la réponse au challenge.

Prenons l'exemple le plus simple : un message *M* de 512 bits, soit la taille d'un bloc de SHA-256. Le serveur peut calculer **Compress**(H_0, M), où H_0 est la valeur initiale de l'état, et oublier *M*. Quand il reçoit un challenge *C*, il lui suffit alors de rajouter le bon *padding* à *C* et de calculer **Compress**(H_1, C), pour déterminer la valeur de **Hash**(M, C).

Cette technique fonctionne autant pour SHA-2 que SHA-3 ou BLAKE2. La solution est simple : demander comme réponse **Hash**($C \| M$) au lieu de **Hash**($M \| C$).

6. POUR ALLER PLUS LOIN

Pour en savoir plus sur les fonctions de hachage, lisez les classiques des années 1980 et 1990 : des articles de recherche comme "One Way Hash Functions and DES" de Ralph Merkle et "A Design Principle for Hash Functions" d'Ivan Damgård. Lisez également la première étude approfondie du hachage basé sur des *block-ciphers*, "Hash Functions Based on Block Ciphers: A Synthetic Approach" par Preneel, Govaerts, et Vandewalle.

Pour en savoir plus sur la recherche de collisions, lisez l'article de 1997 intitulé "Parallel Collision Search with Cryptanalytic Applications" de van Oorschot et Wiener. Pour en savoir plus sur les notions théoriques de sécurité derrière la résistance aux préimages et aux collisions, ainsi que les attaques par extension de longueur, intéressez-vous à la notion d'indifférentiabilité (*indifferentiability*).

Pour des recherches plus récentes sur les fonctions de hachage, consultez les archives du concours SHA-3, qui comprennent tous les différents algorithmes et la manière dont ils ont été cassés. Vous trouverez de nombreuses références sur le site du « SHA-3 Zoo », disponible à l'adresse suivante : https://ehash.iaik.tugraz.at/wiki/The_SHA-3_Zoo, ainsi que sur la page dédiée du NIST, https://csrc.nist.gov/projects/hash-functions/sha-3-project.

Sur le gagnant de la compétition SHA-3, Keccak, et sur les fonctions *sponge*, consultez https://keccak.team/sponge_duplex.html, la page officielle des concepteurs de Keccak.

Enfin, vous pouvez faire des recherches sur ces deux attaques ciblant des fonctions de hachage :

- ✓ Le *malware* Flame, qui utilisait une collision MD5 pour forger un certificat prétendant être celui d'une application légitime.
- ✓ L'attaque sur la console de jeux Xbox exploitant une faiblesse dans le *blockcipher* TEA utilisé dans une fonction de hachage, ce qui a permis de contourner les protections de la plateforme.

7 Le hachage à clé

Les fonctions de hachage présentées au chapitre 6 prennent en entrée un message et renvoient son *hash* — généralement de 256 ou 512 bits. N'importe qui peut calculer le *hash* de n'importe quel message et vérifier le *hash* d'un message donné, car il n'y a pas de valeur secrète impliquée.

Toutefois, on veut parfois éviter que n'importe qui puisse faire cela : c'est là qu'interviennent les fonctions de hachage avec une clé secrète, ou *hachage à clé*.

Le hachage à clé est à la base de deux types d'algorithmes cryptographiques importants :

- ✓ les codes d'authentification de message (*message authentication codes*, MAC), qui authentifient un message et protègent son intégrité ;
- ✓ les fonctions pseudo-aléatoires (*pseudorandom functions*, PRF), qui produisent des valeurs aléatoires de la taille d'un *hash*.

Dans la première section de ce chapitre, nous verrons en quoi les MAC et les PRF sont similaires, puis nous examinerons le fonctionnement de MAC et de PRF réels. Certains algorithmes sont construits avec des fonctions de hachage, d'autres avec des *blockciphers*, alors que d'autres sont des algorithmes dédiés. Enfin, nous examinerons des exemples d'attaques contre des MAC.

1. *MESSAGE AUTHENTICATION CODES* (MAC)

Un MAC protège l'intégrité et l'authenticité d'un message M en utilisant une clé secrète K, et en calculant une valeur $T = \mathbf{MAC}(K, M)$, appelée *tag* d'authentification (une valeur qu'on appelle aussi souvent un MAC de M, ce qui peut prêter à confusion). Tout comme on peut déchiffrer un message si l'on connaît la clé d'un système de chiffrement symétrique, on peut vérifier qu'un message n'a pas été modifié si l'on connaît la clé MAC qui a été utilisée pour calculer son *tag*.

Par exemple, supposons qu'Alex et Bill connaissent tous les deux une clé *K*, et qu'Alex envoie un message *M* à Bill avec son *tag* T = **MAC**(*K*, *M*). Lorsqu'il reçoit le message et son *tag T*, Bill recalcule **MAC**(*K*, *M*) et vérifie qu'il est égal au *tag* reçu. Comme seul Alex a pu calculer cette valeur, Bill sait que le message n'a pas été modifié en transit (confirmant son intégrité), que ce soit accidentellement ou de façon malveillante, et qu'Alex a envoyé ce message (confirmant l'authenticité).

1.1 MAC et communication sécurisée

Les protocoles de communication sécurisés combinent souvent chiffrement et MAC pour protéger la confidentialité, l'intégrité et l'authenticité des données. Par exemple, les protocoles IPSec (*Internet Protocol Security*), SSH (*Secure Shell*) et TLS (*Transport Layer Security*) génèrent un MAC pour chaque paquet réseau transmis.

Les systèmes de communication n'utilisent cependant pas tous des MAC. Parfois, un *tag* d'authentification ajouterait une surcharge inacceptable à chaque paquet, généralement de l'ordre de 64 à 128 bits. Par exemple, les anciennes normes de téléphonie mobile GSM chiffraient les paquets codant les appels vocaux, mais ne les authentifiaient pas. Un attaquant pouvait donc modifier le signal audio chiffré sans que le destinataire ne s'en aperçoive.

1.2 Attaques à message choisi

Que signifie « sécurité » pour un MAC ? Tout d'abord, comme pour le chiffrement symétrique, la clé secrète doit rester secrète. Si un MAC est sûr, un attaquant ne devrait pas être en mesure de créer un *tag* d'un message sans connaître la clé. La construction par un attaquant d'un *tag* valide pour un message est appelée une falsification (*forgery*), et la récupération de la clé n'est qu'une tactique de falsification parmi d'autres. La notion de sécurité qui postule que les *tags* doivent être impossibles à déterminer sans la clé s'appelle l'*infalsifiabilité*. Clairement, il devrait être impossible de déterminer la clé secrète à partir d'une liste de *tags* et de leurs messages associés ; le cas échéant, un attaquant pourrait simplement utiliser la clé pour créer des *tags* valides.

Quels sont les moyens d'un attaquant pour essayer de casser un MAC ? En d'autres termes, quel est le modèle d'attaque ? Le modèle le plus élémentaire est l'attaque par message connu (*known-message attack*), qui collecte passivement les messages et leurs *tags* respectifs (par exemple, en capturant le trafic sur un réseau). Mais il est souvent possible à un attaquant de choisir les messages, et donc obtenir le MAC du message qu'ils veulent. Ce modèle est le modèle standard considéré par les cryptanalystes, le modèle d'attaque par messages choisis (*chosen-message attack*).

1.3 Attaque par rejeu

Les MAC ne sont pas à l'abri d'attaques impliquant des rejeux (*replays*) de *tags*. Par exemple, si vous espionnez les communications d'Alex et de Bill, vous pouvez capturer un message et son *tag* envoyés par Alex à Bill, et les envoyer à nouveau à Bill en vous faisant passer pour Alex, qui vérifiera le *tag* et acceptera donc le message. À noter qu'une telle attaque fonctionne, que le message soit en clair ou chiffré.

Pour empêcher de telles attaques par rejeu, les protocoles incluent un numéro de message dans chaque message. Ce numéro est incrémenté pour chaque nouveau message et authentifié en même temps que le message. Le destinataire reçoit des messages numérotés 1, 2, 3, 4, etc. Ainsi, si un attaquant tente d'envoyer à nouveau le message numéro 1, le destinataire s'apercevra que ce message n'est pas dans le bon ordre et qu'il s'agit d'un rejeu du message numéro 1 précédent.

2. FONCTIONS PSEUDO-ALÉATOIRES (PRF)

Une fonction pseudo-aléatoire (*pseudorandom function*, PRF) est une fonction qui utilise une clé secrète pour renvoyer **PRF**(*K*, *M*), de sorte que la valeur de sortie *semble* aléatoire. La clé étant secrète, les valeurs de sortie sont imprédictibles pour un attaquant, car il ne connaît pas la clé.

Contrairement aux MAC, les PRF ne sont pas destinées à être utilisées seules, mais à être un composant d'un protocole cryptographique ou de sécurité. Par exemple, une PRF peut être utilisée pour créer un *blockcipher*, avec la construction de Feistel décrite dans le chapitre 4. Les schémas de dérivation de clés (*key derivation function*, KDF) utilisent parfois des PRF pour générer des clés cryptographiques à partir d'une clé principale ou d'un mot de passe, et des protocoles d'identification utilisent des PRF pour générer une réponse à partir d'un challenge aléatoire : un serveur envoie un message aléatoire *M*, et le client renvoie **PRF**(*K*, *M*) pour prouver qu'il connaît *K*.

La norme de téléphonie 5G utilise une PRF pour authentifier une carte SIM et son fournisseur de services, et une PRF similaire sert à générer la clé de chiffrement et la clé MAC à utiliser lors d'un appel téléphonique. Le protocole TLS utilise une PRF pour générer des clés à partir d'un secret partagé ainsi que des valeurs pseudo-aléatoires spécifiques à une session. Il existe même une PRF dans la fonction non cryptographique `hash()` du langage Python, utilisée pour identifier des objets identiques.

2.1 Sécurité des PRF

Pour être sûre, une fonction pseudo-aléatoire ne doit pas avoir de structure ou de biais statistique qui permettrait de différencier ses résultats de valeurs réellement aléatoires. Un attaquant ne connaissant pas la clé *K* ne doit pas pouvoir distinguer les résultats de **PRF**(*K*, *M*) de valeurs aléatoires, même s'il choisit les messages (distincts) qui sont utilisés. Autrement dit, un attaquant ne devrait avoir aucun moyen de savoir s'il s'adresse à une PRF ou à une fonction réellement aléatoire. L'expression savante pour cette notion de sécurité est l'indistinguabilité d'une fonction aléatoire (*indistinguishability from a random function*). Pour en savoir plus sur les fondements théoriques des PRF, consultez le volume 1, section 3.6 de l'ouvrage de Goldreich *Foundations of Cryptography*.

2.2 Pourquoi une PRF est plus forte qu'un MAC

Les PRF et les MAC peuvent tous deux être vus comme des formes de hachage à clé. Néanmoins, l'objectif de sécurité d'une PRF est fondamentalement plus fort (donc plus exigeant) que celui d'un MAC. En effet, un MAC est considéré comme sûr si ses *tags* ne peuvent pas être falsifiés (et donc si un attaquant ne peut pas deviner ses valeurs de sortie sans connaître la clé), alors qu'une PRF n'est sûre que si ses sorties sont des valeurs indistinguables de valeurs aléatoires, ce qui est une exigence plus stricte. Si les sorties d'une PRF ne peuvent pas être distinguées des chaînes aléatoires, cela implique que leurs valeurs ne peuvent pas être devinées ; et donc qu'une PRF sûre peut servir de MAC sûr.

L'inverse n'est cependant pas vrai : un MAC sûr n'est pas nécessairement une PRF sûre. Pour le montrer, présentons un exemple de construction qui est un MAC sûr mais pas une PRF sûre. Partons d'une PRF sûre, **PRF1**, et construisons **PRF2** comme suit :

$$\mathbf{PRF2}(K, M) = \mathbf{PRF1}(K, M) \mid\mid 0$$

Comme la sortie de **PRF2** est définie comme la sortie de **PRF1** suivie d'un bit 0, les sorties de **PRF2** sont triviales (à distinguer de valeurs aléatoires qui se termineront par 0 une fois sur deux en moyenne). Par conséquent, **PRF2** n'est pas une PRF sûre. Cependant, comme **PRF1** est sûre, et en particulier un MAC sûr, **PRF2** constitue quand même un MAC sûr. Pourquoi ? Parce que si vous pouviez trouver un *tag* valide *T* = **PRF2**(*K*, *M*), pour un message *M* de votre choix et une clé *K* inconnue, alors vous pourriez en faire de même pour **PRF1**, ce qui contredirait notre postulat que **PRF1** est une PRF sûre (et donc un MAC sûr). Ainsi, **PRF2** est un hachage à clé qui est un MAC sûr mais pas une PRF sûre.

En réalité, cependant, vous avez peu de chances de trouver de telles constructions MAC. En fait, de nombreux MAC utilisés en pratique sont également des

PRF sûres et sont souvent utilisés comme tels. Par exemple, le protocole TLS utilise l'algorithme HMAC-SHA-256 à la fois comme MAC et comme PRF.

3. CONSTRUCTIONS DEPUIS UNE FONCTION DE HACHAGE

Dans l'histoire de la cryptographie moderne, les MAC et PRF ont rarement été construits à partir de zéro, mais plutôt à partir d'algorithmes existants, généralement des fonctions de hachage ou des *blockciphers*. Une façon apparemment évidente de créer une fonction de hachage à clé est de prendre une fonction de hachage (sans clé), et lui donner une clé et un message à hacher. Mais c'est plus facile à dire qu'à faire correctement, comme nous allons le voir.

3.1 Construction à préfixe secret

La première technique que nous allons voir est la *construction à préfixe secret*, qui transforme une fonction de hachage normale en une fonction de hachage à clé en calculant **Hash**($K \| M$). Bien que cette approche ne soit pas forcément mauvaise, elle est attaquable lorsque la fonction sous-jacente est vulnérable aux attaques par extension de longueur (voir chapitre précédent), et aussi lorsque la construction accepte des clés de différentes tailles.

◆ *Faiblesse contre l'extension de longueur*

Rappelez-vous de l'attaque par extension de longueur que nous avons vue au chapitre 6, où les fonctions de hachage de la famille SHA-2 permettent de calculer le *hash* d'un message partiellement inconnu lorsqu'on connaît le *hash* d'une version plus courte de ce message.

Cette attaque par extension de longueur permet de calculer **Hash**($K \| M_1 \| M_2$) à partir de **Hash**($K \| M_1$), sans connaître K ni même M_1. Ceci permet à un attaquant de falsifier des *tags* MAC, car ils ne sont pas censés pouvoir déterminer le MAC de $M_1 \| M_2$ à partir du MAC de M_1. Cette propriété casse la sécurité de la construction à préfixe secret en tant que MAC et PRF lorsqu'elle est utilisée avec une fonction Merkle-Damgård telle que SHA-256 ou SHA-512. À noter qu'aucun des algorithmes en lice pour le titre de SHA-3 n'était vulnérable à cette attaque, car la résistance à l'extension de longueur était un des prérequis pour être choisi comme nouveau standard.

◆ *Faiblesse avec différentes tailles de clés*

La construction à préfixe secret n'est pas non plus sûre lorsqu'elle autorise l'utilisation de clés de longueurs différentes. Par exemple, si la clé K est la chaîne hexadécimale de 24 bits 0x123abc et que le message M est 0xdef00, la fonction **Hash** traitera la valeur $K \| M$ = 0x123abcdef00. Maintenant, si K est de 16 bits

123a et que M est 0xbcdef00, **Hash**() traitera aussi $K \parallel M$ = 0x123abcdef00. Par conséquent, le résultat de la construction à préfixe secret **Hash**($K \parallel M$) sera le même pour les deux clés.

Ce problème est indépendant de l'algorithme de hachage sous-jacent, et peut être évité en ajoutant la longueur de la clé aux données hachées, par exemple en codant la longueur des bits de la clé sous la forme d'un entier de 16 bits, L, puis en calculant **Hash**($L \parallel K \parallel M$). Mais cette astuce n'a pas lieu d'être utilisée en pratique, car les fonctions de hachage modernes telles que BLAKE2, BLAKE3, et SHA-3 comprennent un mode de hachage à clé qui évite ces pièges et permet d'obtenir une PRF sûre, et donc un MAC.

3.2 Construction à suffixe secret

Au lieu de hacher la clé avant le message comme dans la construction à préfixe secret, on peut la hacher *après*. C'est le principe de la *construction à suffixe secret*: en formant une PRF à partir d'une fonction de hachage, retournant la valeur **Hash**($M \parallel K$).

Placer la clé après le message plutôt qu'avant fait toute la différence. D'une part, l'attaque par extension de longueur qui fonctionne avec un préfixe secret ne fonctionnera pas avec un suffixe secret, même si l'extension de longueur fonctionne sur l'algorithme de hachage. En effet, on pourrait obtenir **Hash**($M_1 \parallel K \parallel M_2$) à partir de **Hash**($M_1 \parallel K$), mais ce ne serait pas une attaque valide car **Hash**($M_1 \parallel K \parallel M_2$) n'est pas un MAC à suffixe secret valide (la clé doit se trouver tout à la fin).

Cependant, cette construction est plus faible contre un autre type d'attaque. Supposons que nous ayons une collision pour **Hash**(M_1) = **Hash**(M_2), où M_1 et M_2 sont deux messages distincts de taille arbitraire. Dans le cas d'une fonction de hachage Merkle-Damgård telle que SHA-256, cela implique que **Hash**($M_1 \parallel P_1 \parallel K$) et **Hash**($M_2 \parallel P_2 \parallel K$) seront également égaux, où P_1 et P_2 sont les données de *padding* ajoutées pour compléter un bloc dans **Hash**(M_1) et **Hash**(M_2). En effet, après avoir traité $M_1 \parallel P_1$, l'état interne de la fonction sera identique à celui après avoir traité $M_2 \parallel P_2$; le fait d'ajouter K à chacune des deux instances préserve l'égalité des deux états, et donc du *hash* final, menant donc à une collision quelle que soit la valeur de K.

Pour exploiter cette propriété, un attaquant devra alors:

1. Trouver une collision entre deux messages M_1 et M_2.
2. Obtenir le *tag* MAC de $M_1 \parallel P_1$, où P_1 représente les bits de *padding*.
3. En déduire que le *tag* **Hash**($M_2 \parallel P_2 \parallel K$) est identique, ce qui constitue une falsification, cassant la sécurité du MAC — du moins en théorie.

3.3 Construction HMAC

La construction *hash-based MAC* (HMAC) permet de construire un MAC à partir d'une fonction de hachage en évitant les risques des constructions à préfixe ou suffixe secret. HMAC produit une PRF sûre tant que le hachage sous-jacent est résistant aux collisions. Toutefois, même si ce n'est pas le cas, le HMAC offrirait toujours une PRF fiable si la fonction de compression du hachage est une PRF. Les protocoles de communication IPSec, SSH, et TLS ont tous utilisé HMAC. (HMAC est défini formellement dans le standard FIPS 198-1 du NIST, ainsi que dans le RFC 2104.)

HMAC utilise une fonction de hachage, **Hash**, pour calculer un *tag* MAC selon l'expression suivante :

$$\textbf{Hash}((K \oplus opad) \parallel \textbf{Hash}((K \oplus ipad) \parallel M))$$

Le terme *opad* (pour *outer padding*) est la chaîne d'octets 5c5c5c...5c de même taille que le bloc de **Hash**. La clé K étant généralement plus courte qu'un bloc, on complète le bloc avec des octets 00, et l'on XOR le tout avec *opad*. Par exemple, si K ne contient que des octets 00, alors $K \oplus opad = opad$. Le bloc $K \oplus opad$ est le premier bloc traité par l'appel « extérieur » à **Hash** — soit l'appel de **Hash** le plus à gauche dans l'équation précédente, ou bien le **Hash** du bas dans la figure 7-1.

Le terme *ipad* (pour *inner padding*) est la chaîne d'octets 363636...36 de même taille que le bloc de **Hash**. Dans $K \oplus ipad$, on complète K avec des 00 comme pour calculer $K \oplus opad$. Le bloc résultant est le premier bloc traité par l'appel « intérieur » à **Hash** — le **Hash** le plus à droite dans l'équation ou le **Hash** du haut dans la figure 7-1.

La figure 7-1 illustre le fonctionnement de HMAC pour les fonctions de hachage basées sur une fonction de compression (les fonctions *sponge* peuvent aussi être utilisées dans une construction HMAC, mais si elles n'y ont pas vocation).

> **Note** : La méthode dite de l'enveloppe est une construction encore plus sûre que le préfixe secret et le suffixe secret. Elle s'exprime sous la forme de **Hash**($K \parallel M \parallel K$), appelée MAC sandwich, mais elle est théoriquement moins sûre que HMAC.

Si SHA-256 est la fonction de hachage utilisée comme **Hash** dans HMAC, l'instance HMAC alors construite est nommée HMAC-SHA-256. Plus généralement, on appelle HMAC-**Hash** une instance HMAC utilisant la fonction de hachage **Hash**. Cela signifie que si quelqu'un vous demande d'utiliser HMAC, vous devez toujours demander « Avec quelle fonction de hachage ? ».

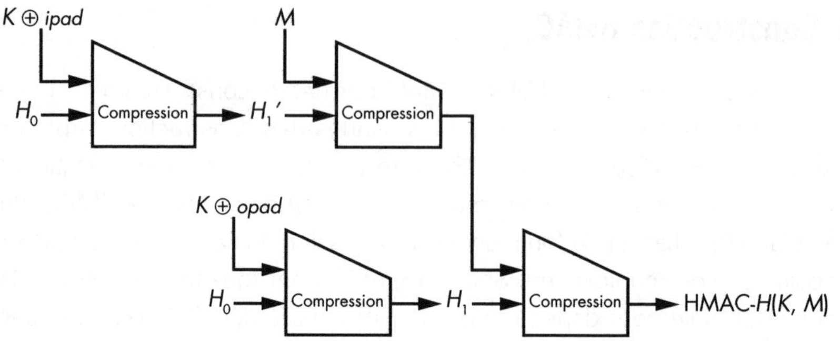

Figure 7-1 – La construction HMAC, avec une fonction de hachage basée sur une fonction de compression.

3.4 Attaque générique

Il existe une attaque qui fonctionne contre tous les MAC basés sur une fonction de hachage itérée. Rappelez-vous de l'attaque contre la construction à suffixe secret, où nous avons utilisé une collision pour la fonction de hachage afin d'obtenir une collision de MAC. On peut utiliser la même technique pour attaquer un MAC à préfixe secret ou HMAC, bien que l'attaque soit essentiellement théorique. Néanmoins, l'idée de l'attaque est assez générale et peut être utilisée contre d'autres schémas cryptographiques.

Considérons le MAC à préfixe secret **Hash**($K \| M$), comme illustré sur la figure 7-2. Si le *hash* est de n bits, vous pouvez trouver deux messages, M_1 et M_2, tels que **Hash**($K \| M_1$) = **Hash**($K \| M_2$), en utilisant environ $2^{n/2}$ *tags* MAC au système détenant la clé (en utilisant l'attaque des anniversaires du chapitre 6). Si la fonction de hachage se prête à une extension de longueur, comme SHA-256, on peut alors utiliser M_1 et M_2 pour falsifier des MAC en ajoutant les mêmes données, qu'on notera M_3, puis en demandant à l'oracle MAC la valeur de **Hash**($K \| M_1 \| M_3$), le MAC du message $M_1 \| M_3$. À cause de la collision, c'est aussi le MAC du message $M_2 \| M_3$, car l'état interne de la fonction hachage après avoir traité M_1 est le même qu'après avoir traité M_2. On a donc réussi à falsifier un MAC, ayant deviné un *tag* valide sans qu'il ait été révélé par le système légitime. L'effort $2^{n/2}$ devient infaisable en pratique lorsque n dépasse, disons, 128 bits.

Cette technique d'attaque fonctionne même si la fonction de hachage n'est pas vulnérable à l'extension de longueur, et elle fonctionnera également pour HMAC. En effet, il suffit d'une collision *interne* à la fonction de hachage, et pas nécessairement au hachage complet. Le coût de l'attaque dépend à la fois de la taille de la valeur de l'état interne (valeurs de chaînage) et de la longueur du MAC : si la valeur de chaînage du hachage est de 512 bits et que ses *tags* sont de 128 bits, alors un calcul de 2^{64} trouvera une collision MAC mais pas une collision dans l'état interne, puisque la recherche d'une telle collision nécessiterait environ $2^{512/2} = 2^{256}$ opérations.

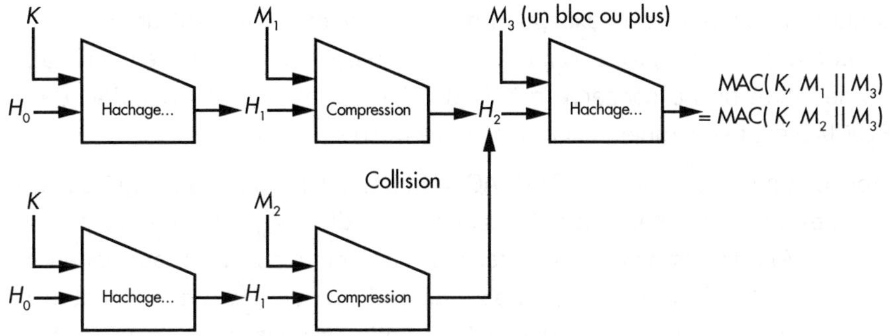

Figure 7-2 – Le principe de l'attaque générique contre les MAC basés sur une fonction de hachage itérée.

4. CONSTRUCTION DEPUIS UN *BLOCKCIPHER* : CMAC

Souvenez-vous que les fonctions de compression dans de nombreuses fonctions de hachage sont basées sur des *blockciphers*. Par exemple, la PRF HMAC-SHA-256 peut être vue comme une série de calculs de la fonction de compression de SHA-256, qui n'est elle-même qu'un algorithme *blockcipher* avec quelques additions en plus. On peut donc voir HMAC-SHA-256 comme la combinaison d'un blockcipher au sein d'une fonction de compression, elle-même répétée pour construire une fonction de hachage elle-même appelée deux fois à l'intérieur de la construction HMAC. On peut donc se demander pourquoi ne pas utiliser plus directement un *blockcipher* plutôt que de construire une telle structure en couches.

CMAC (qui signifie *cipher-based MAC*) est une telle construction : elle construit un MAC à partir d'un *blockcipher* tel qu'AES. Bien que moins populaire que HMAC, CMAC a été utilisé dans de nombreux systèmes, notamment le protocole IKE (Internet Key Exchange) de la suite IPSec. IKE génère des clés à l'aide d'une construction appelée AES-CMAC-PRF-128, soit CMAC basé sur AES avec une sortie de 128 bits. CMAC est spécifié dans le RFC 4493.

4.1 Casser CBC-MAC

CMAC a été conçu en 2005 comme une version améliorée du CBC-MAC, un MAC plus simple basé sur le chiffrement par blocs et dérivé du mode de fonctionnement du chiffrement par blocs CBC (voir « Modes opératoires » au chapitre 4).

La construction CBC-MAC, l'ancêtre de CMAC, est assez simple : pour calculer le *tag* CBC-MAC d'un message M, en utilisant un *blockcipher* **E**, il suffit de chiffrer M en mode CBC avec un IV (valeur initiale) entièrement à zéro, et oubliez tous les blocs de *ciphertext* à l'exception du tout dernier. Autrement dit, on calcule $C_1 = \mathbf{E}(K, M_1)$, $C_2 = \mathbf{E}(K, M_2 \oplus C_1)$, $C_3 = \mathbf{E}(K, M_3 \oplus C_2)$, et ainsi de suite pour chaque bloc de M, et on ne conserve que le dernier, qui est le *tag* CBC-MAC de M. CBC-MAC est très simple, mais aussi très simple à attaquer.

Pour comprendre pourquoi CBC-MAC n'est pas sûr, considérez le *tag* CBC-MAC d'un message d'un seul bloc M_1, alors $T_1 = \mathbf{E}(K, \mathrm{M}_1)$. De même, prenons $T_2 = \mathbf{E}(K, M_2)$, le *tag* d'un autre message d'un seul bloc, M_2. Étant donné ces deux paires (M_1, T_1) et (M_2, T_2), on peut en déduire que T_2 est également le *tag* du message à deux blocs $M_1 \| (M_2 \oplus T_1)$. En effet, si vous appliquez CBC-MAC à $M_1 \| (M_2 \oplus T_1)$, vous calculez $C_1 = \mathbf{E}(K, M_1) = T_1$, suivi de :

$$C_2 = \mathbf{E}(K, (M_2 \oplus T_1) \oplus T_1) = \mathbf{E}(K, M_2) = T_2$$

On peut donc créer une troisième paire message/*tag* à partir de deux paires message/*tag* sans connaître la clé. En d'autres termes, on peut falsifier des *tags* CBC-MAC, ce qui casse la sécurité de CBC-MAC.

4.2 Réparer CBC-MAC

La construction CMAC corrige les défauts de CBC-MAC en traitant le dernier bloc avec une clé différente de celle des blocs précédents. Pour ce faire, CMAC dérive deux clés, K_1 et K_2, de la clé principale K, tels que K, K_1, et K_2 soient distinctes. Dans CMAC, le dernier bloc est traité avec K_1 ou K_2, et les blocs précédents utilisent K.

Pour déterminer K_1 et K_2, CMAC calcule d'abord une valeur temporaire, $L = \mathbf{E}(0, K)$, où 0 est la clé du *blockcipher* et K joue le rôle du bloc de message. Ensuite, CMAC fixe la valeur de K_1 à $(L \ll 1)$ si le bit le plus significatif (MSB) de L est 0, et à $(L \ll 1) \oplus \text{0x87}$ si le MSB de L est 1. La valeur de K_2 est égale à $(K_1 \ll 1)$ si le MSB de K_1 est 0, et à $(K_1 \ll 1) \oplus \text{0x87}$ le cas échéant. Le nombre hexadécimal 0x87, soit 135, est soigneusement choisi pour ses propriétés mathématiques lorsque les blocs sont de 128 bits ; une valeur autre est nécessaire quand les blocs ne sont pas de 128 bits.

Étant donné K_1 et K_2, CMAC fonctionne comme CBC-MAC, à l'exception du dernier bloc. Si ce dernier bloc de message M_n fait exactement la taille d'un bloc, CMAC retourne $\mathbf{E}(K, M_n \oplus C_{n-1} \oplus K_1)$ comme *tag* MAC, tel qu'illustré sur la figure 7-3. Si M_n est plus court qu'un bloc entier, alors CMAC le remplit avec un bit 1 suivi de zéros, et retourne $\mathbf{E}(K, M_n \oplus \mathrm{C}_{n-1} \oplus K_2)$, comme sur la figure 7-4. Le premier cas utilise K_1 et le second K_2, et tous deux utilisent la clé principale K pour traiter les blocs de message à l'exception du dernier.

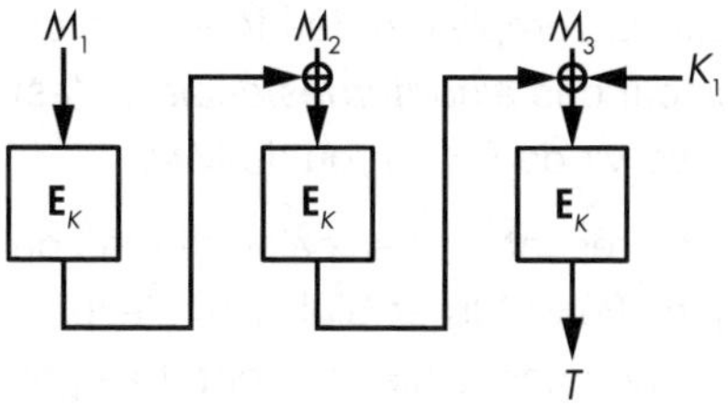

Figure 7-3 – La construction CMAC quand le message est une séquence de blocs entiers.

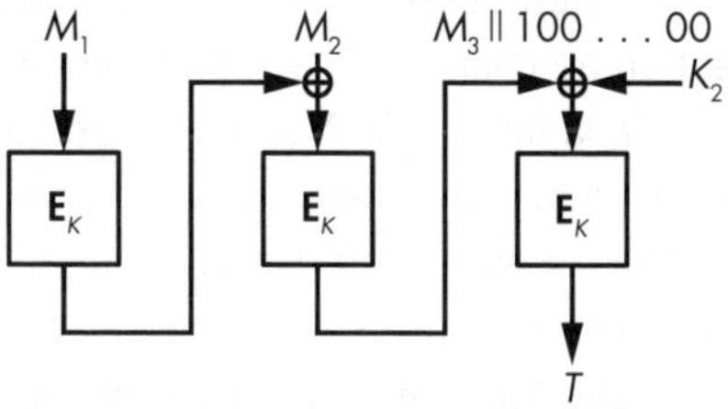

Figure 7-4 – La construction CMAC quand un *padding* est nécessaire au dernier bloc.

Notez que, contrairement au mode de chiffrement CBC, CMAC ne prend pas d'IV comme paramètre et est déterministe : CMAC renverra toujours la même valeur pour un message et une clé donnés, car CMAC n'utilise pas d'aléa — et c'est très bien ainsi car, contrairement au chiffrement, le calcul de MAC peut être sûr tout en étant déterministe, ce qui élimine le fardeau que représente le choix d'une valeur imprédictible (tel qu'un IV du mode CBC) ou unique (tel qu'un compteur du mode CTR).

5. CONSTRUCTIONS DÉDIÉES

Nous avons vu comment recycler les fonctions de hachage et les *blockciphers* pour construire des PRF et MAC dont la sécurité est garantie par leur algorithme sous-jacent, respectivement avec HMAC et CMAC. La réutilisation d'algorithmes existants est pratique, mais s'agit-il de l'approche la plus efficace ?

Intuitivement, les PRF et les MAC devraient nécessiter moins de « travail » que les fonctions de hachage sans clé pour être sûrs — leur utilisation d'une clé secrète empêche les attaquants de jouer avec l'algorithme « de l'intérieur », n'ayant pas la clé et ignorant donc les détails des opérations internes. En outre, les PRF et les MAC n'exposent qu'un simple *tag* aux attaquants, une unique valeur relativement courte, contrairement aux algorithmes de chiffrement qui retournent un *ciphertext* aussi long que le message. Les PRF et les MAC ne devraient donc pas avoir besoin de toute la complexité des fonctions de hachage ou des *block-ciphers*, ce qui est l'objectif des *algorithmes dédiés*, c'est-à-dire des algorithmes créés uniquement pour servir de PRF et/ou de MAC.

Les sections suivantes présentent deux algorithmes de ce type qui sont largement utilisés en pratique : Poly1305 et SipHash. J'expliquerai leurs principes de conception et les raisons pour lesquelles ils sont (très probablement) sûrs.

5.1 Poly1305

L'algorithme Poly1305, prononcé le plus souvent *poly-thirteen-o-five*, a été conçu en 2005 par Daniel J. Bernstein (le créateur de l'algorithme de chiffrement Salsa20 dont il est question au chapitre 5, et de sa variante ChaCha qui a inspiré les fonctions de hachage de la famille BLAKE, évoquées au chapitre 6). Poly1305 est optimisé pour être extrêmement rapide sur les processeurs modernes et, au moment où j'écris ces lignes, il est utilisé dans TLS (depuis la version 1.3), et par OpenSSH, parmi de nombreuses autres applications. Poly1305 repose sur des techniques datant des années 1970, à savoir les fonctions de hachage universel et la construction de Wegman–Carter.

◆ *Hachage universel*

Le MAC Poly1305 utilise une *fonction de hachage universel* (*universal hash function*) un type de fonction beaucoup plus faible qu'une fonction de hachage cryptographique, mais aussi beaucoup plus rapide. Les fonctions de hachage universel n'ont pas besoin d'être résistantes (aux collisions, par exemple). Cela signifie que moins d'opérations sont nécessaires pour atteindre les objectifs de sécurité, et donc que la fonction pourra être bien plus rapide à calculer.

Contrairement à une fonction de hachage cryptographique normale, et comme une PRF, une fonction de hachage universel est paramétrée par une clé secrète. Étant donné un message M et une clé K, on notera **UH**(K, M) le résultat d'une fonction de hachage universel (avec **UH** pour *universal hash*). Une telle fonction n'a qu'une seule exigence de sécurité : pour toute paire de deux messages quelconques M_1 et M_2, la probabilité d'avoir **UH**(K, M_1) = **UH**(K, M_2) doit être négligeable si la clé K est aléatoire. Contrairement à une PRF, une fonction de hachage universel n'a pas besoin d'être pseudo-aléatoire ; ce n'est pas un problème si l'on peut reconnaître ses valeurs comme différentes de valeurs purement aléatoires. Il ne doit simplement pas y avoir de paires (M_1, M_2) donnant le même *hash* pour un grand nombre de clés différentes. Comme il est plus facile de satisfaire ces exigences de sécurité, moins d'opérations sont nécessaires pour construire des fonctions de hachage universel.

Une fonction de hachage universel peut servir de MAC pour authentifier un message, à condition qu'un seul message soit traité avec une clé donnée.

Prenons par exemple le hachage universel utilisé dans Poly1305, appelé hachage par évaluation de polynôme (*polynomial-evaluation hash*). Ce type de hachage est paramétré par un nombre premier p, et prend comme entrée une clé composée de deux nombres R et K dans l'intervalle $[1, p]$, ainsi qu'un message M composé de n blocs $(M_1, M_2, \ldots, M_n)$. Le résultat du hachage est alors le suivant :

$$\mathbf{UH}(R, K, M) = \boldsymbol{R} + M_1\boldsymbol{K} + M_2K^2 + M_1K^3 + \ldots + M_nK^n \quad \bmod p$$

Le signe plus (+) indique l'addition d'entiers positifs, K^i est le nombre K élevé à la puissance i, et « mod p » indique la réduction modulo p du résultat (c'est-à-dire le reste de la division du résultat par p ; par exemple, 12 mod 10 = 2, 10 mod 10 = 0, 8 mod 10 = 8, et ainsi de suite). Pour en savoir plus sur la notion de hachage par évaluation de polynôme, reportez-vous à l'article fondateur de 1974 intitulé "Codes Which Detect Deception" de Gilbert, MacWilliams, et Sloane.

Comme nous voulons que le hachage soit aussi rapide que possible, les MAC basés sur le hachage universel fonctionnent souvent avec des blocs de messages de 128 bits et avec un nombre premier p légèrement supérieur à 2^{128}, par exemple $2^{128} + 51$. La largeur de 128 bits permet des implémentations très rapides en utilisant efficacement les opérations arithmétiques sur 32 et 64 bits des processeurs courants.

◆ Vulnérabilité intrinsèque

Les hachages universels ont une limitation : étant donné que le hachage universel n'est conçu que pour authentifier de manière sûre un seul message, un attaquant pourrait casser le MAC par évaluation polynomiale en obtenant les *tags* de seulement deux messages. Tout d'abord, le message tel que $M_1 = M_2 = \ldots = 0$, dont le *tag* sera $\mathbf{UH}(R, K, 0) = R$. Ensuite, le message tels que $M_1 = 1$ et $M_2 = M_3 = \ldots = 0$, dont le tag sera $R + K$. Ayant obtenu les valeurs de R, puis $R + K$, l'attaquant peut alors déterminer K et connaît donc les deux valeurs secrètes R et K, ce qui lui permet de construire des MAC valides pour n'importe quel message. Heureusement, il existe un moyen de traiter plusieurs messages sans être vulnérable à cette attaque.

◆ MAC Wegman–Carter

L'astuce permettant d'authentifier plusieurs messages à l'aide d'une fonction de hachage par évaluation de polynôme a été découverte grâce aux chercheurs d'IBM Wegman et Carter et à leur article de 1981 intitulé "New Hash Functions and Their Use in Authentication and Set Equality". La construction dite de Wegman–Carter forme un MAC à partir d'une fonction de hachage universel et d'une PRF, en utilisant deux clés, K_1 et K_2, et renvoie le résultat suivant :

$$\mathbf{MAC}(K_1, K_2, N, M) = \mathbf{UH}(K_1, M) + \mathbf{PRF}(K_2, N)$$

où N joue le rôle de *nonce* et doit donc être unique pour chaque clé K_2, et où la sortie de la PRF doit être aussi grande que celle de **UH**. En ajoutant les deux sorties de **UH** et **PRF**, la valeur pseudo-aléatoire de PRF masque la faiblesse cryptographique de **UH**. On peut voir cela comme le chiffrement du résultat du hachage universel, où la PRF agit comme un *streamcipher* et empêche l'attaque précédente, rendant alors possible l'authentification de plusieurs messages avec la même clé K_1.

Pour résumer, la construction de Wegman–Carter **UH**(K_1, M) + **PRF**(K_2, N) offre un MAC sûr sous les conditions suivantes :

✓ **UH** est une fonction de hachage universel sûre.

✓ **PRF** est une PRF sûre.

✓ Chaque *nonce* N n'est utilisé qu'une seule fois pour chaque clé K_2.

✓ Les valeurs de sortie de **UH** et **PRF** sont suffisamment longues pour garantir la sécurité attendue.

Voyons maintenant comment Poly1305 exploite la construction de Wegman–Carter pour construire un MAC sûr et rapide.

◆ Poly1305-AES

Poly1305 a été initialement proposé sous la forme de Poly1305-AES, combinant le hachage universel Poly1305 avec le *blockcipher* AES. Poly1305-AES est beaucoup plus rapide que les constructions HMAC, ou même que les instances de CMAC, puisqu'il ne calcule qu'un seul bloc d'AES et peut traiter le message en parallèle avec seulement une série d'opérations arithmétiques élémentaires.

Étant donné K_1, K_2, et N tous de 128 bits, ainsi qu'un message M, Poly1305-AES retourne le résultat suivant :

$$\mathbf{Poly1305}(K_1, M) + \mathbf{AES}(K_2, N) \qquad \text{mod } 2^{128}$$

La réduction modulo 2^{128} garantit que le résultat tient dans 128 bits. Le message M est vu comme une série de blocs de 128 bits (M_1, M_2,..., M_n), et un 129e bit est ajouté au bit le plus significatif de chaque bloc pour que tous les blocs aient une longueur d'exactement 129 bits. (Si le dernier bloc est inférieur à 16 octets, il est complété par un bit 1 suivi de zéros.). La fonction **Poly1305** calcule sa sortie en évaluant le polynôme suivant :

$$\mathbf{Poly1305}(K_1, M) = M_1 K_1^{n} + M_2\, K_1^{n-1} + \ldots + M_n K_1 \qquad \text{mod } 2^{130} - 5$$

Le résultat de cette expression est un entier d'une longueur maximale de 129 bits. Une fois ajouté à la valeur de 128 bits **AES**(K_2, N), le résultat est réduit modulo 2^{128} afin de retourner un *tag* de 128 bits.

Note : Le *blockcipher* AES n'est pas une PRF, mais une permutation pseudo-aléatoire (PRP). Cela n'a cependant pas beaucoup d'importance ici, car la construction de Wegman–Carter fonctionne aussi bien avec une PRP qu'avec une PRF. En effet, il est difficile de distinguer une PRF d'une PRP en observant seulement leurs valeurs de sortie (si celles-ci sont de même taille).

L'analyse de sécurité de Poly1305-AES (voir "The Poly1305-AES message-authentication code" sur https://cr.yp.to/mac/poly1305-20050329.pdf) démontre que Poly1305-AES offre une sécurité de 128 bits tant qu'AES est sûr et, évidemment, tant que tout est mis en œuvre correctement comme pour tout algorithme cryptographique.

Le hachage universel Poly1305 peut être combiné avec d'autres algorithmes qu'AES. Par exemple, Poly1305 est souvent utilisé avec le *streamcipher* ChaCha (voir par exemple le RFC 7539, "ChaCha20 and Poly1305 for IETF Protocols"). Cette combinaison, dite « ChaChaPoly » est notamment un des algorithmes utilisés par TLS 1.3 pour protéger les données applicatives transmises.

5.2 SipHash

Bien que Poly1305 soit rapide et sûr, il présente plusieurs inconvénients. Tout d'abord, ses calculs arithmétiques pour évaluer le polynôme sont parfois difficiles à implémenter de façon optimale, en particulier lorsqu'on n'est pas très familier avec les notions mathématiques associées (voir par exemple les implémentations optimisées sur https://github.com/floodyberry/poly1305 donna). Ensuite, Poly1305 seul n'est sûr que pour un seul message ; sinon, il faut utiliser la construction de Wegman–Carter. Mais dans ce cas, on a besoin d'un *nonce* et, si le *nonce* est répété, l'algorithme n'est plus sûr. Enfin, Poly1305 est optimisé pour les longs messages, mais il est n'est pas idéal si vous ne traitez que de petits messages (disons, moins de 128 octets). Dans ce cas, SipHash est la solution.

J'ai conçu SipHash en 2012 avec Daniel J. Bernstein, initialement dans le but de résoudre un problème non cryptographique : les attaques par déni de service contre les tables de hachage. Celles-ci sont des structures de données utilisées pour stocker et indexer efficacement des objets dans de nombreux systèmes et langages de programmation. Avant l'avènement de SipHash, les tables de hachage utilisaient des fonctions de hachage (à clé) non cryptographiques, pour lesquelles les collisions étaient souvent faciles à trouver et exploitables pour causer des dénis de service sur des systèmes distants (un grand nombre de collisions ralentissant drastiquement les performances des tables de hachage). Nous avons déterminé qu'une PRF permettrait de résoudre ce problème, et avons donc entrepris de concevoir SipHash, une PRF adaptée aux tables de hachage. Comme ces structures de données traitent principalement des entrées courtes, SipHash est optimisé pour les messages courts. Cependant, SipHash peut être utilisé pour d'autres applications que les tables de hachage ; il s'agit d'une PRF (et donc d'un MAC) à part entière, qui est particulièrement appropriée lorsqu'on traite beaucoup de messages courts.

◆ *Fonctionnement de SipHash*

SipHash se base sur la construction *sponge* (vue au chapitre 6), enrichie d'une astuce le rendant encore plus sûr que les fonctions *sponge* génériques : au lieu de XORer les blocs de message une seule fois avant la permutation, SipHash les XOR avant *et après* la permutation, comme le montre la figure 7-5. La clé de 128 bits de SipHash est vue comme deux mots de 64 bits chacun, K_1 et K_2, intégré via un XOR à l'état initial de 256 bits, soit quatre mots de 64 bits. Ensuite, les clés sont oubliées et le calcul de SipHash se résume à la répétition d'une fonction appelée SipRound, avec l'intégration de blocs de message par XOR pour modifier l'état interne de quatre mots. Enfin, SipHash renvoie un *tag* de 64 bits en combinant les quatre mots de l'état par un XOR.

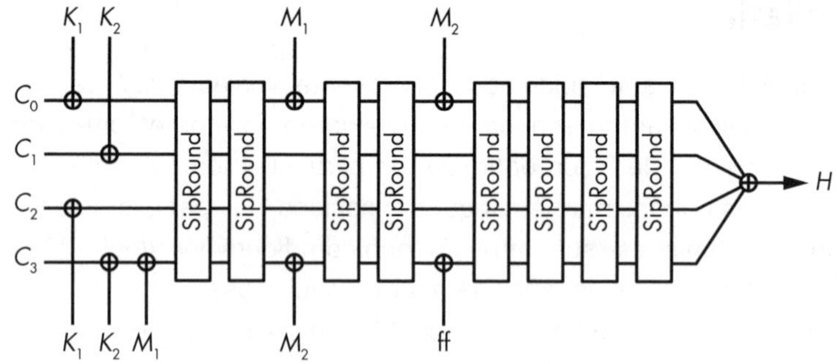

Figure 7-5 – SipHash-2.4 traitant un message de 15 octets (un bloc M_1 de 8 octets, un second bloc M_2 de 7 octets de message plus 1 octet de *padding*).

La fonction SipRound transforme un état de quatre mots de 64 bits avec une combinaison de XOR, d'addition d'entiers, et de rotation de mots de 64 bits. SipRound effectue les opérations suivantes, de haut en bas (les opérations à gauche et à droite sont indépendantes et peuvent être effectuées en parallèle) :

$a \mathrel{+}= b$	$c \mathrel{+}= d$
$b \lll= 13$	$d \lll= 16$
$b \oplus= a$	$d \oplus= c$
$a \lll= 32$	
$c \mathrel{+}= b$	$a \mathrel{+}= d$

$$b <<<= 17 \qquad d <<<= 21$$
$$b \oplus= c \qquad d \oplus= a$$
$$c <<<= 32$$

Ici, $a += b$ est une notation abrégée de $a = a + b$, et $b <<< = 13$ est un raccourci de $b = b <<< 13$ (le mot de 64 bits b après une rotation de 13 bits vers la gauche). Ces opérations simples sur des mots de 64 bits sont quasiment la seule chose à implémenter pour calculer SipHash, bien que vous n'ayez probablement pas à le faire vous-même. En effet, de nombreuses implémentations *open-source* sont disponibles pour la plupart des langages, notamment C, Go, Java, JavaScript, Python ou Rust.

> **Note** : On note SipHash-*x*-*y* la version SipHash qui effectue *x* SipRounds entre chaque injection de bloc de message, puis *y* *rounds* de finalisation. Plus de *rounds* nécessitent plus d'opérations, ce qui ralentit le calcul, mais augmente également la robustesse contre la cryptanalyse. La version par défaut est SipHash-2-4 (simplement appelée SipHash), et elle a jusqu'à présent résisté à toute attaque cryptanalytique. Cependant, on peut être plus prudent et opter pour (par exemple) SipHash-4-8, qui fait deux fois plus de *rounds* et est donc deux fois plus lent. Notez que nous avons également défini SipHash128, une version de SipHash produisant des *tags* de 128 bits.

De nombreux systèmes utilisent SipHash en interne, par exemple, le langage Rust, le système d'exploitation OpenBSD, et la blockchain Bitcoin. SipHash est également utilisé dans le noyau Linux, qui utilise aussi HalfSipHash, "SipHash's insecure young cousin", une version plus petite avec une clé de 64 bits et une sortie de 32 bits (voir https://docs.kernel.org/security/siphash.html).

6. EXEMPLES DE PROBLÈMES

Au même titre que les algorithmes de chiffrement et les fonctions de hachage sans clé, les MAC et PRF qui sont sûrs sur le papier peuvent être vulnérables à des attaques lorsqu'ils sont utilisés dans un environnement réel, implémentés dans un langage de programmation, et faisant face à de vrais attaquants. Prenons deux exemples.

6.1 Attaque sur le temps de vérification d'un MAC

Les attaques *side-channel* (ou par canal auxiliaire) ciblent l'implémentation d'un algorithme cryptographique plutôt que l'algorithme lui-même. En particulier, les *timing attacks* (attaques par mesure de temps) utilisent le temps d'exécution d'un algorithme pour en extraire de l'information sur les données secrètes, telles que les clés, le *plaintext*, ou d'autres valeurs secrètes. Comme vous pouvez l'imaginer, la comparaison de deux valeurs en temps variable peut induire des vulnérabilités, non seulement dans la vérification de MAC, mais aussi dans d'autres fonctionnalités cryptographiques et de sécurité.

Un MAC peut être vulnérable aux *timing attacks* lorsqu'un système vérifie les *tags* dans un laps de temps qui dépend de la valeur correcte du *tag*, ce qui permet à un attaquant de deviner cette dernière en essayant de nombreux *tags* incorrects, jusqu'à identifier celui qui prend le plus de temps à satisfaire la vérification complète. Le problème survient par exemple lorsqu'un serveur compare le *tag* correct avec celui reçu en comparant les deux chaînes, octet par octet, jusqu'à ce que deux octets diffèrent. Par exemple, le code Python du listing 7-1 fonctionne de cette manière : si les premiers octets diffèrent, la fonction retournera après une seule comparaison ; si les chaînes `x` et `y` sont identiques, alors la fonction effectuera `n` comparaisons (le nombre d'octets dans `x` et `y`).

Listing 7-1 – Comparaison de deux chaînes de *n* octets, en temps variable.

```
def compare_mac(x, y, n):
    if len(x) != len(y):
        return False
    if len(x) != n:
        return False
    for i in range(n):
        if x[i] != y[i]:
            return False
    return True
```

Pour démontrer la vulnérabilité de la fonction `compare_mac()` du listing 7-1 écrivons un programme qui mesure le temps d'exécution de 100000 appels à `compare_mac()`, d'abord avec des valeurs `x` et `y` identiques de 10 octets, puis avec des valeurs `x` et `y` qui diffèrent par leur troisième octet. Nous devrions nous attendre à ce que cette seconde comparaison prenne nettement moins de temps que la première, car `compare_mac()` comparera moins d'octets que les valeurs `x` et `y` identiques, comme le montre le listing 7-2.

Listing 7-2 – Mesure des différences de temps d'exécution de `compare_mac()` du listing 7-1.

```
from time import time
MAC1 = '0123456789abcdef'
MAC2 = '01X3456789abcdef'
TRIALS = 100000
```

```
def compare_mac(x, y, n):
    if len(x) != len(y):
        return False
    if len(x) != n:
        return False
    for i in range(n):
        if x[i] != y[i]:
            return False
    return True

# chaque appel à compare_mac() observe tous les 8 octets
start = time()
for i in range(TRIALS):
    compare_mac(MAC1, MAC1, len(MAC1))
end = time()
print("%0.5f" % (end-start))

# chaque appel à compare_mac() observe 3 octets
start = time()
for i in range(TRIALS):
    compare_mac(MAC1, MAC2, len(MAC1))
end = time()
print("%0.5f" % (end-start))
```

Sur un Macbook Air avec un processeur ARM M2, l'exécution du programme du listing 7-2 affiche des temps d'exécution d'environ 51 et 21 millisecondes, respectivement. Cette différence est suffisamment importante pour vous permettre d'identifier ce qui se passe dans l'algorithme. Si la différence entre les deux chaînes est à une autre position que le troisième caractère, alors on observera des temps d'exécution différents pour des positions différentes. Si `MAC1` est le *tag* correct et que `MAC2` est celle transmise par l'attaquant, ce dernier pourra facilement identifier la position de la première différence, qui est le nombre d'octets correctement devinés.

Bien entendu, si le temps d'exécution ne dépend pas d'une valeur secrète, les *timing attacks* n'ont aucun intérêt. C'est pourquoi les auteurs de code cryptographique s'efforcent d'utiliser des implémentations à temps constant, c'est-à-dire qui prend exactement le même temps pour n'importe quelle valeur, lorsqu'une information secrète est impliquée. Par exemple, la fonction C de la liste 7-3 compare deux chaînes d'octets en temps constant : la variable temporaire `result` sera non nulle si, et seulement si, les deux valeurs sont distinctes.

Listing 7-3 – Comparaison de deux chaînes d'octets en temps constant, en langage C, pour comparer des *tags* MAC de façon sûre.

```
int cmp_const(const void *a, const void *b, const size_t size)
{
    const unsigned char *_a = (const unsigned char *) a;
    const unsigned char *_b = (const unsigned char *) b;
    unsigned char result = 0;
    size_t i;
    for (i = 0; i < size; i++) {
        result |= _a[i] ^ _b[i];
    }
    /* retourne 0 si *a et *b sont égaux, et sinon une valeur non nulle */
            return result;
}
```

6.2 Fuites dans les éponges

Les algorithmes basés sur des permutations comme SHA-3 et SipHash sont simples et faciles à implémenter, avec relativement peu de code, mais ils sont fragiles face à des attaques *side-channel* qui obtiennent un extrait de la mémoire du système. Par exemple, si un processus peut lire la RAM et les valeurs des registres à un temps donné, ou lire un *core dump* de la mémoire, un attaquant peut déterminer l'état interne de SHA-3 en mode MAC, ou l'état interne de SipHash, puis calculer l'inverse de la permutation pour récupérer l'état initial secret. Une telle attaque pourrait alors falsifier des *tags* de n'importe quel message, cassant ainsi la sécurité du MAC.

Heureusement, cette attaque ne fonctionnera pas contre les MAC basés sur une fonction de compression tels que HMAC-SHA-256 et BLAKE3 à clé, car l'attaquant aurait besoin de capturer la mémoire au moment exact où la clé est utilisée. En résumé, si vous êtes dans un environnement où des parties de la mémoire d'un processus peuvent fuiter, il peut être plus raisonnable d'utiliser un MAC basé sur une fonction de compression, qui sera non inversible, plutôt que sur une permutation.

7. POUR ALLER PLUS LOIN

Le vénérable HMAC mérite plus d'attention que je n'en ai la place ici, et encore davantage pour le cheminement qui a conduit à son adoption à grande échelle, puis finalement à sa fragilité lorsqu'il est associé à une fonction de hachage faible. Je recommande l'article de 1996 intitulé "Keying Hash Functions for Message Authentication" de Bellare, Canetti, et Krawczyk, qui a présenté HMAC et son cousin NMAC, ainsi que l'article de Bellare ayant suivi en 2006, intitulé "New

Proofs for NMAC and HMAC: Security without Collision-Resistance", qui prouve que HMAC n'a pas besoin d'une fonction de hachage résistante aux collisions, mais seulement d'une construction avec une fonction de compression qui est une PRF. Sur le plan offensif, l'article de 2007 intitulé "Full Key-Recovery Attacks on HMAC/NMAC-MD4 and NMAC-MD5", par Fouque, Leurent, et Nguyen, montre comment attaquer HMAC et NMAC lorsqu'ils sont construits sur une fonction de hachage fragile telle que MD4 ou MD5. D'ailleurs, HMAC-MD5 et HMAC-SHA-1 ne sont pas totalement cassés, mais le risque est relativement élevé.

Les MAC de type Wegman–Carter méritent également plus d'attention, autant pour leur intérêt pratique que pour la théorie sous-jacente. Les articles fondamentaux de Wegman et Carter sont disponibles à l'adresse https://cr.yp.to/bib/entries.html. Parmi les autres conceptions de pointe, citons UMAC et VMAC, qui comptent parmi les MAC les plus rapides pour les messages longs.

Un type de MAC qui n'est pas abordé dans ce chapitre est *Pelican*, qui utilise le *blockcipher* AES réduit à quatre tours (au lieu de 10 dans sa version originale) pour authentifier des messages avec une construction minimaliste, comme décrit dans l'article disponible ici : https://eprint.iacr.org/2005/088. Cependant, Pelican est davantage une curiosité et est rarement utilisé en pratique.

Enfin, si vous recherchez des vulnérabilités dans les logiciels cryptographiques, identifiez les utilisations de CBC-MAC, ou les erreurs d'implémentation de HMAC quand il reçoit des clés de taille arbitraire, en prenant **Hash**(*K*) comme clé plutôt que *K* si *K* est trop long, ce qui fait de *K* et **Hash**(*K*) des clés équivalentes. Vous pourrez également rechercher des systèmes qui n'utilisent pas de MAC alors qu'ils le devraient, ce qui est assez fréquent.

Au chapitre 8, nous verrons comment combiner MAC et chiffrement pour protéger l'authenticité, l'intégrité et la confidentialité d'un message. Nous verrons également comment le faire sans MAC, grâce au chiffrement authentifié qui combine la fonctionnalité d'un algorithme de chiffrement avec celle d'un MAC en calculant un *tag* avec chaque *ciphertext*.

8 Le chiffrement authentifié

Ce chapitre traite d'un type d'algorithmes qui protège non seulement la confidentialité d'un message, mais aussi son authenticité. Rappelez-vous au chapitre 7 que les codes d'authentification de messages (MAC) sont des algorithmes qui protègent l'authenticité et l'intégrité d'un message en créant un *tag*, qu'on peut voir comme une sorte de signature. Comme les MAC, les schémas de chiffrement authentifié (*authenticated encryption*, AE) que nous allons étudier dans ce chapitre produisent un *tag* d'authentification, mais ils chiffrent également le message. Grâce au chiffrement authentifié, un seul algorithme peut remplir les fonctions d'un chiffrement normal et d'un MAC.

La combinaison d'un algorithme de chiffrement et d'un MAC permet d'atteindre différents niveaux de sécurité, comme nous allons le voir dans ce chapitre. Je passerai en revue plusieurs façons de combiner un MAC avec un algorithme de chiffrement classique, j'expliquerai quelles sont les méthodes les plus sûres, et je présenterai les algorithmes qui produisent directement un *ciphertext* et un *tag* d'authentification. Nous examinerons ensuite quatre algorithmes importants : trois basés sur un *blockcipher*, notamment le populaire AES et son *Galois Counter Mode* (AES-GCM) et, enfin, un schéma qui n'utilise qu'un algorithme de permutation.

1. CHIFFREMENT AUTHENTIFIÉ AVEC UN MAC

Comme le montre la figure 8-1, un MAC et un algorithme de chiffrement peuvent être combinés de trois manières différentes pour chiffrer et authentifier un *plaintext* : chiffrement-et-MAC, MAC-puis-chiffrement, et chiffrement-puis-MAC (respectivement, *encrypt-and-MAC*, *MAC-then-encrypt*, et *encrypt-then-MAC*).

Les trois combinaisons diffèrent par l'ordre dans lequel le chiffrement est appliqué et le *tag* d'authentification est généré. Toutefois, le choix spécifique d'un

MAC ou d'un algorithme de chiffrement n'a pas d'importance tant qu'ils sont sûrs et utilisent des clés distinctes.

Comme le montre la figure 8-1, dans la composition chiffrement-et-MAC le *plaintext* et le *tag* d'authentification sont tous deux directement produits à partir du *plaintext*, de sorte que les deux opérations sont indépendantes l'une de l'autre et peuvent donc être calculées en parallèle. Avec MAC-puis-chiffrement, le *tag* est d'abord généré à partir du *plaintext*, puis ces derniers sont tous les deux chiffrés, par exemple en chiffrant la chaîne contenant le *plaintext* suivi du *tag*. En revanche, avec l'approche chiffrement-puis-MAC, le *plaintext* est d'abord chiffré, puis le *tag* est calculé sur le *ciphertext*. Voyons quelle méthode est la plus sûre.

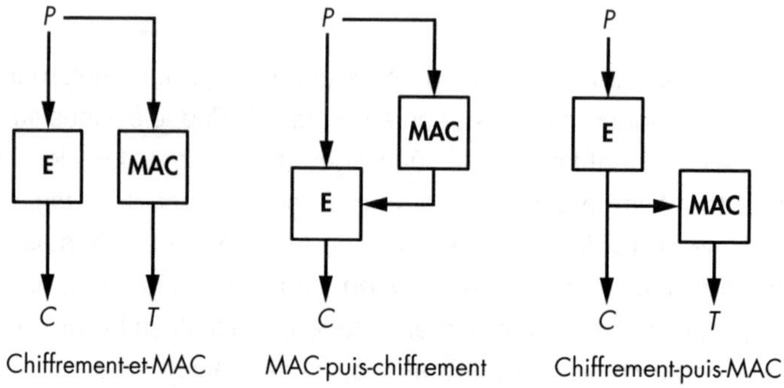

Figure 8-1 – Combinaisons de chiffrement et MAC.

1.1 Chiffrement-et-MAC

L'approche *encrypt-and-MAC* calcule séparément un *ciphertext* et un *tag* MAC. Étant donné un *plaintext* P, on calcule un *ciphertext* $C = \mathbf{E}(K_1, P)$, où **E** est un algorithme de chiffrement. Le *tag* d'authentification (T) est calculé à partir du *plaintext* comme $T = \mathbf{MAC}(K_2, P)$. On peut donc calculer C et T en parallèle.

Une fois le texte chiffré et le *tag* calculé, l'expéditeur les transmet tous deux au destinataire. Lorsque celui-ci reçoit C et T, il déchiffre C pour obtenir le *plaintext* P en calculant $P = \mathbf{D}(K_1, C)$. Ensuite, il calcule $\mathbf{MAC}(K_2, P)$ en utilisant le *plaintext* obtenu et compare le résultat au T reçu. Si C ou T a été modifié cette vérification échouera, et le message sera considéré comme invalide et rejeté.

En théorie, chiffrement-et-MAC est la composition de MAC et de chiffrement la moins sûre. En effet, même un MAC sûr pourrait révéler des informations sur P, compromettant alors sa confidentialité. L'objectif de sécurité d'un MAC est simplement de rendre les *tags* infalsifiables, et pas de dissimuler toute information sur le message authentifié. Un *tag* peut donc en principe laisser filtrer des informations même si le MAC est sûr en théorie ! Néanmoins, si le MAC est une fonction pseudo-aléatoire (PRF), comme de nombreux MAC, alors le *tag* ne divulguera aucune information sur *P*.

Malgré sa faiblesse relative, cette approche a longtemps été utilisée dans de nombreux systèmes, tel que le célèbre protocole de communication sécurisée SSH, dans lequel chaque paquet chiffré *C* est suivi du *tag* $T = \mathbf{MAC}(K, N \| P)$, où *N* est un numéro de séquence de 32 bits qui est incrémenté pour chaque paquet envoyé, afin de garantir que les paquets reçus soient traités dans le bon ordre. En pratique, cette approche est sûre pour SSH, grâce à l'utilisation d'algorithmes MAC qui sont aussi des PRF, tels que HMAC-SHA-256, qui ne divulguent pas d'information sur *P*. Pour voir la liste des MAC supportés par le logiciel OpenSSH, on pourra entrer la commande suivante :

```
$ ssh -Q mac
```

1.2 MAC-puis-chiffrement

La composition *MAC-then-encrypt* protège un message *P* en calculant d'abord le *tag* $T = \mathbf{MAC}(K_2, P)$, puis le *ciphertext* en chiffrant *P* et *T* ensemble, par exemple pour obtenir $C = \mathbf{E}(K_1, P \| T)$.

L'expéditeur n'a alors qu'à transmettre *C*, qui contient à la fois le *plaintext* et le *tag*. Le destinataire déchiffrera *C* et calculera $P \| T = \mathbf{D}(K_1, C)$, puis vérifiera la validité du *T* reçu en recalculant $\mathbf{MAC}(K_2, P)$ et le comparant à *T*. Si les valeurs sont différentes, alors le message est rejeté.

Comme dans le cas de chiffrement-et-MAC, le destinataire doit encore déchiffrer *C* avant de pouvoir déterminer s'il reçoit des messages invalides à l'intégrité corrompue. Ce déchiffrement a un coût en termes de calcul et expose également au destinataire le *plaintext* invalide, ce qui en principe n'est pas absolument nécessaire.

Néanmoins, l'approche MAC-puis-chiffrement est plus sûre que chiffrement-et-MAC, car il cache le *tag* d'authentification, l'empêchant de divulguer des informations sur le *plaintext*.

MAC-puis-chiffrement a été utilisé dans le protocole TLS pendant des années, mais TLS 1.3 l'a remplacé par des algorithmes de chiffrement authentifiés (voir le chapitre 13 pour plus d'informations sur TLS 1.3).

1.3 Chiffrement-puis-MAC

La composition *encrypt-then-MAC* renvoie deux valeurs au destinataire : $C = \mathbf{E}(K_1, P)$ et un *tag* calculé sur ce *ciphertext*, $T = \mathbf{MAC}(K_2, C)$. Le destinataire recalcule le *tag* $\mathbf{MAC}(K_2, C)$ et vérifie qu'il est identique au *T* reçu. Si c'est le cas, alors le *plaintext* est calculé comme $P = \mathbf{D}(K_1, C)$, le cas échéant le *ciphertext* est rejeté et n'est pas déchiffré.

L'un des avantages de cette méthode est que le destinataire n'a qu'à calculer un MAC pour détecter les messages corrompus, sans avoir besoin de déchiffrer. Un autre avantage réside dans le fait que les attaquants ne peuvent pas envoyer des paires de *C* et *T* au destinataire pour les forcer à déchiffrer — à moins qu'ils n'aient cassé le MAC, ce qui rend plus difficile la transmission de données malveillantes.

Ces propriétés rendent chiffrement-puis-MAC plus fiable que les approches précédentes. C'est l'une des raisons pour lesquelles la suite de protocoles IPSec l'utilise pour protéger les paquets (par exemple, dans des tunnels VPN).

Mais alors pourquoi SSH et TLS n'ont pas choisi chiffrement-puis-MAC ? La réponse est simple : lorsque SSH et TLS ont été créés, les autres approches semblaient adéquates, non pas parce que des limitations théoriques n'existaient pas mais parce que des propriétés indésirables ne se transforment pas nécessairement en vulnérabilités réelles.

2. ALGORITHMES DE CHIFFREMENT AUTHENTIFIÉ

Les *algorithmes de chiffrement authentifié* sont une alternative aux combinaisons de chiffrement et de MAC. Ils sont semblables aux schémas de chiffrements normaux, mais ils renvoient un *tag* d'authentification en plus du *ciphertext*.

On notera le chiffrement authentifié **AE**(*K*, *P*) = (*C*, *T*). Le terme **AE** signifie *authenticated encryption* (chiffrement authentifié). Comme cette équation l'indique, à partir d'une clé *K* et d'un *plaintext P* et renvoie un texte chiffré *C* et un *tag T*. En d'autres termes, un seul algorithme de chiffrement authentifié rempli les rôles de chiffrement et de MAC, ce qui est plus simple, plus rapide et souvent plus sûr.

Le déchiffrement sera alors noté **AD**(*K*, *C*, *T*) = *P*, avec **AD** pour *authenticated decryption* (déchiffrement authentifié), qui renvoie un *plaintext P* à partir d'un *ciphertext C*, d'une clé *K* et d'un *tag T*. Si le *tag T* n'est pas vérifié comme valide, alors **AD** renvoie une erreur et ne renvoie pas de *plaintext*. Par conséquent, si **AD** renvoie un *plaintext*, vous pouvez être sûr qu'il a été chiffré par quelqu'un ou quelque chose qui connaît la clé secrète et que le message n'a pas été modifié après avoir été transmis.

Les exigences de sécurité d'un chiffrement authentifié sont simples : son authentification doit être aussi forte que celle d'un MAC, ce qui signifie qu'il doit être impossible de falsifier une paire *ciphertext* et *tag* (*C*, *T*) que la fonction de déchiffrement **AD** acceptera.

Concernant la confidentialité, un chiffrement authentifié est fondamentalement plus fort qu'un chiffrement de base car les systèmes détenant la clé secrète ne déchiffreront un *ciphertext* que si le *tag* est valide. Sinon, le *plaintext* sera rejeté.

Cette caractéristique empêche les attaquants d'effectuer des requêtes à *ciphertext* choisi et réduit donc la capacité d'un attaquant à extraire de l'information de paires (*plaintext, ciphertext*) où les *ciphertexts* sont choisis, contrairement au modèle IND-CCA qui s'applique au chiffrement non authentifié.

2.1 Chiffrement authentifié avec données associées

Le chiffrement authentifié avec *données associées* (*authenticated encryption with associated data*, AEAD) permet d'authentifier des données qui ne sont pas chiffrées, comme le fait un MAC. De telles données associées sont traitées par l'algorithme de chiffrement authentifié de telle sorte qu'elles sont couvertes par le mécanisme d'authentification (et donc le *tag*), et transmises en clair mais non pas chiffrées.

Par exemple, si un système de chiffrement traite un paquet réseau composé d'un en-tête suivi d'un *payload*, on pourra chiffrer la *payload* pour que les données transmises restent secrètes. Mais l'en-tête devra être en clair car il contient des informations nécessaires à la transmission du paquet à son destinataire final. Grâce à l'AEAD, on pourra traiter le paquet avec un seul algorithme de façon que l'en-tête soit authentifié (mais pas chiffré) et que le *payload* soit chiffré et authentifié, avec un seul *tag* couvrant ces deux parties du message.

Pour atteindre ces objectifs, les cryptographes ont créé la notion de chiffrement authentifié avec données associées, ou AEAD. Un algorithme AEAD permet d'associer des données en clair à un *plaintext* de telle sorte que si les données en clair sont corrompues, le *tag* d'authentification ne sera pas validé et le déchiffrement du *ciphertext* échouera. Ces données en clair doivent être encodées et sérialisées de façon non ambiguë : le destinataire doit pouvoir déterminer si l'encodage et correct, et quelles sont les valeurs transmises (par exemple, une suite de nombres entiers).

On notera une opération AEAD comme **AEAD**(K, P, A) = (C, A, T). Étant donné une clé K, un *plaintext* P et des données associées A, **AEAD** renvoie le *ciphertext* C de P, les données associées non chiffrées A, et un *tag* d'authentification T. Le *tag* d'authentification dépend à la fois de P et de A, et ne sera vérifié comme valide que si ni C ni A n'ont été modifiés.

Comme le *tag* dépend de A, le déchiffrement a besoin des données associées, et sera noté **ADAD**(K, C, A, T) = (P, A), pour *authenticated decryption with associated data*. Le déchiffrement nécessite la clé, le *ciphertext*, les données associées, et le *tag* afin de calculer le *plaintext* P, et il échouera si C ou A a été corrompu.

Il est à noter que, lors de l'utilisation de l'AEAD, vous pouvez laisser A ou bien P vide. Si les données associées A sont vides, AEAD devient un chiffrement authentifié normal ; si P est vide, il s'agit simplement d'un MAC.

Note : Au moment où j'écris ces lignes, l'AEAD est la norme actuelle en matière de chiffrement authentifié. Étant donné que presque tous les chiffrements authentifiés utilisés aujourd'hui prennent en charge les données associées, lorsqu'il est fait référence aux chiffrements authentifiés dans cet ouvrage, je me réfèrerai à l'AEAD, sauf indication contraire. Lorsque je parlerai des opérations de chiffrement et de déchiffrement de l'AEAD, je les désignerai respectivement par **AE** et **AD**, pour raccourcir les notations.

2.2 Des *nonces* pour rendre imprédictible

Rappelons qu'un schéma de chiffrement doit être imprédictible pour être sûr, et renvoyer des cryptogrammes différents lorsqu'il est appelé plusieurs fois pour chiffrer le même *plaintext* — faute de quoi un attaquant peut déterminer si le même *plaintext* a été chiffré plusieurs fois. Pour être imprédictibles, les algorithmes de chiffrement prennent un paramètre supplémentaire : la valeur initiale IV (*initial value*), ou le *nonce*, une valeur qui ne peut être utilisée qu'une seule fois (*number used only once*). Le chiffrement authentifié utilise la même astuce, et peut être exprimé comme **AE**(K, P, A, N), où N est un *nonce*. Il appartient à l'opération de chiffrement de choisir un *nonce* qui n'a jamais été utilisé auparavant avec la même clé.

Comme pour les chiffrements par bloc et par flux, le déchiffrement avec un chiffrement authentifié nécessite le *nonce* utilisé pour le chiffrement afin de pouvoir recalculer le *plaintext*. On notera donc le déchiffrement avec un *nonce* **AD**(K, C, A, T, N) = (P, A), où N est le *nonce* qui a été utilisé pour créer C et T.

2.3 Qu'est-ce qu'un bon chiffrement authentifié ?

Depuis le début des années 2000, les cryptographes se sont efforcés de définir ce qu'est un bon algorithme de chiffrement authentifié, et il n'existe pas toujours une réponse claire. En effet, en raison des différentes valeurs traitées par un AEAD et leurs différents rôles, il est plus difficile de définir la sécurité du chiffrement authentifié que du chiffrement simple. Néanmoins, la section suivante résume les critères les plus importants à prendre en compte lors de l'évaluation d'un AEAD : la sécurité, les performances, et les fonctionnalités.

2.4 Critères de sécurité

Les critères les plus importants pour mesurer la fiabilité d'un chiffrement authentifié sont sa capacité à protéger la confidentialité des données (c'est-à-dire le secret du *plaintext*) ainsi que leur authenticité et intégrité (de la même façon qu'un MAC détecte les messages corrompus). Un chiffrement authentifié doit être fiable dans les deux domaines. Sa confidentialité doit être aussi forte que celle du meilleur chiffrement, et son authenticité aussi forte que celle du meilleur MAC. En d'autres termes, si l'on supprime la partie authentification d'un AEAD, on devrait obtenir un chiffrement sûr, et si l'on supprime la partie chiffrement, on devrait obtenir un MAC sûr.

Une autre mesure de la robustesse d'un chiffrement authentifié est peu plus subtile, à savoir sa sécurité face à des *nonces* répétés. Par exemple, si un *nonce* est réutilisé, un attaquant peut-il décrypter les *ciphertexts* ou apprendre la différence entre leurs *plaintexts* sous-jacents ?

On désigne cette notion de robustesse par la *misuse-resistance*, un terme plus généralement employé pour évaluer la fragilité d'un algorithme cryptographique lorsqu'il n'est pas utilisé conformément aux conditions prescrites par ses concepteurs. Les cryptographes ont alors conçu des algorithmes de chiffrement authentifiés conservant en majeure partie leur sécurité dans le cas d'un *nonce* répété. Le niveau de *misuse resistance* est désormais un critère de sécurité majeur dans l'évaluation de la sécurité de nouveaux algorithmes.

2.5 Critères de performance

Comme pour la plupart des algorithmes cryptographiques, la vitesse d'un chiffrement authentifié peut être mesurée en termes de débit (*throughput*) par le nombre de bits traités par seconde, ou toute autre unité de donnée par unité de temps. Cette vitesse dépend du nombre d'opérations effectuées par l'algorithme de chiffrement, et notamment du coût de la fonctionnalité d'authentification par rapport aux opérations purement liées au chiffrement (dans le cas où les deux fonctionnalités sont séparables). Comme vous l'imaginez, l'ajout de l'authentification, comparé au chiffrement simple, à tendance à réduire plutôt qu'à améliorer les performances. Cette différence reste cependant minime avec les algorithmes AEAD modernes, comme l'on peut par exemple l'observer sur https://bench.cr.yp.to, un site offrant de nombreux résultats de *benchmarks* d'algorithmes cryptographiques.

La mesure des performances d'un système de chiffrement ne se limite toutefois pas à la vitesse pure en termes de débit sur une machine donnée. Il s'agit également du parallélisme, de la structure interne et de la possibilité d'utiliser le chiffrement en flux continu (*streamable*). Examinons ces notions de plus près.

Le *parallélisme d'un système* de chiffrement décrit sa capacité à traiter simultanément plusieurs parties du message sans devoir attendre la fin du traitement des parties précédentes. Les algorithmes d'AEAD basés sur des *blockciphers* sont parallélisables si chaque bloc peut être traité indépendamment des autres blocs. Par exemple, le mode CTR présenté au chapitre 4 est parallélisable, alors que le chiffrement avec le mode CBC ne l'est pas car les blocs sont chaînés (cependant, le déchiffrement avec CBC est essentiellement parallélisable).

La structure interne d'un système de chiffrement authentifié est un autre critère de performance important. Il existe deux principaux types de structure : à une couche et à deux couches de traitement des données. Dans une structure à deux couches (par exemple, dans AES-GCM), un algorithme traite le *plaintext*, puis un second algorithme traite le résultat intermédiaire. Généralement, la première couche est la couche de chiffrement et la seconde la couche d'authentification. Comme l'on peut s'y attendre, une structure à deux couches rend la mise en œuvre de l'algorithme un peu plus compliquée, et a tendance à être moins rapide qu'une structure « 2 en 1 » à une seule couche.

Un algorithme de chiffrement authentifié est *streamable* (également appelé chiffrement *en ligne*, ou *online*) lorsqu'il peut traiter un message bloc par bloc sans avoir besoin de stocker les blocs déjà traités. À l'inverse, les algorithmes non *streamables* doivent stocker l'intégralité du message afin de calculer le résultat, généralement parce qu'ils doivent effectuer deux passages consécutifs sur les données : l'un du début à la fin, et l'autre de la fin au début des données obtenues lors du premier passage. C'est par exemple le cas du mode SIV, que nous verrons par la suite.

En raison des exigences potentiellement élevées en termes de mémoire, certaines applications ne fonctionneront pas avec des algorithmes de chiffrement non *streamables*. Par exemple, un routeur qui reçoit de longs messages mais n'a pas l'espace suffisant pour les stocker recevra alors un bloc de données chiffrées, le déchiffrera, puis transmettra le bloc en clair avant de passer au déchiffrement du bloc suivant du message. Il ne pourra cependant pas valider le *tag* d'authentification avant d'avoir traité tout le message. L'application qui « consommera » le message déchiffré devra alors veiller à ce que le *tag* soit bien valide.

2.6 Critères fonctionnels

Les critères fonctionnels sont les propriétés d'un schéma de chiffrement ou de son implémentation qui ne sont pas directement liées à la sécurité ou aux performances. Par exemple, certains algorithmes de chiffrement authentifié ne peuvent traiter les données associées seulement si elles sont connues avant les données à chiffrer. D'autres algorithmes exigent que les données associées soient après les données à chiffrer, et certains permettent d'inclure des données associées à n'importe quel moment, même entre des morceaux de *plaintext*. Dans ce cas, la garantie d'intégrité portera également sur l'ordre relatif des données associées et des données chiffrées.

Ce dernier cas est idéal, et le plus flexible, car il permet aux utilisateurs de protéger leurs données dans toutes les situations possibles. Mais c'est aussi le plus difficile à concevoir de manière sûre : en règle générale, un plus grand nombre de fonctionnalités implique plus de complexité, et donc plus de vulnérabilités potentielles.

Un autre critère fonctionnel à prendre en compte est la possibilité d'utiliser le même algorithme de base, et donc en grande partie le même code, pour le chiffrement autant que pour le déchiffrement. Par exemple, de nombreux algorithmes de chiffrement authentifié reposent sur AES. Comme tout *blockcipher*, AES utilise deux algorithmes distincts pour le chiffrement et le déchiffrement d'un bloc. Comme nous l'avons vu au chapitre 4, le mode CBC nécessite les deux algorithmes, respectivement pour chiffrer et déchiffrer un message. Cependant, le mode CTR n'a besoin que de l'algorithme de chiffrement de bloc afin de chiffrer et déchiffrer un message.

De même, on rencontrera des constructions de chiffrement authentifié se basant sur le même algorithme pour chiffrer et déchiffrer un message. Bien que le coût supplémentaire du code spécifique au déchiffrement n'ait que peu d'incidence sur la plupart des implémentations logicielles, il peut être perceptible dans le cas d'implémentation *hardware* sur des plateformes à bas coût, notamment lorsque la logique cryptographique est directement intégrée comme circuit dédié dans un microprocesseur.

3. AES-GCM : LE CHIFFREMENT AUTHENTIFIÉ STANDARD

AES-GCM est l'algorithme de chiffrement authentifié le plus largement utilisé. Il consiste en l'utilisation du *blockcipher* AES dans un mode qui peut être vu comme variante du mode CTR : le mode dit compteur de Galois (*Galois counter mode*, GCM), qui incorpore une opération très simple afin de calculer un *tag* d'authentification. AES-GCM est un standard NIST (SP 800-38D), fait partie de la suite B de la NSA, et est reconnu par l'Internet Engineering Task Force (IETF) pour les protocoles de communication IPsec, SSH, TLS 1.2 et 1.3.

Note : Bien que GCM fonctionne avec n'importe quel *blockcipher*, vous ne le verrez probablement utilisé qu'avec AES. Certaines personnes ou organisations ne veulent pas utiliser AES sous prétexte que c'est un standard américain, mais selon cette logique ils n'utiliseront pas non plus le mode GCM.

3.1 Composants de GCM : CTR et GHASH

La figure 8-2 illustre le fonctionnement d'AES-GCM. Les instances AES paramétrées par une clé secrète *K* transforment un bloc composé du *nonce* *N* concaténé avec un compteur (démarrant dans notre exemple à 1, puis incrémenté à 2, 3, etc.) puis XOR le résultat avec un bloc de *plaintext* pour obtenir un bloc de *ciphertext*. Pour l'instant, rien de nouveau par rapport au mode CTR.

Ensuite, les blocs de *ciphertext* sont combinés à l'aide d'une combinaison de XOR et de multiplications (comme nous le verrons plus loin). On peut voir

AES-GCM comme 1) un *blockcipher* en mode CTR, et 2) un MAC sur les blocs *ciphertext*. AES-GCM est donc essentiellement une construction chiffrement-puis-MAC, où AES-CTR chiffre en utilisant une clé de 128 bits et un *nonce* de 96 bits.

Pour authentifier le *ciphertext*, GCM utilise un MAC de type Wegman-Carter (voir au chapitre 7), nommé GMAC. Celui-ci calcule le *tag* via un XOR entre la valeur **AES**(K, $N \| 0$) et le résultat d'une fonction de hachage universelle (nommée GHASH) appliquée au *ciphertext*. Sur la figure 8-2, GHASH correspond à la série d'opérations « $\otimes_H$ » suivie du XOR avec len(A) || len(C), soit le nombre de bits de A (les données associées) suivi du nombre de bits de C (le *ciphertext*).

On peut donc exprimer le *tag* d'authentification sous la forme

$$T = \mathbf{GHASH}(H, A, C) \oplus \mathbf{AES}(K, N \| 0),$$

où H la *clé de hachage*, ou *clé d'authentification*. Cette clé est définie comme $H = \mathbf{AES}(K, 0)$, soit le chiffrement du bloc égal à une séquence d'octets nuls (cette étape n'apparaît pas dans la figure 8-2, pour plus de clarté).

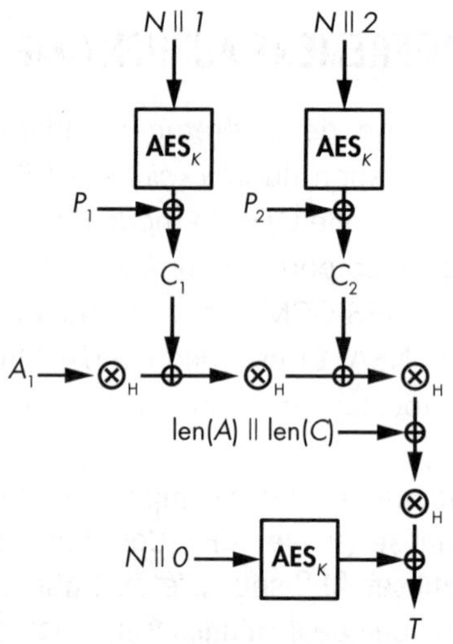

Figure 8-2 – Le mode AES-GCM, appliqué à un bloc de données additionnelles A_1, et deux blocs de *plaintext* P_1 et P_2. Le symbole de multiplication encerclé représente la multiplication polynomiale par H, la clé d'authentification dérivée de K.

Note : Dans GCM, GHASH n'utilise pas directement la clé principale K, mais la valeur dérivée H. L'un des avantages réside dans le fait que si la clé de GHASH est compromise, alors K reste secrète. En effet, on calcule H à partir de K via **AES**(K, 0), mais on ne peut pas retrouver K à partir de H, car K agit ici comme la clé d'AES.

Comme le suggère la figure 8-2, GHASH utilise la *multiplication polynomiale* pour multiplier chaque bloc de *ciphertext* avec la clé d'authentification *H*. Cette multiplication polynomiale rend GHASH plus rapide que si une multiplication d'entiers classique était utilisée, grâce notamment à une instruction dédiée intégrée dans la plupart des microprocesseurs courants (l'instruction `CLMUL`, pour *carry-less multiplication*, qu'on peut voir comme une multiplication sans retenue).

GHASH est toutefois loin d'être idéal : tout d'abord, sa vitesse est sous-optimale. Même lorsque l'instruction CLMUL est utilisée, la couche AES-CTR qui chiffre le *plaintext* reste plus rapide que la couche GMAC. De plus, GHASH n'est pas trivial à implémenter correctement, à tel point que même les développeurs expérimentés du projet OpenSSL, le logiciel cryptographique le plus utilisé au monde, avaient un bug dans leur code de GHASH : une erreur dans une fonction appelée `gcm_ghash_clmul` aurait permis à un attaquant de falsifier des MAC valides pour AES-GCM (heureusement, le bug a été repéré par des ingénieurs d'Intel avant d'être intégré dans la version suivante d'OpenSSL).

Note : Bien que moins intuitive pour nous que l'arithmétique classique des nombres entiers, la multiplication polynomiale est plus simple pour les ordinateurs parce qu'il n'y a pas de retenue. Plus spécifiquement, on effectuera une multiplication *modulaire*, dans un *anneau quotient* de polynômes modulo un polynôme donné. Par exemple, pour calculer le produit des polynômes $(1 + X + X^2)$ et $(1 + X^2)$ modulo $(1 + X + X^3)$, on commencera par multiplier les deux polynômes pour une multiplication polynomiale normale, ce qui nous donne le résultat suivant (où les deux termes X^2 s'annulent car nous travaillons sur des polynômes *binaires*, ou booléens, un monde dans lequel $1 + 1 = 0$) :

$$(1 + X + X^2) \otimes (1 + X^2) = 1 + X + X^3 + X^4$$

On applique ensuite la réduction modulaire, en réduisant le résultat modulo $1 + X + X^3 + X^4$ afin d'obtenir $X + X^2$, car $1 + X + X^3 + X^4$ peut s'écrire comme le produit $(1 + X) \otimes (1 + X + X^3) + X + X^2$. Plus généralement, $A + BC$ modulo B est égal à A, par définition de la réduction modulaire.

3.2 Sécurité de GCM

La plus grande faiblesse de l'AES-GCM est sa fragilité face à la répétition du *nonce*. Si le même *nonce* N est utilisé deux fois pour chiffrer deux messages différents, un attaquant observant les deux *ciphertexts* pourra en déduire la valeur du XOR entre leurs *plaintexts* respectifs, tout comme dans AES-CTR. De plus, l'attaquant pourra calculer la clé d'authentification H et l'utiliser pour falsifier des *tags* pour n'importe quel *ciphertext*, données associées, ou combinaison de ceux-ci.

Un coup d'œil à l'algèbre derrière les calculs d'AES-GCM permet de comprendre le problème : un *tag* T est calculé comme $T = \mathbf{GHASH}(H, A, C) \oplus \mathbf{AES}(K, N \,||\, 0)$, où GHASH est une fonction de hachage universelle dont les entrées et les sorties sont *linéairement* liées. Que se passe-t-il si l'on a deux *tags*, T_1 et T_2, calculés avec le même *nonce* N ? Correcte, la partie **AES**() disparaît de l'équation. Si nous avons deux *tags*, leur XOR $T_1 \oplus T_2$ donnera en effet le résultat suivant :

$$(\mathbf{GHASH}(H, A_1, C_1) \oplus \mathbf{AES}(K, N \,||\, 0)) \oplus (\mathbf{GHASH}(H, A_2, C_2) \oplus \mathbf{AES}(K, N \,||\, 0))$$
$$= \mathbf{GHASH}(H, A_1, C_1) \oplus \mathbf{GHASH}(H, A_2, C_2)$$

À partir des deux *tags*, l'attaquant pourra donc calculer la valeur :

$$\mathbf{GHASH}(H, A_1, C_1) \oplus \mathbf{GHASH}(H, A_2, C_2)$$

pour des A_1, C_1, A_2 et C_2 connus. La linéarité de GHASH permet alors de déterminer facilement H.

En 2016, des chercheurs ont scanné Internet pour identifier des serveurs HTTPS utilisant AES-GCM de façon susceptible de répéter des *nonces* (voir l'article disponible à l'adresse suivante : https://eprint.iacr.org/2016/475). Ils ont trouvé 184 serveurs avec des cas de *nonces* répétés, dont 23 qui utilisaient toujours la chaîne de zéro comme *nonce*.

3.3 Performances de GCM

L'un des avantages du mode GCM réside dans le fait que le chiffrement et le déchiffrement sont parallélisables, ce qui permet de traiter différents blocs de message de manière indépendante. Cependant, le calcul de GMAC n'est pas parallélisable car il doit être calculé du début à la fin du *ciphertext*, une fois que GHASH a traité toutes les données associées. Ce manque de parallélisme signifie que tout système qui reçoit d'abord le *plaintext*, puis les données associées, devra attendre que toutes ces dernières soient lues et hachées avant de traiter le premier bloc de *ciphertext*.

Néanmoins, GCM peut être utilisé de façon *streamable* : étant donné que les calculs de ses deux couches peuvent être effectués en *pipeline*, il n'est pas nécessaire de stocker tous les blocs de *ciphertext* avant de calculer GHASH, qui traitera chaque bloc au fur et à mesure qu'il est chiffré. En d'autres termes, P_1 est chiffré en C_1, puis GHASH traite C_1 pendant que P_2 est chiffré en C_2, après quoi P_1 et C_1 ne sont plus nécessaires, et ainsi de suite.

4. OCB : UN MODE PLUS RAPIDE QUE GCM

L'acronyme *OCB* signifie *offset codebook*. Inventé en 2001, le mode OCB est antérieur à GCM et, comme ce dernier, il produit un AEAD à partir d'un *blockcipher*, et il le fait un peu plus rapidement et simplement. Alors pourquoi

OCB n'a-t-il pas été adopté plus largement ? Malheureusement, jusqu'en 2021, OCB était brevetée et son utilisation nécessitait une licence de la part de son inventeur. OCB est désormais libre d'utilisation par quiconque, quelle que soit l'application.

Contrairement à GCM, OCB intègre le chiffrement et l'authentification dans une seule couche de traitement qui n'utilise qu'une seule clé. Il n'y a pas de composant d'authentification séparé, donc OCB permet d'obtenir l'authentification presque gratuitement et d'effectuer presque autant d'appels au *blockcipher* qu'un chiffrement non authentifié. En fait, OCB est presque aussi simple que le mode ECB (vu au chapitre 4), à la différence qu'il est plus fiable.

4.1 Fonctionnement d'OCB

La figure 8-3 illustre le fonctionnement du mode OCB : il chiffre chaque bloc de *plaintext* P en un bloc de *ciphertext* $C = \mathbf{E}(K, P \oplus O) \oplus O$, où $\mathbf{E}$ est une fonction de chiffrement par bloc. Ici, O (la lettre « o », pour *offset*, soit *décalage*) est une valeur qui dépend de la clé et du *nonce* incrémenté pour chaque nouveau bloc traité.

Pour produire un *tag* d'authentification, OCB effectue d'abord un XOR de tous blocs de *plaintext* pour calculer $S = P_1 \oplus P_2 \oplus P_3 \oplus \ldots$ Le *tag* d'authentification est alors $T = \mathbf{E}(K, S \oplus O^*)$, où O^* est une valeur de décalage calculée à partir du décalage O du dernier bloc de *plaintext* traité.

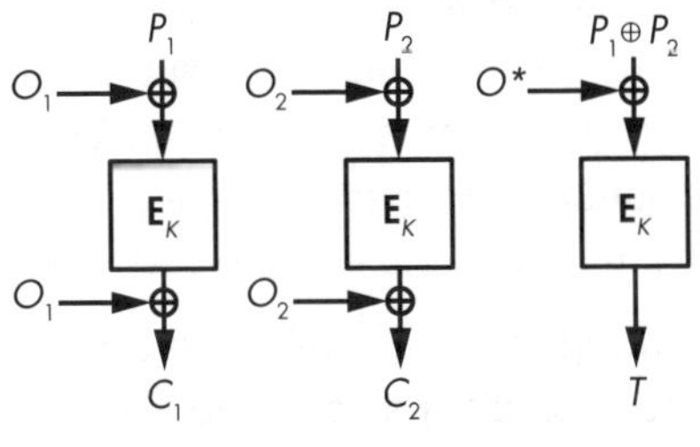

Figure 8-3 – Le chiffrement en mode OCB de deux blocs de *plaintext*, sans données associées.

Comme GCM, OCB peut traiter des données associées sous la forme d'une série de blocs A_1, A_2, etc. Lorsqu'un message traité par OCB contient des données associées, le *tag* est calculé selon la formule suivante :

$$T = \mathbf{E}(K, S \oplus O^*) \oplus \mathbf{E}(K, A_1 \oplus O_1) \oplus \mathbf{E}(K, A_2 \oplus O_2) \oplus \ldots$$

où OCB spécifie des valeurs de décalage différentes de celles utilisées pour chiffrer P.

Contrairement à GCM et plus généralement à l'approche chiffrement-puis-MAC, qui créent un *tag* à partir du *ciphertext*, OCB calcule le *tag* à partir du *plaintext*.

Il n'y a rien de mal à cette approche, et OCB s'appuie sur des arguments de sécurité solides.

Note : Pour plus d'informations sur la manière d'implémenter correctement l'OCB, voir le RFC 7253 ou l'article de 2011 « The Software Performance of Authenticated-Encryption Modes » de Krovetz et Rogaway, qui couvre la dernière et meilleure version de l'OCB, l'OCB3. Pour plus de détails sur OCB, consultez cette adresse : https://web.cs.ucdavis.edu/~rogaway/ocb/ocb-faq.htm.

4.2 Sécurité d'OCB

OCB est moins fragile que GCM contre les *nonces* répétés. Par exemple, si un *nonce* est utilisé deux fois, un attaquant qui connaît les deux *ciphertexts* pourra remarquer que le troisième bloc de *plaintext* du premier message est identique au troisième bloc de *plaintext* du deuxième message. Autrement dit, les doublons à une même position pourront être identifiés.

Avec GCM, cependant, les attaquants peuvent trouver non seulement des doublons, mais aussi des différences XOR entre les blocs à la même position. L'impact des *nonces* répétés est donc pire pour GCM que pour OCB.

Comme pour le GCM, des *nonces* répétés peuvent casser la sécurité de l'authentification d'OCB, mais de manière moins radicale. Par exemple, un attaquant pourrait combiner des blocs de deux messages authentifiés par OCB pour créer un autre message chiffré ayant la même valeur de XOR des blocs de *plaintexts*, et le même *tag* que l'un des deux messages d'origine. Mais l'attaquant ne serait pas en mesure de retrouver une clé secrète comme c'est le cas pour GCM.

Enfin, en 2023 des cryptographes ont découvert que si OCB est utilisé avec des *nonces* très courts (6 bits), alors sa sécurité s'en voit nettement amoindrie (voir l'article disponible à l'adresse suivante : https://eprint.iacr.org/2023/326). Notons aussi que la version OCB2 avait été cassée, comme décrit dans l'article https://eprint.iacr.org/2019/311.

4.3 Performances d'OCB

OCB et GCM sont en pratique presque aussi rapides l'un que l'autre. Comme GCM, OCB est parallélisable et *streamable*. En termes d'efficacité brute, GCM et OCB font à peu près autant d'appels au *blockcipher* sous-jacent (généralement AES), mais OCB est légèrement plus efficace car il fait simplement un XOR du *plaintext* plutôt que des multiplications polynomiales comme GHASH le fait. Dans les générations précédentes de microprocesseurs Intel, AES-GCM était plus de trois fois plus lent que AES-OCB car les instructions AES et GHASH étaient en concurrence pour les ressources du processeur et ne pouvaient pas être exécutées en parallèle.

Une différence importante entre les implémentations d'OCB et GCM est qu'OCB a besoin des fonctions de chiffrement et de déchiffrement du *blockcipher*, ce qui augmente légèrement le coût des implémentations matérielles. À l'inverse, GCM n'utilise que la fonction de chiffrement, que ce soit pour chiffrer ou déchiffrer un message.

5. SIV : LE CHIFFREMENT AUTHENTIFIÉ LE PLUS SÛR ?

Le mode *synthetic IV* (SIV), est un mode de chiffrement authentifié généralement utilisé avec AES. Contrairement à GCM et OCB, SIV est sûr même si vous utilisez deux fois le même *nonce*: si un attaquant obtient deux *ciphertexts* produits avec le même *nonce*, il pourra seulement savoir si le même *plaintext* a été chiffré deux fois, ou bien si les deux *plaintexts* sont différents. Contrairement aux messages chiffrés avec GCM ou OCB, l'attaquant ne pourra pas savoir si les deux messages commencent par les mêmes valeurs, car le *nonce* effectivement utilisé pour chiffrer est d'abord calculé comme une combinaison du *nonce* donné et du *plaintext*.

Les spécifications de la construction SIV sont plus générales que celles de GCM. Au lieu de spécifier des éléments internes détaillés comme dans le cas du GMAC et GHASH de GCM, SIV indique simplement comment combiner un *blockcipher* et une fonction pseudo-aléatoire (PRF) pour obtenir un schéma de chiffrement authentifié. Plus précisément, le *tag* est d'abord calculé comme $T = \mathbf{PRF}(K_1, N \| P)$ et ensuite le texte chiffré est $C = \mathbf{E}(K_2, T, P)$, où le *tag* T joue le rôle de *nonce* de l'algorithme de chiffrement **E**. SIV a donc besoin de deux clés (K_1 et K_2) et d'un *nonce* (N).

Le principal problème de la construction SIV est qu'elle n'est pas *streamable*: après avoir calculé T, on doit conserver l'intégralité du *plaintext* P en mémoire. Par exemple, pour chiffrer un *plaintext* de 100 gigaoctets avec SIV, vous devez d'abord stocker les 100 gigaoctets de *plaintext* de manière que la seconde couche de SIV puisse les lire.

Le RFC 5297, basé sur l'article de 2006 "Deterministic Authenticated-Encryption" de Rogaway et Shrimpton, spécifie SIV utilisant CMAC-AES (le MAC CMAC utilisant AES) en tant comme PRF, et AES-CTR comme chiffrement. En 2015, une version plus efficace de SIV a été proposée, appelée GCM-SIV, qui combine la fonction GHASH de GCM et le mode SIV, et qui est presque aussi rapide que GCM. Cependant, tout comme le SIV original, GCM-SIV n'est pas *streamable*. Pour plus d'informations, voir https://eprint.iacr.org/2015/102.

6. CHIFFREMENT AUTHENTIFIÉ BASÉ SUR UNE PERMUTATION

Voyons maintenant une approche totalement différente pour réaliser un chiffrement authentifié : au lieu de construire un mode autour d'un *blockcipher* comme l'AES, nous allons examiner une construction qui repose sur une permutation, en suivant le même principe que les fonctions *sponge* vues au chapitre 6.

Une permutation transforme une entrée en une sortie de même taille, de manière réversible, sans utiliser de clé. C'est le composant le plus simple que l'on puisse imaginer. Un *blockcipher*, par exemple, demande plus de complexité car c'est une *famille* de permutations où chacune d'entre elles est définie par une clé. On peut construire un chiffrement authentifié de type AEAD avec seulement une permutation, sans *blockcipher*, et obtenir une construction aussi sûre et plus résistante à la réutilisation des *nonces* que les modes GCM et OCB.

La figure 8-4 illustre le fonctionnement d'un AEAD basé sur un algorithme de permutation : à partir d'un état initial fixe H_0, on injecte la clé K suivie du *nonce* N via un XOR avec (une partie de) l'état interne, afin d'obtenir une nouvelle valeur de l'état interne. On transforme ensuite le nouvel état avec la permutation **P**, et on XOR un premier bloc de *plaintext* P_1 avec une partie de l'état de la même taille que P_1, et le résultat du XOR devient une partie de l'état interne, et est retourné comme C_1, le premier bloc de *ciphertext*.

Pour chiffrer un deuxième bloc, on applique de nouveau la permutation **P**, et de même on XOR le deuxième bloc P_2 avec l'état interne pour modifier l'état et déterminer C_2, le bloc de *ciphertext* correspondant à P_2. On répète l'opération pour tous les blocs de *plaintext* et, après le dernier appel à **P**, on extrait des bits de l'état interne qui seront le *tag* d'authentification T, comme indiqué à la droite de la figure 8-4.

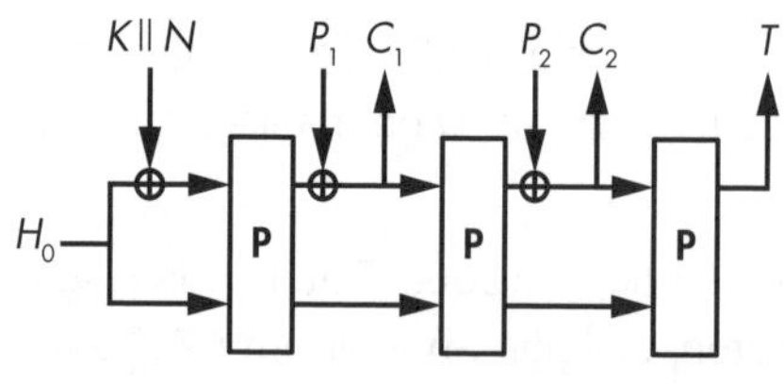

Figure 8-4 – Chiffrement authentifié basé sur une permutation.

Note : Le mode illustré à la figure 8-4 peut être adapté pour prendre en charge les données associées, mais le processus est un peu plus compliqué et nous nous passerons donc de sa description.

La conception d'un AED basé sur une permutation doit répondre à certains critères pour garantir sa sécurité. Tout d'abord, notons que les valeurs d'entrée sont injectées avec XOR qui n'affecte qu'une partie de l'état : plus cette partie est importante, plus on peut « contrôler » la valeur de l'état, et donc plus faible sera la sécurité de la construction, du moins en termes quantitatifs. En effet, toute la sécurité repose sur le secret de l'état interne.

De plus, comme pour le hachage avec les fonctions *sponge*, les blocs doivent être correctement complétés par des bits supplémentaires, le *padding*, pour garantir que deux messages différents donneront des résultats différents. À titre de contre-exemple, si le dernier bloc de *plaintext* est plus court qu'un bloc complet, il ne doit pas être simplement complété par des zéros ; sinon, un bloc de *plaintext* de deux octets (0x0000), par exemple, donnerait un bloc de *plaintext* complet avec seulement des zéros, soit 0x0000 ... 0000, tout comme un bloc de trois octets 0x000000. Par conséquent, vous obtiendriez le même *tag* pour les deux messages bien qu'ils soient de taille différente, ce qui permettrait de falsifier des *tags*.

Que se passe-t-il si un *nonce* est réutilisé dans un AEAD basé sur une permutation ? La bonne nouvelle est que l'impact n'est pas aussi grave qu'avec le GCM ou l'OCB : la sécurité de l'authentification ne sera pas compromise. Si un *nonce* est répété, un attaquant réussirait seulement à savoir si les deux messages chiffrés commencent par les mêmes blocs, ainsi que le nombre de ces blocs de préfixes communs. Par exemple, bien que le chiffrement des deux messages à six blocs *ABCXYZ* et *ABCDYZ* (chaque lettre symbolisant ici un bloc) avec le même *nonce* produise deux *ciphertexts* (disons *JKLTUV* et *JKLMNO*) avec un préfixe commun de trois blocs, un attaquant ne serait pas en mesure d'apprendre que les deux *plaintexts* partagent aussi leurs deux derniers blocs (*YZ*).

En termes de performances, un AEAD basé sur une permutation offre comme avantages une seule couche de calculs, un traitement *streamable* et l'utilisation d'un seul algorithme de permutation pour le chiffrement et le déchiffrement. Cependant, ils ne sont pas parallélisables comme GCM ou OCB, car les nouveaux appels à **P** doivent attendre la fin des appels précédents.

Note : Si vous êtes tenté de choisir votre permutation préférée et de créer votre propre AEAD, ne le faites pas. Vous risquez de vous tromper dans les détails et de créer quelque chose cryptographiquement faible. Lisez plutôt les spécifications rédigées par des cryptographes expérimentés pour des algorithmes tels que Keyak (un algorithme dérivé de Keccak), la construction Duplex ou les *deck functions*, sur https://keccak.team. Vous verrez alors que les algorithmes basés sur des permutations sont bien plus subtils qu'il n'y paraît à première vue.

7. EXEMPLES DE PROBLÈMES

Les algorithmes de chiffrement authentifié ont une surface d'attaque plus importante que les fonctions de hachage ou les *blockciphers*, car ils visent à assurer à la fois la confidentialité *et* l'authenticité. Ils prennent plusieurs valeurs d'entrée différentes et doivent rester sûrs quelle que soit l'entrée, qu'elle contienne uniquement des données associées et aucune donnée chiffrée, ou bien des *plaintexts* de toute taille. Ils doivent également être cryptographiquement sûrs pour toutes les valeurs de *nonce* contre les attaquants qui collecteraient de nombreuses paires message/*tag*. Enfin, ils doivent dans une certaine mesure réduire les dégâts lors de la répétition de *nonces*.

C'est beaucoup demander, et comme vous le verrez plus loin, même l'AES-GCM présente plusieurs imperfections.

7.1 AES-GCM et les clés de hachage faibles

L'une des faiblesses d'AES-GCM se trouve dans son algorithme d'authentification GHASH : certaines valeurs de la clé de hachage H simplifient grandement les attaques contre le mécanisme d'authentification de GCM, GMAC. Plus particulièrement, si la valeur de H tombe dans certains sous-groupes spécifiques (dans le sens de la structure polynomiale de GMAC), un attaquant pourrait deviner un *tag* d'authentification valide pour un message donné simplement en combinant les blocs de *ciphertext* d'un message précédent.

Pour comprendre cette faiblesse, examinons GHASH de plus près.

◆ *Fonctionnement de GHASH*

Comme vous l'avez vu dans la figure 8-2, GHASH commence par une valeur de 128 bits, H, initialement définie par **AES**(K, 0), puis GHASH calcule de manière répétée :

$$X_i = (X_{i-1} \oplus C_i) \otimes H$$

en commençant par $X_0 = 0$ et en traitant les blocs de *ciphertext* C_1, C_2, et ainsi de suite. Le X_i final est renvoyé par GHASH pour calculer le *tag* final.

Disons maintenant, pour simplifier, que toutes les valeurs de C_i sont égales à 1, de sorte que pour tout i, nous avons :

$$C_i \otimes H = 1 \otimes H = H$$

Sous ces conditions, le calcul de X_1 à partir de X_0 selon notre première équation donnera :

$$X_1 = (X_0 \oplus C_1) \otimes H = (0 \oplus 1) \otimes H = H$$

où on a juste remplacé X_0 par 0 et C_1 par 1, comme défini ci-dessus.

On peut ensuite calculer X_2, à partir du $X_1 = H$ obtenu précédemment, et encore avec le bloc de *ciphertext* C_2 égal à 1. On applique la propriété distributive de ⊗ sur ⊕, afin d'obtenir le résultat suivant :

$$X_2 = (X_1 \oplus C_2) \otimes H = (H \oplus 1) \otimes H = H^2 \oplus H$$

où H^2 est H au carré, soit $H \otimes H$.

De même nous dérivons X_3 en remplaçant X_2 par sa valeur ci-dessus, et nous obtenons :

$$X_3 = (X_2 \oplus C_3) \otimes H = (H^2 \oplus H \oplus 1) \otimes H = H^3 \oplus H^2 \oplus H$$

On obtient ensuite $X_4 = H^4 \oplus H^3 \oplus H^2 \oplus H$, et ainsi de suite, et finalement le dernier X_i est le suivant :

$$X_n = H^n \oplus H^{n-1} \oplus H^{n-2} \oplus \ldots \oplus H^2 \oplus H$$

Rappelez-vous que nous avons fixé tous les blocs C_i à 1. Si, au lieu de cela, leurs valeurs étaient arbitraires, nous obtiendrions ce qui suit :

$$X_n = (C_1 \otimes H^n) \oplus (C_2 \otimes H^{n-1}) \oplus \ldots \oplus (C_{n-1} \otimes H^2) \oplus (C_n \otimes H)$$

GHASH effectue ensuite un XOR de la longueur du message à ce dernier X_n, multiplie le résultat par H, puis XOR cette valeur avec la clé d'authentification **AES**$(K, N \| 0)$ afin d'obtenir le *tag* renvoyé par le mode GCM.

◆ Les cas problématiques

Quels sont les problèmes qui peuvent survenir à partir de là ? Examinons d'abord les deux cas les plus simples :

- ✓ Si $H = 0$, alors $X_n = 0$ quelles que soient les valeurs de blocs de *ciphertext* C_i, et donc quel que soit le message. Il s'ensuit que tous les messages auront le même *tag* d'authentification si H est égal à 0.
- ✓ Si $H = 1$, le *tag* ne sera qu'un XOR des blocs de *ciphertext*, et si ces blocs sont réordonnés, le *tag* restera inchangé car les coefficients appliqués aux blocs seront tous égaux à 1.

Bien sûr, 0 et 1 ne sont que deux valeurs sur les 2^{128} valeurs possibles de H, et la probabilité d'obtenir une telle valeur n'est que de $2/2^{128} = 1/2^{127}$. Mais il existe également d'autres valeurs faibles, à savoir toutes les valeurs de H qui appartiennent à un *cycle court* lorsqu'elles sont élevées à la *i*ème puissance. Par exemple, la valeur H = 0x10d04d25f93556e69f58ce2f8d035a4 appartient à un cycle de longueur cinq car elle satisfait à $H^5 = H$, et donc $H^e = H$ pour tout exposant e qui est un multiple de cinq. Par conséquent, dans la formule définissant la valeur GHASH finale X_n de la section précédente, l'échange des blocs C_n (multiplié par H) et du bloc C_{n-4} (multiplié par H^5) laissera X_n inchangé, ce qui équivaut à une falsification. Un attaquant pourrait exploiter cette propriété pour construire un nouveau message et son *tag* valide sans connaître la clé, ce qui en principe devrait être impossible pour un chiffrement authentifié sécurisé.

L'exemple précédent est basé sur un cycle de longueur cinq, mais il existe de nombreux cycles de longueur supérieure et donc de nombreuses valeurs de H qui sont plus faibles qu'elles ne devraient l'être. Dans le cas improbable où H appartient à un cycle court et où les attaquants peuvent falsifier autant de *tag* d'authentification qu'ils le souhaitent (à moins de connaître H ou K), il en résulte qu'ils ne peuvent pas déterminer la longueur du cycle de H. Ainsi, bien que cette vulnérabilité ne puisse pas être exploitée, elle aurait pu être évitée en choisissant plus soigneusement le polynôme utilisé pour les réductions modulaires.

Note : Pour plus de détails sur cette attaque, lire "Cycling Attacks on GCM, GHASH and Other Polynomial MACs and Hashes" par Markku-Juhani O. Saarinen, disponible sur https://eprint.iacr.org/2011/202.

7.2 AES-GCM avec des *tags* trop courts

En pratique, AES-GCM renvoie généralement des *tags* de 128 bits, mais il peut produire des *tags* d'autres tailles. Malheureusement, il devient nettement moins coûteux de falsifier des *tags* plus courts.

Avec un *tag* de 128 bits (et une clé suffisamment longue), un attaquant qui tente de falsifier un *tag* devrait réussir avec une probabilité de $1/2^{128}$ car il y a 2^{128} *tags* de 128 bits possibles (en général, avec un *tag* de *n bits*, la probabilité de réussite devrait être de $1/2^n$, soit la probabilité de succès si l'on choisit un *tag* quelconque au hasard). Mais lorsque des *tags* plus courts sont utilisés, la probabilité de falsification est beaucoup plus élevée que $1/2^n$ en raison de faiblesses dans la structure de GCM (dont les détails dépassent le cadre de cette discussion). Par exemple, un *tag* de 32 bits permettrait à un attaquant qui connaît le *tag* d'un message de 2 mégaoctets de réussir avec une probabilité d'environ $1/2^{16}$ au lieu de $1/2^{32}$.

Généralement, AES-GCM avec des *tags* de n bits offre une probabilité de falsification qui n'est pas $1/2^n$ mais plutôt $2^m/2^n$, où 2^m est le nombre de blocs du message le plus long pour lequel un attaquant a pu observer le *tag* (et avec $m < n$). Par exemple, si vous utilisez des *tags* de 48 bits et traitez des messages de 4 gigaoctets (soit 2^{28} blocs de 16 octets chacun), la probabilité de falsification sera de $2^{28}/2^{48} = 1/2^{20}$, soit environ une chance sur un million, une probabilité relativement élevée en ce qui concerne la cryptographie. Pour plus d'informations sur cette attaque, voir l'article de 2005 intitulé "Authentication Weaknesses in GCM" de Niels Ferguson.

8. POUR ALLER PLUS LOIN

Pour en savoir plus sur le chiffrement authentifié, visitez la page du projet CAESAR (Competition for Authenticated Encryption: Security, Applicability, and Robustness) à l'adresse suivante: https://competitions.cr.yp.to/caesar.html. Lancé en 2012, CAESAR était une compétition dans le style des AES et SHA-3, où des algorithmes « s'affrontaient » afin d'accéder à la sélection finale, bien que CAESAR ne soit pas associé à un organe de normalisation formelle tel que le NIST.

La compétition CAESAR a reçu différents types de soumissions : des modes de type OCB aux modes basés sur une permutation (tels que NORX et Keyak), ainsi que des algorithmes totalement originaux (tels que AEZ ou AEGIS) En 2019, CAESAR s'est conclu avec la sélection d'un *portfolio* de sept algorithmes répartis en trois catégories, que vous trouverez sur la page officielle https://competitions.cr.yp.to/caesar-submissions.html.

Le projet Lightweight Cryptography du NIST est une autre compétition où l'on peut trouver des algorithmes de chiffrement authentifié : il visait à standardiser des algorithmes optimisés pour les environnements restreints en ressources (mémoire, taille de processeur, etc.) tels que les plateformes embarquées. Le vainqueur de cette compétition est Ascon, une famille d'algorithmes basés sur une permutation, présenté en détail sur son site https://ascon.iaik.tugraz.at. Pour découvrir les autres algorithmes candidats ainsi que les travaux présentés lors des ateliers du projet, consultez https://csrc.nist.gov/Projects/lightweight-cryptography.

Dans ce chapitre, je me suis concentré sur le mode GCM, et dans une moindre mesure sur OCB, mais d'autres modes sont également utilisés. En particulier, les modes *counter with CBC-MAC* (CCM) et EAX étaient en concurrence avec GCM pour la normalisation au début des années 2000, et bien que GCM ait été choisi, ces deux concurrents sont utilisés dans quelques applications. Par exemple, CCM est utilisé dans le protocole Wi-Fi WPA2, et EAX dans le cadre de la norme ANSI C12.22 dans certains réseaux industriels.

Ceci conclut notre série de chapitres sur la cryptographie symétrique. Nous avons vu les *blockciphers*, les *streamciphers*, les fonctions de hachage, les fonctions pseudo-aléatoires, les MACs, et maintenant les chiffrements authentifiés ; c'est-à-dire tous les principaux composants de la cryptographie qui fonctionnent avec une clé symétrique, ou sans clé du tout. Avant de passer à la cryptographie *asymétrique*, le chapitre 9 se concentrera sur ses fondements théoriques, afin de fournir des bases nécessaires pour approcher les systèmes asymétriques tels que RSA (chapitre 10) et Diffie-Hellman (chapitre 11).

9 Les problèmes difficiles

Les problèmes calculatoires (appelés aussi « computationnels ») difficiles sont la pierre angulaire de la cryptographie moderne. Il s'agit de problèmes souvent simples à décrire, mais pratiquement impossibles à résoudre. Ce sont des problèmes pour lesquels même le « meilleur » algorithme ne trouverait pas de solution avant que le soleil ne consomme tout son hydrogène.

Dans les années 1970, l'étude rigoureuse des problèmes calculatoires a donné naissance à un nouveau domaine scientifique, appelé théorie de la complexité, et lié à la théorie de la calculabilité qui allait avoir un impact considérable sur la cryptographie ainsi que d'autres domaines tels que l'économie, la physique, et la biologie. Dans ce chapitre, je vous donnerai les outils conceptuels de la théorie de la complexité nécessaires pour comprendre les fondements de la sécurité cryptographique, et présenterai les problèmes difficiles (*hard problems*, ou *intractable problems*) qui se cachent derrière les cryptosystèmes à clé publique tels que RSA et l'échange de clé Diffie-Hellman. Nous aborderons certains sujets fondamentaux, mais je minimiserai les détails techniques et théoriques afin de rester au plus proche des applications cryptographiques. J'espère néanmoins que vous apprécierez l'élégance dans la façon dont la cryptographie exploite la théorie de la complexité pour la traduire en sécurité pratique.

1. DIFFICULTÉ CALCULATOIRE

Un problème calculatoire est une question à laquelle il est possible de répondre en effectuant suffisamment de calculs, par exemple : « 2017 est-il un nombre premier ? » ou « Combien y a-t-il de lettres *i* dans le mot *irréversibilité* ? ». La *difficulté calculatoire* est la propriété des problèmes pour lesquels il n'existe pas d'algorithme qui s'exécute en un temps raisonnable. Ces problèmes sont également appelés *problèmes difficiles* et sont souvent impossibles à résoudre en pratique.

Étonnamment, la difficulté calculatoire d'un problème est indépendante du type de machine utilisée, qu'il s'agisse d'un processeur de serveur, d'un circuit de silicium dédié, ou d'une machine de Turing mécanique. En effet, l'un des résultats majeurs de la théorie de la complexité est que tous les modèles de calcul sont équivalents. Si un problème peut être résolu efficacement avec un modèle donné, alors il peut être résolu efficacement sur n'importe quelle machine ou dispositif de calcul en adaptant l'algorithme dans le langage approprié. On appelle ce résultat la thèse de Church–Turing. Celle-ci s'applique à tout système de calcul classique, c'est-à-dire à l'exception des ordinateurs quantiques (qui n'existent cependant pas encore). Nous n'aurons donc pas besoin de spécifier le type de machine, de processeur, ou même leur puissance de calcul (comme la fréquence d'un processeur) lorsque nous discuterons de la difficulté fondamentale d'un problème ; nous nous contenterons de parler de la *complexité* d'un problème.

En effet, afin d'évaluer la difficulté d'un problème nous considérerons la complexité du « meilleur » algorithme possible pour le résoudre, où cette complexité tiendra principalement compte de son temps d'exécution, mais aussi de la quantité de mémoire utilisée. Nous classerons ensuite les temps d'exécution en deux catégories : difficile et facile.

1.1 Mesure du temps d'exécution

La plupart des développeurs connaissent le concept de *complexité d'un algorithme*, soit le nombre approximatif d'opérations effectuées, en fonction de la taille des données d'entrée. Cette taille est exprimée en bits ou en nombre d'éléments reçus en entrée, ou alors en une autre mesure proportionnelle à ceux-ci. Prenons l'exemple de l'algorithme présenté dans le listing 9-1, écrit en pseudocode : il recherche une valeur, x, dans un tableau de n éléments et renvoie ensuite son index, une valeur entre 1 et n.

Listing 9-1 – Un algorithme de recherche simple, de complexité linéaire par rapport à la taille n du tableau. L'algorithme renvoie l'index où la valeur x est trouvée dans $[1, n]$, ou 0 si x n'est pas dans le tableau.

```
search(x, array, n):
    for i from 1 to n {
        if (array[i] == x) {
            return i;
        }
    }
    return 0;
}
```

Cet algorithme utilise une boucle `for` pour trouver une valeur spécifique *x* en parcourant un tableau, la variable `array`. À chaque itération, on attribue à la variable *i* un nombre commençant par 1, puis 2, 3, et ainsi de suite. On observe ensuite si la valeur à la position *i* dans le tableau `array` est égale à *x*. Si c'est le cas, on retourne la valeur *i*; sinon, on incrémente *i* pour essayer la valeur suivante jusqu'à trouver *x* ou atteindre $n + 1$, la longueur du tableau, auquel cas on retourne 0.

Pour ce type d'algorithme, nous déterminons la complexité comme le nombre d'itérations de la boucle `for` : 1 dans le meilleur des cas (si *x* est égal à `array`[1]), *n* dans le pire cas (si *x* est égal à `array`[*n*] ou si *x* n'est pas trouvé dans array), et *n*/2 en moyenne, si *x* est distribué uniformément au hasard dans l'une des *n* positions de `array`. Avec un tableau 10 fois plus grand, l'algorithme sera en moyenne 10 fois plus lent. La complexité est donc proportionnelle à *n*, soit linéaire en *n*. Une complexité linéaire par rapport au paramètre du problème est considérée comme rapide, contrairement aux complexités exponentielles. Dans cet exemple, bien que le traitement de valeurs d'entrée plus grandes soit plus lent, le coût en calcul n'explosera pas de façon exponentielle, mais restera proportionnel à la taille du tableau.

Mais de nombreux algorithmes très utiles ont une complexité plus élevée qu'une complexité linéaire, sans pour autant qu'elle soit exponentielle. L'exemple classique présenté en cours d'informatique est celui des algorithmes de tri : étant donné une liste de *n* valeurs dans un ordre aléatoire, vous aurez besoin au pire de l'ordre de $n \times \log n$ opérations pour trier la liste, ce qui est parfois appelé *complexité linéarithmique*. Étant donné que $n \times \log n$ croît plus vite que *n*, la vitesse de tri ralentira « plus vite » que *n* ne grandit. Un algorithme avec une telle complexité deviendra alors plus lent qu'un algorithme à la complexité linéaire (c'est-à-dire, proportionnelle à *n*). Cependant, de tels algorithmes de tri restent dans le domaine du calcul *faisable en pratique*, soit du calcul qui peut être effectué en un temps raisonnable, et donc utilisable en pratique.

Ce qui n'est en général *pas raisonnable* sont les complexités qui sont exponentielles (par rapport à la taille de leurs entrées). En effet, on atteint vite le plafond de ce qui est faisable en pratique, même pour des longueurs d'entrée relativement faibles. Prenons l'exemple le plus simple : la recherche par force brute d'une clé secrète. Comme vu au chapitre 1, étant donné un *plaintext P* et un *ciphertext* $C = \mathbf{E}(K, P)$, il faut au maximum 2^n essais pour retrouver une clé symétrique de *n* bits car il existe 2^n clés possibles — un exemple de complexité qui croît de manière exponentielle, car pour chaque bit ajouté la complexité est multipliée (par 2 dans ce cas). Pour les cryptographes, une complexité *exponentielle* signifie qu'il est pratiquement impossible de résoudre un problème car à mesure que *n* augmente, l'effort devient irréalisable en pratique puisqu'il exigerait beaucoup trop de ressources et/ou de temps.

Vous pouvez objecter que nous comparons ici des pommes et des poires : dans la fonction `search()` du listing 9-1, nous avons compté le nombre d'opérations `if (array[i] == x)`, alors que la recherche par brute force de clés AES (par exemple) compte le nombre de déchiffrements, chacun étant des milliers de fois plus lent qu'une simple comparaison « == ». Cette apparente incohérence peut faire la différence si l'on compare deux algorithmes dont la complexité est très similaire mais dont le coût des opérations comptées est très différent. La plupart du temps, cependant, cela n'aura pas d'importance car le nombre d'opérations total aura un impact plus important que le coût d'une opération individuelle. En outre, les estimations de la complexité ne tiennent en général pas compte des *facteurs constants*: quand on dit qu'un algorithme prend de l'ordre de n^3 opérations (ce que l'on appellera une *complexité cubique*) il peut en réalité nécessiter $41 \times n^3$ opérations, ou encore $12345 \times n^3$ opérations — mais là encore, à mesure que *n* augmente, les facteurs constants perdent de leur importance au point que nous pouvons les ignorer, car c'est surtout l'ordre de grandeur de la complexité qui compte. L'analyse de la complexité porte sur la difficulté théorique en fonction de la taille de l'entrée, et ne se préoccupe que peu du nombre exact de cycles qu'il faudra au microprocesseur pour calculer le résultat d'une instance spécifique.

La notation $O()$ (« grand O ») est souvent utilisée pour exprimer la complexité dite asymptotique, c'est-à-dire l'ordre de grandeur de la complexité comme une fonction de son entrée. Par exemple, $O(n^3)$ signifie que la complexité ne croît pas plus vite que n^3, en ignorant les facteurs constants potentiels. La notation $O()$ indique la *limite supérieure* de la complexité d'un algorithme. La notation $O(1)$ signifie qu'un algorithme s'exécute en *temps constant*, c'est-à-dire que le temps d'exécution ne dépend pas du tout de la longueur de l'entrée.

Par exemple, considérons l'algorithme qui détermine la parité d'un entier en examinant son bit le moins significatif (LSB) et en retournant « pair » si ce dernier est nul et « impair » dans le cas contraire : cet algorithme aura la même complexité quelle que soit la longueur de l'entier, car il doit seulement observer le LSB du nombre. Sa complexité sera donc constante, ce que l'on note $O(1)$.

Pour se rendre compte de la différence entre les complexités linéaires, quadratiques et exponentielles, observez sur la figure 9-1 comment la complexité croît pour $O(n)$ (linéaire), par rapport à $O(n^2)$ (quadratique) et $O(2^n)$ (exponentiel).

Une complexité exponentielle signifie que le problème est pratiquement impossible à résoudre et une complexité linéaire signifie que la solution est très rapide à trouver, tandis qu'une complexité quadratique se situe entre les deux.

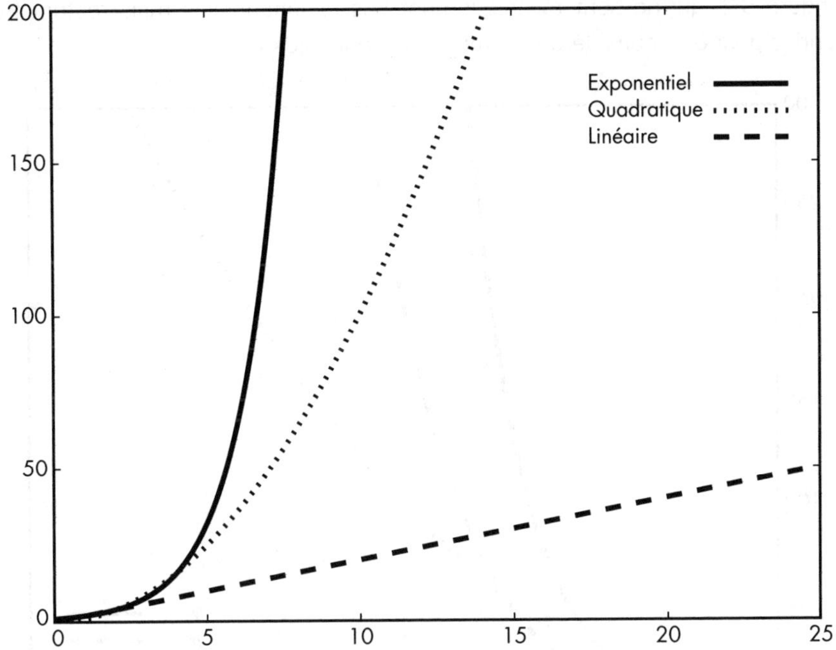

Figure 9-1 – Croissance des complexités linéaire, quadratique, et exponentielle, de la moins coûteuse à la plus coûteuse en calcul.

1.2 Temps polynomial *vs* superpolynomial

La complexité $O(n^2)$ évoquée dans la dernière section (la courbe du milieu dans la figure 9-1) est un cas particulier de la classe plus large des complexités *polynomiales*, qui correspond aux cas $O(n^k)$, où k est un nombre fixe, comme l'entier 3, les nombres décimaux 2,373 ou 7/10, ou encore la racine carrée de 17. Les algorithmes avec une complexité en temps polynomial sont éminemment importants dans la théorie de la complexité et dans la cryptographie, car ils sont la définition même de ce qui est pratiquement faisable. Lorsqu'un algorithme s'exécute en *temps polynomial*, il s'exécute en un temps raisonnable même si les données d'entrée sont volumineuses. C'est pourquoi le temps polynomial est synonyme de rapidité pour les théoriciens de la complexité et les cryptographes.

En revanche, les algorithmes fonctionnant en temps *superpolynomial* — c'est-à-dire $O(\mathrm{f}(n))$ où $\mathrm{f}(n)$ est toute fonction qui croît plus vite que n'importe quel polynôme — sont la plupart du temps considérés comme trop lents pour être calculables en pratique. Notez que j'emploie le terme « superpolynomial », et non pas « exponentiel », car il existe des complexités intermédiaires entre la complexité polynomiale et la complexité exponentielle, par exemple que $O(n^{\log(n)})$, illustré sur la figure 9-2, qui ne sont techniquement pas exponentielles mais restent trop grandes pour être considérées comme « raisonnables ».

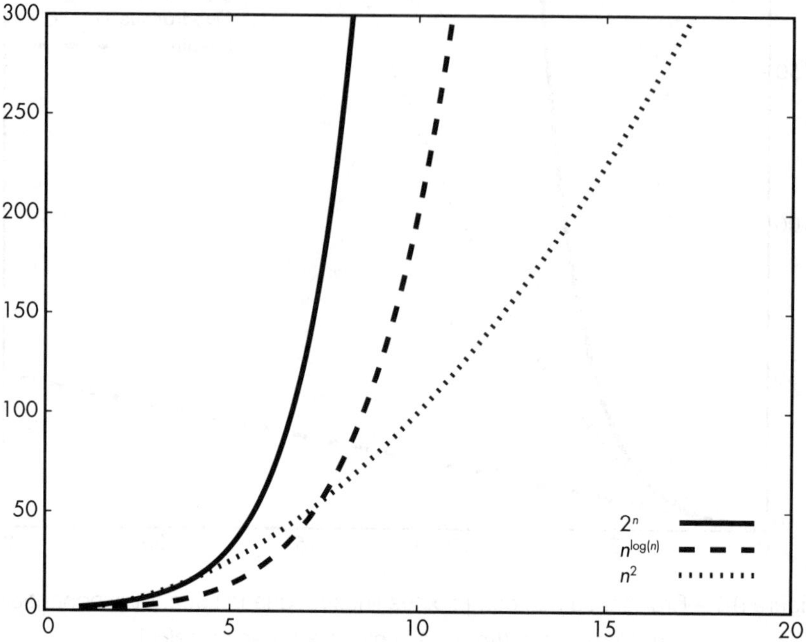

Figure 9-2 – Croissance des fonctions 2^n, $n^{\log(n)}$, et n^2, de la plus rapide à la plus lente.

Note : La complexité exponentielle $O(2^n)$ n'est pas la pire que l'on puisse obtenir. Certaines complexités croissent encore plus vite et caractérisent donc des algorithmes encore plus lents à calculer. Par exemple, la complexité $O(n^n)$ ou la factorielle exponentielle $O(n^{f(n-1)})$, où, pour tout x, cette fonction f() est définie récursivement comme $f(x) = x^{f(x-1)}$. En pratique, vous avez peu de chance de rencontrer des algorithmes avec une telle complexité.

$O(n^2)$ ou $O(n^3)$ sont peut-être raisonnables en termes de coût réel, mais $O(n^{99999999})$ l'est clairement moins, par exemple. Autrement dit, le temps polynomial est raisonnable tant que l'exposant n'est pas trop grand. Heureusement, quasiment tous les algorithmes polynomiaux connus pour résoudre des problèmes réels ont de petits exposants. Par exemple, $O(n^{1,465})$ est le temps nécessaire pour multiplier deux entiers de n bits, et $O(n^{2,373})$ est la complexité en temps du meilleur algorithme connu pour multiplier deux matrices de $n \times n$ éléments — du moins en théorie, car cet algorithme n'est jamais utilisé en pratique. L'algorithme polynomial déterministe d'identification des nombres premiers, un résultat majeur en

2002, avait initialement une complexité de $O(n^{12})$, mais il a ensuite été amélioré pour atteindre $O(n^6)$. Le temps polynomial n'est donc peut-être pas la définition parfaite d'un temps raisonnable pour un algorithme, mais c'est la meilleure dont nous disposons.

Par extension, un problème qui ne peut être résolu par un algorithme en temps polynomial est considéré comme *difficile*. Par exemple, pour une recherche de clé par force brute, il n'y a aucun moyen de faire mieux que la complexité $O(2^n)$, à moins que le chiffrement ne soit cassé ou imparfait d'une manière ou d'une autre.

Nous savons avec certitude qu'il n'existe aucun moyen de battre la complexité $O(2^n)$ d'une recherche force brute pour un algorithme de chiffrement symétrique idéal, mais nous ne savons pas toujours quel est le moyen le plus rapide de résoudre un problème calculatoire. Une grande partie de la recherche en théorie de la complexité consiste à prouver des *bornes*, ou limites, sur la complexité sur le temps d'exécution des algorithmes permettant de résoudre un problème donné. Pour faciliter leur tâche, les théoriciens de la complexité ont classé les problèmes informatiques en différents groupes, ou *classes*, en fonction de l'effort nécessaire pour les résoudre.

2. CLASSES DE COMPLEXITÉ

En mathématiques, une *classe* est un groupe d'objets ayant des attributs similaires. Par exemple, tous les problèmes calculatoires solubles en temps $O(n^2)$, que les théoriciens de la complexité notent **TIME**(n^2) constituent une classe. De même, **TIME**(n^3) est la classe des problèmes résolus en temps $O(n^3)$, **TIME**(2^n) la classe des problèmes résolus en temps $O(2^n)$, et ainsi de suite. Pour la même raison qu'un superordinateur peut calculer tout ce qu'un ordinateur portable peut calculer, tout problème soluble en $O(n^2)$ est également soluble en $O(n^3)$, car tout calcul de l'ordre de n^2 opérations sera sous la limite supérieure définie par $O(n^3)$; autrement dit, qui peut le plus peut le moins. Par conséquent, tout problème de la classe **TIME**(n^2) appartient également à la classe **TIME**(n^3), et tous les éléments de ces deux classes font partie de **TIME**(n^4), et ainsi de suite. L'union de toutes ces classes de problèmes **TIME**(n^k), pour toutes les valeurs constantes k, est appelée **P**, abréviation de *polynomial time*.

Si vous avez déjà programmé un ordinateur, vous savez que des algorithmes apparemment rapides peuvent néanmoins faire planter votre système en consommant toutes ses ressources mémoire. Lorsque vous choisissez un algorithme, vous devez non seulement prendre en compte sa complexité temporelle, mais aussi la quantité de mémoire qu'il utilise, c'est-à-dire sa *complexité spatiale* (ou « complexité mémorielle »). Cela est d'autant plus important qu'un seul accès mémoire est généralement plus lent de plusieurs ordres de grandeur qu'une opération arithmétique de base dans un processeur. De plus, on peut en théorie difficilement prendre en compte les différences de coût d'un accès à la mémoire selon le type de mémoire (cache processeur ou RAM).

Formellement, on définit la consommation de mémoire d'un algorithme comme une fonction de sa longueur d'entrée, toujours notée n, de la même manière qu'on a défini la complexité temporelle. La classe des problèmes pouvant être résolus en utilisant une quantité $f(n)$ de mémoire est **SPACE**(f(n)). Par exemple, **SPACE**(n^3) est la classe des problèmes pouvant être résolus en utilisant n^3 bits de mémoire (ou n^3 octets, l'unité exacte n'ayant pas d'importance). De même que **P** est l'union de toutes les classes **TIME**(n^k), l'union de toutes les classes **SPACE**(n^k) est appelée **PSPACE**.

Il est évident que plus la mémoire nécessaire est basse, mieux c'est. Cependant, une quantité polynomiale de mémoire n'implique pas nécessairement qu'un algorithme soit pratique. Pourquoi ? Prenons l'exemple d'une recherche de clé par force brute : cette méthode ne nécessite qu'une quantité négligeable (et constante) de mémoire, mais elle est extrêmement lente. Plus généralement, un algorithme peut prendre une éternité, même s'il n'utilise que quelques octets de mémoire. Qu'en est-il de l'inverse ?

On remarquera que tout problème soluble en temps f(n) nécessite au plus f(n) de mémoire, de sorte que **TIME**(f(n)) est inclus dans **SPACE**(f(n)). En effet, en un temps f(n) on ne peut écrire qu'au plus f(n) bits, et pas plus, car on suppose que l'écriture (ou la lecture) d'un bit prend une unité de temps ; par conséquent, tout problème dans **TIME**(f(n)) ne peut pas utiliser plus de f(n) espace. En particulier, tout problème soluble en temps polynomial utilise une quantité de mémoire au plus polynomiale. Tout problème dans la classe **P** fait donc partie de **PSPACE** ; c'est-à-dire que **P** est un sous-ensemble de **PSPACE**.

2.1 Temps polynomial non déterministe

NP est la deuxième classe de complexité la plus importante, après la classe **P** de tous les algorithmes solubles en temps polynomial. Non, **NP** ne signifie pas temps non polynomial, mais temps polynomial *non déterministe*. Qu'est-ce que cela signifie ?

NP est la classe de problèmes pour lesquels une solution peut être vérifiée en temps polynomial, c'est-à-dire efficacement, même si la solution elle-même peut être difficile à trouver (c'est-à-dire, en temps superpolynomial). Par *vérifié*, j'entends qu'étant donné une solution potentielle, on peut exécuter un algorithme en temps polynomial qui vérifiera si la solution est correcte. Par exemple, le problème de déterminer s'il existe une clé K telle que C = **E**(K, P) étant donné P et C, pour un cryptosystème symétrique **E**, est dans **NP**. En effet, on peut vérifier qu'une clé candidate K_0 est la clé correcte en testant si **E**(K_0, P) est égal à C. Le processus de recherche d'une clé ne peut pas être effectué en temps polynomial, mais la vérification que la bonne clé est en effet correcte est triviale car elle n'exige qu'une seule opération ; une complexité constante, faisant donc partie des opérations à coût polynomial ou moindre.

Voici maintenant un contre-exemple : qu'en est-il des attaques où l'on observe juste des *ciphertexts*, sans avoir aucune idée ni information sur le type de *plaintext* sous-jacent ? Cette fois, vous n'obtenez donc que des valeurs **E**(K, P) pour des *plaintexts* inconnus P. Si P peut être n'importe quelle valeur, il n'y a aucun moyen de vérifier si une clé potentielle est la bonne. La vérification n'est pas seulement coûteuse, elle est effectivement impossible. Par conséquent, le problème de la recherche de clé en cas d'attaque par *ciphertext* connu n'est pas dans **NP** (et encore moins dans **P**).

Un autre exemple de problème qui n'est pas dans **NP** est la vérification de l'*absence* de solution à un problème. Vérifier qu'une solution est correcte se résume à calculer un algorithme avec la solution candidate en entrée et à tester la valeur de retour, comme nous l'avons vu dans le premier cas de recherche de clé. Cependant, pour vérifier qu'il *n'*existe *pas* de solution, il peut être nécessaire de passer en revue toutes les entrées possibles. Et s'il existe un nombre exponentiel d'entrées, vous ne pourrez pas prouver efficacement qu'aucune solution n'existe. L'absence de solution est notamment difficile à démontrer pour les problèmes les plus difficiles de la classe **NP** — les problèmes dits ***NP**-complets* que nous aborderons par la suite.

2.2 Problèmes NP-complets

Les problèmes de décision les plus difficiles de la classe **NP** sont dits **NP**-complets ; on ne sait pas comment résoudre les instances les plus difficiles de ces problèmes en temps polynomial. Et comme l'ont découvert les théoriciens de la complexité dans les années 1970 lorsqu'ils ont développé la théorie de la **NP**-complétude, ces problèmes les plus difficiles de **NP** sont tous aussi difficiles les uns que les autres. Cela a été démontré en montrant que tout algorithme pour résoudre l'un des problèmes **NP**-complets peut être transformé en un algorithme pour n'importe quel autre problème **NP**-complet. En d'autres termes, si vous pouvez résoudre efficacement n'importe quel problème **NP**-complet, vous pouvez les résoudre tous, et ainsi tous les problèmes **NP**. Comment est-ce possible ?

Les problèmes **NP**-complets se présentent sous différentes formes mais ils sont fondamentalement similaires d'un point de vue mathématique. En fait, on peut « réduire » n'importe quel problème **NP**-complet à n'importe quel autre problème **NP**-complet de telle sorte que la capacité à résoudre le second implique la capacité à résoudre le premier.

Voici quelques exemples de problèmes **NP**-complets :

- ✓ **Le problème du voyageur de commerce** : Étant donné un ensemble de points sur une carte (tels que des villes) ainsi que les distances entre chaque lieu, et étant donné une distance maximale *x*, déterminer s'il existe un chemin qui passe par chaque point de telle sorte que la distance totale soit inférieure à *x*. Trouver une telle solution est essentiellement aussi difficile que le problème de décision qui lui est associé. Notons que le problème de décider si une solution est *optimale* n'est pas dans **NP**, car on ne peut pas vérifier efficacement si une solution est optimale.

✓ **Le problème de la clique** : Étant donné un nombre *x*, et un graphe (un ensemble de nœuds reliés par des arêtes, comme dans la figure 9-3), déterminez s'il existe un ensemble d'au maximum *x* nœuds tel que tous les nœuds soient reliés les uns aux autres (ce qu'on appelle une clique).

✓ **Le problème du sac à dos** : Étant donné deux nombres *x* et *y*, et un ensemble d'objets chacun ayant une valeur et un poids connus, peut-on décider s'il existe un groupe d'objets tel que la valeur totale soit au moins égale à *x* et le poids total au plus égal à *y* ?

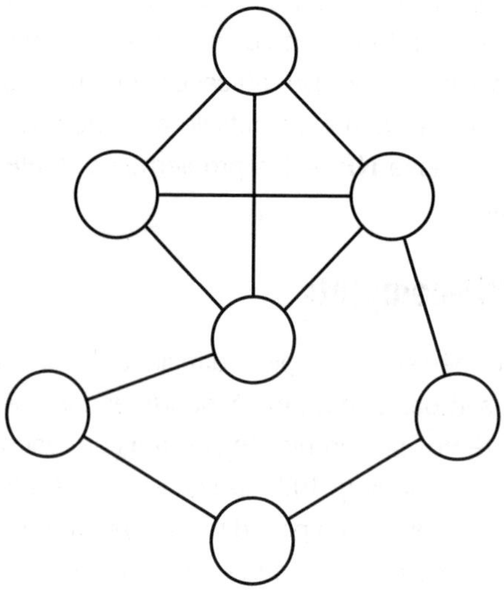

Figure 9-3 – Un graphe contenant une clique de quatre points. Le problème général de la recherche d'une clique (ensemble de nœuds tous connectés entre eux) de taille donnée dans un graphe est NP-complet.

De tels problèmes **NP**-complets se retrouvent partout, depuis les problèmes d'ordonnancement (étant donné des tâches d'une certaine priorité et d'une certaine durée, et un ou plusieurs processeurs, assigner les tâches aux processeurs en respectant la priorité tout en minimisant le temps d'exécution total) aux problèmes de satisfaction de contraintes (déterminer des valeurs qui satisfont un ensemble de contraintes mathématiques, telles que des équations logiques). Même la tâche de gagner dans certains jeux vidéo peut parfois être prouvée comme étant **NP**-complète (pour des jeux célèbres tels que *Tetris*, *Super Mario*

Bros, *Pokémon*, ou *Candy Crush Saga*). À ce sujet, l'article "Classic Nintendo Games are (Computationally) Hard", disponible sur https://arxiv.org/abs/1203.1895, examine le problème de décision de la possibilité d'atteindre le point d'arrivée à partir d'un point de départ donné.

Certains de ces problèmes de jeux vidéo sont au moins aussi difficiles que les problèmes **NP**-complets, et sont dits **NP**-difficiles (***NP**-hard*). Un problème est **NP**-difficile lorsqu'il est au moins aussi difficile que les problèmes **NP**-complets, et si toute méthode pour le résoudre peut être utilisée pour résoudre les problèmes **NP**-complets.

En effet, les problèmes **NP**-complets doivent être des problèmes *décisionnels*, c'est-à-dire des problèmes dont la réponse est oui ou non. Par conséquent, à proprement parler, les problèmes de calcul de la « meilleure » valeur d'une solution ne peuvent pas être **NP**-complets, mais peuvent être **NP**-difficiles. Par exemple, prenons le problème du voyageur de commerce : le problème « existe-t-il un chemin visitant tous les points avec une distance inférieure à X ? » serait **NP**-complet, alors que « trouver le chemin le plus rapide visitant tous les points » serait **NP**-difficile, mais pas **NP**-complet.

Je dois cependant faire une mise en garde importante : toutes les *instances* de problèmes **NP**-complets ne sont pas nécessairement difficiles à résoudre. Certaines instances spécifiques, parce qu'elles sont petites ou parce qu'elles ont une structure spécifique, peuvent parfois être résolues efficacement. Prenons par exemple le graphe de la figure 9-3. Il suffit de l'observer pendant quelques secondes pour repérer la clique, c'est-à-dire les quatre premiers nœuds connectés. Bien que le problème de la clique susmentionné soit **NP**-difficile, il n'y a rien de difficile dans cet exemple. Le fait d'être **NP**-complet ou **NP**-difficile ne signifie donc pas que toutes les instances d'un problème donné sont difficiles, mais qu'à mesure que la taille du problème augmente, certaines d'entre elles le sont.

2.3 Le problème P *vs* NP

Si l'on pouvait résoudre les problèmes de **NP** les plus difficiles en temps polynomial, alors on pourrait résoudre *tous* les problèmes de **NP** en temps polynomial, et donc **NP** serait égal à **P**. Mais n'est-il pas évident qu'il existe des problèmes pour lesquels une solution est facile à vérifier mais difficile à trouver ? Par exemple, n'est-ce pas une certitude que la recherche par force brute (à temps de calcul exponentiel) est le moyen le plus rapide de récupérer la clé d'un code symétrique, et donc que le problème ne peut être dans **P** ? Il s'avère cependant, aussi fou que cela puisse paraître, que personne n'a prouvé que **P** est différent de **NP**, malgré une prime d'un million de dollars.

Le Clay Mathematics Institute attribuera cette prime à quiconque prouvera que **P** ≠ **NP** ou **P** = **NP**. Ce problème, connu sous le nom de **P** *vs* **NP**, a été qualifié de « l'une des questions les plus profondes que les êtres humains aient jamais posées » par le célèbre théoricien de la complexité Scott Aaronson. Imaginez, si **P** était égal à **NP**, toute solution facile à vérifier serait également facile à trouver. Toute la cryptographie serait facile à casser puisque l'on pourrait retrouver des clés symétriques et inverser des fonctions de hachage en temps polynomial, soit rapidement.

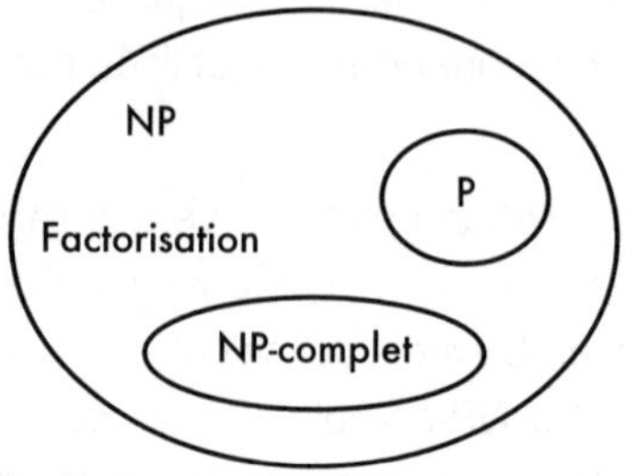

Figure 9-4 – Les classes **NP**, **P**, et l'ensemble de problèmes **NP**-complets.

Mais pas de panique, la plupart des spécialistes pensent que **P** n'est *pas* égal à **NP** et que, par conséquent, **P** est plutôt un sous-ensemble strict de **NP**, comme l'illustre la figure 9-4 où les problèmes **NP**-complets sont un autre sous-ensemble de **NP** qui ne chevauche pas **P**. Autrement dit, les problèmes qui semblent difficiles sont (très probablement) effectivement difficiles. Il est juste très compliqué de le prouver mathématiquement. Alors que prouver que **P** = **NP** ne nécessiterait que de trouver un algorithme en temps polynomial pour un problème **NP**-complet, prouver l'inexistence d'un tel algorithme est fondamentalement plus difficile. Mais cela n'a pas empêché certains « chercheurs » de proposer des preuves simples qui, bien que manifestement erronées, sont souvent amusantes à lire ; pour en lire des exemples, consultez la page « The P-versus-NP page » à l'adresse suivante : https://www.win.tue.nl/~gwoegi/P-versus-NP.htm.

Maintenant, si nous sommes presque sûrs que les problèmes difficiles existent dans **NP**, pourquoi ne pas les exploiter pour construire des cryptosystèmes « prouvés sûrs » ? Imaginons qu'il existe une preuve que le problème de casser un algorithme de chiffrement donné est **NP**-difficile, ce qui prouverait donc que l'algorithme est sûr tant que **P** n'est pas égal à **NP**. Mais en réalité ce n'est pas si simple. Les problèmes **NP**-difficiles se sont avérés difficiles à utiliser en cryptographie, car la structure même qui les rend difficiles dans le pire des cas peut les rendre faciles dans des cas spécifiques — des cas qui se produisent parfois en cryptographie, notamment lorsqu'on optimise la construction pour qu'elle soit rapide à calculer. En réalité, les principaux problèmes sur lesquels la cryptographie s'est reposée *ne sont probablement pas* **NP**-difficiles.

3. LE PROBLÈME DE LA FACTORISATION

Le problème de la factorisation consiste à trouver les nombres premiers p et q à partir de leur produit $N = p \times q$. La sécurité du célèbre algorithme RSA est basée sur le fait que la factorisation d'un grand nombre est difficile, autant pour ses constructions de chiffrement (comme le standard RSA-OAEP) que de signature (comme le standard RSA-PSS). Mais avant de voir (au chapitre 10) comment RSA exploite le problème de la factorisation, j'aimerais vous convaincre que ce problème est effectivement difficile mais qu'il n'est probablement pas **NP**-complet.

Tout d'abord, un peu de mathématiques élémentaires. Un *nombre premier* est un nombre qui n'est divisible par aucun autre nombre que lui-même et 1. Par exemple, les nombres 3, 7 et 11 sont premiers ; mais les nombres $4 = 2 \times 2$, $6 = 2 \times 3$, ou bien $12 = 2 \times 2 \times 3$ ne sont pas premiers. Un théorème fondamental de la théorie des nombres stipule que tout nombre entier peut être écrit de façon unique comme un produit de nombres premiers, une représentation appelée *factorisation* de ce nombre. Par exemple, la factorisation du nombre 123 456 est $2^6 \times 3 \times 643$; la factorisation de 1 234 567 est 127×9721, et ainsi de suite. Tout nombre entier a une factorisation unique, c'est-à-dire une façon unique de l'écrire comme un produit de nombres premiers. Mais comment savoir qu'une factorisation donnée ne contient que des nombres premiers ou qu'un nombre donné est premier ? Pour cela, on utilise des tests de primalité qui nous permettent de tester efficacement si un nombre donné est premier, en temps polynomial. Cependant, passer d'un nombre à ses facteurs premiers est une tout autre affaire.

3.1 Factoriser des grands nombres en pratique

Comment déterminer la factorisation d'un nombre, c'est-à-dire à sa décomposition en un produit de nombres premiers ? La façon la plus simple de factoriser un nombre N est d'essayer de le diviser par tous les nombres inférieurs jusqu'à ce que vous trouviez un nombre x qui divise N. Essayez ensuite de diviser N par le nombre suivant, $x + 1$, et ainsi de suite. Vous obtiendrez une liste de facteurs de N. Quelle est la complexité de cette opération ? Tout d'abord, rappelez-vous que nous exprimons les complexités en fonction de la *longueur* de l'entrée. La longueur en bits du nombre N est $n = \log_2 N$. Selon la définition de base du logarithme, cela signifie que $N = 2^n$. Si l'on essaye tous les nombres inférieurs à $N/2$ comme facteurs potentiels de N, il y a environ $N/2 = 2^n/2$ valeurs à essayer. La complexité de notre algorithme de factorisation naïf est donc $O(2^n)$, en ignorant le coefficient 1/2 dans la notation $O()$.

Bien sûr, beaucoup de nombres sont faciles à factoriser en trouvant d'abord les petits facteurs (tels que 2, 3, 5, etc.), puis en factorisant de manière itérative tous les autres facteurs non premiers. Mais nous nous intéressons ici aux nombres de la forme $N = p \times q$, où p et q sont grands, comme on les rencontre en cryptographie.

Soyons un peu plus malins. Nous n'avons pas besoin de tester tous les nombres inférieurs à $N/2$, mais seulement les nombres premiers, et nous pouvons commencer par n'essayer que ceux qui sont plus petits que la racine carrée de N. En effet, si N n'est pas premier, alors il doit avoir au moins un facteur inférieur à sa racine carrée $\sqrt{N}$. On peut démontrer ce résultat par l'absurde : si les deux facteurs p et q de N étaient supérieurs à $\sqrt{N}$, alors leur produit serait supérieur à $\sqrt{N} \times \sqrt{N} = N$, ce qui est impossible. On en déduit que l'un des facteurs doit être inférieur à $\sqrt{N}$.

Par exemple, observons le cas $N = 221$, ses facteurs p et *q ne* peuvent pas être tous les deux supérieurs à $\sqrt{221} \approx 14{,}8$, car cela donnerait un produit supérieur à 221. Soit p, soit *q doit être* plus petit que $\sqrt{N}$. En effet, $221 = 13 \times 17$.

Quelle est la complexité de l'algorithme qui ne teste que les nombres premiers inférieurs à $\sqrt{N}$? Le *théorème des nombres premiers* indique qu'il y a environ $N/\log N$ *nombres* premiers inférieurs à N. Par conséquent, il y a environ $\sqrt{N}/\log \sqrt{N}$ *nombres* premiers inférieurs à $\sqrt{N}$. En exprimant cette valeur en termes de la taille $n = \log_2 N$ du nombre N, nous obtenons environ $2^{n/2+1}/n$ facteurs premiers possibles et donc une complexité de $O(2^{n/2}/n)$, puisque $\sqrt{N} = 2^{n/2}$ et $1/\log_2 \sqrt{N} = 1/(n/2) = 2/n$ (on peut ignorer le « +1 » de l'exposant dans le $O()$). C'est déjà plus rapide que de tester tous les nombres premiers, mais cela reste terriblement lent : de l'ordre de 2^{120} opérations pour un nombre de 256 bits, soit un effort de calcul infaisable en pratique.

L'algorithme de factorisation le plus rapide est le *general number field sieve* (GNFS) que je ne décrirai cependant pas car il nécessite l'introduction de plusieurs concepts mathématiques avancés. Une estimation approximative de la complexité de GNFS est $\exp(1{,}91 \times n^{1/3} (\log n)^{2/3})$, où exp(...) est juste une notation différente pour la fonction exponentielle e^x, avec e la constante exponentielle environ égale à 2,718. Cependant, il est difficile d'obtenir une estimation précise de la complexité réelle de GNFS pour une taille de nombre donnée. Par conséquent, nous devons nous appuyer sur des estimations heuristiques de complexité qui montrent comment la sécurité augmente avec la taille n du nombre à factoriser. Par exemple :

- ✓ La factorisation d'un nombre de **1024 bits**, qui aurait deux facteurs premiers d'environ 500 bits chacun, nécessitera environ 2^{70} opérations de base.
- ✓ La factorisation d'un nombre de **2048 bits**, qui aurait deux facteurs premiers d'environ 1000 bits chacun, prendra de l'ordre de 2^{90} opérations de base, ce qui est environ un million de fois plus lent que pour un nombre de 1024 bits.

On estime qu'il faut au moins 4096 bits pour atteindre une sécurité de 128 bits. Notez que ces valeurs sont à prendre avec des pincettes et que les chercheurs ne sont pas toujours d'accord sur ces estimations. De plus, le coût réel dépend aussi du type d'implémentation et de son niveau d'optimisation. Observons par exemple ces résultats expérimentaux :

- ✓ En 2005, après environ 18 mois de calcul, avec un *cluster* de 80 processeurs et un effort total équivalent à 75 ans de calcul sur un seul processeur, un groupe de chercheurs a factorisé un nombre de **663 bits** (200 chiffres décimaux).
- ✓ En 2009, après environ deux ans, avec plusieurs centaines de processeurs et un effort total équivalent à environ 2000 années de calcul sur un seul processeur, un autre groupe de chercheurs a factorisé un nombre de **768 bits** (232 chiffres décimaux).
- ✓ En 2020, après quelques mois de calcul, avec des dizaines de milliers de processeurs, et l'utilisation d'un superordinateur, pour un effort total équivalent à environ 2700 années de calcul sur un seul processeur, une autre équipe a factorisé un nombre de **829 bits** (250 chiffres décimaux).

Comme vous pouvez le constater, les nombres factorisés par les chercheurs sont plus courts que ceux des applications réelles, qui sont au moins de 1024 bits et souvent de plus de 2048 bits. À l'heure où j'écris ces lignes, personne n'a signalé la factorisation d'un nombre de 1024 bits, mais beaucoup pensent que des organisations telles que la NSA peuvent le faire.

En résumé, RSA avec 1024 bits doit être considéré comme insuffisant, et doit être utilisé avec une valeur d'au moins 2048 bits, et de préférence 4096 bits, pour garantir une plus haute sécurité.

3.2 Factoriser est-il un problème NP-difficile ?

On ne sait pas comment factoriser efficacement les grands nombres, ce qui suggère que le problème de la factorisation n'appartient *pas* à **P**. Cependant, la factorisation est clairement dans **NP** car étant donné une factorisation, on peut vérifier la solution en cherchant à prouver que les facteurs sont bien des nombres premiers (grâce aux tests de primalité efficaces), et en vérifiant qu'une fois multipliés ensemble, les facteurs donnent bien le nombre attendu. Par exemple, pour vérifier que 3×5 est la factorisation de 15, on vérifie que 3 et 5 sont premiers et que 3 fois 5 est égal à 15.

Nous avons donc un problème qui est dans **NP** et qui semble difficile, mais est-il aussi difficile que les problèmes **NP** les plus difficiles ? En d'autres termes, la factorisation est-elle **NP**-complète ? *Spoiler alert* : probablement pas.

Il n'existe aucune preuve mathématique que la factorisation n'est pas **NP**-difficile, mais nous disposons de quelques arguments. Tout d'abord, tous les problèmes **NP**-difficiles connus de **NP** peuvent avoir une solution, voire plusieurs solutions, ou bien aucune solution. En revanche, la factorisation a toujours exactement une solution. Aussi, le problème de la factorisation possède une structure mathématique qui permet à l'algorithme GNFS de surpasser de manière significative un algorithme naïf, une structure que les problèmes **NP**-complets n'ont pas. De plus, la factorisation serait facile si nous disposions d'un *ordinateur quantique*, un modèle informatique qui exploite les phénomènes de la mécanique quantique pour exécuter différents types d'algorithmes et qui aurait la capacité de factoriser efficacement les grands nombres (non pas parce qu'il exécuterait l'algorithme plus rapidement, mais parce qu'il pourrait exécuter un *algorithme quantique*, exploitant les phénomènes de superposition et d'interférence quantiques). Cependant, un ordinateur quantique n'existe pas encore et pourrait ne jamais exister. Quoi qu'il en soit, un ordinateur quantique serait inutile pour résoudre les problèmes **NP**-difficiles, car il ne serait pas plus rapide qu'un ordinateur classique (voir le chapitre 14).

La factorisation peut donc être légèrement plus facile qu'un problème **NP**-difficile en théorie, mais en ce qui concerne la cryptographie, elle est suffisamment difficile. Elle s'est même souvent avérée plus fiable que les cryptosystèmes basés sur des problèmes **NP**-difficiles. En effet, il est plus facile de construire des systèmes cryptographiques à partir du problème de la factorisation que des problèmes **NP**-difficiles, parce qu'il est difficile de savoir exactement à quel point il est difficile de casser un algorithme basé sur les problèmes **NP**-difficiles ; en d'autres termes, il est souvent difficile de *quantifier* la sécurité, soit estimer le nombre de bits de sécurité garantis. Comme discuté plus haut, ceci est lié a fait que la **NP**-difficulté concerne les pires cas (*worst case*) alors que les cryptographes ont besoin de difficulté en moyenne (*average case*).

Le problème de la factorisation n'est qu'un des différents problèmes utilisés en cryptographie comme hypothèse de difficulté (*hardness assumption*), c'est-à-dire l'hypothèse qu'un problème est difficile à résoudre sur le plan calculatoire. De telles hypothèses sont utilisées pour prouver que casser la sécurité d'un cryptosystème est au moins aussi difficile que résoudre le problème en question. Le second problème important utilisé comme hypothèse de difficulté est le *problème du logarithme discret* (*discrete logarithm problem*, DLP), qui est en fait une famille de problèmes.

4. LE PROBLÈME DU LOGARITHME DISCRET

Dans l'histoire officielle de la cryptographie, le *discrete logarithm problem* (DLP) est antérieur au problème de la factorisation. Alors que RSA a été publié en 1977, une autre avancée cryptographique, l'établissement de clé Diffie-Hellman (abordé au chapitre 11), était apparue environ un an plus tôt, basant sa sécurité sur la difficulté du DLP. Comme le problème de la factorisation, le DLP concerne les grands nombres, mais il est un peu moins simple et nécessite un peu plus de mathématiques que la factorisation. Permettez-moi donc d'introduire la notion mathématique de *groupe* dans le contexte des logarithmes discrets.

4.1 Qu'est-ce qu'un groupe ?

Dans le contexte mathématique, un *groupe* est un ensemble d'éléments (typiquement, des nombres) qui sont liés les uns aux autres selon certaines règles bien définies, selon une *opération de groupe*. Un exemple de groupe est l'ensemble des entiers non nuls modulo un nombre premier *p*, muni de la multiplication modulaire comme opération de groupe ; nous notons ce groupe ($\mathbf{Z}_p^*$, ×), ou simplement $\mathbf{Z}_p^*$.

Pour *p* = 5, on obtient le groupe $\mathbf{Z}_5^* = \{1,2,3,4\}$. Dans ce groupe, les opérations se font donc modulo 5 ; ainsi, on aura 3 × 4 = 2, car 12 mod 5 = 2. Nous utilisons néanmoins le même signe (×) que pour la multiplication normale des nombres entiers. De même, nous utilisons la notation en exposant pour désigner la multiplication d'un élément de groupe avec lui-même *p*, une opération courante en cryptographie. Par exemple, dans notre groupe ($\mathbf{Z}_5^*$, ×), $2^3 = 2 \times 2 \times 2 = 3$, plutôt que 8, car 8 mod 5 est égal à 3.

Pour être un groupe, un ensemble et son opération doivent présenter les caractéristiques suivantes, appelées *axiomes de groupe* :

- ✓ **Composition interne** : Pour tous éléments *x* et *y* du groupe, $x \times y$ est aussi dans le groupe. Dans notre exemple, on a bien 2 × 3 = 1 (car 6 = 1 mod 5), 2 × 4 = 3, etc.
- ✓ **Associativité** : Pour tout *x*, *y*, et *z* du groupe, $(x \times y) \times z = x \times (y \times z)$. Dans notre cas, on a par exemple, (2 × 3) × 4 = 1 × 4 = 2 × (3 × 4) = 2 × 2 = 4.
- ✓ **Existence d'un élément neutre** : Il existe un élément *e* tel que $e \times x = x \times e = x$. Dans notre exemple, l'élément neutre est 1.
- ✓ **Existence d'un inverse** : Pour tout *x* du groupe, il existe un *y* tel que $x \times y = y \times x = e$. Dans notre exemple, l'inverse de 2 est 3, et l'inverse de 3 est 2, tandis que 4 est son propre inverse car 4 × 4 = 16 = 1 mod 5.

De plus, un groupe est dit *commutatif* si $x \times y = y \times x$ pour tout choix d'éléments *x* et *y* du groupe. Tout groupe multiplicatif d'entier, avec la multiplication qui nous est familière, est commutatif. Notre exemple de ($\mathbf{Z}_5^*$, ×) est ici tout particulièrement commutatif : 3 × 4 = 4 × 3, 2 × 3 = 3 × 2, etc.

Un groupe est dit *cyclique* s'il existe au moins un élément *g* telles que ses puissances successives (g^1, g^2, g^3, etc.) couvrent tous les éléments du groupe. L'élément *g* est alors appelé *générateur* du groupe. Le groupe ($\mathbf{Z}_5^*$, ×) est cyclique, et a deux générateurs, 2 et 3, car $2^1 = 2$, $2^2 = 4$, $2^3 = 3$, $2^4 = 1$; et $3^1 = 3$, $3^2 = 4$, $3^3 = 2$, $3^4 = 1$.

Notez que j'utilise la multiplication comme opérateur de groupe, mais vous pouvez également obtenir des groupes à partir d'autres opérateurs. Par exemple, l'un des groupes les plus simples est l'ensemble de tous les entiers, positifs et négatifs, avec l'addition comme opération de groupe. Vérifions que les axiomes de groupe s'appliquent bien : il est clair que le nombre $x + y$ est un entier si x et y sont des entiers (composition interne) ; $(x + y) + z = x + (y + z)$ pour tout x, y et z (associativité) ; zéro est l'élément neutre ; et l'inverse de tout nombre x dans le groupe est $-x$ car $x + (-x) = 0$ pour tout entier x. La grande différence, cependant, est que ce groupe d'entiers est de taille infinie, alors qu'en cryptographie, nous n'aurons affaire qu'à des *groupes finis*, c'est-à-dire des groupes ayant un nombre fini d'éléments. Typiquement, nous utiliserons des groupes $(\mathbf{Z}_p^*, \times)$, où p sera long de *plusieurs milliers de* bits (c'est-à-dire des groupes qui contiennent de l'ordre de 2^m nombres si p est long de m bits).

4.2 Ce qui est difficile

Le problème du logarithme discret (*discrete logarithm problem*, DLP), tel qu'utilisé le plus souvent en cryptographie, consiste à trouver y pour lequel $g^y = x$, étant donné un générateur g dans un groupe $(\mathbf{Z}_p^*, \times)$ où p est un nombre premier, et étant donné un élément de groupe x. On trouve désormais aussi le DLP plus souvent exprimé avec la notation additive plutôt que multiplicative, tel que rencontré dans les groupes de courbes elliptiques. Dans ce cas, le problème consiste à retrouver le facteur multiplicatif k tel que $k \times P = Q$, où les points P et Q sont connus.

Le DLP est dit *discret* car il s'agit d'éléments dénombrables tels les entiers, et non de nombres réels (continus). C'est un *logarithme*, car nous cherchons le logarithme de x dans la base g. Par exemple, le logarithme de 256 en base 2 est 8 parce que $2^8 = 256$.

On m'a souvent demandé lequel des deux problèmes est le plus sûr entre la factorisation et le logarithme discret, soit quel problème est le plus difficile ? Ma réponse serait qu'ils sont à peu près aussi difficiles l'un que l'autre. En effet, les algorithmes permettant de résoudre le DLP présentent des similitudes avec ceux les algorithmes de factorisation d'entiers, et on obtient à peu près le même niveau de sécurité avec des nombres de *n bits* difficiles à factoriser qu'avec des logarithmes discrets dans un groupe multiplicatif de nombres de *n bits*. Et pour les mêmes raisons que la factorisation, le DLP n'est probablement pas **NP**-complet. Notez qu'il existe certains groupes pour lesquels le DLP est plus facile à résoudre, mais ceux-ci ne sont évidemment pas recommandés en cryptographie, du moins quand le DLP doit y être.

5. EXEMPLES DE PROBLÈMES

Plus de 40 ans après leur découverte, nous ne savons toujours pas comment factoriser efficacement les grands nombres ou résoudre les logarithmes discrets. En l'absence de preuve mathématique de leur sécurité, il est toujours possible de spéculer et imaginer qu'ils seront cassés un jour. Mais nous n'avons pas non plus de preuve que **P** ≠ **NP**, donc pourquoi pas imaginer **P** = **NP**? Cependant, selon les experts, de telles surprises sont peu probables. Il n'y a donc pas vraiment lieu de s'inquiéter. En effet, toute la cryptographie à clé publique déployée aujourd'hui repose soit sur la factorisation (RSA), soit sur le DLP (Diffie-Hellman, ElGamal, cryptographie à courbe elliptique), soit sur une combinaison des deux. Néanmoins, même si les mathématiques ne nous font pas défaut, il existe un certain nombre de risques liés à leur mise en œuvre et utilisation dans le monde réel.

5.1 Quand la factorisation est facile

Factoriser les grands nombres n'est pas toujours difficile. Par exemple, prenons le nombre N de 1 024 bits suivant:

179769313486231590772930519078902473361797697894230657273430081157
7393438199338429869825571741982572789172586381937092658191860266
2618065973066506271099555657863944771560841518689565284169198292 1
1072023171653691248904815123885580390534271250992903154492623247 0
93152632560831325404614070528728327909153880 14592

Pour les nombres de 1 024 bits utilisés dans les systèmes de chiffrement ou de signature RSA, où $N = pq$, les meilleurs algorithmes de factorisation devraient nécessiter environ 2^{70} opérations, comme nous l'avons vu précédemment. Mais vous pouvez factoriser le nombre ci-dessus en quelques secondes à l'aide de SageMath, un logiciel mathématique basé sur Python. En utilisant la fonction `factor()` de SageMath sur mon MacBook de 2023, il m'a fallu moins d'une seconde pour obtenir la factorisation suivante:

$2^{800} \times 641 \times 6700417 \times 167773885276849215533569 \times 37414057161322375957408148834323969$

C'est vrai, j'ai triché: ce nombre n'est pas de la forme $N = pq$ parce qu'il n'a pas seulement deux grands facteurs premiers, mais plutôt cinq facteurs distincts, dont de très petits, ce qui le rend facile à factoriser. Tout d'abord, vous identifierez la partie $2^{800} \times 641 \times 6700417$ en essayant de petits nombres à partir d'une liste précalculée de nombres premiers, ce qui vous laissera un nombre de 192 bits beaucoup plus facile à factoriser qu'un nombre de 1 024 bits avec deux grands facteurs.

Mais la factorisation peut être facile non seulement lorsque n n'a pas de petits facteurs premiers, mais aussi lorsque N ou ses facteurs p et q ont des formes particulières. Par exemple, lorsque p et q sont tous deux proches d'un certain 2^b; ou lorsque certains bits de p ou q sont connus; ou encore lorsque N est de la forme $N = p^r q^s$ et que r est supérieur à log p. Cependant, les détails de ces faiblesses sont beaucoup trop techniques pour ce livre.

Il est donc crucial de bien choisir p et q lorsque l'on génèrera des clés RSA (tel qu'abordé au chapitre 10), afin d'éviter une factorisation facile de N, et donc une réduction notable de sécurité.

5.2 Les petits problèmes difficiles ne sont pas difficiles

Les problèmes calculatoires difficiles deviennent faciles lorsqu'ils sont suffisamment petits, et même les algorithmes à complexité exponentielle deviennent réalisables lorsque la taille du problème diminue. Un algorithme de chiffrement symétrique peut être sûr au sens où il n'existe pas d'attaque plus rapide que la force brute en temps 2^n, mais si la longueur de la clé est $n = 32$, alors vous pourrez casser l'algorithme en quelques minutes au plus. Cela semble évident et l'on pourrait penser que personne ne serait assez naïf pour utiliser de petites clés. Mais en réalité, il existe de nombreuses raisons pour lesquelles cela peut se produire. Voici deux histoires vraies :

Supposons que vous soyez un développeur qui ne connaît rien à la cryptographie, mais qui dispose d'une API pour chiffrer avec RSA et à qui l'on a demandé de chiffrer avec une sécurité de 128 bits. Quelle taille de clé RSA choisiriez-vous ? J'ai déjà vu des cas réels de RSA 128 bits, soit de RSA basé sur un nombre de 128 bits $N = pq$. Cependant, bien que la factorisation soit difficile à réaliser pour un N de plusieurs milliers de bits, la factorisation d'un nombre de 128 bits est facile. En utilisant le logiciel SageMath, les commandes présentées dans le listing 9-2 s'exécutent instantanément.

Listing 9-2 – Générer un module RSA en choisissant deux nombres premiers aléatoires et en le factorisant instantanément

```
sage: p = random_prime(2**64)
sage: print(p)
6822485253121677229
sage: q = random_prime(2**64)
sage: print(q)
17596998848870549923
Sage: N = p*q
sage: factor(N)
6822485253121677229 * 17596998848870549923
```

Le listing 9-2 montre qu'un nombre de 128 bits pris comme produit de deux nombres de 64 bits aléatoires peut être facilement factorisé sur un ordinateur portable classique. Cependant, si je choisissais des nombres premiers de 1 024 bits en utilisant `p = random_prime(2**1024)`, la commande `factor(N)` ne terminerait jamais, du moins pas de mon vivant.

Pour être honnête, les outils disponibles n'ont pas toujours empêché l'utilisation naïve de paramètres trop courts pour être sûrs. Par exemple, l'utilitaire

OpenSSL a longtemps permis de générer des clés RSA aussi courtes que 31 bits sans aucun avertissement ; il est évident que des clés aussi courtes ne sont pas du tout sûres, comme le montre le listing 9-3. OpenSSL a depuis été corrigé, et dans ses versions 1.1.1t (février 2023) et 3.1.2 (août 2023) il renvoie une erreur *key size too small* si l'on demande une clé RSA de moins de 512 bits.

Listing 9-3 – Génération d'une clé privée RSA non sécurisée à l'aide d'une ancienne version de l'outil OpenSSL.

```
$ openssl genrsa 31
Generating RSA private key, 31 bit long modulus .+++++++++++++++++++++++++++
.+++++++++++++++++++++++++++
e is 65537 (0x10001)
-----BEGIN RSA PRIVATE KEY-----
MCsCAQACBHHqFuUCAwEAAQIEP6zEJQIDANATAgMAjCcCAwCSBwICTGsCAhpp
-----END RSA PRIVATE KEY-----
```

Lorsque l'on analyse la sécurité cryptographique d'un système, il convient de vérifier non seulement le type d'algorithmes utilisés, mais aussi leurs paramètres et la longueur de leurs valeurs secrètes. Cependant, comme vous le verrez dans l'histoire suivante, ce qui est suffisamment sûr aujourd'hui peut ne pas l'être demain.

En 2015, des chercheurs ont découvert que de nombreux serveurs HTTPS et serveurs email acceptaient encore en charge une ancienne version du protocole d'établissement de clé Diffie-Hellman qui utilisait un groupe d'entiers de 512 bits seulement, donc où le problème du logarithme discret n'était désormais plus très difficile à calculer.

Non seulement les serveurs acceptaient un algorithme faible, mais les attaquants pouvaient forcer un client à utiliser cet algorithme en injectant du trafic malveillant dans sa session. Mieux encore pour les attaquants, la plus grande partie de l'attaque pouvait être réalisée une seule fois et « recyclée » pour attaquer plusieurs clients. Après environ une semaine de pré-calcul pour attaquer un groupe spécifique, il n'a fallu que 70 secondes pour casser les sessions de différents utilisateurs.

Un protocole de sécurité ne vaut donc pas grand-chose s'il accepte des algorithmes faibles, et un algorithme fiable est inutile s'il est saboté par des paramètres faibles. En cryptographie, il faut ainsi toujours faire attention aux détails.

Pour en savoir plus sur cette histoire, consultez l'article de recherche "Imperfect Forward Secrecy: How Diffie-Hellman Fails in Practice", disponible sur https://weakdh.org/imperfect-forward-secrecy-ccs15.

6. POUR ALLER PLUS LOIN

Je vous encourage à approfondir les aspects fondamentaux du calcul dans le contexte de la calculabilité (quelles fonctions peuvent être calculées, ou pas ?) et de la complexité (à quel coût ?), et comment ils sont liés à la cryptographie. J'ai surtout parlé des classes **P** et **NP**, mais il existe bien d'autres classes intéressantes pour les cryptographes, comme **BQP** ou co-**NP**. Je recommande vivement le livre *Quantum Computing since Democritus* de Scott Aaronson (Cambridge University Press, 2013). Il traite en grande partie du calcul quantique, mais ses premiers chapitres introduisent brillamment la théorie de la complexité et la cryptographie.

Dans la littérature de recherche en cryptographie, vous trouverez également d'autres problèmes difficiles. Je les mentionnerai dans les chapitres suivants, mais voici quelques exemples qui illustrent la diversité des problèmes exploités par les cryptographes :

- ✓ Le problème Diffie-Hellman (étant donné g^x et g^y, trouver g^{xy}) est une variante du problème du logarithme discret et est largement utilisé dans les protocoles d'établissement de clé, que ce soit sous cette forme ou sa variante additive pour les groupes de points de courbes elliptiques.
- ✓ Les problèmes de réseaux euclidiens (ou treillis, *lattices*), tels que les problèmes SVP (*shortest vector problem*), SIS (*short integer solutions*), et le problème lié LWE (*learning with errors*).
- ✓ Les problèmes de décodage s'appuient sur la difficulté de décoder des codes correcteurs d'erreurs avec des informations insuffisantes, et ont été étudiés depuis la fin des années 1970.
- ✓ Les problèmes multivariés consistent à résoudre des systèmes d'équations non linéaires, tels qu'utilisés pour construire des schémas de signature. L'une de leurs difficultés est d'allier sécurité et performance ; plusieurs constructions ont en effet été cassées car leur structure (alors efficace pour calculer) sacrifiait trop de sécurité.

Ces trois derniers types de problèmes sont **NP**-difficiles, ce qui n'implique cependant pas que toute instance utilisée dans le contexte de la cryptographie est sûre. Comme nous le verrons au chapitre 14, ces problèmes sont résistants aux algorithmes quantiques, et sont donc utilisés pour construire des schémas post-quantiques (*post-quantum*).

Dans le chapitre 10, nous continuerons à parler de problèmes difficiles, en particulier la factorisation et sa principale variante, le problème RSA.

10 RSA

Le cryptosytème Rivest–Shamir–Adleman (RSA) a révolutionné la cryptographie lorsqu'il est apparu en 1977 comme le premier système de chiffrement à clé publique. Alors que les méthodes classiques (symétriques) utilisaient la même clé (secrète) pour chiffrer et déchiffrer les messages, le chiffrement à clé publique, dit aussi *asymétrique*, vint révolutionner la cryptographie en utilisant deux clés distinctes pour ces deux opérations.

Une de ces clés est votre clé *publique*, qui peut être utilisée par quiconque pour chiffrer des messages que seulement vous pourrez déchiffrer à l'aide de... votre clé privée. Cette magie est la raison pour laquelle RSA a bouleversé la cryptographie et, 40 ans plus tard, il reste le parangon du chiffrement à clé publique et un composant clé de la sécurité de nombreuses infrastructures informatiques (notons qu'un an avant RSA, Diffie et Hellman avaient introduit le concept de cryptographie asymétrique, mais leur système ne permettait pas d'effectuer des signatures à clé publique, contrairement à RSA).

RSA est avant tout une astuce arithmétique. Il fonctionne grâce à un objet mathématique appelé *permutation à trappe* (*trapdoor permutation*), une fonction qui transforme un nombre x en un nombre y dans le même intervalle, de sorte qu'il est facile de calculer y à partir de x *en* utilisant la clé publique, mais qu'il est impossible en pratique de calculer x à partir de y; à moins de connaître la clé privée, c'est-à-dire la *trappe* (considérez x comme un *plaintext* et y comme un *ciphertext*).

Outre le chiffrement, RSA peut également créer des signatures. Dans ce cas, les rôles sont inversés : le détenteur de la clé privée est le seul à pouvoir signer un message, et la clé publique permet à quiconque de vérifier la validité d'une signature (on suppose que la clé privée est uniquement connue de son propriétaire, et que celui-ci ne l'aura pas perdue).

Dans ce chapitre, nous verrons d'abord comment fonctionne la permutation à trappe RSA, ainsi que les liens entre sa sécurité et le problème de la factorisation (abordé au chapitre 9). J'expliquerai ensuite pourquoi la permutation RSA à elle seule ne suffit pas pour construire un chiffrement ou des signatures sûrs. Nous parlerons aussi des implémentations de RSA et comment l'attaquer.

Commençons par les bases, avec un peu de mathématiques.

1. LES MATHÉMATIQUES DE RSA

Lors du traitement d'un message, que ce soit pour le chiffrer ou le signer, RSA construit d'abord un grand nombre à partir de ce message, et procède ensuite principalement à des multiplications entre grands nombres. Par conséquent, pour comprendre le fonctionnement de RSA, nous devons savoir quel type de grands nombres il manipule et comment la multiplication fonctionne sur ces nombres.

Dans le cas du chiffrement élémentaire, RSA considère le *plaintext* comme un nombre entier positif compris entre 1 et $n - 1$, où n est un grand nombre appelé le *module*. Ces nombres, lorsqu'ils sont multipliés ensemble, sont réduits modulo n afin de rester dans cet intervalle. Si vous avez suivi le chapitre 9, vous aurez compris que ces nombres forment un groupe, noté $\mathbf{Z}_n^*$, lorsque la multiplication est l'opération de groupe : on l'appelle le groupe multiplicatif des entiers modulo n.

Par exemple, considérons le groupe $\mathbf{Z}_4^*$ des entiers modulo 4. Rappelez-vous qu'un groupe doit inclure un élément neutre (1 dans notre cas) et que chaque élément x du groupe doit avoir un inverse, soit un nombre y tel que $x \times y = 1$. Comment déterminer l'ensemble exact des nombres qui constituent $\mathbf{Z}_4^*$? Ce n'est pas si simple, car tous les nombres dans l'intervalle ne font pas nécessairement partie d'un groupe $\mathbf{Z}_n^*$ quand n n'est pas un nombre premier. Qu'en est-il donc de $\mathbf{Z}_4^*$?

D'après nos définitions, nous savons que 0 n'est pas dans le groupe $\mathbf{Z}_4^*$ car la multiplication d'un nombre quelconque par 0 ne peut jamais donner 1, donc 0 ne peut pas avoir d'inverse. Le nombre 1, cependant, appartient à $\mathbf{Z}_4^*$ car $1 \times 1 = 1$, donc 1 est son propre inverse. En revanche, le nombre 2 n'appartient pas à ce groupe car on ne peut pas obtenir 1 en multipliant 2 avec un autre élément de $\mathbf{Z}_4^*$. La raison est que 2 n'est pas premier (*co-prime*) avec 4, car 4 et 2 partagent le facteur 2. Le nombre 3 appartient au groupe car il est, comme 1, son propre inverse : $(3 \times 3) \bmod 4 = 1$. On a donc $\mathbf{Z}_4^* = \{1, 3\}$.

Considérons maintenant $\mathbf{Z}_5^*$, le groupe multiplicatif des entiers modulo 5. Quels nombres cet ensemble contient-il ? Le nombre 5 est premier, et alors 1, 2, 3 et 4 sont tous premiers avec 5, donc $\mathbf{Z}_5^* = \{1, 2, 3, 4\}$. Vérifions-le : $2 \times 3 \bmod 5 = 1$, donc 2 est l'inverse de 3 et 3 est l'inverse de 2 ; 4 est son propre inverse car l'on a $4 \times 4 \bmod 5 = 1$; enfin, 1 est à nouveau son propre inverse dans le groupe.

Pour trouver le nombre d'éléments d'un groupe $\mathbf{Z}_n^*$ lorsque n n'est pas premier, on utilise la fonction dite *totient d'Euler*, qu'on note $\varphi(n)$, où φ est la lettre grecque *phi*. Cette fonction donne le nombre d'éléments premiers avec (et plus petits que) n, qui est aussi le nombre d'éléments dans $\mathbf{Z}_n^*$. En règle générale, si n est un produit de nombres premiers $n = p_1 \times p_2 \times ... \times p_m$, alors le nombre d'éléments du groupe $\mathbf{Z}_n^*$ est le suivant :

$$\varphi(n) = (p_1 - 1) \times (p_2 - 1) \times .... \times (p_m - 1)$$

En cryptographie, RSA n'est utilisé qu'avec des modules n qui sont le produit de deux grands nombres premiers, généralement notés $n = pq$. Le groupe associé $\mathbf{Z}_n^*$ contiendra alors $\varphi(n) = (p - 1)(q - 1)$ éléments. En développant cette expression, on obtient $\varphi(n) = n - p - q + 1$, ou encore $\varphi(n) = (n + 1) - (p + q)$, qui expriment plus intuitivement la valeur de $\varphi(n)$ par rapport à n.

2. LA PERMUTATION À TRAPPE RSA

La permutation à trappe RSA est l'opération au cœur du chiffrement et des signatures basés sur RSA. Étant donné un module n et un nombre e, appelé *exposant public*, la permutation à trappe RSA transforme un nombre x de l'ensemble $\mathbf{Z}_n^*$ en $y = x^e \bmod n$, soit x élevé à la puissance e, ou x multiplié par lui-même $e - 1$ fois modulo n. Lorsque nous utilisons la permutation RSA pour chiffrer, le module n et l'exposant e constituent la clé publique RSA.

Afin de récupérer x à partir de y, on utilise un autre nombre, noté d, pour calculer ce qui suit :

$$y^d \bmod n = (x^e)^d \bmod n = x^{ed} \bmod n = x$$

Le nombre d est donc la « trappe » qui permet de déchiffrer en inversant l'exponentiation par e. Vous l'aurez deviné, d constitue la clé privée d'une paire de clés RSA et, contrairement à la clé publique, elle doit être gardée secrète par son détenteur. Le nombre d est également appelé *exposant secret*, car on peut aussi voir les facteurs p et/ou q comme la clé secrète, comme nous allons le voir.

Évidemment, d *n'*est pas n'importe quel nombre ; c'est le nombre tel que e multiplié par d est équivalent à 1 « dans l'exposant », et donc tel que $x^{ed} \bmod n = x$ pour tout x. Plus précisément, on doit avoir $ed \bmod \varphi(n) = 1$ afin d'obtenir $x^{ed} = x^1 = x$ et pour déchiffrer le message correctement. Notez que nous calculons ici modulo $\varphi(n)$ et non modulo n parce que les exposants se comportent comme les « indices » des éléments de $\mathbf{Z}_n^*$ plutôt que comme les éléments eux-mêmes. Et comme $\mathbf{Z}_n^*$ contient $\varphi(n)$ éléments, les exposants doivent être inférieurs à $\varphi(n)$.

Le nombre φ(*n*) est crucial pour la sécurité de RSA. En fait, trouver φ(*n*) pour un module RSA *n* équivaut à casser RSA, car l'exposant secret *d* peut facilement être dérivé de φ(*n*) et de *e*, en calculant l'inverse de *e*. Par conséquent, *p* et *q* doivent également être secrets, puisque la connaissance de *p* ou *q* permet d'obtenir φ(*n*) en calculant $(p - 1)(q - 1) = \varphi(n)$.

Note : φ(*n*) est également appelé l'*ordre* du groupe $\mathbf{Z}_n^*$. L'ordre est une caractéristique importante d'un groupe, qui est également essentielle pour d'autres systèmes à clé publique tels que l'établissement de clé Diffie–Hellman et la cryptographie à courbe elliptique.

3. GÉNÉRATION DE CLÉS RSA

La *génération de clés* est le processus par lequel une paire de clés RSA est créée, à savoir une clé publique (module *n* et exposant public *e*) et sa clé privée (exposant secret *d*). Les nombres *p* et *q* (tels que $n = pq$) et l'ordre φ(*n*) doivent également être secrets, et sont donc souvent considérés comme faisant partie de la clé privée, même s'ils ne sont pas nécessaires dès qu'on connaît *d*.

Pour générer une paire de clés RSA, nous choisissons d'abord deux nombres premiers aléatoires, *p* et *q*, puis nous calculons φ(*n*) à partir de ceux-ci, et nous calculons *d* comme l'inverse de *e* — où *e* peut être une valeur aléatoire, mais est le plus souvent fixe et relativement petit, pour minimiser le coût de l'exponentiation par *e*.

Pour montrer comment cela fonctionne, le listing 10-1 utilise le logiciel SageMath (voir https://www.sagemath.org), un environnement *open-source* à la syntaxe similaire à celle du langage Python.

Listing 10-1 – Génération aléatoire de paramètres RSA.
Attention : cet exemple utilise un module *n* de 32 + 32 = 64 bits seulement, mais en pratique, un module RSA doit être d'au moins 2 048 bits.

```
1: p = random_prime(2^32); p
1103222539
2: q = random_prime(2^32); q
17870599
3 : n = p*q; n
19715247602230861
4 : phi = (p-1)*(q-1); phi
19715246481137724
5 : e = random_prime(phi); e
13771927877214701
```

```
6 : d = xgcd(e, phi)[1]; d = mod(d, phi); d
11417851791646385
7 : mod(d*e, phi)
1
```

Dans le listing 10-1, on utilise (lignes **1** et **2**) la fonction `random_prime()` de Sage pour choisir des nombres premiers aléatoires *p* et *q*, qui sont inférieurs à un argument donné, 2^{32} dans notre cas. Ensuite (**3**), on multiplie *p* et *q* pour obtenir *n*, et (**4**) on calcule $\varphi(n)$, défini comme la variable `phi`. Puis on génère (**5**) un exposant public aléatoire *e*, en choisissant un nombre premier aléatoire inférieur à `phi` afin de nous assurer que *e* aura un inverse modulo `phi`. On calcule (**6**) l'exposant privé associé *d* en utilisant la fonction `xgcd()` de Sage, qui implémente l'algorithme euclidien étendu : étant donné deux arguments *a* et *b*, cette fonction calcule les nombres *s* et *t* tels que $as + bt =$ **GCD**(*a*, *b*), où **GCD**(*a*, *b*) est le plus grand diviseur commun entre *a* et *b* (*greatest common divisor*). Enfin, on vérifie (**7**) que $ed \bmod \varphi(n) = 1$, pour s'assurer que *d* permettra bien d'inverser la permutation RSA déterminée par *e*.

On peut maintenant appliquer la permutation de la trappe, comme le montre le listing 10-2.

Listing 10-2 – Calcul de la permutation de la trappe RSA dans les deux sens, à partir des paramètres du listing 10-1.

```
1 : x = 1234567
2 : y = power_mod(x, e, n); y
17129109575774132
3 : power_mod(y, d, n)
1234567
```

Dans le listing 10-2, on fixe $x = 1\,234\,567$ (ligne **1**) puis on utilise (**2**) la fonction `power_mod()`, qui implémente l'exponentiation modulaire, pour calculer $x^e \bmod n$. On inverse ensuite (**3**) la permutation pour retrouver *x* à partir de *d*, calculant $y^d \bmod n$ à l'aide de la trappe *d*.

Mais quelle est la difficulté de trouver *x* sans la trappe *d* ? Un attaquant capable de factoriser de grands nombres pourrait casser RSA en retrouvant *p* et *q* à partir de *n*, ce qui lui permettrait de calculer $\varphi(n)$ et ensuite de retrouver *d* à partir de *e*. Mais ce n'est pas le seul risque. Un autre risque pour RSA réside dans la capacité potentielle d'un attaquant à calculer *x* à partir de $x^e \bmod n$, c'est-à-dire, calculer une racine *e*-ième modulo *n*, sans nécessairement factoriser *n*. Ces deux risques semblent étroitement liés, bien que nous n'ayons pas une certitude absolue de leur équivalence.

En supposant que la factorisation est effectivement difficile et que la recherche des racines modulaires est à peu près aussi difficile, le niveau de sécurité de

RSA dépend de trois facteurs : la taille de n, le choix de p et q, et la façon dont la permutation de la trappe est utilisée. Si n est trop petit, il pourrait être factorisé en un temps raisonnable, révélant ainsi la clé privée. Pour être sûr, n devrait au moins avoir une longueur de 2048 bits, et de préférence 4096 bits (correspondant à un niveau de sécurité de plus de 128 bits). Les valeurs p et q doivent être des nombres premiers aléatoires non liés et de taille similaire. Si elles sont trop petites ou trop proches l'une de l'autre, il devient plus facile de les retrouver à partir de leur produit n. Enfin, la permutation RSA ne doit pas être utilisée directement pour le chiffrement ou la signature, comme nous allons vite le découvrir.

4. CHIFFRER AVEC RSA

Généralement, RSA est utilisé en combinaison avec un schéma de chiffrement symétrique, où RSA est utilisé pour chiffrer une clé symétrique de taille fixe, elle-même utilisée pour chiffrer un message de taille arbitraire avec un cryptosystème tel qu'AES-GCM. Mais le chiffrement d'une clé symétrique avec RSA est plus compliqué que la simple exponentiation de la valeur à chiffrer en un nombre x suivi du calcul de x^e mod n. En effet, les sous-sections suivantes décrivent pourquoi une telle application naïve de la permutation RSA n'est pas sûre, et montrent comment y remédier.

4.1 Chiffrement RSA naïf et malléabilité

On appellera *chiffrement RSA naïf* (*textbook RSA*) le schéma simpliste de chiffrement RSA où le nombre x élevé à la puissance e contient uniquement les données que l'on souhaite chiffrer. Par exemple, pour chiffrer la chaîne de caractères « RSA », on peut la convertir en un nombre en concaténant les codages ASCII de chacune des trois lettres sous la forme d'un octet : « R » (octet 0x52), « S » (octet 0x53) et « A » (octet 0x41). La valeur hexadécimale résultante 0x525341 est égale au nombre 5395265 lorsqu'elle est convertie en représentation décimale, que nous pourrions alors chiffrer en calculant 5395265^e mod n. Sans connaître la clé secrète, il n'y aurait aucun moyen de décrypter le message — dans la mesure, également, où on n'a aucune idée du type de message qui a été chiffré, autrement dit, de sa distribution parmi toutes les valeurs de messages possibles.

Cependant, un tel chiffrement RSA classique est *déterministe* : si vous chiffrez deux fois le même *plaintext*, vous obtiendrez deux fois le même *ciphertext*. C'est déjà un problème en soi, mais il y en a un autre plus gênant : étant donné deux *ciphertexts* $y_1 = x_1^e \bmod n$ et $y_2 = x_2^e \bmod n$, vous pouvez calculer le *ciphertext* du nombre $x_1 \times x_2$ en multipliant les deux *ciphertexts*, car on aura alors :

$$y_1 \times y_2 \bmod n = x_1^e \times x_2^e \bmod n = (x_1 \times x_2)^e \bmod n$$

Le résultat est donc $(x_1 \times x_2)^e$ mod n, le *ciphertext* qu'on obtiendrait en chiffrant $x_1 \times x_2$ selon le RSA naïf. Ainsi, un attaquant pourrait créer plusieurs *ciphertexts* RSA pour en créer d'autres valides, et en sachant que le *plaintext* sous-jacent est égal au produit de ceux des *ciphertexts* multipliés. On appelle une telle propriété la *malléabilité* du chiffrement.

L'existence de messages « particuliers » peut constituer un autre problème dans le chiffrement RSA naïf. En effet, quels que soient n et e, on a $0^e = 0$, et $1^e = 1$. Les messages 0 et 1 sont donc inchangés par le chiffrement. Le RSA naïf a bien d'autres problèmes, mais nous allons voir comment s'en prémunir en utilisant une forme de RSA plus sûre.

4.2 Chiffrement RSA fort : OAEP

Afin d'éviter la malléabilité du RSA naïf, on construit la valeur x « à chiffrer » (soumise à l'exponentiation) comme une combinaison du message et de données supplémentaires, appelées *padding* (remplissage), comme le montre la figure 10-1. La manière standard de chiffrer avec RSA de cette façon est d'utiliser la construction *Optimal Asymmetric Encryption Padding* (OAEP). Cette combinaison est naturellement nommée RSA-OAEP. La construction OAEP consiste simplement à créer une chaîne de bits aussi grande que le module RSA, en complétant le *plaintext* avec des données supplémentaires, dont de l'aléa, avant d'appliquer la permutation RSA.

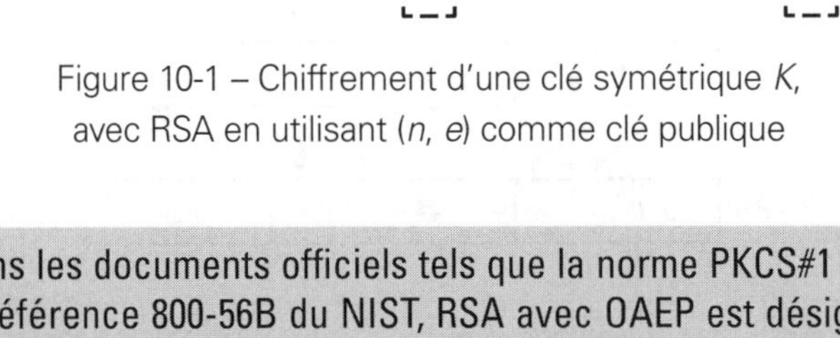

Figure 10-1 – Chiffrement d'une clé symétrique K, avec RSA en utilisant (n, e) comme clé publique

Note : Dans les documents officiels tels que la norme PKCS#1 et le document de référence 800-56B du NIST, RSA avec OAEP est désigné sous le nom de RSAES-OAEP, où le « ES » est l'abréviation de *encryption scheme*. OAEP succède à une méthode antérieure, dite PKCS#1 v1.5, qui est une des premières constructions dans la série *Public Key Cryptography Standards* (PKCS). Cette méthode est nettement moins sûre que l'OAEP, car vulnérable à une attaque de type *padding oracle*. PKCS#1 v1.5 a néanmoins continué à être utilisée longtemps après l'introduction de OAEP.

◆ *Sécurité d'OAEP*

OAEP utilise des bits pseudo-aléatoires (et a donc besoin d'un PRNG) afin de garantir l'indistinguabilité et la non-malléabilité des textes chiffrés, en rendant le chiffrement probabiliste. Il a été prouvé que si la fonction RSA et le PRNG étaient sûrs et, dans une moindre mesure, tant que les fonctions de hachage n'étaient pas trop faibles, alors OAEP garantit le plus haut niveau de sécurité pour du chiffrement asymétrique (IND-CCA). On pourrait donc utiliser OAEP chaque fois que l'on souhaite chiffrer avec RSA.

◆ *Fonctionnement d'OAEP*

Pour chiffrer avec RSA-OAEP, nous partons d'un *plaintext* (typiquement, une clé symétrique *K*), et avons besoin d'un PRNG ainsi que de deux fonctions de hachage. Pour créer le *ciphertext*, on utilise un module RSA *n* long de *m* octets (c'est-à-dire *8m* bits, et donc un *n* inférieur à 2^{8m}). Pour chiffrer *K*, le *message codé* (*encoded messages*) est défini comme $M = H \| 0x00 \ldots 0x00 \| 0x01 \| K$, où *H* est une constante de *h* octets fixée par le système OAEP, suivie d'autant d'octets 0x00 que nécessaire et d'un octet 0x01, pour obtenir un *M* de $m - h - 1$ octets. Ce message codé, *M*, est ensuite traité comme décrit ci-dessous, et tel qu'illustré à la figure 10-2.

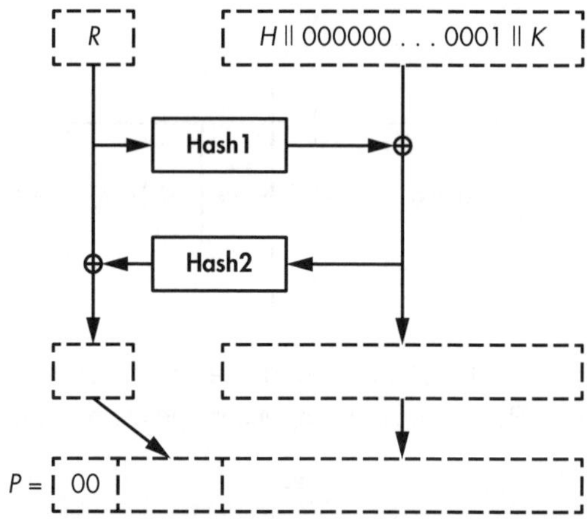

Figure 10-2 – Chiffrement d'une clé symétrique *K*, avec RSA-OAEP, où *H* est un paramètre fixe et *R* une suite de bits aléatoires.

Après avoir construit le message codé *M*, on génère une chaîne aléatoire également de *h* octets, notée *R*, et on redéfinit $M = M \oplus$ **Hash1**(*R*), où **Hash1** est une fonction de hachage dont la sortie est aussi longue que *M*, soit *m*. On calcule ensuite $R = R \oplus$ **Hash2**(*M*), où **Hash2**(*M*) est aussi long que *R*, soit *h* octets. On utilise maintenant ces nouvelles valeurs de *M* et *R* pour former une chaîne de

m octets P = 0x00 || M || R, qui est aussi longue que le module n et qui peut être convertie en un nombre entier inférieur à n. *Le* résultat de cette conversion est le nombre x, qui est ensuite utilisé pour calculer la fonction RSA x^e mod n afin d'obtenir le *ciphertext*.

Pour déchiffrer un *ciphertext* y, on calcule d'abord $x = y^d$ mod n. Ensuite, on identifie les valeurs finales de M et de R à partir de y, puis on détermine la valeur initiale de M en calculant $M \oplus$ **Hash1**($R \oplus$ **Hash2**(M)). Enfin, on vérifie que M est bien de la forme H || 0x00 ... 0x00 || 01 || K, avec un H de h octets et des 0x00 suivis d'un seul 0x01.

En pratique, les paramètres m et h (respectivement la longueur du module et la longueur de la sortie de **Hash2**) sont typiquement m = 256 octets (pour RSA 2048 bits) et h = 32 (en utilisant SHA-256 comme **Hash2**). Il reste donc $m - h - 1$ = 223 octets pour M, dont $m - 2h - 2$ = 190 octets sont disponibles pour les données à chiffrer (le « – 2 » est dû à l'octet 0x01 du séparateur dans M). La valeur de hachage de **Hash1** doit donc être longue de $m - h - 1$ = 223 octets dans cet exemple, ce qui est plus long que la valeur de hachage de n'importe quelle fonction de hachage courante. Pour construire un hachage avec une longueur de sortie aussi inhabituelle, les documents de la norme RSA spécifient l'utilisation de la technique de *mask generation function* (MGF) pour créer des fonctions de hachage qui renvoient des valeurs de hachage arbitrairement grandes à partir de n'importe quelle fonction de hachage. On pourrait également utiliser le concept plus récent de XOF (*extendable output function*).

5. SIGNER AVEC RSA

Les algorithmes de signature permettent de prouver que le détenteur de la clé privée liée à une signature donnée a bien signé (et donc approuvé) le message associé à cette signature. Comme personne d'autre que le détenteur de la clé privée ne connaît l'exposant privé d, personne ne peut calculer une signature $y = x^d$ mod n à partir d'un message x, mais tout le monde peut vérifier y^e mod $n = x$ étant donné l'exposant public e, la signature y, et le message x. Une telle signature peut en principe être utilisée (par exemple dans un contexte juridique) pour démontrer qu'une partie, le détenteur de la clé privée, a bien signé un message donné — une propriété connue sous le nom de *non-répudiation*.

Il est alors tentant de considérer les signatures RSA comme « l'inverse » du chiffrement, et de voir le procédé de signature comme « chiffrer avec la clé privée ». Mais ce n'est pas si simple.

Le chiffrement assure la confidentialité, tandis que le but d'un schéma de signature numérique est d'empêcher les falsifications (*forgeries*). En principe, en effet, une signature pourrait très bien révéler des informations sur le message signé, parce que le message n'est pas secret.

Une autre différence est la taille des messages traités : le chiffrement RSA ne peut traiter que des messages courts, qui sont généralement des clés secrètes plutôt que des messages applicatifs. En effet, il faut pouvoir recalculer le message à partir d'un *ciphertext*, en inversant le résultat du chiffrement. Les signatures, en revanche, peuvent traiter des messages de taille arbitraire, car le traitement par la fonction RSA utilise un *hash* du message plutôt que le message lui-même. Le message complet, en clair, est connu et permet de vérifier que le *hash* est correct.

Enfin, contrairement au chiffrement, les signatures asymétriques peuvent fournir le plus haut niveau de sécurité tout en étant déterministe, donc sans utiliser d'aléa.

5.1 Casser les signatures RSA naïves

Ce que nous appellerons une *signature RSA naïve* est la méthode qui signe directement un message x en calculant $y = x^d \bmod n$, où x doit être un nombre entre 0 et $n - 1$. Comme le chiffrement RSA naïf, une telle signature est simple à spécifier et à implémenter, mais elle peut être cassée de plusieurs manières. L'une des attaques possibles est une falsification triviale : en remarquant que $0^d \bmod n = 0$, $1^d \bmod n = 1$, et $(n - 1)^d \bmod n = n - 1$, quelle que soit la valeur de la clé privée d, un attaquant peut falsifier des signatures de 0, 1, ou $n - 1$sans connaître d, ni même e.

La *blinding attack* est plus problématique : supposons que vous souhaitiez obtenir la signature d'un message M par un tiers, que vous savez qu'il ne signerait jamais en toute connaissance de cause. Pour réaliser cette attaque, vous devez d'abord trouver une valeur R telle que $R^eM \bmod n$ est un message que votre victime accepterait de signer. Vous devez ensuite connaître cette signature $S = (R^eM)^d \bmod n$, soit le message élevé à la puissance d. Maintenant, étant donné cette signature, vous pourrez en dériver la signature de M, à savoir $M^{d,}$ à l'aide de quelques calculs simples.

Voici comment cela fonctionne : la signature S est égale à $(R^eM)^d$, soit $R^{ed}M^d$, et comme on a $R^{ed} = R$, alors $S = RM^d$. Pour obtenir M^d, la signature de M recherchée, il suffit donc de diviser S par R :

$$S/R = RM^d = d/R = M^d$$

Comme vous pouvez le constater, il s'agit d'une attaque peu coûteuse, mais dévastatrice.

5.2 Le standard de signature PSS

La construction de signature *Probabilistic Signature Scheme* (PSS) est à la signature RSA ce que l'OAEP est au chiffrement RSA. Il a été conçu pour offrir une méthode de signature prouvée sûre, notamment grâce à l'ajout de données de *padding*.

Comme le montre la figure 10-3, PSS combine un message plus court que le module avec un *padding* (des bits aléatoires et des valeurs fixes) avant d'appliquer la transformation RSA.

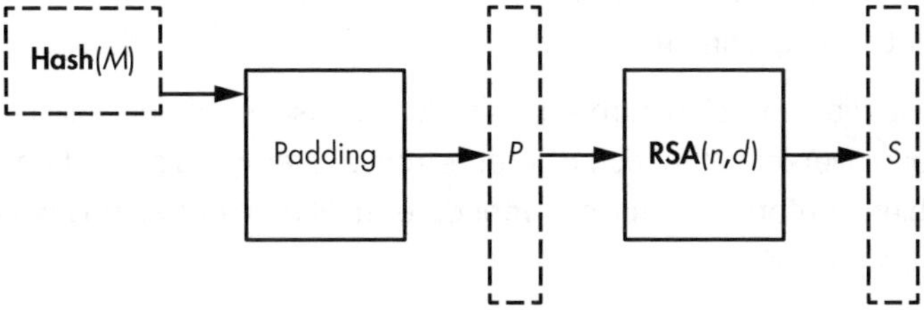

Figure 10-3 – Signature d'un message *M*, avec RSA et la construction standard PSS, où (*n*, *d*) est la clé privée.

Comme tous les systèmes de signature à clé publique, PSS traite le *hash* d'un message plutôt que le message lui-même. La signature de **Hash**(*M*) est sûre tant que la fonction de hachage est résistante aux collisions. On peut donc signer des messages de n'importe quelle longueur, car après avoir haché un message, vous obtiendrez une valeur de hachage de la même longueur. La longueur du *hash* est généralement de 256 bits, tel que par exemple obtenu avec SHA-256 ou BLAKE2s.

Pourquoi ne pas signer en calculant simplement RSA-OAEP sur **Hash**(*M*) ? Malheureusement, cela ne se fait pas en cryptographie. Bien que relativement similaire à PSS dans sa construction, OAEP n'a été conçu et prouvé sûr que pour le chiffrement, pas pour les signatures.

Comme OAEP, PSS nécessite un PRNG et deux fonctions de hachage ; l'une, **Hash1**, est en général une fonction de hachage avec une sortie de 256 bits, comme SHA-256. L'autre, **Hash2**, doit avoir une taille de *hash* plus grande, comme le **Hash2** de OAEP.

La procédure de signature RSA-PSS pour un message M_0 se déroule comme suit (où *h* est la longueur de sortie de **Hash1)** :

1. Choisissez une chaîne aléatoire de *r* octets *R* à l'aide du PRNG.
2. Formez le message codé *M* = 0x00 … 0x00 || **Hash1**(M_0) || *R*, long de *h* + *r* + 8 octets avec huit octets zéro (0x00) au début.
3. Calculer la chaîne de *h* octets *H* = **Hash1**(*M*).
4. Définissez *L* = 0x00 … 0x00 || 0x01 || *R*, une séquence d'octets 0x00 suivie d'un 0x01 puis de *R*, avec un nombre de 0x00 octets tel que *L* soit long de *m* – *h* – 1 octets (la taille *m* du module moins la longueur de hachage *h* moins 1).

5. Définissez $L = L \oplus$ **Hash2**(H), remplaçant ainsi la valeur précédente de L par une nouvelle valeur.
6. Convertissez la chaîne de m octets $P = L \parallel H \parallel$ 0xBC en un nombre x, inférieur à n. Ici, l'octet 0xBC est une valeur fixe ajoutée après H, tel que défini par le standard PSS (la valeur exacte n'a pas d'importance, 0xBC n'a rien de spécial).
7. À partir du x qui vient d'être obtenu, calculez enfin la fonction RSA x^d mod n pour obtenir la signature.

Afin de vérifier une signature à partir d'un message M_0, on utilise l'exposant public e pour inverser la fonction RSA et retrouver L et H, puis M, et on vérifie que ce M est bien conforme au format attendu et qu'il contient bien **Hash1**(M_0) pour le message signé M_0.

En pratique, la chaîne aléatoire R (appelée *salt* dans la norme RSA-PSS) est généralement aussi longue que la valeur de hachage. Par exemple, avec un module RSA de n = 2 048 bits et SHA-256 comme **Hash1**, L sera longue de $m - h - 1$, soit 256 – 32 – 1 = 223 octets, et R sera long de 32 octets.

Comme OAEP, le PSS est prouvé sûr, standardisé, et souvent disponible dans les utilitaires et bibliothèques de cryptographie — tels que OpenSSL et le module `crypto` du langage Go. Comme OAEP, cependant, PSS semble inutilement complexe et peut facilement être sujet à des erreurs d'implémentations. Mais contrairement au chiffrement RSA, il existe une alternative plus simple que PSS pour signer : sans PRNG, avec une seule fonction de hachage et sans *padding*.

5.3 Signatures FDH

La construction *Full Domain Hash* (FDH) est le schéma de signature le plus simple que vous puissiez imaginer. Il suffit de convertir **Hash**(M) en un nombre x et de calculer $y = x^d$ mod n, comme le montre la figure 10-4.

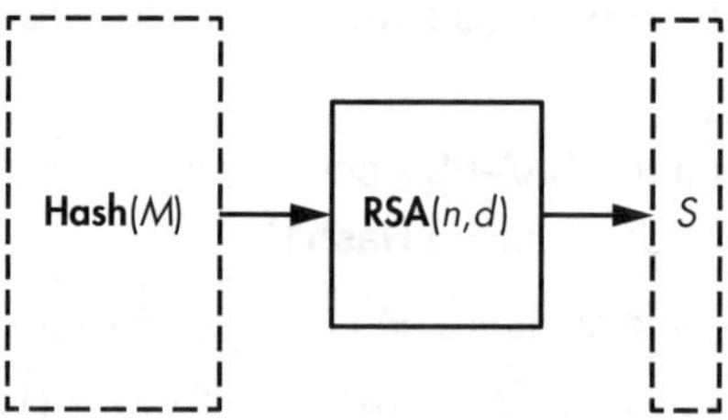

Figure 10-4 – Signature d'un message avec RSA-FDH.

La vérification des signatures est aussi simple. À partir d'une signature qui est un nombre y, calculez $x = y^e$ mod n et comparez le résultat avec **Hash**(M). C'est d'une simplicité évidente, déterministe et sûre. Alors pourquoi s'embarrasser de la complexité de PSS ?

La raison principale est que PSS a été publié *après* FDH, en 1996, accompagné d'une preuve de sécurité qui inspire un peu plus confiance que FDH. Plus précisément, sa preuve offre des garanties de sécurité légèrement plus élevées que la preuve de FDH, et son utilisation d'aléa a contribué à renforcer cette preuve.

Ces garanties théoriques plus solides sont la principale raison pour laquelle beaucoup de cryptographes préfèrent PSS à FDH, mais la plupart des applications utilisant PSS aujourd'hui pourraient passer à FDH sans perte de sécurité significative. Dans certains contextes, cependant, une raison viable d'utiliser PSS au lieu de FDH est que le caractère aléatoire de PSS le protège contre certaines attaques sur son implémentation, telles que les attaques par faute que nous examinerons plus tard.

Quoi qu'il en soit, les signatures RSA (PSS ou FDH) sont de moins en moins utilisées. Les signatures basées sur des courbes elliptiques, telles qu'ECDSA et EdDSA, ont gagné en popularité, notamment car leur calcul d'une signature est bien plus rapide (mais la *vérification* de signature est souvent plus rapide avec RSA).

6. IMPLÉMENTATIONS DE RSA

J'espère que vous n'aurez jamais à implémenter RSA à partir de zéro. Si l'on vous le demande, posez-vous vraiment des questions sur les raisons qui le justifieraient. Il a en effet fallu des décennies aux cryptographes et aux ingénieurs pour développer des implémentations RSA rapides, suffisamment sûres et, espérons-le, exemptes de bugs sérieux. Une nouvelle implémentation sûre de RSA est donc un effort significatif, surtout pour des environnements embarqués. Même avec toute la documentation disponible, il faudrait des mois pour mener à bien cette tâche colossale.

Généralement, lorsque vous avez besoin de RSA dans un programme, vous utilisez une bibliothèque ou une API (*application programming interface*) qui fournit les fonctions nécessaires pour effectuer les opérations de RSA. Par exemple, le langage Go possède la fonction suivante dans son *package* `crypto` (voir https://www.golang.org/src/crypto/rsa/rsa.go) :

```
func EncryptOAEP(hash hash.Hash, random io.Reader, pub *PublicKey,
msg []byte, label []byte) (out []byte, err error)
```

Cette fonction `EncryptOAEP()` prend comme arguments une fonction de hachage, un PRNG, une clé publique, un message, et un label (paramètre facultatif de OAEP), et renvoie une signature et un code d'erreur. Lorsque vous appelez `EncryptOAEP()`, elle appelle la fonction `encrypt()` pour calculer la fonction RSA à partir des nombres requis, une fonction définie ainsi dans une version précédente du langage Go :

```
func encrypt(c *big.Int, pub *PublicKey, m *big.Int) *big.Int {
    e := big.NewInt(int64(pub.E))
```

```
    c.Exp(m, e, pub.N)
    return c
}
```

La principale opération effectuée par `encrypt()` est `c.Exp(m, e, pub.N)`, qui élève le message `m`, à la puissance `e` modulo `pub.N`, et affecte le résultat à la variable `c`.

Si vous choisissez d'implémenter RSA au lieu d'utiliser une bibliothèque existante, assurez-vous au moins de vous appuyer sur une bibliothèque d'arithmétique de *grands nombres* (*big number arithmetic*), un ensemble de fonctions et de types permettant de définir et de calculer des opérations sur des nombres de plusieurs milliers de bits. Par exemple, vous pouvez utiliser la bibliothèque arithmétique GNU Multiple Precision (GMP) en C, ou le package `big` de Go. Mis à part dans le cadre d'un exercice d'apprentissage, implémenter soi-même l'arithmétique des grands nombres est en général une mauvaise idée, surtout quand les risques d'attaques *side-channel* sont à prendre en compte.

Même si vous utilisez une bibliothèque externe pour intégrer RSA dans votre code, assurez-vous de comprendre son fonctionnement interne et ses garanties de sécurité, et comparez-les avec les exigences de sécurité de votre produit.

6.1 Algorithme d'exponentiation rapide : *square-and-multiply*

L'opération consistant à élever x à la puissance e, lors du calcul de x^e mod n, s'appelle l'*exponentiation*. Lorsqu'on travaille avec de grands nombres, comme avec RSA, cette opération peut être extrêmement lente si elle est implémentée de manière naïve ; voyons donc comment l'optimiser.

La manière naïve de calculer x^e mod n nécessite $e - 1$ multiplications, comme le montre l'algorithme de pseudocode du listing 10-3.

Listing 10-3 – Un algorithme d'exponentiation naïf en pseudocode, calculant x à la puissance e modulo n.

```
expModNaive(x, e, n) {
    y = x
    for i = 1, 2, … , e - 1 {
        y = y * x mod n
    }
    return y
}
```

L'algorithme du listing 10-3 est simple, mais suboptimal, et donc très lent. Une façon d'obtenir le même résultat exponentiellement plus rapidement consiste à élever au carré les résultats intermédiaires y plutôt que de les multiplier à x jusqu'à ce que la valeur correcte soit atteinte. Cette famille de méthodes s'appelle *square-and-multiply*, ou bien *exponentiation binaire*.

Par exemple, supposons que nous voulions calculer le résultat de 3^{65537} mod 36 567 232 109 354 321 (où le nombre 65 537 est l'exposant public utilisé dans la plupart des implémentations RSA). On pourrait multiplier le nombre 3 par lui-même 65 536 fois, et donc faire 65 536 multiplications. Mais on peut aussi remarquer que 65 537 est égal à $2^{16} + 1$, et utiliser une série de calculs de carrés, et ainsi procéder comme suit.

Tout d'abord, on commence par initialiser une variable $y = 1 \times 3 = 3$, puis on calcule consécutivement les carrés suivants :

$y = y^2 \bmod n$ (maintenant $y = 3^2 \bmod n$).

$y = y^2 \bmod n$ (maintenant $y = (3^2)^2 \bmod n = 3^4 \bmod n$).

$y = y^2 \bmod n$ (maintenant $y = (3^4)^2 \bmod n = 3^8 \bmod n$).

$y = y^2 \bmod n$ (maintenant $y = (3^8)^2 \bmod n = 3^{16} \bmod n$).

$y = y^2 \bmod n$ (maintenant $y = (3^{16})^2 \bmod n = 3^{32} \bmod n$).

Et ainsi de suite jusqu'à $y = 3^{65536}$, en calculant au total 16 carrés, soit 16 multiplications de la variable y par elle-même.

Pour obtenir le résultat final, on prend le y final et retourne $3 \times y \bmod n$, qui est égal à 26 652 909 283 612 267. Nous calculons donc le résultat avec seulement 17 multiplications au lieu de 65 536 avec la méthode naïve.

Plus généralement, la méthode *square-and-multiply* consiste à traiter les bits de l'exposant un par un, de « gauche à droite », à calculer le carré pour chaque bit de l'exposant afin de doubler la valeur de l'exposant, et à multiplier par le nombre d'origine pour chaque bit égal à 1 rencontré. Dans l'exemple précédent, l'exposant 65 537 est 10000000000000001 en binaire, et nous avons élevé y au carré pour chaque nouveau bit et multiplié par le nombre original 3 uniquement pour le tout premier et le tout dernier bit.

Le listing 10-4 montre comment cela fonctionnerait en tant qu'algorithme général en pseudocode pour calculer $x^e \bmod n$ lorsque l'exposant e est constitué des bits $e_{m-1}, e_{m-2}, \ldots, e_0$ où e_0 est le bit le moins significatif.

Listing 10-4 – Un algorithme d'exponentiation rapide en pseudocode, où `ei` est le i-ème bit de l'exposant `e`.

```
expMod(x, e, n) {
    y = x
    for i = m - 1, m - 2, … , 0 {
        y = y * y mod n
        if ei == 1 then
```

```
            y = y * x mod n
    }
    return y
}
```

L'algorithme `expMod()` présenté dans le listing 10-4 s'exécute en temps $O(m)$, alors que l'algorithme naïf s'exécute en temps $O(2^m)$, où m est la longueur de l'exposant en bits. Ici, $O()$ est la notation de complexité asymptotique introduite au chapitre 9.

N'importe quelle implémentation sérieuse de RSA utilisera la méthode *square-and-multiply* ou une de ses variantes. L'une de ces variantes est la méthode *sliding window*, qui traite des blocs de bits de l'exposant plutôt que des bits individuels pour effectuer une opération de multiplication. Par exemple, on peut observer cette méthode dans la fonction `expNN()` du langage Go, dont le code source est disponible à l'adresse https://golang.org/src/math/big/nat.go.

Quelle est la sécurité des algorithmes de type *square-and-multiply*? Malheureusement, les astuces permettant d'accélérer le processus se traduisent souvent par une vulnérabilité accrue face à certaines attaques. Voyons ce qui peut se passer.

Les risques liés à ces algorithmes sont dus au fait que le choix des opérations effectuées lors de l'exponentiation dépend directement de la valeur de l'exposant. L'opération `if` dans le listing 10-4 prend en effet une branche différente selon que le bit d'un exposant est 0 ou 1 : si un bit est à 1, l'itération de la boucle `for` sera plus lente que si le bit est à 0. Un attaquant capable de mesurer le temps d'exécution de l'exponentiation pourrait alors exploiter cette différence de temps pour identifier où se trouvent les 1 et les 0 dans un exposant privé. C'est ce qu'on appelle une *timing attack*.

Selon le type de plateforme, le canal d'information peut être autre que le temps d'exécution. Typiquement, on peut distinguer les bits 1 des bits 0 en mesurant la consommation d'énergie de l'appareil et en observant quelles itérations effectuent une multiplication supplémentaire pour révéler les bits de l'exposant privé à 1. On parle alors de *power-analysis attack*. Notez que peu de bibliothèques cryptographiques *open-source* contiennent des défenses efficaces contre ces types d'attaques.

6.2 Petits exposants pour optimiser les opérations à clé publique

Étant donné qu'un calcul RSA est essentiellement le calcul d'une exponentiation, ses performances dépendent de la valeur des exposants utilisés. Des exposants plus petits nécessitent moins de multiplications et peuvent donc rendre le calcul de l'exponentiation beaucoup plus rapide ; plus e est grand, plus le calcul de x^e mod n sera lent.

L'exposant public e peut en principe prendre n'importe quelle valeur entre 3 et $\varphi(n) - 1$, à condition que e et $\varphi(n)$ soient premiers entre eux. Mais en pratique on ne trouvera que de petites valeurs de e, avec la plupart du temps $e = 65537$, soit $2^{16} + 1$. Ceci rend le chiffrement et la vérification bien plus rapide qu'avec un exposant choisi aléatoirement qui serait la plupart du temps à peu près aussi long que le module n. Par exemple, l'interface CryptoAPI de Microsoft Windows ne prend en charge que les exposants publics qui tiennent dans un entier de 32 bits.

Contrairement à l'exposant public, l'exposant privé d devra être à peu près aussi grand que n, ce qui rend le déchiffrement bien plus lent que le chiffrement, et la création d'une signature bien plus lente que sa vérification. En effet, comme d est secret, il doit être imprédictible et ne peut donc pas être limité à un petit espace de valeurs possibles. Par exemple, avec des modules n de 2048 bits, on pourra fixer e à 65537 pour chaque module $n = pq$, mais à chaque fois le d correspondant à e sera différent et relativement proche de n. En effet, si l'on tirait un nombre au hasard entre 0 et un n de 2048 bits, il n'y a (par exemple) qu'une chance d'environ $1/2^{2016}$ que le nombre soit long de 32 bits ou moins.

Comme indiqué dans la section précédente, élever un nombre à la puissance 65537 ne prendra que 17 multiplications, alors qu'élever un nombre à la puissance d'un nombre de 2048 bits prendra de l'ordre de 3000 multiplications, ce qui est plus de 175 fois plus lent.

Une façon d'observer la vitesse réelle des opérations RSA est d'utiliser l'outil OpenSSL ; le listing 10-5 présente les mesures de temps de calcul des opérations RSA avec des modules de 512, 1024, 2048 et 4096 bits sur un MacBook équipé d'un processeur M2.

Listing 10-5 – Mesures du temps de calcul des opérations RSA, avec OpenSSL (extraits du résultat de la commande **`openssl speed rsa1024 rsa2048 rsa4096`**).

```
Doing 1024 bits private rsa sign ops for 10s: 119019 1024 bits private RSA
sign ops in 9.93s
Doing 1024 bits public rsa verify ops for 10s: 2573979 1024 bits public RSA
verify ops in 9.93s
Doing 2048 bits private rsa sign ops for 10s: 19184 2048 bits private RSA
sign ops in 9.93s
Doing 2048 bits public rsa verify ops for 10s: 769696 2048 bits public RSA
verify ops in 9.93s
Doing 4096 bits private rsa sign ops for 10s: 3005 4096 bits private RSA
sign ops in 9.92s
Doing 4096 bits public rsa verify ops for 10s: 206367 4096 bits public RSA
verify ops in 9.91s
```

```
                  sign    verify   sign/s verify/s
rsa 1024 bits 0.000083s 0.000004s 11985.8 259212.4
rsa 2048 bits 0.000518s 0.000013s  1931.9  77512.2
rsa 4096 bits 0.003301s 0.000048s   302.9  20824.1
```

À quel point la vérification est-elle plus lente que la création d'une signature? Pour en avoir une idée, on peut calculer le rapport entre le temps de vérification et le temps de signature (en divisant le premier par le second). Les valeurs du listing 10-5 donnent des rapports d'environ 21,6, 40,1 et 68,7 pour des tailles de modules de 1 024, 2 048, et 4 096 bits, respectivement. L'écart augmente avec la taille du module, car le nombre de multiplications pour les opérations publiques (avec un e constant) reste fixe par rapport à la taille du module; par exemple, on fera toujours 17 multiplications si $e = 65537$, quelle que soit la taille de n. À l'inverse, les opérations notées `private` utilisent la clé privée, et nécessiteront toujours plus de multiplications à mesure que le module croît, car d augmentera en conséquence.

Mais si les petits exposants sont si intéressants, pourquoi utiliser 65 537 et pas quelque chose comme 3? En fait, il serait tout à fait possible (et plus rapide) d'utiliser 3 comme exposant de RSA tel qu'utilisé en mode OAEP, PSS, ou FDH. Les cryptographes évitent toutefois de le faire, car lorsque $e = 3$, des modes moins sûrs rendent possibles certains types d'attaques mathématiques. Le nombre 65 537 est suffisamment grand pour éviter de telles *attaques à faible exposant*. De plus, 65 537 est une des meilleures valeurs possibles, car il n'a que deux bits 1, un poids de Hamming idéal pour réduire le temps de calcul. 65 537 est également spécial pour les mathématiciens: c'est le quatrième nombre de Fermat, soit un nombre de la forme

$$2^e + 1, \text{ avec } e = 2^n \text{ pour un entier } n.$$

En effet, 65 537 est égal à $2^{16} + 1$, où $16 = 2^4$, mais ce n'est qu'une curiosité probablement sans grand intérêt pour les ingénieurs.

6.3 Le théorème des restes chinois

L'astuce la plus courante pour accélérer le déchiffrement et la génération de signatures (c'est-à-dire le calcul de $y^d \bmod n$) est le *théorème des restes chinois* (*Chinese remainder theorem*, CRT). Il permet de rendre RSA environ quatre fois plus rapide.

Le théorème des restes chinois accélère le déchiffrement en calculant deux exponentiations, modulo p et modulo q, plutôt qu'une seule modulo $n = pq$. Comme p et q sont beaucoup plus petits que n, il est plus rapide d'effectuer deux « petites » exponentiations qu'une seule « grande ».

Le théorème des restes chinois n'est pas spécifique à RSA. Il s'agit d'un résultat arithmétique général qui, dans sa forme la plus simple, stipule que si $n = n_1 n_2 n_3 \ldots$, où les n_i sont deux premiers entre eux deux à deux (c'est-à-dire que **GCD**$(n_i, n_j) = 1$ pour tous i et j distincts), alors la valeur $x \bmod n$ peut être calculée à partir des valeurs $x \bmod n_1$, $x \bmod n_2$, $x \bmod n_3$, etc.

Par exemple, si l'on a $n = 1155$, avec 1155 le produit des nombres premiers $3 \times 5 \times 7 \times 11$. Imaginons que l'on souhaite déterminer le nombre x tel que $x \bmod 3 = 2$, $x \bmod 5 = 1$, $x \bmod 7 = 6$ et $x \bmod 11 = 8$ (où j'ai choisi 2, 1, 6 et 8 au hasard). Pour trouver ce x en utilisant le théorème des restes chinois, nous pouvons calculer la somme $P(n_1) + P(n_2) + \ldots$, où $P(n_i)$ est défini comme suit :

$$P(n_i) = (x \bmod n_i) \times n/n_i \times (1/(n/n_i) \bmod n_i) \quad \bmod n$$

Notez que le deuxième terme, n/n_i, est égal au produit de tous les facteurs de n à l'exception de ce n_i.

Pour appliquer cette formule à notre exemple et obtenir notre $x \bmod 1155$, prenons les valeurs 2, 1, 6 et 8 choisies plus haut, et calculons $P(3)$, $P(5)$, $P(7)$ et $P(11)$; puis nous les additionnons pour obtenir l'expression suivante :

$$[\,2 \times 385 \times (1/385 \bmod 3) + 1 \times 231 \times (1/231 \bmod 5) + 6 \times 165 \times (1/165 \bmod 7) + 8 \times 105 \times (1/105 \bmod 11)\,] \quad \bmod n$$

Ici, j'ai simplement appliqué la définition précédente de $P(n_i)$. (Les calculs nécessaires sont assez simples, je ne les détaille donc pas ici.) L'expression peut être réduite à $[770 + 231 + 1\,980 + 1\,680] \bmod n = 41$, et en effet 41 est le nombre que j'avais choisi pour cet exemple, nous avons donc le bon résultat.

L'application du CRT au RSA est encore plus simple que l'exemple précédent, car il n'y a que deux facteurs pour chaque n (à savoir, p et q). Étant donné un *ciphertext* y à déchiffrer, au lieu de calculer $y^d \bmod n$, on utilisera le CRT pour calculer $x_p = y^s \bmod p$, où $s = d \bmod (p - 1)$ et $x_q = y^t \bmod q$, où $t = d \bmod (q - 1)$. On peut ensuite combiner ces deux expressions et calculer x comme suit :

$$x = [\,x_p \times q \times (1/q \bmod p) + x_q \times p \times (1/p \bmod q)\,] \quad \bmod n$$

Et c'est tout. Cette méthode est en pratique plus rapide qu'une seule exponentiation, même avec la technique *square-and-multiply*, car les opérations de multiplication sont effectuées sur modulo p et q, des nombres deux fois plus petits que n, alors que la complexité de l'exponentiation ne croît pas de façon linéaire (quand on double la taille du nombre, on ne double pas le coût de l'exponentiation, celui-ci est plus élevé).

Note : Dans la dernière étape ci-dessus, les deux nombres $q \times (1/q \bmod p)$ et $p \times (1/p \bmod q)$ peuvent être calculés à l'avance, ce qui signifie que seules deux multiplications et une addition modulo n doivent être calculées pour trouver x.

Malheureusement, la technique des restes chinois créé certains risques, que nous allons voir plus loin.

7. EXEMPLES DE PROBLÈMES

Plusieurs types d'attaques contre RSA sont possibles, soit parce que l'implémentation laisse fuiter des informations sur ses valeurs et opérations internes, soit parce que RSA n'est pas utilisé avec une construction sûre telle que OAEP ou PSS. J'aborde deux exemples classiques de ces risques dans les sections suivantes.

7.1 L'attaque de Bellcore sur RSA-CRT

L'attaque dite de Bellcore est l'une des plus importantes de l'histoire de RSA. Lorsqu'elle a été découverte en 1996, elle s'est distinguée par le fait qu'elle exploitait la vulnérabilité de RSA aux attaques par *injection de fautes* — des attaques qui créent des erreurs dans les valeurs ou opérations internes, et forcent une partie de l'algorithme à mal se comporter et potentiellement à produire des résultats incorrects. Par exemple, les circuits logiques *hardware* ou les systèmes logiciels embarqués peuvent être temporairement perturbés, par exemple en modifiant soudainement leur tension d'alimentation ou en envoyant une impulsion laser à un endroit soigneusement choisi du circuit ou du processeur. Les attaquants peuvent alors observer l'impact sur le résultat du calcul et l'exploiter pour déterminer la clé ou d'autres valeurs secrètes. Par exemple, la différence entre le résultat attendu et un résultat erroné peut fournir des informations sur les valeurs secrètes internes de l'algorithme.

L'attaque de Bellcore est une attaque de ce type, par injection de faute. Elle s'applique aux schémas de signature RSA qui utilisent le théorème des restes chinois, et qui sont déterministes — ce qui signifie qu'elle fonctionne sur le schéma FDH, mais pas sur PSS, car il est probabiliste.

Pour comprendre le fonctionnement de l'attaque Bellcore, rappelons qu'avec CRT, le résultat égal à $x^d \bmod n$ est obtenu en calculant ce qui suit, où $x_p = y^s \bmod p$ et $x_q = y^t \bmod q$:

$$x = [\, x_p \times q \times (1/q \bmod p) + x_q \times p \times (1/p \bmod q) \,] \quad \bmod n$$

Supposons maintenant qu'un attaquant provoque une erreur dans le calcul de x_q, de sorte que sa valeur soit incorrecte, et donc différente du x_q original. Appelons cette valeur incorrecte x_q' et le résultat final obtenu x'. L'attaquant peut alors soustraire la signature incorrecte x' de la signature correcte x afin d'obtenir une valeur qui lui permettra de factoriser n :

$$x - x' = [\, (x_q - x_q') \times p \times (1/p \bmod q) \,] \quad \bmod n$$

La valeur $x - x'$ est donc un multiple de p, autrement dit, p est un diviseur de $x - x'$. Puisque p est également un diviseur de n, le plus grand commun diviseur de n et de $x - x'$ sera p, soit **GCD**$(x - x', n) = p$. On peut alors calculer $q = n/p$ et l'exposant privé d; RSA est alors totalement cassé.

Une variante de cette attaque fonctionne lorsqu'on ne connaît pas la signature correcte mais qu'on sait seulement quel message est signé. Il existe également une attaque similaire exploitant une faute sur la valeur du module plutôt que sur le calcul des valeurs CRT, mais je n'entrerai pas dans les détails ici.

7.2 Valeurs secrètes partagées

Voyons pourquoi votre clé publique ne devrait pas avoir le même module n que celle de quelqu'un d'autre; ce qui peut sembler évident, mais n'est pas si trivial.

Différentes clés privées appartenant à différents systèmes ou personnes devraient évidemment avoir des exposants privés différents, d, même si les clés utilisent des modules n différents. Le cas échéant, il serait possible de « deviner » le d d'autres clés, par exemple en essayant votre propre valeur de d pour décrypter des messages chiffrés pour d'autres entités, jusqu'à ce que vous tombiez sur une qui partage le même d. De la même manière, différentes paires de clés devraient avoir des valeurs n différentes, même si elles ont des d différents, parce que p et q font généralement partie de la clé privée. Si nous partageons le même n, et donc les mêmes p et q, alors je peux calculer votre clé privée à partir de votre clé publique e en utilisant p et q.

Imaginons une autre situation. Suppose que nous connaissions notre exposant privé d_1, et l'exposant public e_2 d'une autre personne avec qui on partage le même module n, mais sans connaître ses facteurs p et q. Comment calculer p et q à partir de notre exposant privé d_1 uniquement, afin de retrouver l'exposant privé d_2 de l'autre personne? La solution est un peu technique, mais élégante.

Rappelez-vous que d et e satisfont $ed = k\varphi(n) + 1$, où $\varphi(n)$ est secret et pourrait nous donner p et q directement. Nous ne connaissons cependant ni k ni $\varphi(n)$, mais nous pouvons calculer $k\varphi(n) = ed - 1$.

Que pouvons-nous faire avec cette valeur $k\varphi(n)$? Une première observation est que, d'après le *théorème d'Euler*, nous savons que pour tout nombre a premier avec n, on a $a^{\varphi(n)} = 1 \bmod n$. Par conséquent, nous avons, modulo n:

$$a^{k\varphi(n)} = (a^{\varphi(n)})^k = 1^k = 1$$

Une deuxième observation est que, comme $k\varphi(n)$ est un nombre pair, on peut l'écrire sous la forme $2^s t$, pour certains nombres s et t. Autrement dit, on peut écrire $a^{k\varphi(n)} = 1 \bmod n$ sous la forme $x^2 = 1 \bmod n$ pour un certain x facilement calculé à partir de $k\varphi(n)$. Un tel x est appelé *racine de l'unité*.

L'observation clé est que $x^2 = 1 \bmod n$ équivaut à dire que la valeur $x^2 - 1$, égale à $(x - 1)(x + 1)$, divise n. En d'autres termes, $x - 1$ ou $x + 1$ doit avoir un facteur commun avec n, ce qui peut nous donner la factorisation de n.

Le listing 10-6 montre une implémentation Python de cette méthode où, pour trouver les facteurs p et q à partir de n et d, nous utilisons de petits nombres de 64 bits par souci de simplicité.

Listing 10-6 – Un programme Python qui calcule les facteurs premiers *p* et *q* à partir de l'exposant privé *d*.

```
from math import gcd

n = 36567232109354321
e = 13771927877214701
d = 15417970063428857

kphi = d*e - 1
t = kphi

while t % 2 == 0 :
    t = divmod(t, 2)[0]

a = 2
while a < 100:
    k = t
    while k < kphi:
        x = pow(a, k, n)
        if x != 1 and x != (n - 1) and pow(x, 2, n) == 1:
            p = gcd(x - 1, n)
            break
        k = k*2
    a = a + 2

q = n//p
assert (p*q) == n
print('p = ', p)
print('q = ', q)
```

Ce programme détermine $k\varphi(n)$ à partir de e et d en trouvant le nombre t tel que $k\varphi(n) = 2^s t$, pour un certain s. Il cherche ensuite a et k tels que $(a^k)^2 = 1 \bmod n$, en utilisant t comme point de départ pour k. Lorsque cette condition est satisfaite, nous avons trouvé une solution. Le programme détermine alors le facteur p et vérifie que la valeur de *pq* est bien égale à *n*. Il imprime ensuite les valeurs résultantes de *p* et *q*:

```
p = 2046223079
q = 17870599
```

Ces valeurs sont correctes, car leur produit est bien 36 567 232 109 354 321, notre *n* de départ.

8. POUR ALLER PLUS LOIN

RSA mérite un livre à lui tout seul. J'ai dû omettre de nombreux sujets importants, tels que l'attaque *padding oracle* de Bleichenbacher contre le prédécesseur de l'OAEP (la norme PKCS#1 v1.5), une attaque similaire à l'attaque *padding oracle* contre le mode de *blockcipher* CBC vue au chapitre 4. Nous pouvons également citer l'attaque de Wiener sur RSA avec de faibles exposants privés, et les attaques utilisant la méthode de Coppersmith sur RSA avec de petits exposants lorsque la méthode de *padding* est insuffisante.

Pour consulter les résultats des recherches liées aux attaques *side-channel*, la référence est la conférence CHES qui se déroule depuis 1999, et dont on trouvera toutes les informations sur https://ches.iacr.org. L'une des références les plus utiles lors de la rédaction de ce chapitre a été l'étude de Boneh intitulée "Twenty Years of Attacks on the RSA Cryptosystem", qui passe en revue les attaques les plus importantes contre RSA. Pour une référence spécifique aux *timing attacks*, l'article "Remote Timing Attacks Are Practical" de Brumley et Boneh est à lire absolument, pour ses contributions analytiques et expérimentales. Pour en savoir plus sur les attaques par injection de fautes, je conseille la version complète de l'article de Bellcore intitulé "On the Importance of Eliminating Errors in Cryptographic Computations", par Boneh, DeMillo, et Lipton.

La meilleure façon d'apprendre comment fonctionnent les implémentations RSA est d'étudier le code source de ces implémentations. Par exemple, celles de OpenSSL, NSS (la bibliothèque utilisée par le navigateur Mozilla Firefox), Crypto++, ou dans d'autres logiciels populaires, et examiner leurs implémentations des opérations arithmétiques ainsi que leurs protections contre les *timing attacks*, ou attaques par injection de fautes.

11 Diffie–Hellman

En novembre 1976, les chercheurs Whitfield Diffie et Martin Hellman ont publié un article de recherche intitulé "New Directions in Cryptography" qui a révolutionné la cryptographie à jamais. Cet article a introduit la notion de chiffrement et de signature asymétriques, bien qu'il n'ait pas encore de construction concrète à proposer.

Diffie et Hellman ont « seulement » décrit ce qu'ils appelaient alors un cryptosystème à clés publiques (*public-key cryptosystem*), un protocole qui permet à deux parties d'établir un secret partagé en échangeant seulement des informations visibles par un attaquant. Cette opération est aujourd'hui omniprésente dans nos technologies de communication, et est connue sous le nom de *protocole Diffie–Hellman (DH).*

Avant Diffie–Hellman, l'établissement d'un secret partagé nécessitait des procédures fastidieuses telles que l'échange manuel d'enveloppes scellées. Avec DH, une fois que les parties communicantes ont établi un secret partagé, ce secret peut être utilisé pour établir un *canal sécurisé* en dérivant des clés (symétriques) du secret qui sont ensuite utilisées pour chiffrer et authentifier le contenu des communications. Le protocole DH et ses variantes sont donc appelés protocoles d'accord de clé (*key agreement*), ou bien d'*établissement* de clé (*key establishment*), ou encore d'échange de clé (*key exchange*).

Dans la première partie de ce chapitre, je passe en revue les fondements mathématiques du protocole Diffie–Hellman, y compris les problèmes calculatoires sur lesquels il s'appuie pour opérer sa magie. Dans la deuxième partie, je décris les différentes versions de Diffie–Hellman utilisées pour créer des canaux de communication sécurisés. Enfin, comme Diffie–Hellman n'est sûr que lorsque ses paramètres sont bien choisis, je conclus le chapitre avec les scénarios catastrophes du protocole Diffie–Hellman.

Note: Diffie et Hellman ont reçu le prestigieux prix Turing en 2015 pour leur invention de la cryptographie à clé publique et des signatures électroniques, mais d'autres personnes méritent également d'être récompensées. En 1974, deux ans avant l'article fondateur de Diffie–Hellman, l'informaticien Ralph Merkle a introduit l'idée de la cryptographie à clé publique avec ce que l'on appelle aujourd'hui les « puzzles de Merkle ». À peu près la même année, des chercheurs du GCHQ (Government Communications Headquarters), l'équivalent britannique de la NSA américaine, avaient également découvert les principes de clés RSA et Diffie–Hellman, mais ce ne fut déclassifié que des décennies plus tard.

1. LA FONCTION DIFFIE–HELLMAN

Pour comprendre les protocoles d'accord de clé DH, il faut d'abord connaître leur composant central, qu'on appelle simplement la *fonction Diffie-Hellman*. Nous décrirons celle-ci dans sa définition originale, c'est-à-dire comme opérant avec des nombres de l'ensemble $\mathbf{Z}_p^*$ (nous verrons plus tard comment DH fonctionne également avec des points de courbes elliptiques, son application désormais la plus répandue). Rappelez-vous du chapitre 9, où nous avons vu qu'un groupe $\mathbf{Z}_p^*$ est formé de nombres entiers non nuls modulo un nombre premier, noté p. Dans le contexte de DH, un autre paramètre public est le nombre de base, g. Toutes les opérations arithmétiques sont effectuées modulo p.

La fonction DH implique deux valeurs privées choisies au hasard par les deux parties communicantes dans le groupe $\mathbf{Z}_p^*$, que l'on notera a et b. La valeur privée a est associée à une valeur publique $A = g^a \bmod p$, soit g élevé à la puissance a modulo p. Cette valeur est transmise à l'autre partie, et n'est donc pas secrète — elle peut être observée par un attaquant. La valeur publique associée à b est $B = g^b \bmod p$, soit g élevé à la puissance b modulo p, qui est transmise au détenteur de a.

DH opère sa magie en combinant chacune des valeurs publiques avec l'autre valeur privée, de sorte que le résultat soit le même dans les deux cas :

$$A^b = (g^a)^b = g^{ab} \text{ et } B^a = (g^b)^a = g^{ba} = g^{ab}$$

La valeur résultante, g^{ab}, est le *secret partagé* dont les parties dérivent ensuite une ou plusieurs clés symétriques grâce à une *fonction de dérivation de clé* (KDF, *key derivation function*). Une KDF est une sorte de fonction de hachage qui renvoie une chaîne pseudo-aléatoire de la taille de la longueur de clé souhaitée. Par exemple, chaque partie peut dériver deux clés partagées : une pour chiffrer les messages de A à B, et l'autre pour ceux de B à A, en utilisant un algorithme de chiffrement authentifié tel qu'AES-GCM.

Et c'est (presque) tout. Comme beaucoup de grandes découvertes scientifiques (gravité, relativité, calcul quantique, ou RSA), l'astuce de Diffie–Hellman paraît relativement simple *a posteriori*.

La simplicité de DH peut toutefois être trompeuse. Tout d'abord, il ne fonctionnera pas avec n'importe quel nombre premier p ou nombre de base g. Certaines valeurs de g limiteront par exemple les secrets partagés g^{ab} à un petit sous-ensemble de valeurs possibles, alors que l'on s'attendrait à avoir autant de valeurs possibles que d'éléments dans $\mathbf{Z}_p^*$, et donc autant de valeurs possibles pour le secret partagé. Pour garantir une sécurité maximale, les paramètres DH sûrs doivent fonctionner avec un nombre premier p tel que $(p - 1)/2$ soit également premier. Un tel *nombre premier sûr* (*safe prime*) garantit que le groupe n'a pas de petits sous-groupes qui rendraient DH plus facile à casser. Avec un tel nombre premier, DH peut notamment fonctionner avec $g = 2$ comme *générateur* du groupe, ce qui rend les calculs un peu plus rapides. Mais la génération d'un nombre premier sûr p prend beaucoup plus de temps que la génération d'un nombre premier totalement aléatoire.

Par exemple, la commande `dhparam` de l'utilitaire OpenSSL ne génère que des paramètres DH sûrs, mais les vérifications supplémentaires intégrées dans son algorithme augmentent considérablement le temps d'exécution, comme le montre le listing 11-1.

Listing 11-1 – Mesure du temps d'exécution d'une génération de paramètres Diffie–Hellman 2 048 bits avec OpenSSL.

```
$ time openssl dhparam 2048
Generating DH parameters, 2048 bit long safe prime, generator 2
This is going to take a long time
(...)
-----BEGIN DH PARAMETERS-----
MIIBCAKCAQEAoSIbyA9e844q7V89rcoEV8vd/l2svwhIIj9EPwWWr7FkfYhYkU9
fRNttmilGCTfxc9EDf+4dzw+AbRBc6oOL9gxUoPnOd1/G/YDYgyplF5M3xeswqea
SD+B7628pWTaCZGKZham7vmiN8azGeaYAucckTkjVWceHVIVXe5fvU74k7+C2wKk
iiyMFm8th2zm9W/shiKNV2+SsHtD6r3ZC2/hfu7XdOI4iT6ise83YicU/cRaDmK6
zgBKn3SlCjwL4M3+m1J+Vh0UFz/nWTJ1IWAVC+aoLK8upqRgApOgHkVqzP/CgwBw
XAOE8ncQqroJ0mUSB5eLqfpAvyBWpkrwQwIBAg==.
-----END DH PARAMETERS-----
openssl dhparam 2048  7.46s user 0.10s system 99% cpu 7.593 total
```

Comme vous pouvez le voir dans le listing 11-1, il a fallu près de huit secondes pour générer des paramètres DH de 2 048 bits avec OpenSSL. À titre de comparaison, le listing 11-2 montre le temps nécessaire sur le même système pour générer des paramètres RSA de même taille : 2 048 bits (c'est-à-dire deux nombres premiers, p et q, chacun représentant la moitié de la taille du p utilisé pour DH).

Listing 11-2 – Mesure du temps d'exécution d'une génération de paramètres RSA 2048 bits, avec OpenSSL.

```
$ time openssl genrsa 2048
Generating RSA private key, 2048 bit long modulus
................................................+++
.........................................................+++
e is 65537 (0x10001)
-----BEGIN RSA PRIVATE KEY-----
--snip--
-----END RSA PRIVATE KEY-----
openssl genrsa 2048 0.16s user 0.01s system 95% cpu 0.171 total
```

La génération de paramètres DH a donc pris environ 50 fois plus de temps que la génération de paramètres RSA du même niveau de sécurité, principalement en raison de la contrainte supplémentaire d'avoir un *nombre premier sûr* comme paramètre DH.

2. LES PROBLÈMES DIFFIE–HELLMAN

La sécurité des protocoles DH repose sur la difficulté de problèmes calculatoires, en particulier sur celle du problème du logarithme discret (DLP) présenté au chapitre 9. En effet, DH peut être cassé en récupérant la valeur privée a à partir de sa valeur publique $A = g^a$, ce qui revient à résoudre une instance de DLP. Mais résoudre le problème du logarithme discret n'est pas nécessairement la seule façon de casser DH. Nous allons voir ci-dessous deux versions du problème DH qui illustrent cette situation.

2.1 Le problème Diffie–Hellman computationnel

Le problème de *Diffie–Hellman computationnel* (*computational Diffie–Hellman, CDH*) consiste à déterminer le secret partagé g^{ab} à partir des seules valeurs publiques g^a et g^b sans connaître aucune des valeurs secrètes a ou b. La motivation de ce problème est évidemment de s'assurer qu'un attaquant qui capture g^a et g^b ne puisse pas retrouver le secret partagé g^{ab}.

Si vous pouvez résoudre le DLP, alors vous pouvez également résoudre CDH : si vous pouvez calculer a et/ou b à partir de g^a et g^b, alors vous pourrez calculer g^{ab}. En d'autres termes, le DLP est *au moins* aussi difficile que CDH. Mais nous ne savons pas avec certitude si l'inverse est vrai ; si CDH est au moins aussi difficile que DLP, ce qui rendrait les problèmes aussi difficiles l'un que l'autre, et donc équivalents. En quelque sorte, le DLP est à CDH ce que le problème de la factorisation est au problème RSA (rappelons que la factorisation permet de résoudre le problème RSA, mais pas nécessairement l'inverse).

Diffie–Hellman présente une autre similitude avec RSA : DH offre à peu près le même niveau de sécurité que RSA pour une taille de module donnée. Par exemple, le protocole DH avec un nombre premier p de 2 048 bits offre quasiment la même sécurité que RSA avec un module n de 2 048 bits, soit environ 90 bits. En effet, le moyen le plus rapide que nous connaissons pour casser CDH est de résoudre DLP à l'aide d'un algorithme appelé *number field sieve*, une méthode similaire (mais pas identique) à la méthode la plus rapide qui casse RSA en factorisant son module, le *general number field sieve* (GNFS).

2.2 Le problème Diffie–Hellman décisionnel

Parfois, nous avons besoin de quelque chose de plus fort que l'hypothèse de difficulté de CDH. Le problème de Diffie–Hellman *décisionnel* (*decisional Diffie–Hellman, DDH*) est le suivant : étant donné g^a, g^b, et une valeur qui est soit g^{ab} soit g^c pour un c aléatoire (chacune des deux options avec une chance sur deux), déterminer si g^{ab} ou un g^c a été choisi.

Se baser sur la difficulté de DDH plutôt que CDH est une hypothèse nécessaire dans certains cas. Imaginons par exemple qu'un attaquant puisse calculer les 32 premiers bits de g^{ab} à partir des valeurs de 2 048 bits de g^a et g^b, mais qu'il n'arrive pas calculer l'ensemble des 2 048 bits. Dans ce cas, même si CDH n'est pas cassé (parce que 32 bits ne suffisent pas pour récupérer complètement g^{ab}) l'attaquant aurait quand même appris quelque chose sur le secret partagé, ce qui pourrait l'aider à compromettre la sécurité d'une application, notamment si les utilisateurs omettent d'utiliser une KDF pour dériver les clés et utilisent directement des morceaux de g^{ab} comme clés (ce qui est parfois arrivé).

Afin qu'un attaquant ne puisse rien apprendre sur le secret partagé g^{ab}, il faudrait que cette valeur ne puisse être distinguée d'un élément aléatoire du groupe, au même titre qu'un cryptosystème symétrique dont les *ciphertexts* ne doivent être distinguables de chaînes de caractères aléatoires. Le problème formalisant cette intuition est le problème de Diffie–Hellman *décisionnel* (*decisional Diffie–Hellman, DDH*) : un attaquant ne doit pas pouvoir déterminer si un nombre est g^{ab} soit g^c, pour un c aléatoire, étant donné g^a et g^b. L'hypothèse selon laquelle le problème DDH est difficile est l'*hypothèse décisionnelle de Diffie–Hellman.*

Clairement, si DDH est difficile alors CDH l'est aussi, et un attaquant ne pourrait donc rien apprendre sur g^{ab}. De plus, si vous pouvez résoudre CDH, vous pouvez également résoudre DDH : étant donné un triplet (g^a, g^b, x), vous pouvez dériver g^{ab} depuis g^a et g^b et vérifier si le résultat est égal à x. Cependant, résoudre DDH n'offre pas directement une solution de CDH. En résumé, le CDH est au moins aussi difficile que DDH. Pourtant, la difficulté de DDH est une hypothèse primordiale en cryptographie, et l'une des plus étudiées. Nous pouvons être sûrs que le CDH et le DDH sont tous deux difficiles, du moins lorsque les paramètres de Diffie–Hellman sont bien choisis.

2.3 Autres problèmes Diffie–Hellman

Les cryptographes conçoivent parfois de nouveaux systèmes et prouvent qu'ils sont au moins aussi difficiles à casser que la résolution d'un problème lié à CDH ou DDH, mais pas toujours exactement identique à l'un ou l'autre. Idéalement, nous aimerions démontrer qu'il est aussi difficile de casser un système cryptographique que de résoudre CDH ou DDH, mais cela n'est pas toujours possible avec certains protocoles cryptographiques avancés, généralement parce que ceux-ci impliquent des opérations plus complexes que les protocoles Diffie–Hellman de base.

Par exemple, voici une variante de problème DH : étant donné g^a, un attaquant doit déterminer $g^{1/a}$, où $1/a$ est l'inverse de a dans le groupe. Dans un autre cas, un attaquant doit distinguer des paires (g^a, g^b) de paires $(g^a, g^{1/a})$ pour des valeurs aléatoires a et b. Enfin, dans ce que l'on appelle le *twin Diffie–Hellman problem*, à partir de g^a, g^b et g^c, un attaquant doit trouver les deux valeurs g^{ab} et g^{ac}, sans connaître a, b, ni c. Parfois, ces variantes de DH s'avèrent aussi difficiles que CDH ou DDH mais, dans certains cas, on découvre qu'elles sont plus faciles à résoudre et offrent donc une sécurité inférieure à celle imaginée. À titre d'exercice, essayez de trouver des liens entre la difficulté de ces problèmes et celle de CDH et DDH. (*Twin Diffie–Hellman* est en réalité *aussi difficile* que CDH, mais ce n'est pas évident à prouver.)

3. PROTOCOLES D'ACCORD DE CLÉ

Le problème Diffie–Hellman est conçu pour élaborer des protocoles d'accord de clé (*key agreement protocol*). Ces protocoles permettent à deux parties ou plus d'établir un secret partagé afin d'établir un canal de communication sécurisé. Pour cela, on dérive du secret une ou plusieurs *clés de session*, des clés symétriques utilisées pour chiffrer et authentifier les informations échangées pendant la durée de la session de communication. Mais avant d'étudier les protocoles DH proprement dits, attardons-nous d'abord sur les notions de sécurité applicables aux protocoles d'accord de clé : ce qui rend un protocole d'accord de clé sûr ou non sûr, et les différents critères de sécurité et de performance à prendre en compte. Nous commencerons notre discussion par un protocole largement utilisé, mais qui ne repose pas sur DH.

3.1 Exemple d'accord de clé non Diffie–Hellman

Pour vous donner une idée du fonctionnement d'un protocole d'accord de clé et de ce que signifie sa sécurité, examinons le protocole utilisé dans les normes de télécommunications 4G et 5G pour établir la communication entre une carte SIM et un opérateur de télécommunications. Ce protocole est souvent appelé AKA, pour *authenticated key agreement* (accord de clé authentifié). Il n'utilise pas la fonction DH, mais uniquement des opérations à clé symétrique. Les détails sont un peu ennuyeux, mais le protocole est similaire à celui (simplifié) décrit dans la figure 11-1.

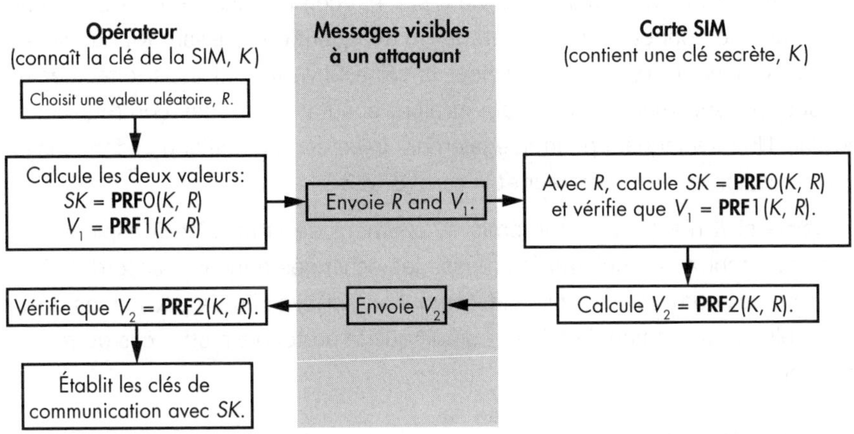

Figure 11-1 – Version simplifiée du protocole d'accord de clé authentifié dans les communications 5G.

Dans la description du protocole AKA en figure 11-1, la carte SIM possède une clé secrète *K*, que l'opérateur connaît également. Après qu'un utilisateur ait signalé son intention d'émettre un appel, l'opérateur commence la session en sélectionnant une valeur aléatoire *R*. Puis il calcule deux valeurs *SK* et V_1 à partir de *R* et *K*, en utilisant deux fonctions pseudo-aléatoires, **PRF0** et **PRF1**. Ensuite, l'opérateur envoie un message à la carte SIM contenant les valeurs *R* et V_1, qui seront donc potentiellement visibles par un attaquant interceptant la communication.

Une fois que la carte SIM dispose de *R*, elle calcule *SK* avec **PRF0**, grâce au secret *K* partagé avec l'opérateur. Les deux parties de cette session se retrouvent avec une clé partagée *SK*, que les attaquants ne peuvent pas déterminer en observant les messages échangés entre les parties, ni même en les modifiant ou en en injectant de nouveaux.

Ensuite, la carte SIM vérifie qu'elle parle à l'opérateur — elle l'authentifie — en recalculant V_1 avec **PRF1**, puis en vérifiant que le V_1 calculé est bien identique à celui reçu. La carte SIM calcule ensuite une valeur de vérification V_2, à l'aide de **PRF2** qui prend *K* et *R* en entrée, et envoie V_2 à l'opérateur. Celui-ci vérifie que la carte SIM connaît *K* — il l'authentifie en calculant V_2 et vérifiant que la valeur calculée est identique à celle reçue.

Dans le protocole tel que je l'ai décrit, une attaque par rejeu (*replay*) est possible : si un attaquant capture une paire de valeurs (R, V_1), alors il peut l'envoyer à la carte

SIM afin de lui faire croire que la paire (R, V_1) provient d'un opérateur légitime connaissant K. Pour empêcher cette attaque, le vrai protocole tel que déployé dans les réseaux de télécommunication comprend des vérifications supplémentaires pour s'assurer que le même R n'est pas réutilisé.

Un autre problème, évident, survient si K est compromis, par exemple à partir de la base de données d'un opérateur. Un attaquant connaissant K peut alors se faire passer pour l'opérateur, ou pour la carte SIM. Il peut aussi effectuer une attaque de type *man-in-the-middle* et alors écouter toutes les communications en clair. Un tel attaquant pourrait également injecter ou modifier des données lors d'une session entre l'opérateur et la carte SIM.

Même si K n'est pas compromis au moment de la session à espionner, un attaquant pourrait enregistrer les messages échangés pendant l'accord de la clé ainsi que les communications chiffrées qui en suivent afin de pouvoir les déchiffrer si plus tard il obtient la clé K — on dit que le protocole n'offre pas de *forward secrecy*.

3.2 Modèles d'attaque pour les protocoles d'accord de clé

Il n'existe pas une unique et simple définition de sécurité pour les protocoles d'accord de clé. On ne peut pas affirmer qu'un protocole de clé est sûr ou non sûr sans connaître le contexte : le modèle d'attaque et les objectifs de sécurité. On peut, par exemple, affirmer que protocole 4G/5G vu précédemment est sûr parce qu'il résiste aux attaques d'un attaquant passif (observateur). Mais on peut aussi affirmer qu'il n'est pas sûr parce qu'une fois que la clé K fuit, toutes les communications antérieures et futures sont compromises.

Différentes notions de sécurité s'appliquent aux protocoles d'accord de clé, ainsi que trois modèles d'attaque principaux qui dépendent des informations divulguées par le protocole. Du plus faible au plus fort, il s'agit de l'*attaquant réseau* (*network attacker*), de la *fuite de données* (*data leak*), et de la *corruption* d'une partie *:*

✓ **L'attaquant réseau :** Cet attaquant observe les messages échangés entre les deux parties légitimes exécutant un protocole d'accord de clé. Il peut enregistrer, modifier, supprimer, ou injecter des messages du protocole. Pour se protéger contre un tel attaquant, un protocole d'accord de clé ne doit pas divulguer d'informations sur le secret partagé établi.

✓ **La fuite de données :** Dans ce modèle, on fait l'hypothèse que l'attaquant acquiert la clé de session ainsi tous les secrets *éphémères* liés à l'exécution du protocole d'accord de clé (tels que SK dans l'exemple de l'AKA 4G/5G). Cet attaquant n'obtient cependant pas les secrets à long terme (tels que K dans l'AKA).

✓ **La corruption :** Dans ce modèle, on considère que l'attaquant connaît la clé à long terme d'un ou plusieurs participants au protocole. Une fois cette clé compromise, l'attaquant peut se faire passer pour les parties dont il connaît la clé, car cette clé est tout ce qui caractérise les parties (du moins en théorie, car en pratique des mécanismes tels qu'une liste blanche d'adresses IP peuvent réduire ce risque d'usurpation d'identité). Dans ce modèle, on cherchera à empêcher l'attaquant de pouvoir déchiffrer les communications précédentes et ultérieures entre les parties légitimes.

Maintenant que nous avons des modèles d'attaque, explorons les objectifs de sécurité, c'est-à-dire les propriétés que le protocole peut offrir. Les quatre plus importants (mais pas les seuls) sont décrits ici, du plus simple au plus sophistiqué.

- ✓ **Authentification :** Chaque partie doit pouvoir authentifier l'autre partie. En d'autres termes, le protocole doit permettre une *authentification mutuelle*. On parle d'accord de clé authentifié (*authenticated key agreement*) lorsqu'un protocole authentifie les deux parties.
- ✓ **Contrôle des clés (*key control*) :** Aucune des parties ne doit être en mesure de choisir le secret partagé final, ni même de le contraindre à faire partie d'un sous-ensemble spécifique. Le protocole d'accord de clé 4G/5G vu précédemment ne possède pas cette propriété car l'opérateur choisit la valeur de *R* qui détermine entièrement la clé partagée finale. Il peut donc, par exemple, essayer plusieurs *R* jusqu'à obtenir une *SK* qui lui convient, par exemple avec les dix premiers bits à zéro.
- ✓ ***Forward secrecy*:** Il s'agit de l'assurance que même si tous les secrets à long terme sont compromis, les secrets partagés obtenus par les exécutions *précédentes* du protocole ne pourront pas être recalculés, et cela même si un attaquant a enregistré toutes les exécutions précédentes du protocole. Un protocole qui est *forward-secret* garantit que même si vous devez remettre vos appareils et leurs secrets à une autorité quelconque, celle-ci ne sera pas en mesure de décrypter vos communications chiffrées antérieures (le protocole d'accord de clé 4G/5G n'offre pas de *forward secrecy*).
- ✓ **Résistance au *key-compromise impersonation* (KCI) :** On pourrait traduire cette notion en « résistance à l'usurpation d'identité par compromis de clé », mais on parle généralement de *key compromise*. Le KCI se produit lorsqu'un attaquant compromet la clé à long terme d'une partie et est capable de l'utiliser pour usurper l'identité d'une *autre* partie. Par exemple, le protocole d'accord de clé 4G/5G permet une usurpation d'identité triviale car les deux parties partagent la même clé *K*. Un protocole d'accord de clé devrait idéalement empêcher ce type d'attaque.

3.3 Performance

Pour être utile, un protocole d'accord de clé doit être non seulement sûr, mais aussi efficient, rapide et utilisable en pratique à moindre coût. Plusieurs facteurs sont à prendre en compte lors de l'examen des performances d'un protocole d'accord de clé, notamment le nombre de messages échangés, la longueur des messages, la quantité de calcul nécessaire et la possibilité de précalculer certaines valeurs pour gagner du temps lors de l'exécution *online*. Un protocole sera moins coûteux si les messages échangés sont moins nombreux et plus courts. Il est donc également important que la dépendance entre les réponses soit minimale, de sorte qu'une partie n'ait pas toujours à attendre de recevoir un message avant d'envoyer le suivant. Une mesure courante de l'efficacité d'un protocole est sa durée en termes d'allers-retours (*round trips*), soit le temps nécessaire pour envoyer un message et recevoir une réponse.

Le temps d'aller-retour (*round-trip time*, RTT) est généralement la principale cause de latence dans les protocoles, mais la quantité de calcul à effectuer compte également. Le moins de calculs nécessaires, le plus rapide sera le protocole, surtout si une partie des opérations peuvent être précalculées à l'avance (soit avant l'exécution du protocole, soit avant la réception d'un message).

Par exemple, le protocole d'accord de clé 4G/5G évoqué précédemment échange deux messages de quelques centaines de bits chacun, qui doivent être envoyés dans l'ordre prescrit. Le précalcul peut être utilisé avec ce protocole pour gagner du temps puisque l'opérateur peut choisir un ensemble de valeurs R à l'avance, précalculer les valeurs correspondantes de SK, V_1, et V_2, et les stocker dans une base de données. Dans ce cas, le précalcul réduit l'exposition de la clé à long terme, car K ne sera pas directement utilisé à chaque nouvelle session.

4. PROTOCOLES DIFFIE–HELLMAN

La fonction Diffie–Hellman est au cœur de la plupart des protocoles d'accord de clé utilisés en pratique. Cependant, il n'existe pas un protocole Diffie–Hellman unique, mais plutôt plusieurs façons d'utiliser la fonction DH afin d'établir un secret partagé. Nous examinerons trois de ces types de protocoles dans les sections suivantes. Dans chaque discussion, je m'en tiendrai aux noms habituels de la cryptographie et appellerai les deux parties Alice et Bob, et l'attaquante Eve. J'écrirai g comme la base du groupe utilisé pour les opérations arithmétiques, une valeur fixée et connue à l'avance par Alice, Bob, et Eve.

4.1 Diffie–Hellman anonyme

Le protocole *Diffie–Hellman anonyme* est le plus simple des protocoles Diffie–Hellman. Il est dit anonyme parce qu'il n'est pas authentifié ; les participants n'ont pas d'identité cryptographique qui puisse être vérifiée par l'une ou l'autre des parties, et aucune des parties ne détient de clé à long terme. Alice ne peut pas prouver à Bob qu'elle est Alice, et vice versa.

Dans un protocole DH anonyme, chaque partie choisit une valeur aléatoire (*a* pour Alice et *b* pour Bob) comme sa clé privée et envoie la clé publique correspondante à l'autre partie. La figure 11-2 illustre le processus de manière un peu plus détaillée.

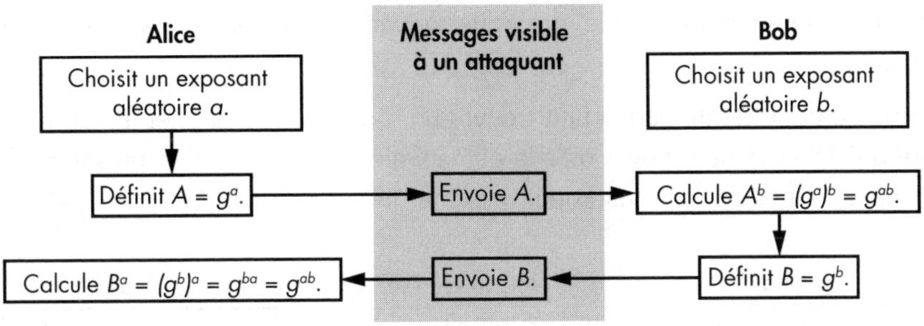

Figure 11-2 – Le protocole anonyme Diffie–Hellman.

Comme vous pouvez le voir, Alice utilise son exposant *a* et la valeur de base *g* pour calculer $A = g^a$, qu'elle envoie à Bob. Bob reçoit *A* et calcule A^b, qui est égal à $(g^a)^b$, soit g^{ab}. Bob envoie sa clé publique $B = g^b$ à Alice, qui l'utilise pour calculer $B^a = g^{ab}$. Alice et Bob obtiennent la même valeur, g^{ab}, après avoir effectué des opérations similaires, qui consistent à élever *g* et la valeur publique reçue à la puissance de leur exposant privé. Un protocole très simple, mais seulement sûr contre les attaquants les plus primitifs.

Un DH anonyme est en effet vulnérable aux attaques de type *man-in-the-middle*. Il suffit à un attaquant d'intercepter des messages, de se faire passer pour Bob (auprès d'Alice), et de se faire passer pour Alice (auprès de Bob), comme le montre la figure 11-3.

Lors d'une attaque *man-in-the-middle* telle qu'illustrée en figure 11-2, Alice et Bob choisissent des exposants aléatoires privés *a* et *b*, conformément au protocole de base de la figure 11-1. Alice calcule et envoie *A*, mais Eve intercepte le message et ne le transmet pas à Bob. À la place, Eve choisit alors un exposant aléatoire *c*, et calcule $C = g^c$ pour l'envoyer à Bob. Comme ce protocole ne comporte pas d'authentification, Bob croit qu'il reçoit *C* d'Alice et calcule g^{bc}. Bob envoie ensuite *B*, mais Eve intercepte le message, sans le transmettre à Alice. Eve calcule alors $B^c = g^{bc}$, choisit un nouvel exposant *d*, calcule $A^d = g^{ad}$, puis envoie $D = g^d$ à Alice. Alice calcule donc $D^a = g^{ad}$, une valeur qu'elle pense partager avec Bob, mais partage en fait avec Eve seulement.

Avec cette attaque, l'attaquante Eve finit par partager un secret avec Alice (g^{ad}) et un autre secret avec Bob (g^{bc}), bien qu'Alice et Bob croient qu'ils partagent un seul secret l'un avec l'autre. Après l'établissement de ces valeurs partagées, Alice dérivera des clés symétriques de g^{ad} afin de chiffrer la communication avec Bob, mais Eve interceptera les messages chiffrés, les déchiffrera, et les rechiffrera à l'intention de Bob à l'aide d'autres clés dérivées de g^{bc}, après avoir potentiellement modifié le *plaintext* sous-jacent. Tout cela se produit sans qu'Alice ni Bob ne puissent remarquer quoi que ce soit (du moins en théorie, car en pratique les parties pourraient par exemple remarquer un léger délai dans la transmission des messages).

Pour éviter cette attaque, il faut trouver un moyen d'authentifier les parties, de sorte qu'Alice puisse prouver qu'elle est la vraie Alice et que Bob puisse prouver qu'il est le vrai Bob. Heureusement, il existe un moyen de le faire.

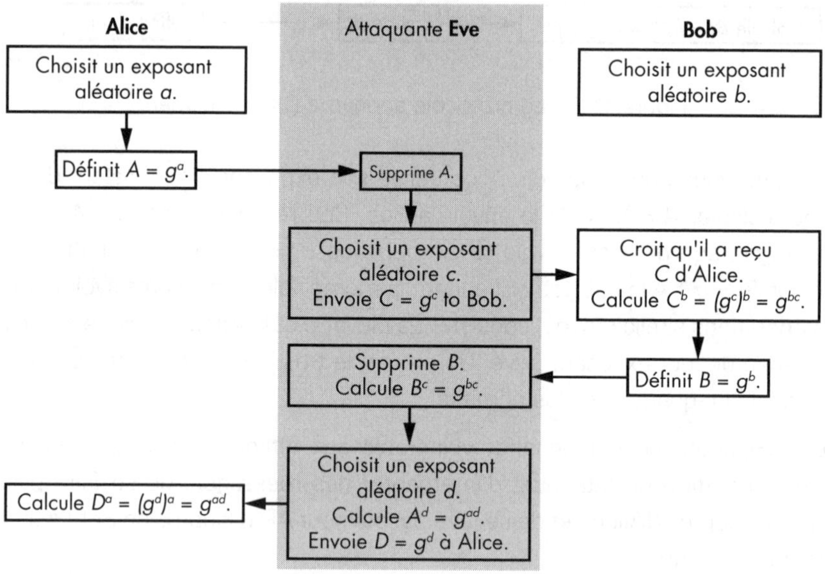

Figure 11-3 – Une attaque *man-in-the-middle* contre le protocole Diffie–Hellman anonyme.

4.2 Diffie–Hellman authentifié

Le protocole Diffie–Hellman authentifié a été développé pour se prémunir contre les attaques de type *man-in-the-middle* qui s'appliquent au Diffie–Hellman anonyme. Le DH authentifié dote les deux parties d'une clé privée et d'une clé publique, ce qui permet à Alice et Bob de signer leurs messages afin d'empêcher l'attaquante Eve de se faire passer pour eux. Dans ce cas, les signatures sont calculées à l'aide d'un système de signature à clé publique, tel que RSA-PSS ou ECDSA (que nous verrons au chapitre 12). Par conséquent, pour réussir à envoyer des messages au nom d'Alice, un attaquant devrait falsifier une signature, ce qui est impossible avec un système de signature sûr.

La figure 11-4 montre comment fonctionne le protocole DH authentifié.

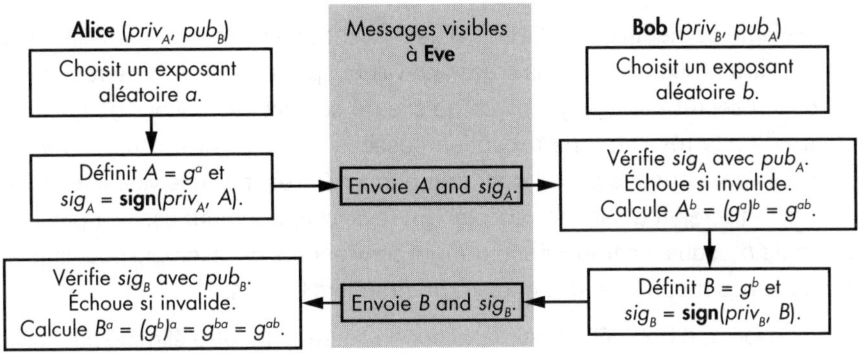

Figure 11-4 – Le protocole Diffie–Hellman authentifié.

La notation **Alice** ($priv_A$, pub_B) sur la première ligne signifie qu'Alice détient sa propre clé privée, $priv_A$, ainsi que la clé publique de Bob, pub_B. Les paires de clés *priv/pub* ici impliquées sont dites *clés à long terme* (*long-term keys*), car elles sont fixées à l'avance et restent constantes lors des exécutions consécutives du protocole. Alice pourra utiliser sa paire de clés $priv_A/pub_A$ avec d'autres parties que Bob, dans la mesure où celles-ci connaissent pub_A (*comment* ils les connaissent est une autre question, et un des problèmes opérationnels les plus difficiles en cryptographie). Bien entendu, les clés privées doivent être gardées secrètes, alors que les clés publiques sont considérées comme connues d'un attaquant.

Dans le protocole authentifié, Alice et Bob commencent par choisir des exposants aléatoires a et b, comme dans le DH anonyme. Alice calcule ensuite $A = g^a$ et une signature de cette valeur sig_A en utilisant sa fonction de signature **sign** avec sa clé privée $priv_A$. Alice envoie ensuite A et sig_A à Bob, qui vérifie sig_A en utilisant la clé publique d'Alice pub_A. Si la signature n'est pas valide, Bob sait que le message ne provient pas d'Alice et rejette A.

Si la signature est correcte, Bob calcule g^{ab} à partir de A et de son exposant aléatoire b. Il calcule ensuite $B = g^b$ et le signe en utilisant sa clé privée $priv_B$. Il envoie maintenant B et sig_B à Alice, qui tente de vérifier sig_B à l'aide de la clé publique de Bob pub_B. Alice ne calculera le secret partagé g^{ab} que si la signature de Bob est vérifiée avec succès.

◆ *Sécurité contre les attaques passives*

Le DH authentifié est sûr contre un attaquant passif, car celui-ci ne peut apprendre aucune information sur le secret partagé g^{ab}, notamment car a et b sont secrets. Le protocole garantit alors aussi la *forward secrecy*: si un attaquant obtient la clé privée à long terme d'une des parties, comme dans le modèle d'attaque par corruption présenté plus haut, il ne connaîtra pas les exposants DH éphémères utilisés dans les instances précédentes du protocole; il ne pourrait donc pas déterminer leurs secrets partagés g^{ab}.

La variante authentifiée de DH offre seulement une protection partielle contre le *key control*. Alice ne peut pas créer une valeur spéciale de *a* afin de restreindre le choix du secret partagé g^{ab}, parce qu'elle ne connait pas encore g^b, qui influe autant que *a* le résultat (une exception possible serait qu'Alice choisisse $a = 0$, auquel cas nous aurions $g^{ab} = 1$ pour tout *b*; mais 0 n'est pas une valeur autorisée et devrait être rejetée par le protocole). En revanche, Bob peut essayer plusieurs valeurs de *b* jusqu'à en trouver une « qui lui convienne », par exemple pour laquelle g^{ab} a certaines propriétés, tels que ses 16 premiers bits à 1.

Ce pouvoir que Bob détient sur la valeur du secret peut être éliminé par l'envoi de **Hash**(g^b) de Bob à Alice comme premier message, avant que cette dernière n'envoie son g^a. Je vous laisse analyser cette modification et comprendre pourquoi ça marche (on appellera le nouveau message envoyé un *commitment* de la clé publique de Bob).

Le DH authentifié a d'autres faiblesses. Tout d'abord, la possibilité de rejeu (*replay*): en observant les communications, Eve peut enregistrer des valeurs de *A* et de sig_A et les rejouer plus tard à Bob, afin de se faire passer pour Alice. Bob croira alors qu'il partage un secret avec Alice alors que ce n'est pas le cas, même si Eve n'est pas en mesure d'apprendre ce secret car elle ne connaît pas le secret d'Alice, *a*, et ne pourra donc pas calculer B^a à partir du nouveau *B* transmis par Bob.

Ce risque de rejeu peut être évité par l'ajout d'une procédure appelée *confirmation de clé* (*key confirmation*) dans laquelle Alice et Bob prouvent l'un à l'autre qu'ils connaissent le secret partagé. Par exemple, Alice et Bob peuvent confirmer leur clé en envoyant respectivement **Hash**($pub_A \| pub_B \| g^{ab}$) et **Hash**($pub_B \| pub_A \| g^{ab}$), avec une fonction de hachage **Hash**. Alice et Bob peuvent tous deux vérifier l'exactitude de la valeur reçue, en recalculant son résultat. L'ordre différent des clés publiques $pub_A \| pub_B$ et $pub_B \| pub_A$ garantit qu'Alice et Bob enverront des valeurs différentes et qu'un attaquant ne pourra pas se faire passer pour Alice en copiant la valeur de hachage de Bob.

◆ Sécurité contre les fuites de données

La vulnérabilité du DH authentifié aux fuites de données est plus préoccupante. Dans ce modèle d'attaque, l'attaquant apprend la valeur de secrets éphémères (à savoir les exposants *a* et *b*) et utilise ces informations pour se faire passer pour l'une des parties communicantes, en plus de pouvoir déterminer le secret partagé d'une session donnée. En effet, si Eve est en mesure de connaître la valeur d'un exposant *a* ainsi que la valeur correspondante sig_A envoyée à Bob, alors elle peut lancer une nouvelle exécution du protocole et se faire passer pour Alice, comme le montre la figure 11-5.

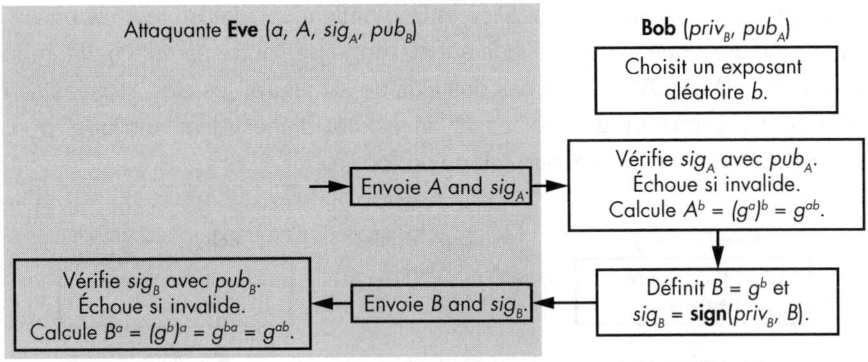

Figure 11-5 – Une attaque d'usurpation d'identité sur le protocole Diffie–Hellman authentifié.

Dans ce scénario d'attaque, Eve apprend la valeur d'un a et enregistre la signature sig_A correspondante pour se faire passer pour Alice. Bob vérifie la signature et calcule g^{ab} à partir de A et envoie B et sig_B, qu'Eve utilise ensuite pour calculer g^{ab}, en utilisant le a volé. Bob croit maintenant qu'il parle à Alice. Eve n'a pas eu besoin de la clé privée à long terme d'Alice ($priv_A$) pour tromper Bob.

L'un des moyens de sécuriser le DH authentifié contre les fuites de secrets éphémères consiste à intégrer les clés à long terme dans le calcul du secret partagé, de sorte que le secret partagé ne puisse pas être déterminé sans connaître le secret à long terme. C'est une des idées du protocole suivant.

4.3 Menezes-Qu-Vanstone (MQV)

Le protocole *Menezes-Qu-Vanstone* (*MQV*) est un jalon dans l'histoire des protocoles basés sur DH. Conçu en 1998, MQV fut approuvé pour protéger les données classifiées TOP SECRET par le gouvernement américain, lorsque la NSA l'a inclus dans sa Suite B, une sélection d'algorithmes utilisée pour protéger les informations les plus confidentielles. La NSA a finalement abandonné MQV, prétendument parce qu'il n'était pas assez utilisé. Je reviendrai plus tard sur les raisons possibles de cette décision.

On peut voir MQV comme un protocole Diffie–Hellman sous stéroïdes ; il est plus sûr et plus efficace qu'un DH authentifié. En particulier, MQV permet aux utilisateurs d'envoyer seulement deux messages, indépendamment l'un de l'autre, dans un ordre arbitraire. D'autres avantages sont que les utilisateurs peuvent envoyer des messages plus courts qu'avec DH authentifié et qu'ils n'ont pas besoin de créer ni de vérifier des signatures. On n'a donc pas besoin d'un schéma de signature, mais seulement de multiplications et d'exponentiations élémentaires.

Comme dans DH authentifié, Alice et Bob détiennent chacun leur clé privée à long terme ainsi que la clé publique à long terme de l'autre partie. La différence est que les clés MQV ne sont pas des clés de signature : les clés utilisées dans MQV sont composées d'un exposant privé x, et d'une valeur publique, g^x. La figure 11-6 illustre le fonctionnement du protocole.

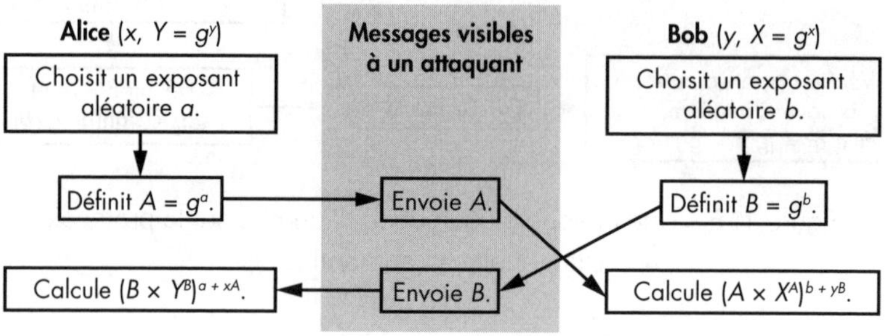

Figure 11-6 – Le protocole MQV.

Les x et y de la figure 11-6 sont les clés privées à long terme d'Alice et de Bob, et $X = g^x$ et $Y = g^y$ sont leurs clés publiques. Au début du protocole, chacun choisit un exposant secret aléatoire, puis envoie la valeur publique associée : Alice choisit un a et envoie $A = g^a$ à Bob ; ce dernier choisit un b et envoie $B = g^b$ à Alice. Une fois qu'Alice a obtenu la clé publique éphémère B de Bob, elle la combine avec sa clé privée à long terme x, sa clé privée éphémère a, et la clé publique à long terme Y de Bob en calculant $(B \times Y^B)^{a + xA}$. En développant cette expression, on obtient ce qui suit :

$$(B \times Y^B)^{a + xA} = (g^b \times (g^y)^B)^{a + xA} = (g^{b + yB})^{a + xA} = g^{(b + yB)(a + xA)}$$

De même, Bob calcule le résultat de $(A \times X^A)^{b + yB}$, et nous pouvons vérifier qu'il est égal à la valeur calculée par Alice :

$$(A \times X^A)^{b + yB} = (g^a \times (x^y)^A)^{b + yB} = (g^{a + xA})^{b + yB} = g^{(a + xA)(b + yB)} = g^{(b + yB)(a + xA)}$$

Comme vous pouvez le constater, nous avons bien la même valeur pour Alice et Bob, à savoir $g^{(b + yB)(a + xA)}$. Cela signifie qu'Alice et Bob partagent le même secret.

Contrairement au DH authentifié, MQV ne peut pas être cassé par une simple fuite d'un secret éphémère. La connaissance de a ou de b ne permet pas à un attaquant de déterminer le secret partagé final, car il aurait besoin des clés privées à long terme pour le calculer.

Que se passe-t-il dans le modèle d'attaque le plus fort, où une clé à long terme est compromise ? Si Eve obtient la clé privée x d'Alice, alors les secrets partagés précédemment établis restent sûrs, car leur calcul a également impliqué les clés privées *éphémères* d'Alice, inconnues d'Eve.

Cependant, MQV ne garantit pas la *forward secrecy* parfaite (*perfect forward secrecy*, PFS) raison de l'attaque suivante. Supposons qu'Eve intercepte le message A d'Alice et le remplace par son propre message $A = g^a$ pour un a choisi par Eve. De son côté, Bob envoie $B = g^b$ à Alice (et Eve observe la valeur de B) et calcule la clé partagée. Si Eve compromet plus tard la clé privée à long terme x d'Alice, elle pourra déterminer la clé que Bob a calculée au cours de cette session précédente. En théorie, cela viole la notion de *perfect forward secrecy*, car Eve a maintenant récupéré le secret partagé d'une exécution antérieure du protocole. En pratique, cependant, le risque peut être éliminé par une étape de confirmation de clé, au cours de laquelle Alice et Bob se rendraient compte qu'ils ne sont pas en mesure d'accéder au secret partagé, et donc interrompraient le protocole avant de dériver des clés de session de leur secret.

Malgré son élégance et sa sécurité, MQV est rarement utilisé dans la pratique. L'une des raisons est qu'il était autrefois couvert par des brevets, ce qui a entravé son adoption à grande échelle. Une autre raison est qu'il est plus difficile qu'il n'y paraît d'implémenter MQV correctement en pratique. Au final, par rapport à sa relative complexité, les avantages de MQV en matière de sécurité sont souvent perçus comme faibles comparés au DH authentifié.

5. EXEMPLES DE PROBLÈMES

L'utilisation de protocoles Diffie–Hellman peut mal tourner de diverses manières. Les sections suivantes présentent des cas souvent observés en pratique.

5.1 Ne pas hacher le secret partagé

J'ai mentionné que le secret partagé qui conclut un accord de clé DH (la valeur g^{ab} dans nos exemples) est utilisé pour dériver des clés de session, mais n'est pas une clé en soi. La valeur g^{ab} est un nombre entier, avec son encodage propre, dont la taille et le format ne sont en général pas ceux dont on a besoin pour une clé. Une clé symétrique doit en effet être une chaîne de bits ayant l'air aléatoire, donc où chaque bit doit être soit 0 soit 1 avec la même probabilité. Mais g^{ab} n'est pas une chaîne aléatoire ; c'est un élément aléatoire au sein d'un groupe mathématique dont les bits peuvent être biaisés en faveur de 0 ou de 1. Un élément aléatoire d'un groupe est différent d'une chaîne de bits aléatoire.

Imaginons par exemple que nous travaillions dans le groupe multiplicatif $\mathbf{Z}_{13}^* = \{1, 2, 3, \ldots, 12\}$ en utilisant $g = 2$ comme générateur du groupe, ce qui signifie que g^i couvre toutes les valeurs de $\mathbf{Z}_{13}^*$ pour i de 1 à 12 : $g^1 = 2$, $g^2 = 4$, $g^3 = 8$, $g^4 = 3$, et ainsi de suite. Si l'exposant de g est aléatoire, vous obtiendrez un élément aléatoire de $\mathbf{Z}_{13}^*$, mais l'encodage d'un élément de $\mathbf{Z}_{13}^*$ sous la forme d'une chaîne de 4 bits ne sera pas une chaîne uniformément aléatoire : tous les bits n'auront pas la même probabilité d'être un 0 ou un 1. Dans $\mathbf{Z}_{13}^*$, sept valeurs ont 0 comme bit le plus significatif (les nombres de 1 à 7 dans le groupe), mais seulement cinq ont 1 comme bit le plus significatif (de 8 à 12). Ce bit est donc 0 avec une probabilité de 7/12 ≈ 0,58, alors qu'idéalement un bit aléatoire devrait être 0 avec une probabilité de 0,5. De plus, les séquences de 4 bits 1101, 1110 et 1111 n'apparaîtront jamais, car elles correspondent aux nombres 13, 14, et 15, qui ne sont pas dans $\mathbf{Z}_{13}^*$.

Une autre propriété indésirable survient si g^a ou g^b a une racine carrée (c'est-à-dire, si *a* ou *b* est pair). Dans ce cas, on peut tester cette propriété sur le secret partagé g^{ab}, et révéler une propriété de *a* et *b*, ce qu'on ne devrait pas révéler à un attaquant.

Pour éviter de tels biais dans les clés de session dérivées d'un secret partagé DH, vous devez utiliser une fonction de dérivation de clé (*key derivation function*, KDF). Un exemple de construction de KDF est HKDF, ou KDF basée sur HMAC (comme spécifié dans le RFC 5869), mais aujourd'hui BLAKE3 et SHA-3 disposent de modes dédiés pour se comporter comme des KDF.

5.2 Le Diffie–Hellman anonyme de TLS

Transport Layer Security (TLS) est le protocole de communication sécurisée utilisé pour les connexions HTTPS ainsi d'autres protocoles, tels que le transfert d'email (SMTP). TLS accepte plusieurs paramètres, notamment le type de protocole Diffie–Hellman qu'il utilisera. Pour des raisons de rétrocompatibilité, TLS supporte le DH anonyme jusqu'à sa version 1.2 (donc sans aucune authentification du serveur), mais pas dans la version 1.3. Comme DH n'est sûr que contre des attaquants passifs, il peut donner une fausse impression de sécurité.

Notons tout de même que la documentation originale de TLS décrivait les risques de ce protocole à l'adresse https://www.rfc-editor.org/rfc/rfc2246 : "*Warning: Completely anonymous connections only provide protection against passive eavesdropping. Unless an independent tamper-proof channel is used to verify that the finished messages were not replaced by an attacker, server authentication is required in environments where active man-in-the-middle attacks are a concern.*" (« Attention : Les connexions entièrement anonymes ne protègent que contre l'écoute passive. À moins d'utiliser un canal indépendant inviolable pour vérifier que les messages finaux n'ont pas été remplacés par un attaquant, l'authentification du serveur est requise dans les environnements où les attaques de type *man-in-the-middle* sont un risque. »).

5.3 Paramètres de groupe non sûrs

En janvier 2016, les auteurs de l'utilitaire OpenSSL ont corrigé une vulnérabilité de haute sévérité (CVE-2016-0701) qui permettait à un attaquant d'exploiter des paramètres Diffie–Hellman non sûrs. La cause première de la vulnérabilité était qu'OpenSSL permettait aux utilisateurs de choisir des paramètres de groupe DH non sûrs (plus précisément, un nombre premier *p* non sûr). Ce type de paramètre devrait être rejeté et retourner une erreur s'il est proposé par un utilisateur.

En substance, OpenSSL a accepté un nombre premier *p* dont le groupe multiplicatif $\mathbf{Z}_p^*$ (où toutes les opérations DH ont lieu) contient de petits sous-groupes. Comme nous l'avons vu au début de ce chapitre, l'existence de petits sous-groupes au sein d'un groupe plus large dans un protocole cryptographique est à éviter absolument, car elle limite les secrets partagés à un ensemble de valeurs bien plus restreint que si l'on utilisait l'ensemble du groupe $\mathbf{Z}_p^*$. Pire encore, un attaquant peut créer un exposant DH *x* qui, lorsqu'il est combiné avec la clé publique g^y de la victime, révélera des informations sur la clé privée *y*.

Bien que la vulnérabilité date de 2016, le principe de l'attaque remonte à l'article de 1997 intitulé "A Key Recovery Attack on Discrete Log-based Schemes Using a Prime Order Subgroup" de Chae Hoon Lim et Pil Joong Lee. La correction de la vulnérabilité est simple : lors du choix d'un nombre premier *p* comme module de groupe, l'implémentation du protocole doit s'assurer que *p* est un nombre *premier sûr* en vérifiant que $(p - 1)/2$ est également premier. Ceci garantit que le groupe $\mathbf{Z}_p^*$ n'aura pas de petits sous-groupes.

6. POUR ALLER PLUS LOIN

Voici un aperçu de certaines choses que je n'ai pas abordées dans ce chapitre mais qu'il peut être utile de connaître.

Tout d'abord, vous pouvez approfondir les protocoles d'accord de clé DH en lisant un certain nombre de normes et de publications officielles, notamment ANSI X9.42, RFC 2631 et RFC 5114, IEEE 1363 et NIST SP 800-56A. Ces documents servent de référence pour garantir l'interopérabilité et fournir des recommandations pour les paramètres de groupe.

Pour en savoir plus sur les protocoles DH avancés (tels que MQV et ses cousins HMQV et OAKE, entre autres) et leurs notions de sécurité (telles que les *unknown key share attacks* et *group representation attacks*), lisez l'article de 2005 "HMQV: A High-Performance Secure Diffie–Hellman Protocol" par Hugo Krawczyk (https://eprint.iacr.org/2005/176) et l'article de 2011 "A New Family of Implicitly Authenticated Diffie–Hellman Protocols" par Andrew C. Yao et Yunlei Zhao (https://eprint.iacr.org/2011/035). Vous remarquerez dans ces articles que les opérations Diffie–Hellman sont exprimées différemment que dans ce chapitre. Par exemple, au lieu de g^x, vous trouverez le secret partagé noté xP. Généralement, vous trouverez la multiplication remplacée par l'addition et l'exponentiation remplacée par la multiplication. La raison réside dans le fait que ces protocoles ne sont généralement pas définis sur des groupes d'entiers, mais sur des *points de courbes elliptiques*, comme nous allons le voir au chapitre 12.

12 Courbes elliptiques

L'introduction de la *cryptographie à courbe elliptique* (*elliptic curve cryptography, ECC*) en 1985 a révolutionné la cryptographie à clé publique. L'ECC est plus puissante et plus efficace que les alternatives telles que RSA et Diffie–Hellman classique. Par exemple, l'ECC avec une clé de 256 bits offre une meilleure sécurité que RSA avec une clé de 4096 bits. Mais ce type de cryptographie est également plus complexe.

Comme RSA, ECC multiplie de grands nombres, mais contrairement à RSA, il le fait en combinant des points sur une courbe mathématique, appelée *courbe elliptique* (qui n'a rien à voir avec une ellipse, soit dit en passant). Pour compliquer les choses, il existe de nombreux types de courbes elliptiques : des courbes simples et des courbes sophistiquées, des courbes « rapides » et des courbes « lentes », des courbes sûres et des courbes moins sûres, selon le cas d'usage.

Bien qu'introduite pour la première fois en 1985, l'ECC n'a été formellement standardisée qu'au début des années 2000, et n'a été intégrée dans les principaux outils cryptographiques que bien plus tard : OpenSSL a ajouté l'ECC en 2005, et OpenSSH a attendu jusqu'en 2011. Mais les systèmes modernes ont peu de raisons de ne pas utiliser l'ECC, et vous trouverez des courbes elliptiques dans la plupart des connexions HTTPS, dans vos téléphones mobiles, et dans les plateformes blockchain telles que Bitcoin ou Ethereum. En effet, les courbes elliptiques permettent d'effectuer des opérations courantes de cryptographie à clé publique, telles que le chiffrement, la signature, et l'accord de clé, plus rapidement que leurs équivalents classiques. La plupart des applications cryptographiques qui reposent sur le problème du logarithme discret (DLP) fonctionnent également lorsqu'elles sont basées sur son équivalent sur des courbes elliptiques, l'ECDLP (*elliptic curve discrete logarithm problem*). Il existe certaines exceptions, tel que le protocole Secure Remote Password (SRP).

Ce chapitre se concentre sur les applications de l'ECC et explique pourquoi vous utiliseriez l'ECC plutôt que RSA ou Diffie–Hellman classique, ainsi que la manière de choisir la courbe elliptique adaptée à votre application.

1. QU'EST-CE QU'UNE COURBE ELLIPTIQUE ?

Une courbe elliptique est une *courbe* définie sur un plan, soit un ensemble de points avec des coordonnées x et y, où x est la position horizontale (abscisse) et y la position verticale (ordonnée). L'équation d'une courbe définit les points qui appartiennent à cette courbe. Par exemple, la courbe $y = 3$ est une ligne horizontale dont la coordonnée verticale est 3. Les courbes de la forme $y = ax + b$ avec des nombres a et b fixes sont des lignes droites, $x^2 + y^2 = 1$ est un cercle de rayon 1 centré sur l'origine, etc. Quel que soit le type de courbe, les points d'une courbe sont toutes les paires (x, y) qui satisfont l'équation de la courbe.

Les courbes elliptiques utilisées en cryptographie sont généralement des courbes dont l'équation est de la forme $y^2 = x^3 + ax + b$ (un type d'équation connu sous le nom de forme de Weierstrass), où les constantes a et b définissent la forme de la courbe. Par exemple, la figure 12-1 montre la courbe elliptique correspondant à l'équation $y^2 = x^3 - 4x$.

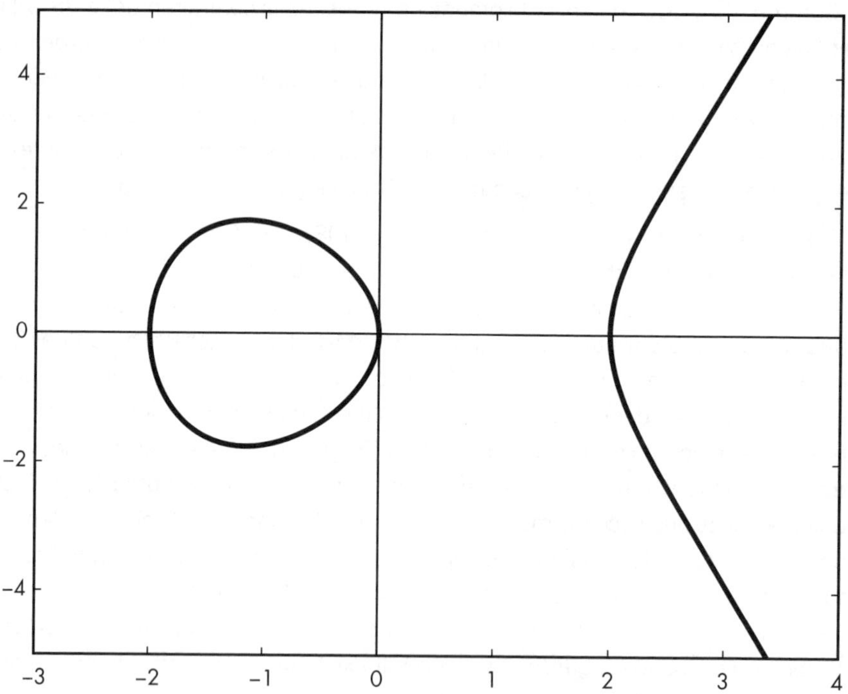

Figure 12-1 – Courbe elliptique d'équation $y^2 = x^3 - 4x$, représentée sur les nombres réels.

Note : Dans ce chapitre, je me concentre sur le type de courbes elliptiques le plus simple et le plus courant, à savoir celles dont l'équation est de la forme $y^2 = x^3 + ax + b$, mais il existe des types de courbes elliptiques dont les équations se présentent sous d'autres formes. Par exemple, les courbes d'Edwards sont des courbes elliptiques dont l'équation est de la forme $x^2 + y^2 = 1 + dx^2y^2$. Les courbes d'Edwards sont souvent utilisées en cryptographie (par exemple, dans le schéma de signature Ed25519).

La figure 12-1 montre tous les points qui composent la courbe pour x entre -3 et 4, qu'ils soient situés sur le côté gauche de la courbe, qui ressemble à un cercle, ou sur le côté droit, qui ressemble à une parabole. Tous ces points ont des coordonnées (x, y) qui satisfont l'équation de la courbe $y^2 = x^3 - 4x$. Par exemple, pour $x = 0$ on a $y^2 = x^3 - 4x = 0^3 - 4 \times 0 = 0$; par conséquent, $y = 0$ est une solution et le point (0, 0) appartient à la courbe. De même, si $x = 2$, la solution de l'équation est $y = 0$, ce qui signifie que le point (2, 0) appartient à la courbe.

Il est crucial de distinguer les points qui appartiennent à la courbe des autres points, car lorsqu'on utilise des courbes elliptiques en cryptographie, on travaille avec des points de la courbe, et les points hors de la courbe présentent souvent un risque pour la sécurité. À partir d'une paire (x, y) on pourra s'assurer qu'elle vérifie l'équation, et donc que le point appartient à la courbe.

Dans d'autres cas, on cherchera la ou les coordonnées y qui correspondent à un x donné. Il convient toutefois de noter que l'équation de la courbe n'admet pas toujours de solutions. Par exemple, pour trouver des points dont la coordonnée horizontale est $x = 1$, nous résolvons $y^2 = x^3 - 4x$ et obtenons $y^2 = 1^3 - 4 \times 1 = -3$. Mais $y^2 = -3$ n'admet pas de solution parmi les nombres réels, car il n'existe pas de nombre y tel que $y^2 = -3$. Il existe une solution dans les nombres complexes ($i\sqrt{3}$), mais la cryptographie à courbe elliptique utilisée en pratique n'utilise pas de tels nombres. (En fait, la cryptographie à courbe elliptique traite seulement des nombres entiers modulo un nombre premier, soit directement soit via des polynômes.) Comme il n'y a pas de solution à l'équation de la courbe pour $x = 1$, la courbe n'a pas de point à cette position sur l'axe des x, comme vous pouvez le voir sur la figure 12-1.

Que se passe-t-il si nous essayons de résoudre l'équation pour $x = -1$? Dans ce cas, nous obtenons l'équation $y^2 = -1 + 4 = 3$, qui a deux solutions ($y = \sqrt{3} \approx 1{,}73$ et $y = -\sqrt{3} \approx -1{,}73$), la racine carrée de 3 et son opposé. Le carré de ces deux valeurs est bien 3, et comme et comme on peut le voir sur la figure 12-1, pour $x = -1$ on a bien deux points de la courbe à ces positions. Plus généralement, on remarquera que la courbe est symétrique par rapport à l'axe des x pour tous les points qui résolvent son équation (comme le sont toutes les courbes elliptiques de la forme $y^2 = x^3 + ax + b$), sauf quand $y = 0$.

1.1 Courbes elliptiques sur des entiers

Voici un petit détail : les courbes elliptiques utilisées en cryptographie ne ressemblent pas à la courbe de la figure 12-1. Elles ne sont ni courbées ni des ellipses. Elles ressemblent plutôt à la figure 12-2, soit un nuage de points plutôt qu'une courbe. Quelle est la différence entre ces deux « courbes » ?

Les figures 12-1 et 12-2 sont en fait basées sur la même équation de courbe, $y^2 = x^3 - 4x$, mais elles montrent les points de la courbe par rapport à différents ensembles de nombres. La figure 12-1 montre les points de la courbe sur l'ensemble des *nombres réels*, qui inclut les nombres négatifs, les nombres décimaux, et les irrationnels. Par exemple, en tant que courbe continue, elle inclut les points tels que $x = 2{,}0$, $x = 2{,}1$, $x = 2{,}00002$, etc. La figure 12-2, en revanche, ne montre que les *nombres entiers* qui satisfont cette équation, ce qui exclut les nombres décimaux. Plus précisément, la figure 12-2 montre la courbe $y^2 = x^3 - 4x$ pour des valeurs de x parmi les entiers modulo 191, soit 0, 1, 2, 3, jusqu'à 190. Cet ensemble de nombres est noté $\mathbf{Z}_{191}$ (il n'y a rien de spécial avec 191 ici, si ce n'est qu'il s'agit d'un nombre premier ; j'ai choisi un petit nombre pour éviter d'avoir trop de points sur le graphe). Les points de la figure 12-2 ont donc tous des coordonnées x et y qui sont des entiers modulo 191 et qui satisfont $y^2 = x^3 - 4x$. Par exemple, pour $x = 2$, on a $y^2 = 0$, pour lequel $y = 0$ est une solution valide. Le point (2, 0) appartient donc à la courbe.

Et si $x = 3$? Nous obtenons alors l'équation $y^2 = 27 - 12 = 15$, qui admet deux solutions dans $\mathbf{Z}_{191}$, à savoir 46 et 145. En effet, $46^2 \bmod 191 = 15$ et $145^2 \bmod 191 = 15$. Ainsi, les points (3, 46) et (3, 145) appartiennent à la courbe et apparaissent comme le montre la figure 12-2 (les deux points entourés à gauche).

Note : La figure 12-2 considère des points de l'ensemble $\mathbf{Z}_{191} = \{0, 1, 2, \ldots, 190\}$, qui inclut zéro. Cet ensemble diffère des groupes notés Z_p^* (avec une étoile en exposant) que nous avons rencontrés dans le contexte de RSA et Diffie–Hellman. La raison de cette différence est que nous allons à la fois multiplier et additionner des nombres, et nous devons donc nous assurer que l'ensemble des nombres comprend l'élément neutre de l'addition (à savoir 0, de sorte qu'on ait $x + 0 = x$ pour tout x dans $\mathbf{Z}_{191}$). Par exemple, l'opposé de 100 dans $\mathbf{Z}_{191}$ est 91, car $100 + 91 \bmod 191 = 0$. Un tel ensemble de nombres, où l'addition et la multiplication sont possibles et où chaque élément admet un opposé par rapport à l'addition (noté $-x$) ainsi qu'un inverse (à l'exception de l'élément zéro) par rapport à la multiplication (noté $1/x$), s'appelle un corps (*field*). Lorsqu'un corps a un nombre fini d'éléments, comme dans $\mathbf{Z}_{191}$ et comme dans tous les corps utilisés en cryptographie à courbe elliptique, il est appelé corps fini (*finite field*).

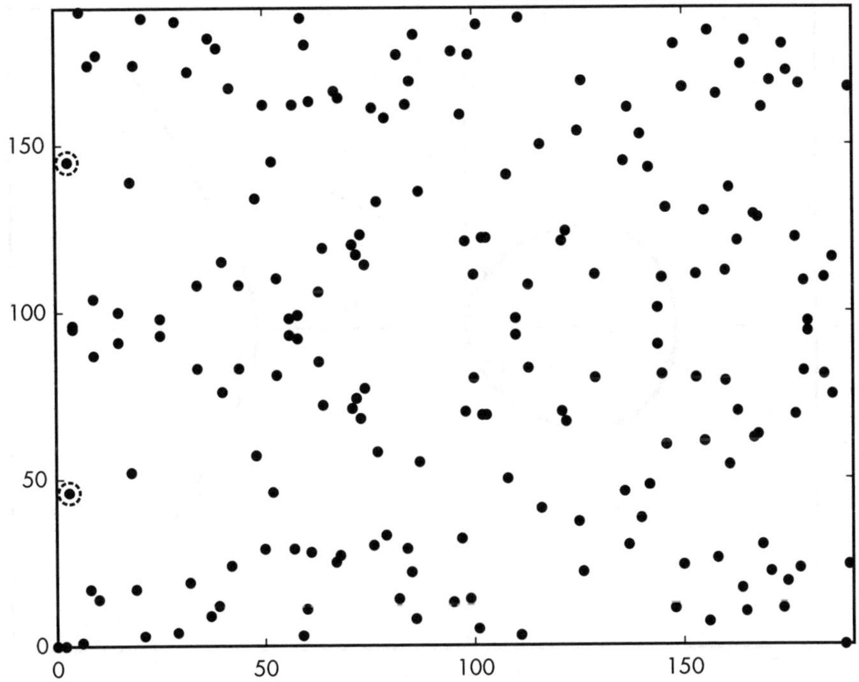

Figure 12-2 – La courbe elliptique d'équation $y^2 = x^3 - 4x$ sur $\mathbf{Z}_{191}$, l'ensemble des entiers modulo 191.

1.2 Addition et multiplication de points

Nous avons vu que les points d'une courbe elliptique sont toutes les coordonnées (x, y) qui satisfont l'équation de la courbe, $y^2 = x^3 + ax + b$. Dans cette section, nous examinons comment additionner les points d'une courbe elliptique, une règle appelée *loi d'addition.*

◆ *Addition de deux points*

Supposons que nous voulions additionner deux points de la courbe elliptique, P et Q, pour obtenir un nouveau point, R, qui sera la somme de ces deux points. La façon la plus simple de comprendre l'addition de points est d'observer la règle géométrique à appliquer. Pour déterminer la position de $R = P + Q$, il suffit de tracer la droite qui relie P et Q, trouver l'autre point de la courbe qui coupe cette ligne, et R sera la réflexion de ce point par rapport à l'axe des x. Par exemple, dans la figure 12-3, la droite reliant P et Q coupe la courbe en un troisième point, entre P et Q, et le point $P + Q$ est le point à la même coordonnée x mais à la coordonnée y opposée ; soit son reflet par rapport à l'axe des abscisses.

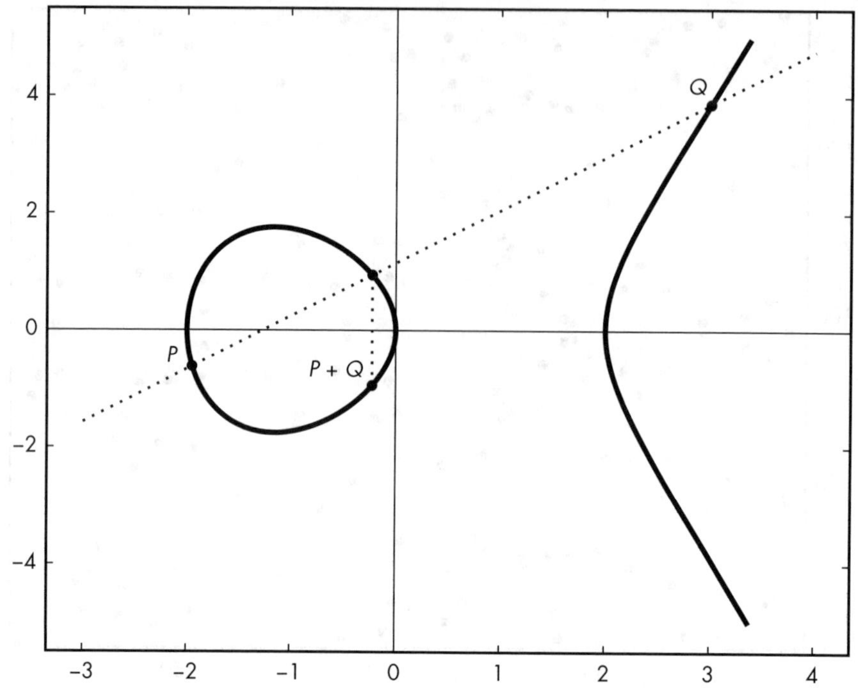

Figure 12-3 – Cas général de la règle géométrique d'addition de points sur une courbe elliptique.

Cette règle géométrique est facile à comprendre pour visualiser le point, mais elle n'offre pas directement les coordonnées du point R. Nous calculons ses coordonnées (x_R, y_R) de R en utilisant les coordonnées (x_P, y_P) de P et les coordonnées (x_Q, y_Q) de Q à l'aide des formules $x_R = m^2 - x_P - x_Q$ et $y_R = m(x_P - x_R) - y_P$, où la valeur $m = (y_Q - y_P)/(x_Q - x_P)$ est la pente (coefficient directeur) de la droite reliant P et Q. Observez qu'on n'a même pas besoin des coefficients de la courbe elliptique !

Malheureusement, ces formules et l'astuce de la figure 12-3 ne fonctionnent pas toujours. Si par exemple $P = Q$, vous ne pourrez pas tracer une ligne entre deux points (car il n'y en a qu'un), et si $Q = -P$, la ligne ne recoupe pas la courbe, et il n'y a donc pas de point sur la courbe à refléter. Nous traiterons ces cas particuliers dans la section suivante.

◆ Addition d'un point et de son négatif

L'opposé d'un point $P = (x_P, y_P)$ est le point $-P = (x_P, -y_P)$, soit le point réfléchi par l'axe des x. Pour tout P, on dit que $P + (-P) = O$, où O (comme la lettre « o » et non le zéro) est appelé le *point à l'infini*. Comme vous pouvez le voir dans la figure 12-4, la ligne entre P et $-P$ va jusqu'à l'infini et ne coupe jamais la courbe (le point à l'infini est un point « virtuel » qui appartient à toute courbe elliptique ; il est aux courbes elliptiques ce que le zéro est aux entiers).

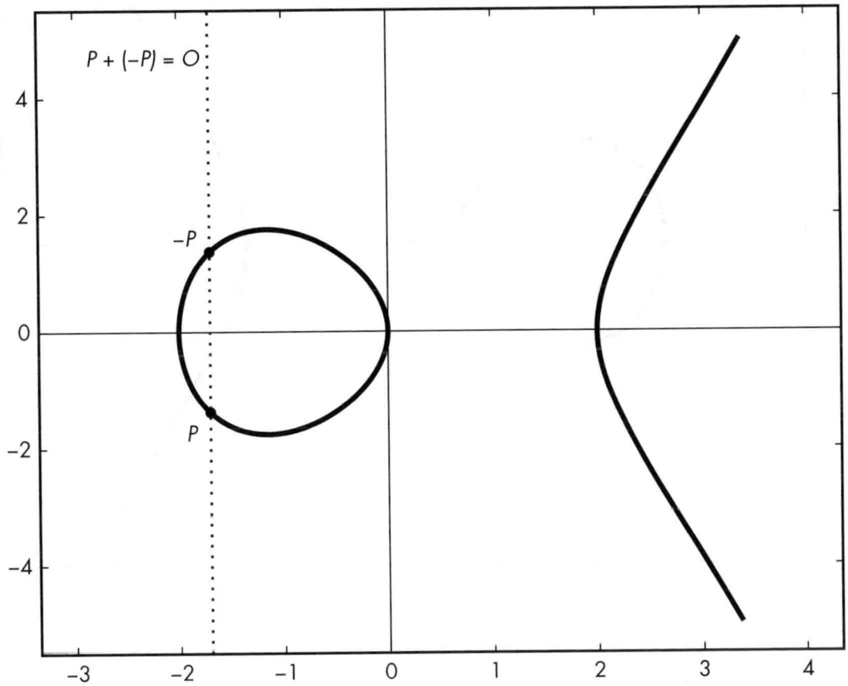

Figure 12-4 – Règle géométrique pour l'addition d'un point et de son opposé sur une courbe elliptique avec l'opération $P + (-P) = O$, tel que la ligne entre les points ne coupe jamais la courbe.

◆ Doubler un point

Lorsque $P = Q$ (c'est-à-dire que P et Q sont à la même position), l'addition de P et Q revient à calculer $P + P$, qu'on peut aussi noter $2P$ pour $2 \times P$. Cette opération d'addition est donc appelée *doublement*.

Cependant, pour trouver les coordonnées du résultat $R = 2P$, on ne peut pas utiliser la règle géométrique de la section précédente, car on ne peut pas tracer une unique ligne entre P et lui-même. Au lieu de cela, nous traçons la ligne *tangente à* la courbe en P, et $2P$ est la négation du point où cette ligne coupe la courbe, comme le montre la figure 12-5.

La formule permettant de déterminer les coordonnées (x_R, y_R) de $R = P + P$ est légèrement différente de celle que nous utiliserions pour un P et un Q distincts. Ici encore, la formule de base est $x_R = m^2 - x_P - x_Q$ et $y_R = m(x_P - x_R) - y_P$, mais la valeur de *m est* différente ; elle devient $(3x_P^2 + a)/2y_P$, où a est le paramètre de la courbe $y^2 = x^3 + ax + b$.

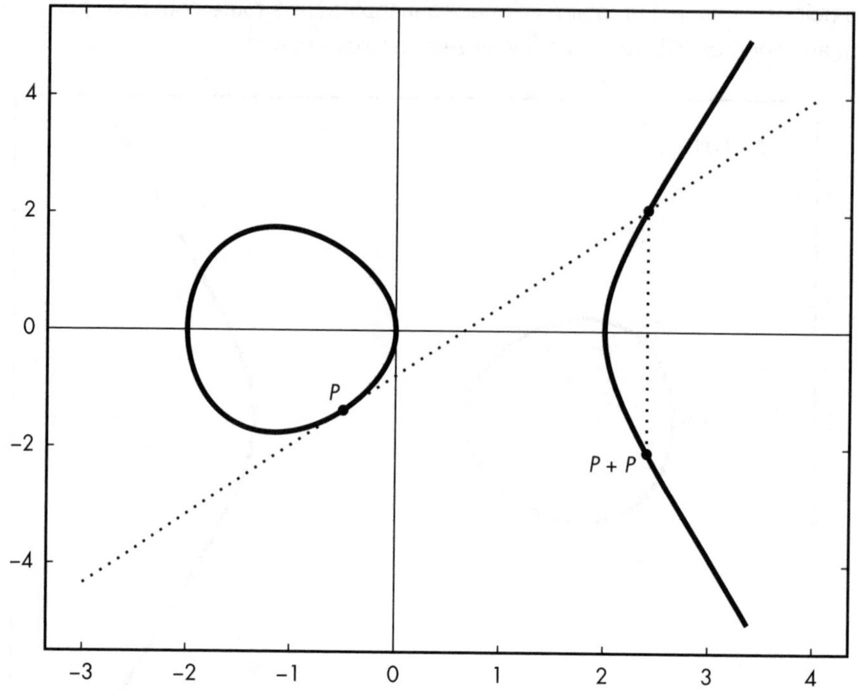

Figure 12-5 – La règle géométrique pour doubler un point sur une courbe elliptique en calculant $2P = P + P$.

◆ Multiplication par un scalaire

Pour multiplier les points des courbes elliptiques par un nombre entier k, on détermine le point kP en ajoutant P à lui-même $k - 1$ fois. Autrement dit, $2P = P + P$, $3P = P + P + P$, et ainsi de suite. Pour obtenir les coordonnées x et y de kP, il faut ajouter plusieurs fois P à lui-même et appliquer la loi d'addition précédente.

Pour calculer efficacement kP, la technique naïve consistant à ajouter P en appliquant la loi d'addition $k - 1$ fois est loin d'être optimale. Par exemple, si k est grand (de l'ordre de, disons, 2^{256}), comme c'est le cas dans les cryptosystèmes basés sur une courbe elliptique, le calcul de $k - 1$ additions est infaisable en pratique.

Mais il y a une astuce : on peut obtenir une accélération exponentielle grâce à la technique discutée d'exponentiation rapide *square-and-multiply* (vue précédemment) pour calculer $x^e \bmod n$. La différence est qu'ici nous souhaitons multiplier des points par un entier, plutôt que de calculer des puissances. La méthode doit donc être adaptée en *double-and-add*, où la multiplication devient l'addition, et le carré devient le double du point.

Par exemple, pour calculer $8P$ en trois additions, au lieu de sept en utilisant la méthode naïve, on calculera d'abord $P_2 = P + P$, puis $P_4 = P_2 + P_2$, et enfin $P_4 + P_4 = 8P$. Ceci est le cas le plus simple, quand on a affaire à une puissance de 2 telle que $8 = 2^3$. Le cas échéant, par exemple pour calculer $10P$, on procèdera de la façon suivante : en observant que 10 est égal à 1010 en binaire, on pourra commencer par le bit le plus significatif (à gauche dans notre représentation) pour calculer le résultat R :

- ✓ Bit 1 : On part du point. $R_1 = P$.
- ✓ Bit 0 : On double, $R_2 = 2R_1 = 2P$.
- ✓ Bit 1 : On double et on ajoute, $R_3 = 2R_2 + P = 2(2P) + P = 5P$.
- ✓ Bit 0 : On double, $R = 2R_3 = 2(5P) = 10P$.

1.3 Groupes de courbes elliptiques

Non seulement les points d'une courbe elliptique peuvent être additionnés, mais ils forment également une structure de groupe. Selon la définition d'un groupe (vue au chapitre 10), si les points P et Q appartiennent à une même courbe, alors $P + Q$ appartient également à la courbe.

De plus, comme l'addition est *associative*, on a $(P + Q) + R = P + (Q + R)$ pour tout point P, Q, et R. Dans un groupe de points d'une courbe elliptique, l'élément neutre est appelé point à l'infini et est noté O, tel que $P + O = P$ pour tout P. Tout point $P = (x_P, y_P)$ a un opposé, $-P = (x_P, -y_P)$, tel que $P + (-P) = O$.

En pratique, la plupart des cryptosystèmes basés sur une courbe elliptique fonctionnent avec des coordonnées x et y qui sont des nombres modulo un nombre premier, p (en d'autres termes, des nombres dans un *corps premier* $\mathbf{Z}_p$).

Note : Les corps premiers ne sont pas les seuls utilisés en cryptographie à courbe elliptique. On trouve aussi les *corps binaires*, qui sont des extensions du corps à 2 éléments (0 et 1), et dont les éléments sont représentés sous forme de polynômes aux coefficients binaires. L'arithmétique sur des corps binaires a l'avantage de souvent être plus simple à implémenter rapidement en *hardware* sous forme de circuits logiques, sans passer par un processeur.

Tout comme la sécurité de RSA dépend de la taille des nombres utilisés, la sécurité d'un système de cryptographie à courbe elliptique dépend du nombre de points sur la courbe. Mais comment connaître le nombre de points d'une courbe elliptique, qu'on appelle sa *cardinalité* ? Cela dépend de la courbe et de la valeur de p.

Une règle empirique veut qu'il y ait environ p points sur une courbe définie sur $\mathbf{Z}_p$, mais calculer le nombre exact de points n'est pas trivial. On utilise l'algorithme de Schoof, qui compte les points sur les courbes elliptiques sur les corps finis. Cet algorithme est intégré au logiciel SageMath ; par exemple le listing 12-1 montre comment utiliser cet algorithme pour compter le nombre de points sur la courbe $y^2 = x^3 - 4x$ sur $\mathbf{Z}_{191}$ illustrée sur la figure 12-1.

Listing 12-1 – Calcul de la cardinalité, soit du nombre de points sur une courbe.

```
sage : Z = Zmod(191)
sage : E = EllipticCurve(Z, (-4,0))
sage : E.cardinality()
192
```

Dans le listing 12-1, nous avons d'abord défini la variable `Z` comme l'ensemble des entiers modulo 191 ; puis nous avons défini la variable `E` comme la courbe elliptique sur `Z` avec les coefficients –4 et 0. Enfin, nous avons calculé le nombre de points sur la courbe, sa *cardinalité*, dite aussi son *ordre de groupe*, ou simplement *ordre*. Notez que ce nombre inclut le point à l'infini O.

2. LE PROBLÈME ECDLP

Le chapitre 9 a présenté le DLP (*discrete logarithm problem*) : il s'agissait de trouver le nombre y étant donné un nombre de base g, et $x = g^y \bmod p$ pour un grand nombre premier p. La cryptographie à courbes elliptiques présente un problème similaire : il s'agit de trouver le nombre k, étant donné un point de base P et le point $Q = kP$. C'est ce qu'on appelle le *problème du logarithme discret sur courbe elliptique*, ou ECDLP (*elliptic curve discrete logarithm problem*). Au lieu de nombres, l'ECDLP concerne des points sur une courbe elliptique, et la multiplication remplace l'exponentiation.

Toute la cryptographie à courbe elliptique repose sur le problème ECDLP qui, comme le DLP, est considéré difficile et a résisté à la cryptanalyse depuis son introduction en cryptographie en 1985. Une différence importante entre l'ECDLP et le DLP classique est que l'ECDLP permet de travailler avec des nombres plus petits tout en bénéficiant d'un niveau de sécurité similaire.

En général, lorsque p est égal à n bits, vous obtiendrez un niveau de sécurité d'environ $n/2$ bits. Par exemple, une courbe elliptique définie sur des nombres modulo p avec un p *de* 256 bits offrira un niveau de sécurité d'environ 128 bits. À titre de comparaison, pour obtenir un niveau de sécurité similaire avec le DLP ou RSA, il faudrait utiliser des nombres de plusieurs milliers de bits. Les nombres plus petits utilisés pour l'arithmétique ECC sont l'une des raisons pour lesquelles elle est souvent plus rapide que RSA ou Diffie–Hellman classique.

L'une des approches pour résoudre l'ECDLP consiste à trouver une collision entre deux valeurs, $c_1P + d_1Q$ et $c_2P + d_2Q$. Les points P et Q de ces équations sont tels que $Q = kP$ pour un certain k inconnu ; et c_1, d_1, c_2 et d_2 sont les nombres dont vous aurez besoin pour trouver k. Comme pour les fonctions de hachage présentées au chapitre 6, une collision se produit lorsque deux entrées différentes produisent la même sortie. Par conséquent, pour résoudre l'ECDLP, nous devons trouver des coefficients tels que :

$$c_1P + d_1Q = c_2P + d_2Q$$

Imaginons avoir trouvé ces quatre coefficients, et cherchons la solution, soit la valeur k. Pour cela, on remplace Q par la valeur kP, et nous obtenons ce qui suit :

$$c_1P + d_1kP = (c_1 + d_1k)P = c_2P + d_2kP = (c_2 + d_2k)P$$

Cela nous dit que $(c_1 + d_1k)$ est égal à $(c_2 + d_2k)$ lorsqu'il est pris modulo le nombre de points sur la courbe, qui n'est pas un secret. Nous pouvons en déduire ce qui suit :

$$d_2k - d_1k = c_1 - c_2$$

$$k(d_2 - d_1) = c_1 - c_2$$

$$k = (c_1 - c_2)/(d_2 - d_1)$$

Et nous avons trouvé k, la solution à l'ECDLP. Bien entendu, il ne s'agit là que d'une vue très simplifiée, les détails sont plus complexes et plus intéressants, notamment concernant la façon de trouver des coefficients c_1, c_2, d_1, d_2.

En pratique, les courbes elliptiques opèrent sur des nombres d'au moins 256 bits, ce qui rend cette attaque par recherche de collision inefficace, car cela nécessiterait environ 2^{128} opérations (soit le coût de la recherche d'une collision sur des valeurs de 256 bits, comme nous l'avons vu au chapitre 6).

3. DIFFIE-HELLMAN SUR DES COURBES ELLIPTIQUES

Comme vu au chapitre 11, le protocole classique d'accord de clé Diffie-Hellman (DH) permet à deux parties d'établir un secret partagé en échangeant des valeurs non secrètes. Étant donné un nombre fixe g, Alice choisit un nombre aléatoire secret a, calcule $A = g^a$, envoie A à Bob, et Bob choisit un nombre aléatoire secret b et envoie $B = g^b$ à Alice. Tous deux combinent ensuite leur clé secrète avec la clé publique de l'autre pour produire le même $A^b = B^a = g^{ab}$.

La version de DH sur courbe elliptique est identique à la DH classique, mais avec des notations différentes. Dans le cas de l'ECC, pour un point fixe G, Alice choisit un nombre aléatoire secret a, calcule $A = aG$ (le point G multiplié par l'entier a) et envoie A à Bob. Bob choisit un nombre aléatoire secret b, calcule le point $B = bG$ et l'envoie à Alice. Les deux calculent ensuite le même secret partagé, $aB = bA = abG$. Cette méthode est appelée ECDH (*elliptic curve Diffie-Hellman*).

ECDH est donc au problème ECDLP ce que DH est à DLP : il est sûr tant que ECDLP est difficile. Les protocoles DH qui reposent sur le DLP peuvent donc être adaptés pour fonctionner avec des courbes elliptiques et s'appuyer sur l'ECDLP comme hypothèse de difficulté. Par exemple, les protocoles DH authentifié et Menezes-Qu-Vanstone (MQV) sont également sûrs lorsqu'ils sont utilisés avec des courbes elliptiques (en fait, MQV a d'abord été défini comme fonctionnant sur des courbes elliptiques).

4. SIGNER AVEC DES COURBES ELLIPTIQUES

L'algorithme standard utilisé pour la signature avec ECC est ECDSA (*elliptic curve digital signature algorithm*). Cet algorithme a remplacé les signatures RSA et les signatures DSA classiques dans de nombreuses applications. ECDSA est par exemple un standard NIST, il est utilisé dans TLS et SSH, et est le principal algorithme de signature dans de nombreuses blockchains, dont Bitcoin et Ethereum.

Comme tous les schémas de signature, ECDSA se compose d'un algorithme de *génération de signature* utilisé pour signer un message à l'aide d'une clé privée, et d'un algorithme de *vérification* pour vérifier la validité d'une signature, étant donné la clé publique du signataire. Le signataire détient un nombre, d, comme clé privée, et les vérifieurs détiennent la clé publique, $P = dG$. Tous deux connaissent à l'avance la courbe elliptique à utiliser, son ordre (n, le nombre de points de la courbe), ainsi que les coordonnées d'un point de base, G.

4.1 Génération de signature ECDSA

Pour signer un message, le signataire doit d'abord le hacher à l'aide d'une fonction de hachage cryptographique telle que SHA-256 ou BLAKE2 pour produire une valeur de hachage, h, qui est interprétée comme un nombre compris entre 0 et $n - 1$. Ensuite, le signataire choisit un nombre aléatoire, k, entre 1 et $n - 1$ et calcule kG, un point avec les coordonnées (x, y). Le signataire définit alors $r = x \bmod n$ et calcule $s = (h + rd)/k \bmod n$, puis utilise ces valeurs comme signature (r, s).

La longueur de la signature dépend de la longueur des coordonnées utilisées. Par exemple, avec une courbe dont les coordonnées sont des nombres de 256 bits, r et s seront tous deux longs de 256 bits, ce qui donnera une signature de 512 bits.

4.2 Vérification de signature ECDSA

L'algorithme de vérification ECDSA utilise la clé publique du signataire pour vérifier la validité d'une signature. Pour vérifier une signature (r, s), le vérifieur hache le message signé pour obtenir h, puis calcule $w = 1/s$, l'inverse de s, qui est égal à $k/(h + rd)$ mod n, puisque s *est* défini comme $s = (h + rd)/k$. Ensuite, le vérifieur multiplie w avec h pour trouver u selon la formule suivante :

$$wh = hk(h + rd) = u$$

Le vérifieur multiplie ensuite w avec r pour obtenir v :

$$wr = rk(h + rd) = v$$

Étant donné u et v, le vérifieur calcule le point Q selon la formule suivante :

$$Q = uG + vP$$

Ici, P est la clé publique du signataire, qui est égale à dG, et le vérifieur n'accepte la signature que si la coordonnée x de Q est égale à la valeur r de la signature.

Ce processus fonctionne, ce qu'on pourra vérifier si on calcule le point Q en remplaçant la clé publique P par sa valeur réelle dG :

$$uG + vdG = (u + vd)G$$

En remplaçant u et v par leurs valeurs réelles, nous obtenons ce qui suit :

$$u + vd = hk/(h + rd) + drk/(h + rd)$$
$$= (hk + drk)/(h + rd) = \mathrm{k}(\mathrm{h} + \mathrm{dr})/(h + rd) = k$$

Cela nous indique que $(u + vd)$ est bien égal à la valeur k, choisie lors de la génération de la signature, et que $uG + vdG$ est égal au point kG. En d'autres termes, l'algorithme de vérification réussit à calculer le point kG, le même point que celui calculé lors de la génération de la signature. La validation est terminée lorsqu'un vérificur confirme que la coordonnée x de kG est égale à la valeur r reçue ; le cas échéant, la signature est rejetée car elle n'est pas valide.

4.3 Signatures ECDSA contre RSA

La cryptographie à courbe elliptique est souvent considérée comme une alternative à RSA pour la cryptographie à clé publique, mais l'ECC et RSA n'ont pas grand-chose en commun. RSA n'est utilisé que pour le chiffrement et les signatures, tandis que ECC est une famille d'algorithmes qui peut être utilisée pour du chiffrement, générer des signatures, réaliser un accord de clé, et offrir des fonctionnalités cryptographiques avancées telles que le *identity-based encryption* (un type de chiffrement qui utilise des clés de chiffrement dérivées d'un identifiant personnel, tel qu'une adresse électronique).

Lorsque vous comparez ECDSA aux signatures RSA, rappelez-vous que dans les signatures RSA, le signataire utilise sa clé privée d pour calculer une signature sous la forme $y = x^d$ mod n, où x est la donnée à signer (selon un encodage prédéfini) et y la signature. La vérification utilise la clé publique e pour confirmer que y^e mod n est égal à x — un processus nettement plus simple que celui d'ECDSA.

La vérification de signatures RSA est souvent plus rapide que la vérification de signature ECDSA, lorsqu'il utilise une petite clé publique *e*. En effet, le calcul se résume souvent à une exponentiation y^{65537} mod *n*.

Mais l'ECC présente deux avantages majeurs par rapport à RSA : des signatures plus courtes et la vitesse de signature. Comme l'ECC travaille avec des nombres plus petits, les signatures sont plus courtes qu'avec RSA (des centaines de bits, et non des milliers de bits), un avantage si vous devez stocker ou transmettre de nombreuses signatures. Une signature ECDSA est également plus rapide à calculer qu'une signature RSA, car l'arithmétique avec de plus petits nombres est moins coûteuse en calcul. Par exemple, le listing 12-2 montre un *benchmark* (sur un processeur Apple M2) où ECDSA est environ 200 fois plus rapide pour signer, et quasiment aussi rapide pour vérifier une signature. Notez que dans cet exemple, les signatures ECDSA sont également plus courtes que les signatures RSA car elles sont de 512 bits (deux éléments de 256 bits chacun) au lieu de 4 096 bits.

Listing 12-2 – Comparaison de la vitesse des signatures RSA 4 096 bits et des signatures ECDSA 256 bits.

```
$ openssl speed ecdsap256 rsa4096
                                sign        verify    sign/s  verify/s
rsa 4096 bits               0.003297s    0.000048s     303.3   20933.4
                                sign        verify    sign/s  verify/s
256 bit ecdsa (nistp256)     0.0000s       0.0000s   63709.1   20979.8
```

Il est raisonnable de comparer les performances de ces signatures de tailles différentes car elles offrent un niveau de sécurité similaire. Toutefois, en pratique, de nombreux systèmes utilisent des signatures RSA de 2 048 bits, ce qui est moins sûr qu'ECDSA 256 bits. Grâce à ce plus petit module, le RSA 2 048 bits est plus rapide qu'ECDSA 256 bits pour la vérification, mais reste plus lent pour la signature, comme le montre le listing 12-3.

Listing 12-3 – La vitesse des signatures RSA 2 048 bits

```
$ openssl speed rsa2048
                                  sign      verify    sign/s  verify/s
rsa 2048 bits                0.000520s   0.000013s    1923.7   77221.1
```

En conclusion, vous devriez préférer ECDSA à RSA, sauf lorsque la vérification de la signature est essentielle *et* que vous ne vous souciez pas de la vitesse de signature, comme dans une situation de signature unique et de vérification multiple (par exemple, lorsqu'une application exécutable Windows est signée une fois, puis vérifiée par tous les systèmes qui l'exécutent).

4.4 EdDSA et Ed25519

ECDSA a été introduit au début des années 1990 en tant que version à courbe elliptique du DSA, le standard de signature proposé par la NSA et standardisé par le NIST en 1991. Mais un peu plus tôt, en 1989, le cryptographe Claus-Peter Schnorr avait proposé le schéma désormais connu comme la signature de Schnorr, un algorithme plus simple et plus efficace que (EC)DSA, et également adaptable aux courbes elliptiques. Cependant, Schnorr a déposé un brevet limitant l'utilisation de son algorithme, ce qui a empêché son adoption à grande échelle et sa standardisation.

Après l'expiration du brevet de Schnorr en 2008, les cryptographes Daniel J. Bernstein, Niels Duif, Tanja Lange, Peter Schwabe, et Bo-Yin Yang ont développé l'idée de Schnorr pour créer EdDSA (*Edwards-curve DSA*), un schéma de signature uniquement pour les courbes elliptiques, ayant les avantages suivants :

- ✓ plus simple qu'ECDSA ;
- ✓ plus rapide qu'ECDSA, tant pour la signature que pour la vérification ;
- ✓ déterministe (alors que les signatures ECDSA et Schnorr ont besoin d'un nombre aléatoire pour la signature), ce qui élimine les risques liés à un PRNG défectueux.

Voyons comment fonctionne EdDSA en général, et ce qui rend son instance Ed25519 si attrayante. Pour faire simple et court, nous nous contenterons de donner un aperçu simplifié de ces algorithmes. Pour en connaître tous les détails, consultez l'article de 2011 "High-speed high-security signatures" et le RFC 8032 "Edwards-Curve Digital Signature Algorithm (EdDSA)".

Notez que nous utilisons des notations similaires à celles de l'article original, qui peuvent différer des notations utilisées précédemment dans ce livre.

◆ *Génération de signature EdDSA*

Comme tout schéma de signature, EdDSA nécessite une clé privée et un message. Mais contrairement à ECDSA, la clé privée est une chaîne d'octets aléatoire plutôt qu'un nombre aléatoire (ou scalaire). Le scalaire privé utilisé lors du calcul d'une signature est obtenu en hachant la clé privée. Cette méthode présente plusieurs avantages en termes de sécurité, notamment en simplifiant la génération d'une clé privée par les applications et utilisateurs ; il suffit en effet d'extraire des extraits bruts d'un PRNG, plutôt que de choisir un nombre aléatoire dans le bon ensemble, ayant un format adéquat, et évitant les clés faibles (*weak keys*). Cette valeur privée permet également de dériver efficacement un *nonce* à partir de la clé et du message, ce qui remplace l'utilisation d'une valeur aléatoire par signature comme dans ECDSA.

La signature fonctionne alors comme suit, à partir d'une clé privée de 256 bits k, d'un message M de taille arbitraire, et avec un point de base B comme paramètre public :

1. Calculer $a \| h$ = **Hash**(k), avec une fonction de hachage **Hash** produisant des valeurs de 512 bits, où les 256 premiers bits forment le scalaire privé a, et les 256 derniers bits la chaîne h.
2. Définir la clé publique comme $A = aB$ (en pratique, cette valeur est précalculée).
3. Calculer le « pré-hachage » du message r = **Hash**($h \| M$) et calculer le point de la courbe elliptique $R = rB$, qui est le « point de signature ».
4. Calculer le nombre $S = r$ + **Hash**(R, A, M) $\times a$, qui est la deuxième partie de la signature.

La signature renvoyée est donc la paire (R, S).

L'opération la plus coûteuse en calcul est la multiplication d'un point par un scalaire, pour le calcul de rB. Lorsque les messages sont longs, le coût du hachage du message deux fois peut également être significatif. Cependant, contrairement à ECDSA, il n'est pas nécessaire de calculer un inverse modulaire.

Notez qu'en pratique, les implémentations sont optimisées, par exemple pour éviter de recalculer la clé publique et h pour chaque signature. Les variables doivent également être définies selon le type de valeur (par exemple, des nombres soumis à une réduction modulaire), et encodés dans un format fiable et non ambigu (par exemple pour les points de la courbe).

◆ *Vérification de signature EdDSA*

Étant donné une signature (R, S), un message M, une clé publique A, et un point de base B, la vérification consiste à vérifier que le point $S \times B$ est égal au point R + **Hash**(R, A, M) $\times A$. Notez que nous omettons parfois le signe de multiplication, pour plus de clarté (donc, $SB = S \times B$).

En effet, en remplaçant S par son expression calculée au point 4 ci-dessous, SB est égal à la valeur suivante :

$$(r + \mathbf{Hash}(R, A, M) \times a) \times B = rB + \mathbf{Hash}(R, A, M) \times aB$$

Dans cette expression, on sait que rB est égal à R, et que aB est égal à A. On obtient donc bien l'égalité avec R + **Hash**(R, A, M) $\times A$.

En termes de performances, la vérification d'une signature EdDSA évite à nouveau le calcul d'un inverse modulaire, comparé à ECDSA. Et comme pour ECDSA, deux multiplications de points sont nécessaires ($S \times B$ et **Hash**(R, A, M) $\times A$).

◆ Ed25519

EdDSA est une construction générale, qui fonctionne pour différents choix de courbes elliptiques, de fonctions de hachage, et autres paramètres. Ed25519 est une instance spécifique de EdDSA, avec les paramètres suivants :

- ✓ une courbe d'Edwards vrillée (*twisted Edwards curve*) basée sur la courbe Curve25519 que nous verrons dans la section suivante ;
- ✓ SHA-512 comme fonction de hachage ;
- ✓ un point de base B choisi pour minimiser le coût des multiplications de point.

En 2024, Ed25519 est probablement le deuxième algorithme de signature à courbe elliptique le plus populaire après ECDSA. Il doit cette rapide adoption à ses avantages en termes de performance et ses garanties de sécurité élevées (pour plus de détails, voir l'article susmentionné à l'adresse suivante : https://ed25519.cr.yp.to).

Ed25519 est par exemple utilisé dans OpenSSH, dans les produits Apple, et dans de nombreuses plateformes blockchain pour signer les transactions. Enfin, en février 2023 Ed25519 a été ajouté aux standards cryptographiques du NIST, dans le cadre du document FIPS 186-5, "Digital Signature Standard".

Mais bien que Ed25519 soit excellent, il a souffert de certains problèmes d'interopérabilité, comme nous le verrons plus loin.

5. CHIFFRER AVEC DES COURBES ELLIPTIQUES

Bien que les courbes elliptiques soient plus couramment utilisées pour la signature et Diffie–Hellman, il est toujours possible de les utiliser pour du chiffrement. Mais ce n'est pas très courant en pratique, en raison des restrictions concernant la taille du *plaintext* qui peut être chiffré : on ne peut insérer qu'environ 100 bits de texte en clair, contre près de 4 000 pour RSA avec le même niveau de sécurité.

Il existe cependant une façon simple d'utiliser les courbes elliptiques pour chiffrer une quantité arbitraire de données, grâce à l'algorithme hybride IES (*integrated encryption scheme*), dit aussi ECIES lorsqu'utilisé avec des courbes elliptiques (avec EC pour *elliptic curve*). ECIES combine cryptographie asymétrique et symétrique : il fait une opération Diffie–Hellman afin d'obtenir une clé symétrique, pour protéger les données avec cette clé.

Étant donné la clé publique d'un destinataire P, ECIES chiffre un message M, comme suit :

- ✓ Choisir un nombre aléatoire d et calculer le point $Q = dG$, où le point de base G est un paramètre fixe. Ici, (d, Q) agit comme une paire de clés éphémères, utilisée uniquement pour le chiffrement de ce M.
- ✓ Calculer le secret partagé ECDH en calculant $S = dP$.

- ✓ Dériver une clé symétrique K à partir de S, en utilisant une fonction de dérivation de clé (KDF).
- ✓ Chiffrer M à l'aide de K et d'un algorithme de chiffrement symétrique authentifié tel qu'AES-GCM, afin d'obtenir un *ciphertext* C et un tag d'authentification T.

Un *ciphertext* ECIES se compose alors de la clé publique éphémère Q, suivie de C et T. Le déchiffrement est simple : le destinataire calcule S en multipliant Q par son exposant privé, puis déduit la clé K, déchiffre C et vérifie T.

6. CHOISIR UNE COURBE

Les critères utilisés pour évaluer la sécurité d'une courbe elliptique comprennent l'ordre du groupe utilisé (c'est-à-dire son nombre de points), ses formules d'addition, et également l'origine de ses paramètres.

Il existe plusieurs types de courbes elliptiques, mais toutes n'ont pas la même fiabilité cryptographique. Lors de la définition d'une courbe, on doit déjà choisir avec soin les coefficients a et b dans l'équation de la courbe $y^2 = x^3 + ax + b$, sinon on risque d'obtenir une courbe dont la sécurité sera insuffisante. En pratique, on utilisera donc des courbes reconnues comme fiables, mais le fait de connaître les caractéristiques d'une courbe sûre vous aidera à choisir parmi les différentes courbes disponibles et à mieux comprendre les risques associés. Voici quelques points à garder à l'esprit :

- ✓ L'ordre du groupe ne doit pas être un produit contenant de petits nombres, sinon le problème ECDLP devient beaucoup plus facile à résoudre.
- ✓ Au début de ce chapitre, nous avons vu que l'addition de points $P + Q$ nécessitait une formule d'addition spécifique lorsque $Q = P$. Malheureusement, le fait de traiter ce cas différemment du cas général peut entraîner la fuite d'informations secrètes si un attaquant est capable de distinguer les doublements des additions entre des points distincts. Certaines courbes sont plus sûres car elles utilisent une formule unique pour toutes les additions de points, même si les deux points ajoutés sont identiques. (Lorsqu'une courbe ne nécessite pas de formule spécifique pour les doublements, on dit qu'elle admet une loi d'addition *unifiée*.)
- ✓ Si les créateurs d'une courbe n'expliquent pas l'origine des coefficients a et de b, ils peuvent être soupçonnés d'avoir d'une façon ou d'une autre « saboté » la courbe, car il est impossible de savoir s'ils ont choisi des valeurs plus faibles permettant une attaque encore inconnue contre les cryptosystèmes utilisant cette courbe.

Passons maintenant en revue quelques-unes des courbes les plus couramment utilisées, notamment pour les signatures ou l'accord de clé Diffie–Hellman.

Note : Vous trouverez plus de critères et plus de détails à propos des courbes elliptiques sur le site https://safecurves.cr.yp.to.

6.1 Courbes NIST

En 2000, des courbes elliptiques ont été approuvées et standardisées par le NIST américain, dans le document FIPS 186 sous le titre "Recommended Elliptic Curves for Federal Government Use". Cinq de ces courbes fonctionnent modulo un nombre premier, et sont dites *prime curves*. Dix autres courbes NIST fonctionnent avec des polynômes binaires, qui sont des objets mathématiques permettant une implémentation plus efficace dans le matériel. (Nous n'aborderons pas les détails de ces courbes, car elles sont rarement utilisées dans les applications courantes.)

Les courbes NIST les plus courantes sont donc les courbes sur des corps premiers. L'une des plus courantes est P-256, une courbe qui fonctionne sur des nombres modulo le nombre de 256 bits $p = 2^{256} - 2^{224} + 2^{192} + 2^{96} - 1$. L'équation de P-256 est $y^2 = x^3 - 3x + b$, où b est un nombre de 256 bits. Le NIST fournit également des courbes sur des corps premiers de 192, 224, 384, et 521 bits (ce n'est pas une erreur, c'est bien 521 et non 512 bits).

Les courbes du NIST sont parfois critiquées parce que seule la NSA, qui les a créées, connaît l'origine du coefficient b dans leurs équations. La seule explication qui a été donnée est que b résulte du hachage avec SHA-1 d'une constante d'apparence aléatoire. Par exemple, le paramètre b de P-256 provient de la valeur c49d3608 86e70493 6a6678e1 139d26b7 819f7e90.

Personne ne sait pourquoi la NSA a choisi cette constante particulière, mais la plupart des experts ne pensent pas que l'origine de la courbe cache une quelconque faiblesse.

6.2 Curve25519

Daniel J. Bernstein a proposé Curve25519 (souvent prononcé *curve-twenty-five-five-nineteen*) en 2006. Ayant pour but d'optimiser ses performances, il a conçu la courbe Curve25519 pour qu'elle soit plus rapide et utilise des clés plus courtes que les courbes standards de l'époque. Mais Curve25519 offre également des avantages en termes de sécurité, car contrairement aux courbes du NIST, elle n'a pas de constantes suspectes et peut utiliser la même formule unifiée pour ajouter des points distincts ou pour doubler un point.

La forme de l'équation de Curve25519, $y^2 = x^3 + 486662x^2 + x$, est légèrement différente de celle des autres équations que nous avons vues dans ce chapitre, mais elle appartient toujours à la famille des courbes elliptiques. La forme inhabituelle de cette équation permet des techniques d'implémentation spécifiques qui rendent Curve25519 rapide sur les microprocesseurs courants.

Curve25519 fonctionne avec des nombres modulo $2^{255} - 19$, un nombre premier de 256 bits qui est aussi proche que possible de 2^{255}. Le coefficient b de 486 662 est le plus petit nombre entier qui satisfait aux critères de sécurité définis par Bernstein. L'ensemble de ces caractéristiques rend Curve25519 plus fiable que les courbes NIST et leurs paramètres à l'origine moins clairs.

Curve25519 est utilisée dans un grand nombre de systèmes, par exemple WhatsApp et TLS 1.3. Suite à ce succès, Curve25519 a été ajouté à la liste des courbes approuvées par le NIST, en février 2023, dans le document SP 800-186, "Recommendations for Discrete Logarithm-based Cryptography: Elliptic Curve Domain Parameters".

Note : Pour connaître tous les détails et la raison d'être de Curve25519, consultez la présentation de 2016 "The first 10 years of Curve25519" par Daniel J. Bernstein, disponible à https://cr.yp.to/talks.html#2016.03.09.

6.3 Autres courbes

À l'heure où j'écris ces lignes, la plupart des applications cryptographiques utilisent les courbes du NIST ou Curve25519 (notamment via Ed25519), mais d'autres normes anciennes sont utilisées, et des courbes plus récentes sont proposées au sein des comités de normalisation. Parmi les anciennes normes nationales souveraines, citons les courbes françaises de l'ANSSI et les courbes allemandes Brainpool, deux familles qui ne prennent pas en charge les formules d'addition complètes et qui utilisent des constantes d'origine inconnue.

Certaines courbes plus récentes sont plus efficaces que les anciennes et sont exemptes de tout soupçon ; elles offrent différents niveaux de sécurité et diverses optimisations de l'efficacité. Il s'agit par exemple de Curve41417 une variante de Curve25519, qui fonctionne avec des plus grands nombres et offre un niveau de sécurité plus élevé (environ 200 bits) ; Ed448-Goldilocks, une courbe de 448 bits proposée pour la première fois en 2014 et désormais standardisée via le RFC 8032. Notons aussi les six courbes proposées par Aranha et al. dans "A note on high-security general-purpose elliptic curves" (voir https://eprint.iacr.org/2013/647), bien que ces courbes soient rarement utilisées. Les détails spécifiques à toutes ces courbes dépassent le cadre de cet ouvrage.

Enfin, citons l'initiative Ristretto (https://ristretto.group), une technique qui permet de construire des groupes de points d'ordre premier à partir de courbes elliptiques ayant un ordre non premier (et donc ayant des sous-groupes). Ristretto offre une façon sûre et non ambiguë de représentation des points sur une courbe elliptique, éliminant par exemple certains risques liés à la structure de Curve25519.

7. EXEMPLES DE PROBLÈMES

L'un des inconvénients des courbes elliptiques réside dans leur relative complexité. L'utilisation d'un plus grand nombre de paramètres que pour RSA ou un Diffie–Hellman classique offre une plus grande surface d'attaque, et davantage de possibilités d'erreurs, ainsi que d'éventuels bugs susceptibles d'affecter leur code. Les implémentations d'ECC peuvent également être vulnérables aux attaques *side-channel*, notamment leurs opérations arithmétiques sur des grands nombres ; par exemple, quand le temps de calcul dépend de valeurs secrètes.

Dans les sections suivantes, j'aborde trois exemples de vulnérabilités qui peuvent survenir avec les courbes elliptiques, même lorsque l'implémentation est sûre.

7.1 ECDSA avec de l'aléa faible

La signature ECDSA est randomisée, car elle implique un nombre aléatoire secret k lors du calcul de $s = (h + rd)/k \bmod n$. Toutefois, si le même k est réutilisé pour signer un deuxième message, un attaquant pourrait combiner les deux valeurs résultantes, $s_1 = (h_1 + rd)/k$ et $s_2 = (h_2 + rd)/k$, pour obtenir $s_1 - s_2 = (h_1 - h_2)/k$ et ensuite calculer $k = (h_1 - h_2)/(s_1 - s_2)$, les valeurs h_1 et h_2 étant connues (en tant que valeurs de hachage des messages) Une fois que k est calculé, la clé privée d est facilement retrouvée en calculant ce qui suit :

$$(ks_1 - h_1)/r = ((h_1 + rd) - h_1)/r = rd/r = d$$

Contrairement aux signatures RSA, qui ne permettent pas de récupérer la clé si un PRNG faible est utilisé, l'utilisation de nombres non aléatoires peut permettre de récupérer le k de l'ECDSA. Un cas assez spectaculaire de cette attaque s'est produit lors d'un hack de la console de jeux PlayStation 3 en 2010, présentée par l'équipe fail0verflow lors du 27e Chaos Communication Congress à Berlin, en Allemagne : ils ont découvert que le même k était réutilisé pour signer différents jeux, et ont alors pu retrouver la clé de signature, ce qui a permis de signer n'importe quel programme afin de l'autoriser à s'exécuter sur la console.

7.2 Casser ECDH à l'aide d'une autre courbe

ECDH peut être élégamment cassé si vous ne validez pas les points de courbe qu'il reçoit. Une raison fondamentale à cela est que les formules qui donnent les coordonnées de la somme des points $P + Q$ n'impliquent jamais le coefficient b de la courbe ; au lieu de cela, elles se basent uniquement sur les coordonnées de P et Q et sur le coefficient a (lors du doublement d'un point). Par ailleurs, une conséquence malheureuse à cela est que lorsque vous additionnez deux points, vous ne pouvez jamais être sûr que vous travaillez sur la bonne courbe car vous pouvez additionner des points sur une courbe différente avec un coefficient *b* différent. Cela signifie que vous pouvez casser ECDH comme décrit dans le scénario suivant, appelé l'*attaque par courbe invalide* (*invalid curve attack*).

Supposons qu'Alice et Bob utilisent ECDH et se sont mis d'accord sur une courbe et un point de base, *G*. Bob envoie sa clé publique *bG* à Alice. Mais celle-ci, au lieu d'envoyer une clé publique *aG* sur la courbe convenue, envoie un point sur une courbe différente — soit intentionnellement, soit accidentellement. Malheureusement, cette nouvelle courbe est faible et permet à Alice de choisir un point *P* pour lequel la résolution du problème ECDLP est facile. Elle choisirait un point d'ordre faible, pour lequel il existe un nombre *k* relativement petit tel que *kP* = *O*, le point à l'infini.

Bob, croyant recevoir cela d'une clé publique légitime, calcule ce qu'il pense être le secret partagé, mais est en fait *bP*. Il le hache et utilise la clé obtenue pour chiffrer les données envoyées à Alice. Le problème est que lorsque Bob calcule *bP*, il calcule sans le savoir sur la courbe la plus faible. Par conséquent, comme *P* a été choisi pour appartenir à un petit sous-groupe au sein du grand groupe de points, le résultat *bP* appartiendra également à ce petit sous-groupe, ce qui permet à un attaquant de déterminer efficacement le secret partagé *bP* s'il connaît l'ordre de *P*.

Une façon d'éviter cela est de vérifier que les points reçus appartiennent bien à la bonne courbe, en s'assurant que leurs coordonnées satisfont l'équation de la courbe. Cela empêche cette attaque en garantissant que vous ne pouvez travailler que sur la courbe sécurisée.

Une telle attaque par courbe invalide a été découverte en 2015 sur certaines implémentations du protocole TLS, qui utilise ECDH pour négocier les clés de session. (Pour plus de détails, voir l'article "Practical Invalid Curve Attacks on TLS-ECDH" de Jager, Schwenk, et Somorovsky.)

7.3 Validations Ed25519 incompatibles

Nous avons vu qu'Ed25519 est un schéma de signature optimisé pour offrir à la fois performances et hautes garanties de sécurité. Les auteurs d'Ed25519 ont décrit en détail son fonctionnement dans un article scientifique, ont publié une implémentation de référence très bien codée et, enfin, l'algorithme a été spécifié dans le RFC 8032. On devrait alors s'attendre à ce qu'il n'y ait qu'une seule version de Ed25519, et que différentes implémentations fonctionnent exactement de la même manière : pour une valeur d'entrée donnée, elles devraient toutes se comporter de façon identique et retourner le même résultat.

Malheureusement, il n'en est rien. Tel que documenté par le cryptographe Henry de Valence dans l'article "It's 255:19AM. Do you know what your validation criteria are?" (voir https://hdevalence.ca/blog/2020-10-04-its-25519am), les différentes implémentations d'Ed25519 ont des critères différents sur ce qui constitue une signature valide. En effet, le RFC 8032 ne décrit pas totalement les critères de validation, et de nombreuses implémentations n'y sont même pas conformes.

Parmi les 15 implémentations étudiées dans l'article de Valence, chacune avait ses propres critères de validation. En particulier, la validation des points R (de la signature) et A (la clé publique) est souvent faite de façon différente, ainsi que la vérification de l'égalité entre $S \times B$ et R + **Hash**(R, A, M) $\times A$. Des divergences peuvent se produire à plusieurs niveaux dont l'encodage des points d'une part (comment les octets sont assemblés pour décrire leurs coordonnées), et la validation que les points appartiennent au bon sous-groupe.

Il en résulte que différentes implémentations d'un même protocole pourraient se comporter de façon différente, par exemple un réseau blockchain où des signatures seraient acceptées par certains nœuds mais rejetées par d'autres, un problème majeur dans un protocole de consensus.

Tous les détails sont expliqués dans l'article cité plus haut, que je vous conseille vivement de parcourir.

8. POUR ALLER PLUS LOIN

La cryptographie à courbe elliptique est un sujet fascinant et complexe qui fait appel à de nombreuses notions mathématiques. Je n'ai pas abordé des notions importantes telles que l'ordre d'un point, le cofacteur d'une courbe, les coordonnées projectives, les points de torsion, ou encore les méthodes de résolution du problème ECDLP. Si vous avez un penchant pour les mathématiques, vous trouverez des informations sur ces sujets dans le *Handbook of Elliptic and Hyperelliptic Curve Cryptography* de Cohen et Frey (Chapman and Hall/CRC, 2005). L'étude de 2013 "Elliptic Curve Cryptography in Practice" par Bos, Halderman, Heninger, Moore, Naehrig, et Wustrow donne également une bonne introduction illustrée avec des exemples pratiques (disponible sur https://eprint.iacr.org/2013/734).

13 TLS

Le protocole *Transport Layer Security* (TLS), également connu sous le nom de son prédécesseur *Secure Socket Layer* (SSL), est le protocole de sécurité le plus important pour Internet. Il protège les connexions entre serveurs et clients, que ce soit des sites Web et leurs visiteurs, des serveurs email, des applications mobiles et leurs serveurs, des serveurs de jeux vidéo et les joueurs, des banques, ou des systèmes industriels critiques. Sans TLS, il n'y aurait pas de commerce en ligne, de services bancaires en ligne, ni même de quoi que ce soit nécessitant un minimum de sécurité.

Le protocole TLS est indépendant du type d'application ; il ne se préoccupe pas du type ou format des données chiffrées. Cela signifie que vous pouvez autant l'utiliser pour des applications Web qui reposent sur le protocole HTTP, que pour tout système dans lequel un ordinateur ou un appareil quelconque doit établir une connexion avec un serveur distant. Par exemple, TLS est largement utilisé pour les communications de machine à machine dans les applications, dites de l'Internet des objets (*Internet of Things*, IoT). Par exemple, des réfrigérateurs communiquent via TLS à des serveurs distants.

Ce chapitre propose une vue d'ensemble de TLS, mais des livres entiers y sont consacrés. Comme vous le verrez, TLS est devenu de plus en plus complexe au fil des ans. Malheureusement, cette complexité et la multitude d'options ont entraîné de nombreuses vulnérabilités, et les bugs découverts dans ses implémentations ont souvent fait la une des journaux — pensez à Heartbleed, BEAST, CRIME, ou POODLE, toutes ces vulnérabilités ont affecté des millions de machines.

En 2013, fatigués de corriger les nouvelles vulnérabilités cryptographiques de TLS, des ingénieurs ont décidé de concevoir une nouvelle version radicalement différente : TLS 1.3. Comme vous le verrez dans ce chapitre, TLS 1.3 a supprimé les fonctionnalités inutiles et celles qui n'étaient pas sûres, et a remplacé les anciens algorithmes par des algorithmes de chiffrement modernes. Le résultat est un protocole plus simple, plus rapide, et plus sûr.

Mais avant d'explorer le fonctionnement de TLS 1.3, examinons le problème que TLS vise à résoudre en premier lieu, et la raison de son existence.

1. APPLICATIONS ET PROPRIÉTÉS

TLS est surtout connu pour être le *S* du protocole HTTPS utilisé par les sites Web, et le cadenas qui apparaissait dans la barre d'adresse d'un navigateur indiquant qu'une page est sécurisée. Le principal objectif de TLS était de permettre une navigation sécurisée dans des applications telles que le commerce électronique ou la finance en ligne, en authentifiant le site et en chiffrant les données échangées avec les sites, afin de protéger les numéros de cartes de crédit, les identifiants des utilisateurs et d'autres informations sensibles.

Plus largement que pour les sites Web, TLS protège des communications sur Internet ou tout autre réseau en établissant un canal sécurisé entre un client et un serveur, ce qui garantit que les données transférées sont confidentielles, authentifiées, et non modifiées.

L'un des objectifs de TLS est d'empêcher les attaques de type *man-in-the-middle*, où un attaquant intercepte le trafic chiffré, le décrypte afin d'obtenir le contenu en clair, et le rechiffre pour l'envoyer à la partie réceptrice. Le protocole TLS déjoue les *man-in-the-middle* en authentifiant les serveurs (et éventuellement les clients) à l'aide de certificats et d'autorités de certification de confiance, comme nous le verrons plus en détail.

Pour être largement adopté, TLS devait satisfaire quatre autres critères : il devait être efficace, interopérable, extensible et polyvalent.

Pour TLS, l'*efficacité* consiste à minimiser la pénalité de performance par rapport aux connexions non protégées. C'est un avantage autant pour le serveur (afin de réduire le coût du matériel pour les fournisseurs de services) que pour les clients (afin d'éviter un ralentissement perceptible, ou la réduction de l'autonomie des appareils mobiles). Le protocole devait être *interopérable* afin de fonctionner sur n'importe quelle plateforme et n'importe quel système d'exploitation. Il devait être *extensible* afin de pouvoir prendre en charge des fonctionnalités ou des algorithmes supplémentaires. Enfin, il devait être *polyvalent*, c'est-à-dire qu'il ne devait pas être lié à une application spécifique (tel un protocole de contrôle de transport qui est agnostique de l'application qui l'utilise).

2. LA SUITE DE PROTOCOLES TLS

Pour protéger les communications client-serveur, TLS se compose de plusieurs versions de plusieurs protocoles qui, ensemble, forment la *suite* de protocoles TLS. Le nom TLS signifiant *Transport Layer Security* (sécurité de la couche transport), il ne s'agit techniquement pas d'un protocole de transport; il assure la sécurité du transport sous-jacent. TLS se situe donc généralement entre le protocole de transport TCP et un protocole de couche d'application tel que HTTP ou SMTP, afin d'en sécuriser les données transmises via une connexion TCP.

TLS peut également fonctionner avec le protocole de transport UDP (*User Datagram Protocol*), qui est utilisé pour des transmissions « sans connexion » quand la latence doit être minimale, telles que le streaming audio et vidéo ou les jeux vidéo en ligne. Toutefois, contrairement à TCP, UDP ne garantit pas la livraison ou l'ordre correct des paquets. La version UDP de TLS est donc légèrement différente et s'appelle *DTLS (Datagram Transport Layer Security)*. Pour en savoir plus sur TCP et UDP, voir le livre de Charles Kozierok *The TCP/IP Guide* (No Starch Press, 2005).

2.1 La famille de protocoles TLS et SSL : un bref historique

Le protocole TLS a vu le jour en 1995 quand la société Netscape, créatrice du navigateur du même nom, a conçu l'ancêtre de TLS, le protocole *Secure Socket Layer* (SSL). SSL était loin d'être parfait, et tant SSL 2.0 que SSL 3.0 présentaient des failles de sécurité. Vous ne devriez jamais utiliser SSL, mais toujours TLS. Ce qui ajoute à la confusion, c'est que TLS est souvent appelé « SSL » par habitude, même par les experts en sécurité.

En outre, toutes les versions de TLS ne sont pas sûres. TLS 1.0 (créé en 1999) est la version de TLS la moins sûre, même si elle reste plus sûre que SSL 3.0. La version TLS 1.1 (2006) est plus sûre, mais comprend un certain nombre d'algorithmes à la sécurité limitée. TLS 1.2 (2008) est encore meilleur, mais il est assez complexe et n'offre une sécurité élevée que s'il est configuré correctement (ce qui n'est pas une mince affaire). De plus, sa complexité augmente le risque de bugs dans les implémentations et le risque d'erreur de configuration. Par exemple, TLS 1.2 permet d'utiliser AES en mode CBC, un mode souvent vulnérable aux attaques de type *padding oracle*.

TLS 1.2 a hérité de dizaines de fonctionnalités et de choix de conception des versions antérieures de TLS, qui le rendent sous-optimal, à la fois en termes de sécurité et de performances. Pour remédier à cette situation, des ingénieurs en cryptographie ont construit un nouveau TLS, en ne conservant que les éléments positifs de la version 1.2, en éliminant ses défauts et en y ajoutant de nouvelles propriétés de sécurité. Le résultat est TLS 1.3, un protocole épuré, se reposant sur l'état de l'art en cryptographie, et sans faille de sécurité connue… du moins pour l'instant.

2.2 TLS en quelques mots

TLS comporte deux protocoles principaux : l'un détermine les clés secrètes partagées entre les deux parties, c'est le protocole de *handshake* ; le second décrit comment utiliser ces clés pour protéger les données, c'est le protocole de *record*, où *record* est le nom donné aux paquets de données traités par TLS. En effet, TLS définit un format de paquet pour encapsuler des données provenant de protocoles de couches supérieures, afin de les transmettre à une autre partie. Ce *record protocol* est relativement simple, au point où l'on oublie souvent qu'il fait partie de TLS.

Le protocole de *handshake* — ou simplement, le *handshake* (poignée de main) — est le protocole d'accord de clé de TLS. Il est souvent vu comme « le » protocole TLS, mais le protocole de *record* et le *handshake* sont indissociables.

Le *handshake* est initié par un client pour créer une connexion sécurisée avec un serveur. Le client envoie un message initial appelé ClientHello avec des paramètres qui incluent les algorithmes de chiffrement qu'il souhaite utiliser. Le serveur vérifie ce message et ses paramètres, puis répond par un message appelé ServerHello. Une fois que le client et le serveur ont traité leurs messages respectifs, ils sont prêts à échanger des données chiffrées à l'aide des clés de session établies par le protocole de *handshake*, comme nous allons le voir.

2.3 Certificats et autorités de certification

L'étape la plus critique du *handshake* TLS, et le cœur de la sécurité TLS, est l'étape de *validation du certificat*, au cours de laquelle un serveur utilise un *certificat* pour s'authentifier auprès d'un client.

Un certificat est essentiellement une clé publique accompagnée d'une signature de cette clé avec des informations associées (dont le nom de domaine du site, le plus souvent). Par exemple, lorsque vous vous connectez à https://www.google.com, votre navigateur reçoit un certificat et vérifie la signature du certificat, qui signifie quelque chose comme « Je suis un serveur de *google.com* et ma clé publique est [la valeur de la clé] ». Si la signature est vérifiée, le certificat est considéré comme *valide* et le navigateur peut établir la connexion en utilisant la clé publique incluse dans le certificat.

Comment le navigateur peut-il connaître la clé publique nécessaire à la vérification de la signature ? C'est là qu'intervient le concept d'*autorité de certification* (*certification authority*, CA). Une autorité de certification est essentiellement une clé publique codée en dur dans votre navigateur ou votre système d'exploitation. La clé privée correspondant à la clé publique (c'est-à-dire, la clé qui permet de signer des certificats) appartient à une organisation de confiance, qui doit garantir que les clés publiques des certificats qu'elle délivre appartiennent bien au site Web ou à l'entité qui les revendique. En d'autres termes, un CA agit comme *tiers de confiance*. Sans autorités de certification, il n'y aurait aucun moyen de vérifier que la clé publique fournie par *google.com* appartient à Google et non à un attaquant *man-in-the-middle*.

Par exemple, la commande présentée dans le listing 13-1 montre ce qui se passe lorsqu'on utilise l'outil OpenSSL pour établir une connexion TLS avec www.google.com sur le port 443, le port réseau utilisé pour les connexions HTTP basées sur TLS (c'est-à-dire, HTTPS) :

Listing 13-1 – Établissement d'une connexion TLS avec www.google.com et réception de certificats pour authentifier la connexion.

```
$ openssl s_client -connect www.google.com:443
CONNECTED(00000003)
---
Certificate chain
 0 s:CN = www.google.com
   i:C = US, O = Google Trust Services LLC, CN = GTS CA 1C3
 1 s:C = US, O = Google Trust Services LLC, CN = GTS CA 1C3
   i:C = US, O = Google Trust Services LLC, CN = GTS Root R1
 2 s:C = US, O = Google Trust Services LLC, CN = GTS Root R1
   i:C = BE, O = GlobalSign nv-sa, OU = Root CA, CN = GlobalSign Root CA
---
Server certificate
-----BEGIN CERTIFICATE-----
MIIEiDCCA3CgAwIBAgIQNJvIv7ypW9IQHaA7P69MzzANBgkqhkiG9w0BAQsFADBG
MQswCQYDVQQGEwJVUzEiMCAGA1UEChMZR29vZ2xlIFRydXN0IFNlcnZpY2VzIExM
QzETMBEGA1UEAxMKR1RTIENBIDFDMzAeFw0yMzA5MDQwODIzMjlaFw0yMzExMjcw
ODIzMjhaMBkxFzAVBgNVBAMTDnd3dy5nb29nbGUuY29tMFkwEwYHKoZIzj0CAQYI
KoZIzj0DAQcDQgAENEMvWAY0TRTb0w5ZxbUbX/Z+EcviE50SzQzvP/xyyVIaURM4
A0Jer9IJO/6Iq6o2AfDXUxrdBKpSzlzaeFCaqqOCAmgwggJkMA4GA1UdDwEB/wQE
AwIHgDATBgNVHSUEDDAKBggrBgEFBQcDATAMBgNVHRMBAf8EAjAAMB0GA1UdDgQW
BBRnwQnVC8ok1e6YPIbQwjB+XFpPRjAfBgNVHSMEGDAWgBSKdH+vhc3ulc09nNDi
RhTzcTUdJzBqBggrBgEFBQcBAQReMFwwJwYIKwYBBQUHMAGGG2h0dHA6Ly9vY3Nw
LnBraS5nb29nL2d0czFjMzAxBggrBgEFBQcwAoYlaHR0cDovL3BraS5nb29nL3Jl
cG8vY2VydHMvZ3RzMWMzLmRlcjAZBgNVHREEEjAQgg53d3cuZ29vZ2xlLmNvbTAh
BgNVHSAEGjAYMAgGBmeBDAECATAMBgorBgEEAdZ5AgUDMDwGA1UdHwQ1MDMwMaAv
oC2GK2h0dHA6Ly9jcmxzLnBraS5nb29nL2d0czFjMy9mVkp4YlYtS3Rtay5jcmww
ggEFBgorBgEEAdZ5AgQCBIH2BIHzAPEAdgDoPtDaPvUGNTLnVyi8iWvJA9PL0RFr
7Otp4Xd9bQa9bgAAAYpfgRj0AAAEAwBHMEUCID+BcS984SEh2E2UrKfLvF2fG7qa
SYkzbELytrDz91wmAiEAlwOPMM26CynmadsqomPMXKdRNMvzdyciHVimh0snrBAA
dwB6MoxU2LcttiDqOOBSHumEFnAyE4VNO9IrwTpXo1LrUgAAAYpfgRkAAAAEAwBI
MEYCIQDZf1tULkVCXRc68zJwgp5WFJUbTxFjz6CP+eLb3dgz3gIhAJ9uS7psu2Gl
HdTXokXTetMY7MCdIcuj60Qm/qTn+1dFMA0GCSqGSIb3DQEBCwUAA4IBAQCIEn0v
QzaqNCOhiI5TKcRhaR24yKid3F57a/GOM1LDE/v7oCm+3fxtvuK9HVa/Dmnvavqp
```

```
ci7TpMDj/ocXjE4dL4/yHaVx6GhTDKMW/bbBkDaqXoSdb91AcUZPLRTV4AjFdjmB
8wZTf95bnfeuKNXWlbo/k/9pRRhFNKKMUI54xLiVdj4wk1EUAsrMTTn+O12ZbFeS
s614abBT5W0hhFkLvjvEht8p3UKQwwyhRjZMBsae/d0QfT8hglVtVhhGd7f1hFqI
XSERl8EsyDc3urCsa+RjUjCvE9Q+y2X8WVV0HPCjwsANU56qEZmh4kqgg5paW/SL
maM/8Vny/nKNd6Dj
-----END CERTIFICATE-----
subject=CN = www.google.com

issuer=C = US, O = Google Trust Services LLC, CN = GTS CA 1C3

---
No client certificate CA names sent
Peer signing digest: SHA256
Peer signature type: ECDSA
Server Temp Key: X25519, 253 bit
---
SSL handshake has read 4295 bytes and written 396 bytes
Verification: OK
---
New, TLSv1.3, Cipher is TLS_AES_256_GCM_SHA384
Server public key is 256 bits
Secure Renegotiation IS NOT supported
Compression: NONE
Expansion: NONE
No ALPN negotiated
Early data was not sent
Verify return code: 0 (ok)
```

Dans le listing 13-1, les données du certificat sont entre les marqueurs `BEGIN CERTIFICATE` et `END CERTIFICATE`. Avant celles-ci se trouve une description de la chaîne de certificats (*certificate chain*) où la ligne commençant par `s:` (pour *subject*) décrit le nom de l'entité certifiée, et la ligne commençant par `i:` (pour *issuer*) décrit l'émetteur de la signature. Ici, le certificat 0 est celui reçu par *google.com*, le certificat 1 appartient à l'entité qui a signé le certificat 0, et le certificat 2 appartient à l'entité qui a signé le certificat 1.

L'organisation qui a délivré le certificat 0 est Google (via l'entité Google Trust Services, GTS), qui a autorisé l'émission du certificat 0 pour le nom de domaine www.google.com en signant le certificat avec la clé privée GTS CA 1C3. Le certificat attestant que cette clé appartient bien à la hiérarchie de clés de Google est le certificat 1, qui est signé par la clé GTS Root R1, un certificat racine (*root*) au sein de Google. Enfin, le certificat 2, émis par GlobalSign, une autorité de certification reconnue, atteste que la clé de GTS Root R1 appartient bien à l'organisation Google.

Dans cet exemple, votre système d'exploitation possèdera en général déjà les certificats 1 et 2, qui sont alors considérés comme certificats de confiance. Dans ce cas, il suffit de vérifier *deux signatures*, celle de Google (entité GTS CA 1C3) dans le certificat 0, et celle de Google (entité GTS Root R1) dans le certificat 1. Si votre système n'inclut pas déjà le certificat 2 comme certificat de confiance, mais n'a que le certificat racine de GlobalSign (GlobalSign Root CA), alors vous vérifierez également la signature de GlobalSign dans le certificat 2.

Il est évident que ces organisations de CA doivent être dignes de confiance et ne délivrer des certificats qu'à des entités rigoureusement vérifiées, et qu'elles doivent protéger leurs clés privées afin d'empêcher un attaquant de délivrer des certificats en leur nom (par exemple, pour se faire passer pour un serveur *google.com* légitime).

Pour voir ce que contient un certificat, nous entrons la commande `openssl x509 -text -noout` dans un terminal Unix, puis y collons les données du certificat présenté dans le listing 13-1 ; le résultat est présenté dans le listing 13-2.

Listing 13-2 – Décodage d'un certificat reçu de www.google.com.

```
$ openssl x509 -text -noout
Certificate:
    Data:
        Version: 3 (0x2)
        Serial Number:
            34:9b:c8:bf:bc:a9:5b:d2:10:1d:a0:3b:3f:af:4c:cf
        Signature Algorithm: sha256WithRSAEncryption
        Issuer: C = US, O = Google Trust Services LLC, CN = GTS CA 1C3
        Validity
            Not Before: Sep  4 08:23:29 2023 GMT
            Not After : Nov 27 08:23:28 2023 GMT
        Subject: CN = www.google.com
        Subject Public Key Info:
            Public Key Algorithm: id-ecPublicKey
                Public-Key: (256 bit)
                pub:
                    04:34:43:2f:58:06:34:4d:14:db:d3:0e:59:c5:b5:
                    1b:5f:f6:7e:11:cb:e2:13:9d:12:cd:0c:ef:3f:fc:
                    72:c9:52:1a:51:13:38:03:42:5e:af:d2:09:3b:fe:
                    88:ab:aa:36:01:f0:d7:53:1a:dd:04:aa:52:ce:5c:
                    da:78:50:9a:aa
                ASN1 OID: prime256v1
                NIST CURVE: P-256
        X509v3 extensions:
            X509v3 Key Usage: critical
```

```
        Digital Signature
    X509v3 Extended Key Usage:
        TLS Web Server Authentication
    X509v3 Basic Constraints: critical
        CA:FALSE
    X509v3 Subject Key Identifier:
        67:C1:09:D5:0B:CA:24:D5:EE:98:3C:86:D0:C2:30:7E:5C:5A:
          4F:46
    X509v3 Authority Key Identifier:
        8A:74:7F:AF:85:CD:EE:95:CD:3D:9C:D0:E2:46:14:F3:71:35:
          1D:27
    Authority Information Access:
        OCSP - URI:http://ocsp.pki.goog/gts1c3
        CA Issuers - URI:http://pki.goog/repo/certs/gts1c3.der
    X509v3 Subject Alternative Name:
        DNS:www.google.com
    X509v3 Certificate Policies:
        Policy: 2.23.140.1.2.1
        Policy: 1.3.6.1.4.1.11129.2.5.3
    X509v3 CRL Distribution Points:
        Full Name:
          URI:http://crls.pki.goog/gts1c3/fVJxbV-Ktmk.crl
    CT Precertificate SCTs:
        Signed Certificate Timestamp:
            Version   : v1 (0x0)
            Log ID    : E8:3E:D0:DA:3E:F5:06:35:32:E7:57:28:BC:89
                          :6B:C9:
                        03:D3:CB:D1:11:6B:EC:EB:69:E1:77:7D:6D:0
                          6:BD:6E
            Timestamp : Sep  4 09:23:30.638 2023 GMT
            Extensions: none
            Signature : ecdsa-with-SHA256
                        30:45:02:20:3F:81:71:2F:7C:E1:21:21:D8:4
                          D:94:AC:
                        A7:CB:BC:5D:9F:1B:BA:9A:49:89:33:6C:42:F
                          2:B6:B0:
                        F3:F7:5C:26:02:21:00:97:03:8F:30:CD:BA:0
                          B:29:E6:
                        69:DB:2A:A2:63:CC:5C:A7:51:34:CB:F3:77:2
                          7:22:1D:
                        58:A6:87:4B:27:AC:10
        Signed Certificate Timestamp:
            Version   : v1 (0x0)
            Log ID    : 7A:32:8C:54:D8:B7:2D:B6:20:EA:38:E0:52:1E
                          :E9:84:
```

```
                        16:70:32:13:85:4D:3B:D2:2B:C1:3A:57:A3:5
                          2:EB:52
            Timestamp : Sep  4 09:23:30.688 2023 GMT
            Extensions: none
            Signature : ecdsa-with-SHA256
                        30:46:02:21:00:D9:7F:5B:54:2E:45:42:5D:1
                          7:3A:F3:
                        32:70:82:9E:56:14:95:1B:4F:11:63:CF:A0:8
                          F:F9:E2:
                        DB:DD:D8:33:DE:02:21:00:9F:6E:4B:BA:6C:B
                          B:61:A5:
                        1D:D4:D7:A2:45:D3:7A:D3:18:EC:C0:9D:21:C
                          B:A3:EB:
                        44:26:FE:A4:E7:FB:57:45
Signature Algorithm: sha256WithRSAEncryption
Signature Value:
    88:12:7d:2f:43:36:aa:34:23:a1:88:8e:53:29:c4:61:69:1d:
    b8:c8:a8:9d:dc:5e:7b:6b:f1:8e:33:52:c3:13:fb:fb:a0:29:
    be:dd:fc:6d:be:e2:bd:1d:56:bf:0e:69:ef:6a:fa:a9:72:2e:
    d3:a4:c0:e3:fe:87:17:8c:4e:1d:2f:8f:f2:1d:a5:71:e8:68:
    53:0c:a3:16:fd:b6:c1:90:36:aa:5e:84:9d:6f:d9:40:71:46:
    4f:2d:14:d5:e0:08:c5:76:39:81:f3:06:53:7f:de:5b:9d:f7:
    ac:28:d5:d6:95:ba:3f:93:ff:69:45:18:45:34:a2:8c:50:8e:
    78:c4:b8:95:76:3e:30:93:51:14:02:ca:cc:4d:39:fe:3a:5d:
    99:6c:57:92:b3:ad:78:69:b0:53:e5:6d:21:84:59:0b:be:3b:
    c4:86:df:29:dd:42:90:c3:0c:a1:46:36:4c:06:c6:9e:fd:dd:
    10:7d:3f:21:82:55:6d:56:18:46:77:b7:f5:84:5a:88:5d:21:
    11:97:c1:2c:c8:37:37:ba:b0:ac:6b:e4:63:52:30:af:13:d4:
    3e:cb:65:fc:59:55:74:1c:f0:a3:c2:c0:0d:53:9e:aa:11:99:
    a1:e2:4a:a0:83:9a:5a:5b:f4:8b:99:a3:3f:f1:59:f2:fe:72:
    8d:77:a0:e3
```

Ce que vous voyez dans le listing 13-2 est l'outil OpenSSL décodant un certificat, fourni à l'origine sous la forme d'un bloc de données encodées en base64. Comme OpenSSL sait comment ce bloc de données est structuré, il peut nous dire ce que contient le certificat, notamment un numéro de série et des informations sur la version, des informations d'identification, des dates de validité (les lignes `Not Before` et `Not After`), une clé publique (ici sous la forme d'un module RSA et de son exposant public) et une signature des informations précédentes (`Signature Value`).

Bien que les experts en sécurité et les cryptographes affirment souvent que l'ensemble du système de certificats est défectueux du fait de sa conception, il s'agit de l'une des meilleures solutions dont nous disposons.

Une alternative à l'approche par hiérarchie de certificats est l'approche dite TOFU (*trust on first use*), où une clé publique est considérée comme digne de confiance la première fois qu'elle est reçue. Ensuite, si le serveur transmet une clé publique différente, alors le système client renvoie un message d'erreur signalant que la clé a changé, et propose à l'utilisateur soit d'interrompre la connexion, soit d'accepter la nouvelle clé comme digne de confiance. Cette approche est notamment adoptée par le protocole SSH.

2.4 Le protocole de *record*

Toutes les données échangées par le biais des communications TLS 1.3 sont transmises sous forme de suites de *records*, les paquets de données utilisés par TLS. Le protocole de *record* TLS est essentiellement un protocole de transport, indépendant de la signification des données transportées ; c'est ce qui permet à TLS de s'adapter à n'importe quelle application.

Le protocole de *record* est tout d'abord utilisé pour transporter les données échangées au cours du *handshake*. Une fois que le *handshake* est terminé et que les deux parties partagent une clé secrète, les données applicatives sont fragmentées en morceaux qui sont transmis en tant que *records* TLS.

◆ *Structure d'un record TLS*

Un *record* TLS est un bloc de données de 16 kilooctets au maximum, structuré comme suit :

- ✓ Le premier octet représente le type de données transmises et prend la valeur 22 pour les données de handshake, 23 pour les données chiffrées, et 21 pour les alertes. Dans les spécifications TLS 1.3, cette valeur est appelée ContentType.
- ✓ Les deuxième et troisième octets sont respectivement fixés à 3 et 1. Ces octets sont fixés pour des raisons historiques et ne sont pas propres à la version 1.3 de TLS. Dans les spécifications, cette valeur de 2 octets est appelée ProtocolVersion.
- ✓ Les quatrième et cinquième octets encodent la longueur des données à transmettre sous la forme d'un nombre entier de 16 bits, qui ne peut être supérieur à 2^{14} octets (16 kilooctets).
- ✓ Les autres octets sont les données à transmettre (également appelées *payload*), d'une longueur égale à la valeur encodée par les quatrième et cinquième octets.

> **Note** : Un message TLS a une structure relativement simple. Comme nous l'avons vu, l'en-tête (*header*) d'un *record* TLS ne comprend que trois champs. À titre de comparaison, un paquet IPv4 comprend 14 champs avant son *payload*, tandis qu'un segment TCP comprend 13 champs.

Lorsque le premier octet d'un *record* TLS 1.3 (ContentType) est défini à 23, son contenu est chiffré et authentifié à l'aide d'un algorithme de chiffrement authentifié. Le *payload* du *record* se compose d'un *ciphertext* suivi d'un *tag* d'authentification qui seront ensuite déchiffrés et vérifiés. Mais comment le destinataire peut-il savoir avec quel algorithme et quelle clé il doit déchiffrer ? C'est la magie de TLS : si vous recevez un *record* TLS chiffré, vous connaissez déjà l'algorithme et la clé utilisés, car ils sont établis lors de l'exécution du *handshake* TLS, son protocole d'accord de clé.

◆ Nonces

Contrairement à de nombreux autres protocoles tels que le protocole *Encapsulating Security Payload* (ESP) de IPSec, les *records* TLS ne spécifient pas le *nonce* à utiliser par le chiffrement authentifié.

Les *nonces* utilisés pour chiffrer et déchiffrer les *records* TLS sont dérivés de numéros de séquence de 64 bits, conservés localement par chaque partie et incrémentés pour chaque nouveau *record*. Lorsque le client chiffre des données, il obtient un *nonce* en faisant un XOR du numéro de séquence avec une valeur appelée `client_write_iv`, elle-même dérivée du secret partagé. Le serveur utilise une méthode similaire pour choisir ses *nonces*, mais avec une valeur différente appelée `server_write_iv`.

Par exemple, si vous transmettez trois *records* TLS, vous dériverez un *nonce* de 0 pour le premier *record*, de 1 pour le deuxième et de 2 pour le troisième ; si vous recevez ensuite trois *records*, vous utiliserez également les *nonces* 0, 1 et 2, dans cet ordre. La réutilisation des mêmes valeurs de numéros de séquence pour le chiffrement des données transmises et le déchiffrement des données reçues n'est pas une faiblesse car elles sont XORées avec des constantes différentes (`client_write_iv` et `serveur_write_iv`), et parce que des clés secrètes différentes sont utilisées pour chaque direction.

◆ Padding de zéros

Les *records* TLS 1.3 intègrent une fonctionnalité intéressante, connue sous le nom de *zero padding*, qui permet de réduire les risques liés à l'*analyse du trafic*. Une telle analyse peut permettre à des attaquants d'extraire des informations à partir des quantités exactes de données transférées, à partir du moment auquel elles sont envoyées, etc. Par exemple, comme les *ciphertexts* ont approximativement la même taille que les *plaintexts*, même en cas de chiffrement fort, les attaquants peuvent déterminer la taille approximative de vos messages simplement en regardant la longueur de leur version chiffrée.

Le *padding* (remplissage) avec des zéros de TLS ajoute des zéros au *plaintext* afin de « gonfler » la taille du *ciphertext*, et donc de tromper les observateurs en leur faisant croire qu'un message est plus long qu'il ne l'est en réalité.

2.5 Le handshake TLS

Le *handshake* est le cœur du protocole d'accord TLS ; c'est le protocole par lequel un client et un serveur établissent des clés secrètes partagées afin d'effectuer des communications sécurisées. Au cours d'un *handshake* TLS, le client et le serveur jouent des rôles différents. Le client propose certaines configurations (la version de TLS et une suite d'algorithmes de chiffrement, par ordre de préférence) et le serveur choisit la configuration à utiliser. Le serveur doit suivre les préférences du client, mais il peut aussi faire autrement. Afin d'assurer l'interopérabilité entre les implémentations et de garantir que tout serveur implémentant TLS 1.3 pourra lire les données TLS 1.3 envoyées par tout client implémentant TLS 1.3 (même s'il utilise une bibliothèque ou un langage de programmation différent), les spécifications TLS 1.3 décrivent également le format dans lequel les données doivent être envoyées.

La figure 13-1 montre comment les données sont échangées dans le protocole de *handshake*, tel que décrit dans les spécifications TLS 1.3. Comme vous pouvez le voir, dans le *handshake* TLS 1.3, le client envoie un message au serveur qui signifie « Je veux établir une connexion TLS avec toi. Voici les algorithmes de chiffrement que je prends en charge pour chiffrer les *records* TLS, et voici une clé publique pour réaliser un accord Diffie–Hellman. ». La clé publique doit être générée spécifiquement pour cette session TLS, et le client conserve la clé privée associée. Le message envoyé par le client comprend également une valeur aléatoire de 32 octets et des informations facultatives (paramètres supplémentaires, etc.). Ce premier message est appelé *ClientHello*, et doit respecter un format spécifique lorsqu'il est transmis sous la forme d'une série d'octets, comme défini dans la spécification TLS 1.3.

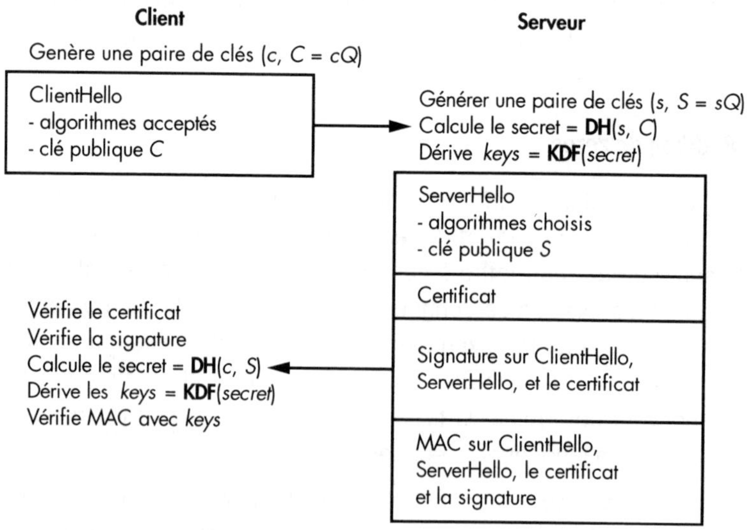

Figure 13-1 – Le *handshake* TLS 1.3 entre un client et un serveur.

Le serveur reçoit le message ClientHello, vérifie qu'il est correctement formaté et répond par un message appelé *ServerHello*. Le message ServerHello est plein d'informations ; typiquement, lors d'une connexion HTTPS à un site Web, il contiendra :

- ✓ l'algorithme de chiffrement à utiliser pour chiffrer les *records* ;
- ✓ une clé publique Diffie-Hellman ;
- ✓ une valeur aléatoire de 32 octets (abordée plus loin dans la section « Protection contre le *downgrade* ») ;
- ✓ un certificat ;
- ✓ une signature de toutes les informations précédentes dans les messages ClientHello et ServerHello (calculée à l'aide de la clé privée associée à la clé publique du certificat) ;
- ✓ un MAC de ces mêmes informations et de la signature.

Le MAC est calculé à l'aide d'une clé symétrique dérivée du secret partagé Diffie-Hellman, que le serveur calcule à partir de sa clé privée Diffie-Hellman et de la clé publique du client.

Lorsque le client reçoit le message ServerHello, il vérifie la validité du certificat, vérifie la signature, calcule le secret Diffie-Hellman partagé puis en déduit les clés symétriques, et vérifie le MAC envoyé par le serveur. Une fois que tout a été vérifié, le client est prêt à envoyer des messages chiffrés au serveur.

> **Note** : TLS 1.3 prend en charge de nombreuses options et extensions, de sorte qu'il peut se comporter différemment de ce qui a été décrit ici (et illustré à la figure 13-1). Vous pouvez, par exemple, configurer le *handshake* TLS 1.3 pour exiger un certificat client afin que le serveur vérifie l'identité du client. TLS 1.3 prend également en charge un *handshake* avec des clés symétriques pré-partagées (*pre-shared key*, PSK).

Voyons cela en pratique. Supposons que vous ayez déployé TLS 1.3 pour fournir un accès sécurisé au site Web https://www.nostarch.com. Lorsque vous dirigez votre navigateur (le client) vers ce site, celui-ci envoie un message ClientHello au serveur du site, qui inclut les algorithmes de chiffrement qu'il prend en charge. Le site Web répond avec un message ServerHello et un certificat comprenant une clé publique associée au domaine www.nostarch.com. Le client vérifie la validité du certificat en utilisant l'une des autorités de certification intégrées au navigateur (le certificat reçu doit être signé par une autorité de certification de confiance, dont le certificat doit être inclus dans le *certificate store* du navigateur pour être validé). Une fois toutes les vérifications effectuées, le navigateur demande le contenu de la page initiale du site au serveur www.nostarch.com.

Lorsque le *handshake* TLS 1.3 est réussi, toutes les communications entre le client et le serveur sont chiffrées et authentifiées. Un *man-in-the-middle* peut apprendre qu'un client à une adresse IP donnée parle à un serveur à une autre adresse IP donnée, et peut observer le contenu chiffré échangé, mais ne sera pas en mesure de connaître le *plaintext* sous-jacent ni de modifier les messages chiffrés (s'il le fait, le destinataire remarquera que la communication a été altérée, car les messages sont non seulement chiffrés mais aussi authentifiés). C'est une sécurité suffisante pour de nombreuses applications.

2.6 Algorithmes cryptographiques de TLS 1.3

Nous savons que TLS 1.3 utilise des algorithmes de chiffrement authentifiés, une fonction de dérivation de clé (une sorte de fonction de hachage qui dérive des clés secrètes à partir d'un secret partagé), ainsi qu'une opération Diffie–Hellman. Mais comment cela fonctionne-t-il exactement ? Quels sont les algorithmes acceptés et quel est leur niveau de sécurité ?

En ce qui concerne les algorithmes de chiffrement authentifiés, TLS 1.3 ne prend en charge que trois algorithmes : AES-GCM, AES-CCM (où CCM est un mode légèrement moins efficace que GCM), et le *streamcipher* ChaCha20 combiné avec le MAC Poly1305 (tel que défini dans le RFC 7539). Comme TLS 1.3 vous empêche d'utiliser une longueur de clé non sûre telle que 64 ou 80 bits, la clé secrète peut être soit de 128 bits (pour AES-GCM ou AES-CCM), soit de 256 bits (pour AES-GCM ou ChaCha20-Poly1305).

L'opération de dérivation de clé (KDF) sur la figure 13-1 est basée sur HKDF, une construction basée sur HMAC (abordée au chapitre 7) et définie dans le RFC 5869, qui utilise SHA-256 ou SHA-384 comme fonction de hachage.

Pour effectuer l'opération Diffie-Hellman du *handshake*, vos options sont limitées à la cryptographie à courbe elliptique et à un groupe multiplicatif d'entiers modulo un nombre premier (comme dans le Diffie–Hellman classique). Mais vous ne pouvez pas utiliser n'importe quelle courbe elliptique ou n'importe quel groupe : les courbes acceptées comprennent trois courbes NIST ainsi que Curve25519 (vue au chapitre 12) et Curve448, toutes deux définies dans le RFC 7748. TLS 1.3 prend également en charge DH sur des groupes d'entiers, pour les cinq groupes définis dans le RFC 7919 : des groupes de 2 048, 3 072, 4 096, 6 144, et 8 192 bits.

Le groupe de 2 048 bits est peut-être le maillon faible de TLS 1.3. Alors que les autres groupes offrent une sécurité d'au moins 128 bits, on estime que le Diffie–Hellman 2 048 bits offre une sécurité inférieure à 100 bits, en théorie. La prise en charge d'un groupe de 2 048 bits peut donc être considérée comme incompatible avec d'autres choix de conception de TLS 1.3.

3. AMÉLIORATIONS DE TLS 1.3

TLS 1.3 est très différent de ses prédécesseurs. D'une part, il se débarrasse des algorithmes faibles tels que MD5, SHA-1, RC4, et AES en mode CBC. En outre, alors que TLS 1.2 protégeait souvent les *records* en utilisant une combinaison d'un chiffrement et d'un MAC (comme HMAC-SHA-1) dans une construction *MAC-then-encrypt*, TLS 1.3 ne prend en charge que des algorithmes de chiffrements authentifiés, plus efficaces et plus sûrs. TLS 1.3 supprime également la négociation de l'encodage des points des courbes elliptiques et définit un format de point unique pour chaque courbe.

L'un des principaux objectifs lors du développement de TLS 1.3 était de supprimer les fonctionnalités de la version 1.2 qui affaiblissaient le protocole, et de réduire la complexité globale du protocole, et donc sa surface d'attaque. Par exemple, TLS 1.3 supprime la compression optionnelle des données, une option qui a permis l'attaque CRIME sur TLS 1.2. Cette attaque exploite le fait que la longueur de la version compressée d'un message laisse filtrer des informations sur le contenu du message.

Mais TLS 1.3 apporte également de nouvelles fonctionnalités qui rendent les connexions plus sûres ou plus rapides. J'aborderai brièvement trois de ces fonctionnalités : la protection contre le *downgrade*, le *handshake* à un seul aller-retour réseau, et la reprise de session.

3.1 Protection contre le *downgrade*

La fonction de protection contre le *downgrade* (déclassement) de TLS 1.3 est conçue comme une défense contre les *attaques par downgrade*, dans lesquelles un attaquant force le client et le serveur à utiliser une version de TLS plus faible que la version 1.3. Pour mener à bien une telle attaque, un attaquant force le serveur à utiliser une ancienne version de TLS en interceptant et en modifiant le message ClientHello pour indiquer au serveur que le client ne supporte pas TLS 1.3. L'attaquant pourrait alors exploiter les vulnérabilités des versions antérieures.

Afin de contrer les attaques par *downgrade*, le serveur TLS 1.3 utilise trois types de motifs dans la valeur aléatoire de 32 octets qu'il envoie dans le message ServerHello, afin d'identifier le type de connexion demandé. Le motif doit correspondre à la demande du client pour un type spécifique de connexion TLS. Si le client reçoit un motif erroné, il sait qu'il y a un problème.

Plus précisément, si le client demande une connexion TLS 1.2, les huit premiers des 32 octets sont définis à 44 4F 57 4E 47 52 44 01, et s'il demande une connexion TLS 1.1, ils sont définis à 44 4F 57 4E 47 52 44 00. Toutefois, si le client demande une connexion TLS 1.3, ces huit premiers bits doivent être aléatoires. Par exemple, si un client envoie un ClientHello demandant une connexion TLS

1.3, mais qu'un attaquant sur le réseau le modifie pour demander une connexion TLS 1.1, lorsque le client recevra le ServerHello avec le mauvais motif d'octets, il saura que son message ClientHello a été modifié. En effet, un attaquant ne peut pas modifier arbitrairement la valeur aléatoire de 32 octets du serveur car cette valeur est signée cryptographiquement. Le client pourra donc s'assurer que la configuration reçue par le serveur est bien celle qu'il lui avait envoyée dans son ClientHello.

3.2 Handshake en un aller-retour

Dans un *handshake* TLS 1.2 typique, le client envoie des données au serveur, attend une réponse, puis envoie d'autres données et attend la réponse du serveur avant d'envoyer des messages chiffrés. Le délai est égal à deux temps d'aller-retour (*round-trip time*, RTT). En revanche, le *handshake* de TLS 1.3 ne prend qu'un seul RTT, comme le montre la figure 13-1. Le gain de temps peut se chiffrer en centaines de millisecondes. Cela peut sembler peu, mais c'est en réalité considérable si l'on considère que les serveurs des services les plus populaires gèrent des milliers de connexions par seconde.

3.3 Reprise de session

TLS 1.3 est déjà plus rapide que TLS 1.2 grâce au *handshake* en un seul RTT, mais il est possible de le rendre encore plus rapide en éliminant complètement les allers-retours réseaux qui précèdent une session. L'astuce consiste à utiliser la *reprise de session* (*session resumption*), une méthode qui exploite la clé partagée établie par le client et le serveur lors d'une session précédente pour démarrer une nouvelle session. La reprise de session présente deux avantages majeurs : le client peut commencer à chiffrer ses données immédiatement, et il n'est pas nécessaire d'utiliser des certificats dans ces sessions ultérieures.

La figure 13-2 illustre le fonctionnement de la reprise de session. Tout d'abord, le client envoie un message ClientHello qui contient l'identifiant du secret déjà partagé (noté PSK pour *pre-shared key*) avec le serveur, ainsi qu'une nouvelle clé publique DH. Le client peut également inclure des données chiffrées dans ce premier message, qui sont dites *données 0-RTT* (*0-RTT data*). Lorsque le serveur répond à un message ClientHello, il fournit un MAC couvrant le ClientHello et sa réponse. Le client vérifie le MAC et sait alors qu'il parle au même serveur que précédemment, ce qui rend une validation du certificat superflue. Le client et le serveur réalisent un accord de clé Diffie–Hellman comme dans le *handshake* normal, et les messages suivants sont chiffrés à l'aide de clés qui dépendent à la fois de la PSK originale et du secret partagé Diffie–Hellman nouvellement calculé.

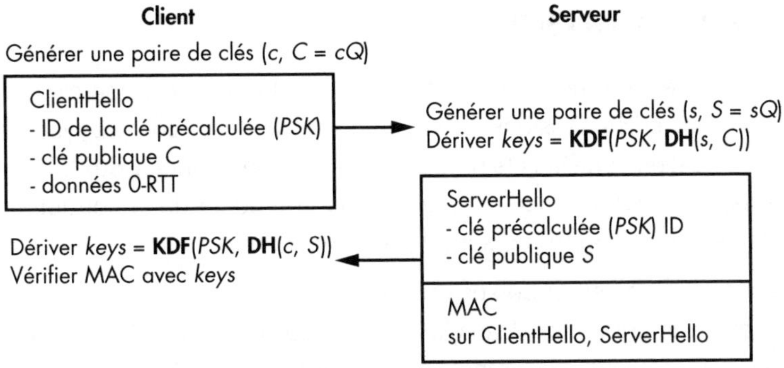

Figure 13-2 – Le *handshake* de reprise de session TLS 1.3. Les données 0-RTT sont les données de continuation de session envoyées avec le ClientHello.

4. LES POINTS FORTS DE TLS

Nous évaluerons les points forts de TLS 1.3 en ce qui concerne les deux principales notions de sécurité abordées au chapitre 11 : l'authentification et le secret des transmissions.

4.1 Authentification

Au cours du *handshake* TLS 1.3, le serveur s'authentifie auprès du client à l'aide de son certificat. Cependant, le client n'est pas authentifié, mais les clients sont souvent identifiés au niveau applicatif (par exemple lors de l'accès à un service d'email ou de réseau social) en fournissant un nom d'utilisateur et un mot de passe dans une connexion TLS après avoir effectué son *handshake*. Si le client a déjà établi une session avec le service distant, il peut s'authentifier en envoyant un *cookie* sécurisé qui ne peut être envoyé que par le biais d'une connexion TLS.

Dans certains cas, les clients peuvent s'authentifier auprès d'un serveur en utilisant un mécanisme basé sur un certificat similaire à celui que le serveur utilise pour s'authentifier auprès du client : le client envoie alors un *certificat client* au serveur, qui vérifie ce certificat avant d'autoriser le client à obtenir un secret partagé. Cependant, les certificats clients sont rarement utilisés parce qu'ils compliquent les choses tant pour les utilisateurs que pour le côté serveur (c'est-à-dire l'émetteur du certificat) ; un client doit effectuer des opérations relativement complexes afin de générer et intégrer le certificat dans leur système, protéger sa clé privée, tandis que l'émetteur doit s'assurer que seuls les clients autorisés ont reçu un certificat, entre autres contrôles de sécurité.

4.2 La *forward secrecy*

Rappelons que, comme vu au chapitre 11, on dit d'un accord de clé garantit la *forward secrecy* si les sessions précédentes ne sont pas compromises lorsque la session actuelle l'est. Dans le modèle de la fuite de données, seuls les secrets temporaires sont compromis, alors que dans le modèle de la corruption d'une partie, les secrets à long terme sont également compromis.

Heureusement, le secret de session de TLS 1.3 résiste à la fois à une fuite de données et à une corruption. Dans le cas du modèle de fuite de données, l'attaquant récupère des secrets temporaires tels que les clés de session ou les clés privées Diffie–Hellman d'une session spécifique (les valeurs *c*, *s*, *secret* et *keys* dans la figure 13-1). Toutefois, il ne peut utiliser ces valeurs que pour déchiffrer les communications de la session en cours, mais pas celles des sessions précédentes, car des valeurs différentes de *c* et de *s* y ont été utilisées (ce qui donne des valeurs de *secret* et *keys* différentes).

Dans le modèle de corruption, l'attaquant récupère également les secrets à long terme (à savoir la clé privée qui correspond à la clé publique du certificat). Toutefois, cela n'est pas plus utile pour déchiffrer les sessions précédentes que les secrets temporaires, car cette clé privée ne sert qu'à authentifier le serveur, et le secret de transmission est de nouveau valable. Quant au client, il n'a pas de secret à long terme.

Mais que se passerait-il vraiment en pratique ? Supposons qu'un attaquant compromette la machine d'un client et accède à l'ensemble de sa mémoire. Il peut alors récupérer en mémoire les clés de session TLS du client et les secrets de la session en cours. Mais surtout, si les clés précédentes sont encore en mémoire, l'attaquant peut également les retrouver et les utiliser pour décrypter les sessions précédentes, contournant ainsi la garantie théorique de sécurité. Par conséquent, pour qu'une implémentation TLS garantisse la *forward secrecy*, elle doit effacer correctement les clés de la mémoire une fois qu'elles ne sont plus utilisées, par exemple en mettant la mémoire à zéro ou en y écrivant des valeurs aléatoires.

5. EXEMPLES DE PROBLÈMES

TLS 1.3 est un protocole de communication sécurisé agnostique de l'application et largement utilisé, mais il n'est pas infaillible. Comme tout système de sécurité, il peut échouer à garantir la sécurité attendue dans certaines circonstances (par exemple, lorsque les hypothèses formulées par ses concepteurs au sujet des attaques réelles se révèlent erronées). Malheureusement, même la dernière version de TLS 1.3, configurée avec les algorithmes de chiffrement les plus sûrs, peut encore être compromise. Par exemple, la sécurité de TLS 1.3 repose sur l'hypothèse que les trois parties impliquées (le client, le serveur, et l'autorité de certification) se comportent honnêtement, mais que se passe-t-il si l'une des parties est compromise ou si l'implémentation de TLS contient des failles ?

5.1 Autorité de certification compromise

Les autorités de certification racine (*root CA*) sont des organisations auxquelles les navigateurs font confiance pour valider les certificats fournis par des hôtes distants. Par exemple, si votre navigateur accepte le certificat fourni par www.google.com, il suppose qu'une autorité de certification de confiance a vérifié la légitimité du propriétaire du certificat, ici l'organisation Google. Le navigateur vérifie alors le certificat en contrôlant la signature émise par l'autorité de certification. Étant donné que seule l'autorité de certification connaît la clé privée requise pour créer cette signature, nous supposons qu'aucune autre partie ne peut créer de certificats valides au nom de l'autorité de certification. Très souvent, le certificat d'un site Web n'est pas signé par une autorité de certification racine, mais par une autorité de certification intermédiaire, qui est reliée à l'autorité de certification racine par une chaîne de certificats.

Supposons que la clé privée d'une autorité de certification soit compromise. L'attaquant pourra alors utiliser cette clé pour créer un certificat pour n'importe quelle URL du domaine *google.com*, par exemple, sans l'accord de Google. Que peut-il se passer ? Le pirate peut utiliser ces certificats pour prétendre héberger un serveur ou un sous-domaine légitime comme *mail.google.com* et intercepter les informations d'identification et les communications d'un utilisateur. C'est exactement ce qu'il s'est passé en 2011 lorsqu'un pirate s'est introduit dans le réseau de l'autorité de certification néerlandaise DigiNotar et a pu créer des certificats qui semblaient être des certificats DigiNotar légitimes. L'attaquant a ensuite utilisé ces faux certificats pour se faire passer pour services Google.

5.2 Serveur compromis

Si un serveur est compromis et entièrement contrôlé par un attaquant, tout est perdu. Le serveur dispose en effet des clés, étant le point de terminaison de la connexion TLS. L'attaquant pourra voir toutes les données transmises par le serveur avant qu'elles ne soient chiffrées, et toutes les données reçues une fois qu'elles auront été déchiffrées. Il pourra aussi probablement obtenir la clé privée du serveur, ce qui pourrait lui permettre de se faire passer pour le serveur légitime en utilisant son propre serveur malveillant. Il est évident que le protocole TLS ne vous sauvera pas dans ce cas.

Heureusement, de tels désastres de sécurité arrivent rarement dans des applications de premier plan telles que Gmail et iCloud, qui sont bien protégées et dont les clés privées sont souvent stockées dans un module de sécurité externe, tel qu'un *hardware security module* (HSM), directement ou via un *key management system* (KMS). Les attaques contre les applications Web via des vulnérabilités telles que les injections de requêtes de base de données et le *cross-site scripting* (XSS) sont plus courantes, car elles sont pour la plupart indépendantes de la sécurité TLS et sont menées par des attaquants via une connexion TLS légitime. Ces attaques compromettent directement le serveur, et contournent donc la sécurité offerte par TLS. Il peut en résulter une fuite de données telles que les noms et coordonnées d'utilisateurs, voire leurs mots de passe ou numéros de carte de crédit.

5.3 Client compromis

La sécurité TLS est également compromise lorsqu'un client, tel qu'un navigateur, est compromis par un attaquant distant. Après avoir compromis le client, l'attaquant sera en mesure de capturer les clés de session, de lire les données déchiffrées, etc. Il peut même installer un faux certificat d'autorité de certification dans le système du client pour qu'il accepte silencieusement des certificats invalides créés par des attaquants, leur permettant ainsi d'intercepter les connexions TLS.

La grande différence entre les scénarios de compromission d'une autorité de certification ou d'un serveur et le scénario de compromission d'un client est que, dans le cas d'un client compromis, seul le client ciblé sera affecté, au lieu de *tous* les clients potentiels.

5.4 Bugs dans les implémentations

Comme tout composant cryptographique, TLS peut souffrir de bugs dans ses implémentations. Le bug TLS le plus connu est sûrement Heartbleed (voir figure 13-3), un débordement de mémoire tampon (*buffer overflow*) dans l'implémentation d'OpenSSL d'une fonctionnalité mineure de TLS connue sous le nom de *heartbeat*. Heartbleed a été découvert en 2014, indépendamment par un chercheur de Google et par la société Codenomicon et a affecté des millions de serveurs et de clients TLS.

Comme vous pouvez le voir dans la figure 13-3, un client envoie d'abord un message avec sa longueur au serveur pour vérifier si le serveur est en ligne. Dans cet exemple, le message est la chaîne de caractères *BANANAS*, et le client indique explicitement que ce mot comporte sept lettres. Le serveur lit le mot de sept lettres et le renvoie au client.

Dans le cas de Heartbleed, le problème est que le serveur ne vérifie pas que la longueur est correcte, et il tentera donc de lire autant de caractères que le client le lui demande. Par conséquent, si le client fournit une longueur supérieure à la longueur réelle de la chaîne, le serveur lira trop de données en mémoire et les renverra au client, ainsi que toute donnée supplémentaire susceptible de contenir des informations sensibles, telles que des clés privées ou des *cookies* de session.

Vous ne serez pas surpris d'apprendre que le bug Heartbleed a été un choc, et a été cauchemardesque à corriger dans tous les systèmes affectés. Afin d'éviter des bugs similaires à l'avenir, OpenSSL et d'autres implémentations majeures de TLS effectuent désormais des examens rigoureux du code et utilisent des outils automatisés tels que des *fuzzers* afin de trouver les bugs avant les attaquants.

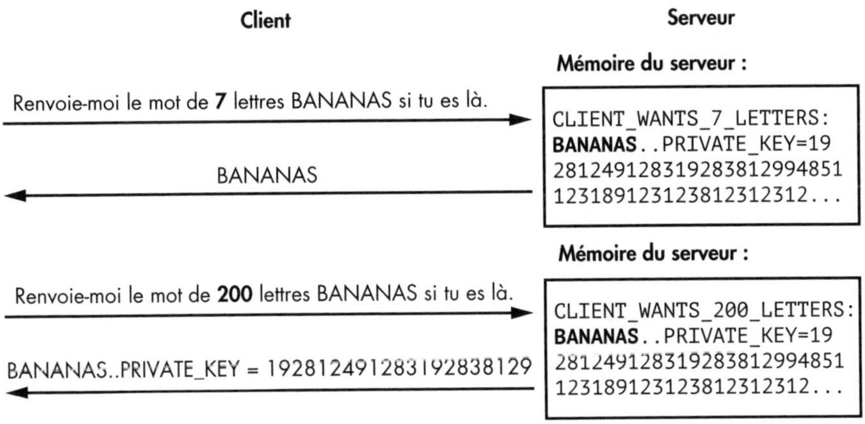

Figure 13-3 – Illustration du bug Heartbleed dans les implémentations OpenSSL de TLS.

6. POUR ALLER PLUS LOIN

Comme je l'ai indiqué au début, ce chapitre n'est pas un guide complet de TLS, et il se peut que vous souhaitiez approfondir vos connaissances sur l'histoire de TLS, les attaques qu'il a subies, et sa dernière version 1.3. Vous pouvez par exemple consulter les spécifications de TLS 1.3, qui comprennent tous les détails du protocole (mais pas nécessairement sa logique sous-jacente). Vous les trouverez sur la page d'accueil du groupe de travail TLS (*TLS Working Group*, TLSWG) de l'IETF, à l'adresse https://tlswg.org.

Je vous encourage également à découvrir des protocoles importants utilisant TLS, tels que QUIC (utilisé pour les connexions entre Chrome et les serveurs de Google) et SRTP (utilisé pour les flux de vidéoconférences et *streaming*).

De plus, permettez-moi de citer deux initiatives liées à TLS qu'il est bon de connaître :

✓ La suite de tests SSL Labs (https://www.ssllabs.com/ssltest) est un service gratuit de la société Qualys qui permet de tester la configuration TLS d'un navigateur ou d'un serveur, en fournissant une note de sécurité ainsi que des suggestions d'amélioration. Si vous mettez en place votre propre serveur TLS, utilisez ce test pour vous assurer que tout est sûr et que vous obtenez la note maximale « A+ ».

- ✓ Let's Encrypt (https://letsencrypt.org) est une organisation à but non lucratif qui propose un service permettant de déployer automatiquement le protocole TLS sur vos serveurs. Il comprend des fonctions permettant de générer automatiquement un certificat et de configurer le serveur TLS, et il prend en charge tous les serveurs Web et systèmes d'exploitation courants.

14 Quantique et post-quantique

Les chapitres précédents se sont concentrés sur la cryptographie actuelle. Mais dans ce chapitre, j'examinerai l'avenir de la cryptographie à un horizon temporel de, disons, un siècle ou plus — un horizon dans lequel les *ordinateurs quantiques* pourraient exister. Les ordinateurs quantiques sont des ordinateurs qui exploitent les phénomènes de la physique quantique afin d'exécuter d'autres types d'algorithmes que ceux auxquels nous sommes habitués. Ceux-ci n'existent pas encore et semblent très difficiles à construire, mais s'ils existent un jour, ils pourraient casser RSA, Diffie–Hellman, et la cryptographie à courbe elliptique ; c'est-à-dire toute la cryptographie à clé publique déployée ou standardisée à ce jour.

Pour se prémunir contre le risque posé par les ordinateurs quantiques, les chercheurs en cryptographie ont mis au point d'autres algorithmes de cryptographie à clé publique, appelés algorithmes *post-quantiques* (*post-quantum*), qui résisteraient aux attaques d'algorithmes quantiques. En 2015, la NSA a officiellement appelé à une transition vers de tels algorithmes et, en 2017, l'agence de standardisation américaine NIST a entamé un processus qui a abouti avec la sélection de plusieurs algorithmes en 2022, et qui se poursuit à ce jour en 2024.

Ce chapitre vous donnera un aperçu non technique des principes qui sous-tendent les ordinateurs quantiques ainsi qu'un aperçu des algorithmes post-quantiques. Il y a un peu de mathématiques, mais rien de plus que de l'arithmétique et de l'algèbre linéaire de base, alors ne soyez pas effrayés par les notations inhabituelles.

1. COMMENT FONCTIONNE UN ORDINATEUR QUANTIQUE

L'informatique quantique est un modèle de calcul qui utilise des phénomènes de physique quantique pour calculer *différemment* et faire des choses que les ordinateurs classiques ne peuvent pas faire, comme casser efficacement la cryptographie RSA et la cryptographie à courbe elliptique. Mais un ordinateur quantique n'est pas un ordinateur normal ultra-rapide. En fait, les ordinateurs quantiques ne peuvent pas résoudre tous les problèmes qui sont trop difficiles pour un ordinateur classique. Par exemple, ils n'aident pas vraiment pour la recherche par force brute ou les problèmes **NP**-complets.

Les ordinateurs quantiques sont basés sur la mécanique quantique, la branche de la physique qui étudie le comportement des particules subatomiques, se comportant notamment de manière véritablement aléatoire. Contrairement aux ordinateurs classiques, qui fonctionnent sur des bits qui sont soit 0, soit 1, les ordinateurs quantiques sont basés sur des bits quantiques (dits *qubits*, pour *quantum bits*), qui peuvent être « à la fois » 0 et 1, un état d'ambiguïté appelé *superposition*. Les physiciens ont découvert que dans ce monde microscopique, les particules telles que les électrons et les photons se comportent d'une façon extrêmement contre-intuitive : avant que vous n'observiez un électron, celui-ci ne se trouve pas à un endroit précis de l'espace, mais « à plusieurs endroits » en même temps, comme une onde décrivant un nuage de positions possibles (c'est-à-dire dans un état de superposition). Mais une fois que vous l'observez (une opération aussi appelée « mesure » en physique quantique) il se trouve alors à un endroit précis de l'espace et n'est plus en état de superposition ; on dit alors que l'état quantique s'est *effondré* (*collapsed*). C'est cette magie quantique qui permet de créer des qubits dans un ordinateur quantique, grâce aussi aux phénomènes d'intrication et d'interférence.

Les ordinateurs quantiques ne fonctionnent en effet que grâce à un phénomène encore plus fou appelé *intrication* : deux particules peuvent être connectées (intriquées) de telle sorte que l'observation de la valeur de l'une révèle des informations sur la valeur de l'autre, même si les deux particules sont très éloignées l'une de l'autre (à des kilomètres ou même à des années-lumière l'une de l'autre). Ce comportement est illustré par le paradoxe d'*Einstein-Podolsky-Rosen* (*EPR*), et est la raison pour laquelle Albert Einstein a initialement rejeté la mécanique quantique. (Voir https://plato.stanford.edu/entries/qt-epr pour une explication approfondie.)

Le phénomène d'*interférence* est également crucial pour le fonctionnement des ordinateurs quantiques : la propriété selon laquelle les particules peuvent combiner ou annuler leur effet en raison de leur nature ondulatoire, illustrée de manière célèbre par l'expérience de la double fente (*double-slit experiment*). Le calcul quantique exploite l'interférence pour que les « ondes » des bonnes solutions se renforcent mutuellement, et s'annulent lorsque les solutions sont mauvaises.

Pour expliquer au mieux le fonctionnement d'un ordinateur quantique, il convient de distinguer l'ordinateur quantique proprement dit (le matériel, composé de bits quantiques) des algorithmes quantiques (le logiciel qui fonctionne dessus, composé de *portes quantiques*). Les deux sections suivantes abordent ces deux notions.

1.1 Bits quantiques

Les bits quantiques (qubits), sont caractérisés par des nombres appelés *amplitudes*, qui s'apparentent à des probabilités mais n'en sont pas exactement. Alors qu'une probabilité est un nombre réel compris entre 0 et 1, une amplitude est un nombre complexe de la forme $a + b \times i$, ou simplement $a + bi$, où a et b sont des nombres réels et i est l'*unité imaginaire*. Le nombre i est utilisé pour former des *nombres imaginaires*, qui sont de la forme bi, avec b un nombre réel. Lorsque i est multiplié par un nombre réel, on obtient un autre nombre imaginaire, et lorsqu'il est multiplié par lui-même, on obtient –1, c'est-à-dire, $i^2 = -1$.

Contrairement aux nombres réels, qui peuvent être considérés comme appartenant à une ligne (voir la figure 14-1), les nombres complexes peuvent être considérés comme appartenant à un plan (un espace à deux dimensions), comme le montre la figure 14-2. Ici, l'axe des x de la figure correspond au a dans $a + bi$, l'axe des y correspond au b, et les lignes en pointillé correspondent aux parties réelle et imaginaire de chaque nombre. Par exemple, la ligne verticale en pointillé allant du point $3 + 2i$ jusqu'à 3 est longue de deux unités (le 2 de la partie imaginaire $2i$).

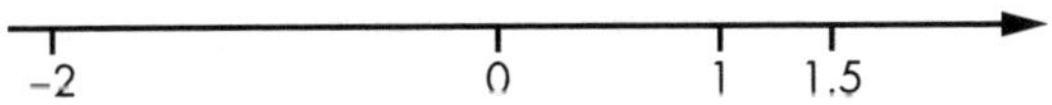

Figure 14-1 – Vue des nombres réels comme des points sur une droite infinie.

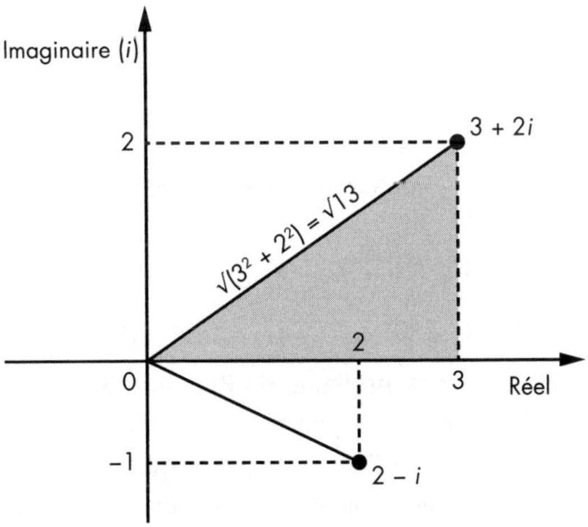

Figure 14-2 – Vue des nombres complexes comme des points dans un espace à deux dimensions.

Comme vous pouvez le voir sur la figure 14-2, on peut utiliser le théorème de Pythagore pour calculer la longueur du segment allant de l'origine (le point 0) au point $a + bi$ en considérant cette ligne comme la diagonale d'un triangle. La longueur de cette diagonale est alors égale à la racine carrée de la somme des carrés des coordonnées du point, soit $\sqrt{a^2 + b^2}$, qu'on appelle le *module* du nombre complexe $a + bi$. On note le module $|a + bi|$, et est vu comme la « longueur » d'un nombre complexe.

Dans un ordinateur quantique, l'équivalent de la mémoire d'un ordinateur classique consiste en une suite de qubits dans un état de superposition, caractérisé par un ensemble de nombres complexes. Mais comme nous le verrons, ces nombres complexes — les amplitudes — ne peuvent pas être n'importe quels nombres.

◆ Amplitudes d'un qubit

Un qubit unique est caractérisé par deux amplitudes que j'appellerai α (alpha) et β (bêta). Nous pouvons alors exprimer l'état d'un qubit comme $\alpha|0\rangle + \beta|1\rangle$, où la notation « $|\ \rangle$ » est utilisée pour désigner les vecteurs dans un état quantique. Cette notation signifie que lorsque vous observez ce qubit, il apparaît comme 0 avec une probabilité $|\alpha|^2$ et 1 avec une probabilité $|\beta|^2$. Bien entendu, pour que ces probabilités soient des nombres réels, $|\alpha|^2$ et $|\beta|^2$ doivent être des nombres compris entre 0 et 1, et la somme $|\alpha|^2 + |\beta|^2$ doit être égale à 1.

Par exemple, supposons que nous ayons le qubit Ψ (psi) avec des amplitudes de $\alpha = 1/\sqrt{2}$ et $\beta = 1/\sqrt{2}$. Nous pouvons l'exprimer comme suit :

$$\Psi = (1/\sqrt{2})|0\rangle + (1/\sqrt{2})|1\rangle = (|0\rangle + |1\rangle)/\sqrt{2}$$

Cette notation signifie que dans le qubit Ψ, la valeur 0 a une amplitude de $1/\sqrt{2}$, et la valeur 1 a la même amplitude, $1/\sqrt{2}$. Pour obtenir la probabilité réelle à partir des amplitudes, on calcule le module de $1/\sqrt{2}$ (qui est égal à $1/\sqrt{2}$, car il n'a pas de partie imaginaire), puis nous l'élevons au carré : $(1/\sqrt{2})^2 = 1/2$. Autrement dit, si vous observez le qubit Ψ, vous aurez une chance sur deux de voir un 0, et la même chance de voir un 1.

Considérons maintenant le qubit Φ (phi), tel que :

$$\Phi = (i/\sqrt{2})|0\rangle - (1/\sqrt{2})|1\rangle = (i|0\rangle - |1\rangle)/\sqrt{2}$$

Le qubit Φ est fondamentalement distinct de Ψ parce que, contrairement à Ψ, où les amplitudes ont des valeurs égales, le qubit Φ a des amplitudes distinctes, de $\alpha = i/\sqrt{2}$ (un nombre imaginaire positif) et $\beta = -1/\sqrt{2}$ (un nombre réel négatif). Cependant, si vous observez Φ, la probabilité que vous voyiez un 0 ou un 1 est de 1/2, comme c'est le cas pour Ψ. En effet, nous pouvons calculer la probabilité de voir un 0 comme suit, sur la base des règles précédentes :

$$|\alpha|^2 = \left(\sqrt{(1/\sqrt{2})^2}\right)^2 = 1/(\sqrt{2})^2 = 1/2$$

Note : Comme $\alpha = i/\sqrt{2}$, il peut être écrit sous la forme $a + bi$ avec $a = 0$ et $b = 1/\sqrt{2}$, et le calcul de $|\alpha| = \sqrt{a^2 + b^2}$ donne $1/\sqrt{2}$.

Il en résulte que des qubits différents peuvent se comporter de manière similaire pour un observateur (dans ce cas, avec la même probabilité de voir un 0 pour les deux qubits) mais avoir des amplitudes différentes. Ceci montre que les probabilités réelles de voir un 0 ou un 1 ne caractérisent que partiellement un qubit ; tout comme lorsque vous observez l'ombre d'un objet sur un mur, la forme de l'ombre vous donnera une idée de la largeur et de la hauteur de l'objet, mais pas de sa profondeur. Dans le cas des qubits, cette dimension cachée est la valeur de leur amplitude ; est-elle positive ou négative ? S'agit-il d'un nombre réel ou d'un nombre imaginaire ?

Note : Pour simplifier les notations, un qubit est souvent simplement écrit comme sa paire d'amplitudes (α, β). Notre exemple précédent peut alors être écrit $|\Phi\rangle = (i/\sqrt{2}, -1/\sqrt{2})$.

◆ *Amplitudes des groupes de qubits*

Nous avons vu les qubits simples, prenant valeur 1 ou 0, mais comment traiter un groupe de plusieurs qubits ? Par exemple, un *octet quantique* (*quantum byte*) peut être formé de 8 qubits, lorsqu'il est placé dans un état où les états quantiques de ces 8 qubits sont « connectés » par le phénomène d'intrication (*entanglement*). Un tel octet quantique peut être décrit comme suit, où les α sont les amplitudes associées à chacune des 256 valeurs possibles du groupe de 8 qubits :

$$\alpha_0|00000000\rangle + \alpha_1|00000001\rangle + \alpha_2|00000010\rangle + \ldots + \alpha_{255}|11111111\rangle$$

Notez que nous devons avoir $|\alpha_0|^2 + |\alpha_1|^2 + \ldots + |\alpha_{255}|^2 = 1$, de sorte que la somme de toutes les probabilités soit égale à 1.

Notre groupe de 8 qubits peut donc être considéré comme un ensemble de $2^8 = 256$ amplitudes, car il a 256 configurations possibles, chacune avec sa propre amplitude. Dans la réalité physique, cependant, il n'y a que huit objets physiques (les huit qubits) et non 256. Les 256 amplitudes sont une caractéristique implicite du groupe de 8 qubits, où chacun de ces 256 nombres peut prendre une infinité de valeurs différentes selon l'état de superposition des qubits. On peut généraliser de huit à un groupe de n qubits, caractérisé par un ensemble de 2^n nombres complexes. Le nombre d'amplitudes croît donc exponentiellement avec le nombre de qubits.

Si l'on souhaite simuler l'évolution d'un état quantique, on doit mémoriser ce nombre exponentiel d'amplitudes, et effectuer des calculs pour les modifier. Cette obligation est l'une des principales raisons pour lesquelles un ordinateur classique ne peut pas simuler efficacement un ordinateur quantique : pour ce faire, il faudrait une quantité de mémoire gigantesque (de l'ordre de 2^n) pour stocker la même quantité d'informations contenue dans seulement *n* qubits à l'aide d'un calculateur quantique. En pratique, on pourra simuler au maximum des calculs sur 50 ou 60 qubits, selon le type de calcul à effectuer.

◆ Portes quantiques

Les concepts d'amplitude et de portes quantiques sont propres à l'informatique quantique. Alors qu'un ordinateur classique utilise des registres, une mémoire et un microprocesseur pour exécuter une séquence d'instructions sur des données, un ordinateur quantique transforme un groupe de qubits de manière réversible en appliquant une série de *portes quantiques*, puis mesure la valeur d'un ou de plusieurs qubits. Les ordinateurs quantiques promettent une plus grande puissance de calcul car avec seulement *n* qubits, ils peuvent en quelque sorte traiter 2^n nombres (les amplitudes des qubits). Cette propriété a de profondes implications.

D'un point de vue mathématique, on peut voir les algorithmes quantiques comme un circuit de portes quantiques qui transforme un ensemble de nombres complexes (les amplitudes) avant une mesure finale où la valeur d'un ou plusieurs qubits est observée, selon les probabilités définies par les amplitudes (voir figure 14-3). Les algorithmes quantiques sont également appelés *réseaux de portes quantiques* ou *circuits quantiques (quantum circuits)*.

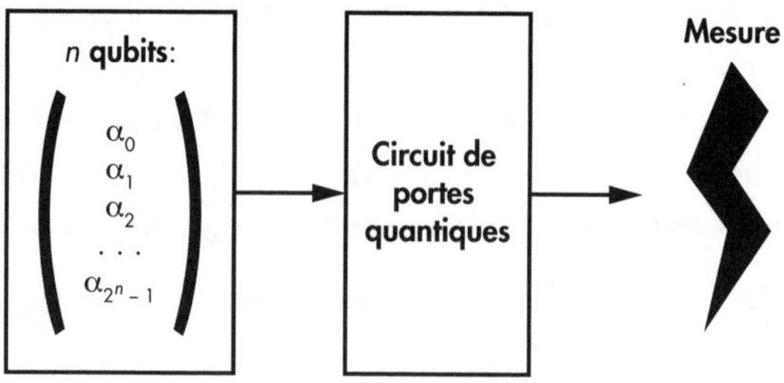

Figure 14-3 – Principe d'un algorithme quantique.

◆ Portes quantiques comme multiplications de matrices

Contrairement aux portes booléennes d'un ordinateur classique (ET, OU exclusif, etc.), une porte quantique agit sur un groupe d'amplitudes comme le fait une matrice lorsqu'elle est multipliée par un vecteur. Par exemple, pour appliquer la porte quantique la plus simple (la porte *identité*) à un qubit Φ, nous considérons cette porte comme une matrice 2 × 2 et nous la multiplions avec le vecteur colonne constitué des deux amplitudes de Φ, comme illustré ici, où la matrice identité est notée *I*:

$$I|\Phi\rangle = \begin{pmatrix} 1 & 0 \\ 0 & 1 \end{pmatrix} \begin{pmatrix} i/\sqrt{2} \\ -1/\sqrt{2} \end{pmatrix} = \begin{pmatrix} 1 \times \dfrac{i}{\sqrt{2}} + 0 \times \left(\dfrac{-1}{\sqrt{2}}\right) \\ 0 \times \dfrac{i}{\sqrt{2}} + 1 \times \left(\dfrac{-1}{\sqrt{2}}\right) \end{pmatrix} = \begin{pmatrix} i/\sqrt{2} \\ -1/\sqrt{2} \end{pmatrix} = |\Phi\rangle$$

Le résultat de cette multiplication matrice–vecteur est un autre vecteur colonne à deux éléments, dont la valeur supérieure est égale au produit scalaire de la première ligne de la matrice I avec le vecteur d'entrée (résultat de l'addition du produit des premiers éléments 1 et $i/\sqrt{2}$ au produit des seconds éléments 0 et $-1/\sqrt{2}$), et il en va de même pour la valeur inférieure.

Note : En pratique, un ordinateur quantique ne calculerait pas évidemment pas explicitement des multiplications matrice–vecteur, car les matrices seraient beaucoup trop grandes (c'est pourquoi l'informatique quantique ne peut pas être simulée par un ordinateur classique). Au lieu de cela, un ordinateur quantique transformerait les qubits en particules physiques par des transformations physiques équivalentes qui changent les propriétés des qubits *de la même façon* qu'une multiplication matricielle. Si cela vous semble étrange, voici comment le physicien Richard Feynman a résumé le sujet : « Si vous n'êtes pas complètement désorienté par la mécanique quantique, c'est que vous ne la comprenez pas. ».

◆ *La porte quantique de Hadamard*

La seule porte quantique que nous ayons vue jusqu'à présent, la porte identité I, est plutôt inutile car elle ne fait rien et laisse un qubit inchangé. Nous allons maintenant voir l'une des portes quantiques les plus utiles, appelée *porte de Hadamard*, généralement notée H. La porte de Hadamard est définie comme suit (notez la valeur négative en bas à droite) :

$$H = \begin{pmatrix} 1/\sqrt{2} & 1/\sqrt{2} \\ 1/\sqrt{2} & -1/\sqrt{2} \end{pmatrix}$$

Voyons ce qui se passe si nous appliquons cette porte au qubit $|\Psi\rangle = (1/\sqrt{2}, 1/\sqrt{2})$:

$$H|\Psi\rangle = \begin{pmatrix} 1/\sqrt{2} & 1/\sqrt{2} \\ 1/\sqrt{2} & -1/\sqrt{2} \end{pmatrix} \begin{pmatrix} 1/\sqrt{2} \\ 1/\sqrt{2} \end{pmatrix} = \begin{pmatrix} 1/2+1/2 \\ 1/2-1/2 \end{pmatrix} = \begin{pmatrix} 1 \\ 0 \end{pmatrix} = |0\rangle$$

En appliquant la porte de Hadamard H à $|\Psi\rangle$, nous obtenons donc le qubit $|0\rangle$ pour lequel la valeur $|0\rangle$ a une amplitude de 1, et $|1\rangle$ a une amplitude de 0. Cela nous indique que le qubit se comportera de manière déterministe : si vous observez ce qubit, vous verrez toujours un 0 et jamais un 1. En d'autres termes, nous avons perdu le caractère aléatoire du qubit initial $|\Psi\rangle$.

Que se passe-t-il si nous appliquons la porte de Hadamard au qubit $|0\rangle$ obtenu ?

$$H|0\rangle = \begin{pmatrix} 1/\sqrt{2} & 1/\sqrt{2} \\ 1/\sqrt{2} & -1/\sqrt{2} \end{pmatrix} \begin{pmatrix} 1 \\ 0 \end{pmatrix} = \begin{pmatrix} 1/\sqrt{2} \\ 1/\sqrt{2} \end{pmatrix} = |\Psi\rangle$$

Cela nous ramène au qubit $|\Psi\rangle$ et à un état probabiliste, soit aléatoire. Dans les algorithmes quantiques, la porte de Hadamard est en effet souvent utilisée pour passer d'un état déterministe à un état uniformément aléatoire.

◆ Toutes les matrices ne sont pas des portes quantiques

Bien que l'application de portes quantiques puisse être considérée comme une multiplication par une matrice, toutes les matrices ne correspondent pas à des portes quantiques viables. Rappelons qu'un qubit est caractérisé par ses amplitudes, des nombres complexes notés α et β satisfaisant à la condition $|\alpha|^2 + |\beta|^2 = 1$. Si, après avoir multiplié un qubit par une matrice, on obtient deux amplitudes qui ne répondent pas à cette condition, le résultat ne peut pas être un qubit. Les portes quantiques ne peuvent donc correspondre qu'à des matrices qui conservent la propriété $|\alpha|^2 + |\beta|^2 = 1$. Les matrices qui satisfont à cette condition sont appelées *matrices unitaires.*

Les matrices unitaires (et les portes quantiques par définition) sont *inversibles,* ce qui signifie qu'étant donné le résultat d'une opération, il est possible de recalculer le qubit d'origine en appliquant la matrice *inverse. C'*est la raison pour laquelle on dit que le calcul quantique est une forme de *calcul réversible.*

2. ACCÉLÉRATION QUANTIQUE

On parle d'*accélération quantique* (*quantum speedup*) lorsqu'un problème peut être résolu plus rapidement par un ordinateur quantique que par un ordinateur classique.

Par exemple, pour rechercher un élément parmi n éléments d'une liste non ordonnée sur un ordinateur classique, il faut en moyenne $n/2$ opérations, car il faut examiner chaque élément de la liste avant de trouver celui que l'on cherche (en moyenne, on trouve cet élément après avoir parcouru la moitié de la liste). Aucun algorithme classique ne peut faire mieux que $n/2$. Cependant, il existe un algorithme quantique qui permet de rechercher un élément en seulement $\sqrt{n}$ opérations environ, ce qui est inférieur de plusieurs ordres de grandeur à $n/2$. Par exemple, si n est égal à 1 000 000, alors $n/2$ est égal à 500 000, tandis que $\sqrt{n}$ est égal à 1 000.

Nous essayons de quantifier la différence entre les algorithmes quantiques et classiques en termes de *complexité temporelle*, représentée par la notation $O()$. Dans l'exemple précédent, l'algorithme quantique s'exécute en $O(\sqrt{n})$ mais l'algorithme classique ne peut pas être plus rapide que $O(n)$. Dans le premier cas, le temps de calcul grandira « aussi vite » que la racine carrée de n, alors qu'il sera proportionnel à n dans le second et grandira donc nettement plus vite. La différence de complexité temporelle étant ici due à l'exposant carré, nous parlons d'*accélération quadratique* (*quadratic speed-up*). Bien qu'une telle accélération puisse faire la différence, il existe d'autres formes de *quantum speedup* beaucoup plus puissantes.

2.1 Accélération exponentielle et problème de Simon

L'*accélération exponentielle* (*exponential speed-up*) est le graal du calcul quantique. Elle se produit lorsqu'une tâche qui prend un temps exponentiel sur un ordinateur classique, par exemple un temps $O(2^n)$, peut être effectuée sur un ordinateur quantique avec une complexité polynomiale, soit $O(n^k)$ pour un nombre k fixé. Rappelons, comme vu au chapitre 9, que les cryptographes et les théoriciens de la complexité considèrent les problèmes de calcul ayant une complexité exponentielle comme pratiquement insolubles, et le temps polynomial à des tâches faisables en pratique.

Le *problème de Simon* est le cas emblématique d'une accélération quantique exponentielle. Dans ce problème calculatoire, une fonction **f**() transforme des chaînes de n bits en chaînes de n bits de sorte que la sortie de **f**() semble aléatoire, mais avec une contrainte : **f**() garantit qu'il existe une valeur, m, telle que pour tous x et y, nous avons $\mathbf{f}(x) = \mathbf{f}(y)$ si et seulement si $y = x \oplus m$. Le problème à résoudre est de trouver m, étant donné un accès *black-box* à **f**().

La façon optimale de résoudre le problème de Simon avec un algorithme classique se résume à trouver une collision, ce qui nécessite environ $2^{n/2}$ requêtes à **f**(), par l'attaque des anniversaires. Cependant, un algorithme quantique (illustré à la figure 14-4) peut résoudre le problème de Simon en seulement environ n requêtes, soit une complexité temporelle de $O(n)$.

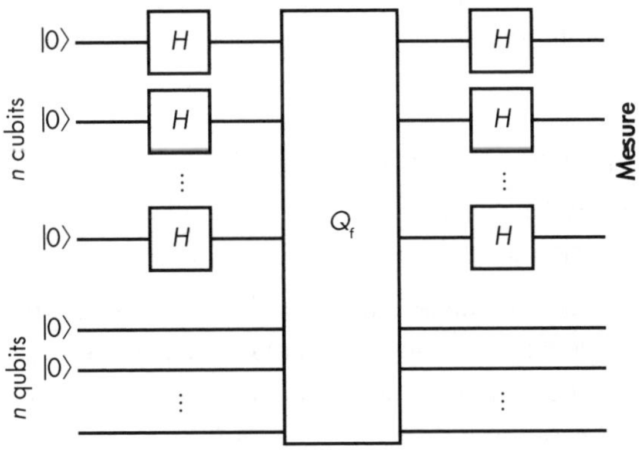

Figure 14-4 – Le circuit de l'algorithme quantique qui résout efficacement le problème de Simon.

Comme vous pouvez le voir sur la figure 14-4, le circuit quantique qui résout le problème de Simon initialise $2n$ qubits tous à $|0\rangle$, et applique des portes de Hadamard (H) aux n premiers qubits, puis on applique la porte Q_f aux deux groupes de n qubits. Étant donné deux groupes de n qubits x et y, la porte $Q_\mathbf{f}$ transforme l'état quantique $|x\rangle|y\rangle$ en l'état $|x\rangle|\mathbf{f}(x) \oplus y\rangle$. En d'autres termes, il calcule la fonction **f**() sur l'état quantique de manière réversible, car vous pouvez alors passer du nouvel état à l'ancien en calculant $\mathbf{f}(x)$ et en faisant un XOR avec $\mathbf{f}(x) \oplus y$. (Malheureusement, expliquer pourquoi tout cela fonctionne pour résoudre le problème de Simon dépasse le cadre de ce livre.)

L'accélération exponentielle du problème de Simon peut parfois être exploitée pour attaquer des algorithmes de chiffrement symétrique, dans des cas très spécifiques. Dans la section suivante, nous allons voir un cas d'accélération exponentielle bien plus utile pour attaquer la cryptographie utilisée en pratique.

2.2 La menace de l'algorithme de Shor

En 1995, Peter Shor, chercheur chez AT&T, a publié l'article "Polynomial-Time Algorithms for Prime Factorization and Discrete Logarithms on a Quantum Computer", qui a décrit l'algorithme quantique désormais connu sous le nom d'*algorithme de Shor*, qui accélère de façon exponentielle la résolution des problèmes de factorisation et de logarithme discret (DLP), dont le logarithme discret sur courbe elliptique (ECDLP). Selon les connaissances actuelles, il est impossible de résoudre ces problèmes avec un ordinateur classique en pratique (lorsqu'ils ont des paramètres sûrs). Mais c'est possible avec un ordinateur quantique avec l'algorithme de Shor.

Cela implique qu'avec un ordinateur quantique vous pourriez utiliser l'algorithme de Shor pour résoudre n'importe quel algorithme cryptographique reposant sur ces problèmes : Diffie-Hellman, ECDSA, RSA, etc., et ainsi casser la plupart les mécanismes de cryptographie à clé publique déployés en pratique (à l'exception des systèmes ayant déjà adopté des algorithmes post-quantiques). Autrement dit, il serait possible de réduire la sécurité de RSA ou de la cryptographie à courbe elliptique à celle du chiffrement de César. L'algorithme de Shor a notamment été qualifié de « l'une des principales réalisations scientifiques de la fin du XXe siècle » par le célèbre théoricien de la complexité Scott Aaronson.

L'algorithme de Shor résout en fait une classe de problèmes plus générale que la factorisation et les logarithmes discrets. Plus précisément, si une fonction **f**() est *périodique,* c'est-à-dire s'il existe un ω (la période) tel que $\mathbf{f}(x + \omega) = \mathbf{f}(x)$ pour tout x, alors l'algorithme de Shor trouvera facilement ω. Cela ressemble au problème de Simon discuté précédemment ; et, en effet, l'algorithme de Simon a été une source d'inspiration majeure pour l'algorithme de Shor.

La capacité de l'algorithme de Shor à calculer efficacement la période d'une fonction est plus importante pour le cryptographe qu'elle n'en a l'air, car l'on peut voir les problèmes de factorisation et logarithme discret comme la recherche d'une telle période.

Une discussion sur les détails de l'algorithme de Shor et les raisons de son efficacité serait bien trop technique pour ce livre. Mais dans cette section, je tenterai cependant d'expliquer comment utiliser l'algorithme de Shor pour attaquer les problèmes de factorisation et de logarithme discret, qui sont respectivement les problèmes difficiles sous-jacents à RSA et Diffie–Hellman.

2.3 Algorithme de Shor et factorisation

Supposons que vous souhaitiez factoriser un grand nombre, $N = pq$. Comme nous allons le voir, l'observation clé est qu'il est facile de factoriser N si vous pouvez calculer la période de la fonction $a^x \bmod N$, pour une constante a. C'est une tâche difficile pour un ordinateur classique mais facile pour un ordinateur quantique. Il faut d'abord choisir un nombre aléatoire a inférieur à N et demander à l'algorithme de Shor de trouver la période ω de la fonction $\mathbf{f}(x) = a^x \bmod N$. Une fois la période trouvée, on obtient $a^x \bmod N = a^{x+\omega} \bmod N$ (c'est-à-dire $a^x \bmod = a^x a^\omega \bmod N$), ce qui signifie que $a^\omega \bmod N = 1$, soit $a^\omega - 1 \bmod N = 0$. Le nombre $a^\omega - 1$ est donc un multiple de N, c'est-à-dire qu'il existe un k tel que $a^\omega - 1 = kN$.

Observons maintenant que lorsque ω est pair il est facile de factoriser $a^\omega - 1$ en un produit de deux termes, car $a^\omega - 1 = (a^{\omega/2} - 1)(a^{\omega/2} + 1)$, où la valeur $a^{\omega/2}$ est dite *racine de l'unité*, car $(a^{\omega/2})^2 \bmod N = 1$. Quand la période ω est impaire, il suffit de réexécuter Shor avec une autre valeur de a, jusqu'à obtenir un nombre pair.

Comme les facteurs de $a^\omega - 1$ contiennent les facteurs premiers de k et de N, ces facteurs se trouveront distribués dans $a^{\omega/2} - 1$ et dans $a^{\omega/2} + 1$. On peut alors calculer le plus grand diviseur commun (PGDC) entre $a^{\omega/2} - 1$ et N, et entre $a^{\omega/2} + 1$ et N, afin d'obtenir un facteur non trivial de N, c'est-à-dire une valeur différente de 1 ou de N. Si ce n'est pas le cas, c'est-à-dire quand $a^{\omega/2} - 1$ ou $a^{\omega/2} + 1$ est un multiple de N, il suffit encore une fois de relancer l'attaque avec un autre a.

Après avoir obtenu les facteurs de N, vous avez maintenant récupéré la clé privée RSA à partir de sa clé publique, ce qui vous permet de décrypter des messages chiffrés ou de créer des signatures.

Mais l'algorithme de Shor serait-il si efficace en pratique ? Notez que le meilleur algorithme classique pour factoriser un nombre N s'exécute en un temps essentiellement exponentiel en n, la longueur de bits de N (c'est-à-dire $n = \log_2 N$). Cependant, l'algorithme de Shor s'exécute en un temps *polynomial* en n, à savoir $O(n^2(\log n)(\log \log n))$. Cela signifie que si un ordinateur quantique suffisamment grand existait, nous pourrions exécuter l'algorithme de Shor et voir le résultat dans un délai raisonnable. Que ce soit en jours, en semaines, voire en mois, ce serait dans tous les cas plus rapide qu'un ordinateur classique qui prendrait en effet des milliers d'années à exécuter l'algorithme de Shor.

2.4 Algorithme de Shor et logarithme discret

Le problème du logarithme discret consiste à trouver x étant donné $y = g^x$ mod p, pour des nombres g et p connus. La résolution de ce problème prend un temps exponentiel sur un ordinateur classique, mais l'algorithme de Shor permet de trouver facilement y grâce à sa recherche rapide de période.

Par exemple, considérons la fonction $\mathbf{f}(a, b) = g^a y^b$. Recherchons la période de cette fonction, soit les nombres ω et ω', tels que $\mathbf{f}(a + \omega, b + \omega') = \mathbf{f}(a, b)$ pour tous a et b. La solution que nous cherchons est alors $x = -\omega/\omega'$ modulo q, où q est l'ordre de g et est un paramètre connu.

En effet, l'égalité $\mathbf{f}(a + \omega, b + \omega') = \mathbf{f}(a, b)$ implique $g^{\omega} y^{\omega'}$ mod $p = 1$. En remplaçant y par g^x, on a $g^{\omega + x\omega'}$ mod $p = 1$, ce qui est équivalent à $\omega + x\omega'$ mod $q = 0$, d'où l'on déduit $x = -\omega/\omega'$.

Là encore, la complexité globale est $O(n^2(\log n)(\log \log n))$, avec n la longueur en bits de p. Cet algorithme se généralise pour trouver des logarithmes discrets dans n'importe quel groupe commutatif, et pas seulement le groupe des nombres modulo un nombre premier. On peut donc l'appliquer pour résoudre ECDLP, la version du logarithme discret sur des courbes elliptiques.

2.5 Algorithme de Grover

Après l'accélération exponentielle de l'algorithme de Shor pour la factorisation, une autre forme importante d'accélération quantique est la capacité de rechercher parmi n éléments en un temps proportionnel à la racine carrée de n, alors que tout algorithme classique prendrait un temps proportionnel à n. Cette *accélération quadratique* est possible grâce à l'algorithme de *Grover*, un algorithme quantique découvert en 1996 (donc après l'algorithme de Shor). Je n'aborderai pas les aspects internes de l'algorithme de Grover, car il s'agit essentiellement d'un ensemble de portes de Hadamard, mais j'expliquerai le type de problème que Grover résout et son impact potentiel sur la sécurité cryptographique. Je montrerai également pourquoi il est possible de sauver un algorithme cryptographique symétrique des ordinateurs quantiques en doublant la taille de la clé ou de la valeur de hachage ; une situation différente de celle de Shor, qui détruit les algorithmes asymétriques pour de bon.

L'algorithme de Grover est un moyen de trouver la valeur x parmi n valeurs possibles, telle que $\mathbf{f}(x) = 1$, et où $\mathbf{f}(x) = 0$ pour la plupart des autres valeurs. Si m valeurs de x satisfont $\mathbf{f}(x) = 1$, alors l'algorithme de Grover trouvera une solution en un temps $O(\sqrt{n/m})$, c'est-à-dire en un temps proportionnel à la racine carrée de n divisée par m. En comparaison, un algorithme classique ne peut pas faire mieux que $O(n/m)$.

Considérons maintenant le fait que $\mathbf{f}()$ peut être n'importe quelle fonction. Elle pourrait être, par exemple, « $\mathbf{f}(x) = 1$ si et seulement si x est égal à la clé secrète inconnue *K* telle que **E**(*K*, *P*) = *C* », pour un *plaintext P* et un *ciphertext C* connus, et où **E**() est une fonction de chiffrement quelconque. En pratique, cela signifie que si vous cherchez une clé AES de 128 bits avec un ordinateur quantique, vous trouverez la clé en un temps de l'ordre de 2^{64}, au lieu de 2^{128} avec des ordinateurs classiques. Vous auriez besoin d'un *plaintext* suffisamment long afin de pouvoir identifier la clé avec certitude. Si le *plaintext* et le *ciphertext* sont, par exemple, de 32 bits seulement, de nombreuses clés permettraient de faire correspondre ce texte en clair à ce *ciphertext*.

La complexité 2^{64} est beaucoup plus basse que 2^{128}, ce qui signifie qu'une clé secrète serait beaucoup plus facile à récupérer. Mais il existe une solution simple : pour rétablir une sécurité garantie d'au moins 128 bits, il suffit d'utiliser des clés de 256 bits ! L'algorithme de Grover réduira alors la complexité de la recherche d'une clé à « seulement » $2^{256/2} = 2^{128}$ opérations.

L'algorithme de Grover peut également trouver des préimages de fonctions de hachage (une notion abordée au chapitre 6). Pour trouver une préimage d'une valeur *h*, la fonction **f**() est définie comme « **f**(*x*) = 1 si et seulement si **Hash**(*x*) = *h*, sinon **f**(*x*) = 0 ». Grover permet donc d'obtenir des préimages de hachages de *n* bits avec une complexité de l'ordre de $2^{n/2}$ opérations. Comme pour le chiffrement, pour garantir une sécurité *post-quantique* de 2^n, il suffit d'utiliser des valeurs de hachage deux fois plus grandes, puisque l'algorithme de Grover trouvera alors une préimage d'une valeur de 2*n* bits en au moins 2^n opérations.

En définitive, il est possible de sauver les algorithmes cryptographiques symétriques des ordinateurs quantiques en doublant la taille de la clé ou de la valeur de hachage, alors que les algorithmes asymétriques sont cassés pour de bon.

Note : Il existe un algorithme quantique qui trouve les collisions de fonctions de hachage en temps $O(2^{n/3})$, au lieu de $O(2^{n/2})$ avec l'attaque classique des anniversaires. Cela suggère que les ordinateurs quantiques peuvent être plus efficaces que les ordinateurs classiques pour trouver les collisions. Cependant, l'algorithme quantique en temps $O(2^{n/3})$ nécessite également une mémoire de $O(2^{n/3})$. Si l'on donne un espace informatique $O(2^{n/3})$ à un ordinateur classique, celui-ci peut exécuter un algorithme parallèle de recherche de collisions avec un temps de collision de seulement $O(2^{n/6})$, ce qui est beaucoup plus bas que le temps $O(2^{n/3})$ de l'algorithme quantique. Pour plus de détails sur cette attaque, voir l'article "Cost Analysis of Hash Collisions" par Daniel J. Bernstein, à l'adresse https://cr.yp.to/papers.html#collisioncost. En 2017, cependant, des cryptographes ont proposé un algorithme quantique trouvant des collisions en temps $O(2^{2n/5})$, avec $O(n)$ de mémoire quantique et $O(2^{n/5})$ de mémoire classique. Un tel algorithme pourrait être en pratique plus efficace qu'une recherche classique (voir https://eprint.iacr.org/2017/847).

3. POURQUOI EST-CE DIFFICILE DE CONSTRUIRE UN ORDINATEUR QUANTIQUE ?

Bien qu'il ne soit en principe pas impossible de construire des ordinateurs quantiques, nous ne savons pas à quel point cela sera difficile ni quand cela se produira, si tant est que cela se produise. Et jusqu'à présent, cela semble très difficile. Au début de l'année 2024, le record est détenu par une machine avec 1 121 qubits (le « Condor » d'IBM), alors qu'il faudrait maintenir des millions de qubits stables pendant des semaines pour casser n'importe quelle cryptographie. Le fait est donc que nous n'en sommes pas encore là.

Pourquoi est-il si difficile de construire un ordinateur quantique ? Parce qu'il faut travailler avec des composants minuscules pour jouer le rôle des qubits, plus petits que des atomes, tel que des photons. Et comme les qubits doivent être si petits, ils sont aussi extrêmement fragiles.

De plus, afin de conserver leur stabilité et pour que leur état ne change pas de lui-même, les qubits doivent être maintenus à des températures extrêmement basses, proches du zéro absolu (–273,15 °C). Mais même à une température aussi basse, l'état des qubits se dégrade et ils finissent par devenir inutilisables. À l'heure où j'écris ces lignes, on ne sait pas encore comment fabriquer des qubits qui resteraient stables pendant plus de quelques secondes (le *temps de cohérence*).

Un autre défi réside dans le fait que les qubits peuvent être affectés par leur environnement, notamment par la chaleur et les champs magnétiques, ce qui peut influencer l'état des qubits et donc causer des erreurs de calcul. En théorie, il est possible de corriger ces erreurs, mais à un certain coût. La correction des erreurs des qubits nécessite en effet des techniques spécifiques appelées *codes correcteurs d'erreurs quantiques* (*quantum error-correcting codes*), qui nécessitent de nombreux qubits supplémentaires, et un taux d'erreur suffisamment faible.

À l'heure actuelle, il existe deux approches principales pour former des qubits, et donc pour construire des ordinateurs quantiques : les circuits supraconducteurs (*superconducting circuits*) et les pièges à ions (*ion traps*). L'utilisation de circuits supraconducteurs est l'approche proposée par les laboratoires de Google et d'IBM. Elle consiste à former des qubits sous la forme de minuscules circuits électriques qui s'appuient sur les phénomènes quantiques des matériaux supraconducteurs (l'effet Josephson), où les porteurs de charge sont des paires d'électrons. Les qubits fabriqués à partir de circuits supraconducteurs doivent être maintenus à des températures proches du zéro absolu et leur durée de vie est très courte.

Les *pièges à ions* sont la seconde approche principale pour construire des ordinateurs quantiques. Ils sont constitués d'ions (des atomes portant une charge électrique, positive ou négative) et sont typiquement manipulés à l'aide de lasers afin de préparer les qubits dans des états initiaux spécifiques. L'utilisation de pièges à ions a été l'une des premières approches pour construire des qubits, et ces types de qubit ont tendance à être plus stables que les circuits supraconducteurs. Mais les pièges à ions sont plus lents et semblent plus difficiles à assembler que les circuits supraconducteurs, lorsqu'il s'agit d'augmenter le nombre de qubits dans un système.

La construction d'un ordinateur quantique est un véritable défi, qui consiste à :

1. concevoir un système qui soit stable, résistant aux erreurs, et capable d'appliquer des portes quantiques de base ;
2. y intégrer suffisamment de qubits pour le rendre utile (des milliers ou des millions).

D'un point de vue purement physique, et à notre connaissance, rien n'empêche la création de tels ordinateurs quantiques, et notamment d'ordinateurs *universels*, capables d'effectuer n'importe quel calcul. Mais beaucoup de choses possibles en théorie s'avèrent difficiles ou trop coûteuses à réaliser en pratique (comme des systèmes informatiques sécurisés). Bien sûr, l'avenir dira qui a raison : les optimistes (qui prédisent parfois un ordinateur quantique capable de casser RSA-2048 dans dix ans, et ce depuis vingt ans), ou les sceptiques (qui affirment que l'humanité ne verra jamais un tel ordinateur quantique).

Comme mentionné plus haut, l'une des réalisations les plus avancées à l'heure où j'écris ces lignes est le processeur quantique « Condor » d'IBM, qui comprend 1121 qubits, basés sur des circuits supraconducteurs. Il convient toutefois de noter que le nombre de qubits ne doit pas être le seul critère de comparaison des systèmes de calcul quantique. D'autres facteurs importants sont le temps de stabilité, le nombre de qubits intriqués, et la capacité à corriger les erreurs avec des codes correcteurs d'erreur quantiques.

4. ALGORITHMES CRYPTOGRAPHIQUES POST-QUANTIQUES

Le domaine de la *cryptographie post-quantique* (*post-quantum cryptography*) consiste à concevoir des algorithmes à clé publique qui ne pourront pas être cassés par un ordinateur quantique. Ils pourraient alors remplacer RSA et la cryptographie à courbe elliptique afin d'éliminer le risque de futurs ordinateurs quantiques capables de factoriser et calculer des logarithmes discrets efficacement avec l'algorithme de Shor. Ces algorithmes post-quantiques ne doivent donc évidemment pas reposer sur ces problèmes.

Notons que les algorithmes symétriques tels que les *blockciphers* et les fonctions de hachage ne perdraient (au plus) que la moitié de leur sécurité théorique face à un ordinateur quantique, mais ne seraient pas cassés comme RSA. Ils pourraient donc constituer la base d'un système post-quantique.

Dans les sections suivantes, j'expliquerai les quatre principaux types d'algorithmes post-quantiques : ceux basés sur les codes correcteurs d'erreur, ceux basés sur les treillis (*lattices*), ceux basés sur les équations multivariées, et ceux basés sur des fonctions de hachage.

4.1 Cryptographie basée sur des codes

Les algorithmes cryptographiques post-quantiques basés sur des codes reposent sur des *codes correcteurs d'erreurs*, des techniques conçues pour transmettre des informations (bits) même si des erreurs (modifications de bits) peuvent survenir dans la communication. La théorie de base des codes correcteurs d'erreurs remonte aux années 1950. Le premier système de chiffrement basé sur des codes (le cryptosystème de McEliece) a été mis au point en 1978, et n'a toujours pas été cassé. Les cryptosystèmes basés sur des codes peuvent être utilisés à la fois pour le chiffrement et les signatures. Leur principal inconvénient est la taille de leur clé publique, généralement de l'ordre d'une centaine de kilooctets. Mais est-ce vraiment un problème lorsque la taille moyenne d'une page Web est de plusieurs mégaoctets, et que nous échangeons des gigaoctets de contenu audio et vidéo ?

Expliquons d'abord ce que sont les codes correcteurs d'erreurs. Supposons que vous souhaitiez transmettre une séquence de bits sous la forme d'une séquence de mots de 3 bits, mais que la transmission ne soit pas fiable et que vous craigniez qu'un ou plusieurs bits ne soient pas transmis correctement : vous envoyez 010, mais le récepteur reçoit 011, par exemple. Une façon simple de résoudre ce problème serait d'utiliser un code de correction d'erreur très simple : au lieu de transmettre 010, vous transmettriez 000111000 (en répétant chaque bit trois fois), et le récepteur décoderait le mot reçu en prenant la valeur majoritaire pour chacun des trois bits. On appelle ce type de code un *code à répétition* (*repetition code*).

Par exemple, 100110111 serait décodé en 011, car 100 contient deux zéros, ensuite 110 contient deux uns, et enfin 111 contient trois uns. Mais comme vous pouvez le constater, ce code correcteur d'erreurs permet à un récepteur de ne corriger qu'une seule erreur par bloc de 3 bits car si deux erreurs se produisent dans le même bloc de 3 bits, alors la valeur majoritaire sera la mauvaise.

Les *codes linéaires* (*linear codes*) sont une famille de codes correcteurs d'erreurs moins triviaux. Dans les codes linéaires, un mot à coder est considéré comme un vecteur de n bits v, et le codage consiste à multiplier ce v par une matrice $m \times n$, qu'on notera G, pour calculer le mot de code $w = vG$. Dans ce cas, m est supérieur à n, ce qui signifie que le mot de code (*codeword*) est plus long que le mot d'origine. La matrice G peut être structurée de telle sorte que, pour un nombre $t < m$ donné, toute erreur de t bits dans le mot de code w n'empêche pas le destinataire de récupérer la valeur correcte de v. C'est-à-dire que t est le nombre maximum d'erreurs qui peuvent être corrigées.

Pour chiffrer des données à l'aide de codes linéaires, le *cryptosystème de McEliece* construit G comme une combinaison secrète de trois matrices et chiffre en calculant $w = vG$, et en lui additionnant une valeur aléatoire, e, qui contient un nombre fixe de bits à 1. Ici, G est la clé publique et la clé privée est composée des matrices A, B, et C telles que $G = ABC$. La connaissance de A, B et C permet de décoder un message de manière fiable et de récupérer w. Mais sans ces matrices on ne doit pas pouvoir décoder (et donc déchiffrer).

La sécurité du système de chiffrement de McEliece se repose sur la difficulté de décoder un code linéaire avec des informations insuffisantes, un problème connu pour être **NP**-difficile et donc hors de portée des ordinateurs quantiques. Gardons cependant à l'esprit que le fait qu'un problème soit **NP**-difficile ne signifie pas que toutes ces instances seront effectivement impossibles à résoudre en pratique. Il est donc nécessaire d'évaluer quelles instances du problème difficile sont présentées par un cryptosystème, et si ces instances seront toujours difficiles. Manifestement, le chiffrement de McEliece satisfait ce critère, après des années d'analyse par des cryptographes et experts en théorie des codes.

4.2 Cryptographie basée sur les treillis

Les *treillis* (*lattices*, ou *réseaux euclidiens*) sont des structures mathématiques qui consistent en un ensemble de points dans un espace à n dimensions, avec une certaine structure périodique. Par exemple, en dimension deux (n = 2), un treillis peut consister en l'ensemble de points illustré à la figure 14-5.

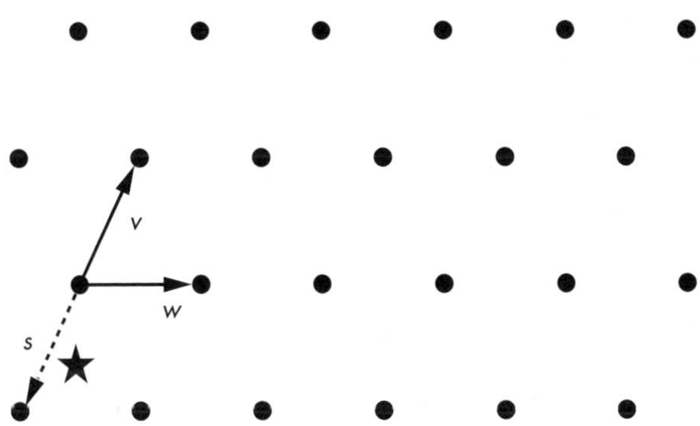

Figure 14-5 – Points d'un réseau bidimensionnel, où v et w sont les vecteurs de base du réseau, et s est le vecteur le plus proche du point en forme d'étoile.

L'étude mathématique des treillis a permis de mettre au point des schémas cryptographiques d'une simplicité trompeuse. Je vais tenter de vous en donner les grandes lignes.

Un premier problème difficile découvert dans la cryptographie basée sur les treillis est connu sous le nom de *solution entière courte* (*short integer solution*, SIS). Ce problème consiste à trouver le vecteur secret s de n nombres à partir de valeurs (A, b) telles que $b = As \bmod q$, avec A une matrice aléatoire $m \times n$ et q un nombre premier.

Le deuxième problème difficile de la cryptographie basée sur les treillis est appelé *apprentissage avec erreurs* (*learning with errors*, LWE). Ce problème consiste à trouver le vecteur secret s de n nombres à partir de valeurs (A, b), où $b = As + e \bmod q$, avec A une matrice aléatoire $m \times n$, e un vecteur aléatoire et q un nombre premier. Ce problème ressemble beaucoup au problème de décodage qu'on rencontre dans la cryptographie basée sur les codes correcteurs d'erreurs.

SIS et LWE sont en quelque sorte équivalents et peuvent tous deux être vus comme des instances du *problème du vecteur le plus proche* (*closest vector problem*, CVP) sur un treillis. Ce problème consiste à rechercher un vecteur d'un treillis le plus proche d'un point donné, en combinant les vecteurs de base du treillis. Le vecteur en pointillés s de la figure 14-5 montre par exemple le vecteur le plus proche du point en forme d'étoile en combinant les vecteurs de base v et w.

CVP et d'autres problèmes de treillis sont considérés comme difficiles tant pour les ordinateurs classiques que pour les ordinateurs quantiques. Mais cela n'est pas directement transposable aux cryptosystèmes, car certains problèmes ne sont difficiles que dans le pire des cas (c'est-à-dire pour leur instance la plus difficile) plutôt que dans le cas moyen (ce dont nous avons besoin pour la cryptographie). En outre, s'il est difficile de trouver la solution exacte du CVP, il peut être beaucoup plus facile de trouver une approximation de la solution.

Néanmoins, les cryptosystèmes post-quantiques basés sur les treillis se sont révélés comme offrant la meilleure combinaison de sécurité et performances. Les standards choisis par le NIST en 2022 sont en effet principalement de cette famille, comme nous le verrons plus loin.

4.3 Cryptographie multivariée

La cryptographie dite *multivariée* consiste à élaborer des systèmes cryptographiques aussi difficiles à casser qu'il est difficile de résoudre des systèmes d'équations multivariées, c'est-à-dire des équations à plusieurs inconnues où ces inconnues sont combinées non seulement par des additions mais aussi des multiplications.

Considérons, par exemple, le système d'équations suivant impliquant quatre inconnues x_1, x_2, x_3, x_4 :

$$x_1x_2 + x_3x_4 + x_2 = 1$$

$$x_1x_3 + x_1x_4 + x_1x_2 + x_2x_3 = 12$$

$$x_1^2 + x_3^2 + x_4 = 4$$

$$x_2x_3 + x_2x_4 + x_1 + x_4 = 0$$

Ces équations comportent une somme de termes qui sont soit une seule inconnue, comme x_4 (des termes de degré un), soit le produit de deux valeurs inconnues, comme x_2x_3 (des termes de degré deux, ou termes *quadratiques*). Pour résoudre ce système, nous devons trouver les valeurs de x_1, x_2, x_3, et x_4 qui satisfont les quatre équations. De telles équations peuvent porter sur tous les nombres réels, sur les entiers uniquement, ou sur des ensembles finis de nombres tels que des corps finis. En cryptographie, les équations portent généralement sur des nombres modulo un nombre premier, et notamment sur des valeurs binaires (0 et 1) pour le cas des nombres modulo 2.

Le problème difficile qui nous intéresse est celui de trouver une solution à un système aléatoire d'équations quadratiques, c'est-à-dire où les termes ont au maximum un degré deux. Ce problème est connu sous le nom de *multivariate quadratics* (MQ), et est **NP**-difficile, ce qui implique qu'il est hors de portée pour les ordinateurs quantiques.

Malheureusement, la construction d'un système cryptographique sur la base de MQ n'est pas si simple. Par exemple, pour utiliser MQ pour les signatures, la clé privée pourrait consister en trois systèmes d'équations, L_1, N, et L_2, qui, combinés dans cet ordre, donneraient un autre système d'équations que nous appellerons P, la clé publique. L'application consécutive des transformations L_1, N, et L_2 (c'est-à-dire la transformation d'un groupe de valeurs conformément au système d'équations) équivaut alors à appliquer P en transformant x_1, x_2, x_3, x_4 en de nouvelles valeurs y_1, y_2, y_3, y_4, définies par exemple comme suit, en reprenant l'exemple vu précédemment :

$$y_1 = x_1x_2 + x_3x_4 + x_2 = 1$$

$$y_2 = x_1x_3 + x_1x_4 + x_1x_2 + x_2x_3 = 12$$

$$y_3 = x_1^2 + x_3^2 + x_4 = 4$$

$$y_4 = x_2x_3 + x_2x_4 + x_1 + x_4 = 0$$

Dans un tel cryptosystème, on choisira L_1, N, et L_2 de telle sorte que L_1 et L_2 soient des transformations linéaires (c'est-à-dire des équations dont les termes sont seulement additionnés et non multipliés) et inversibles, et que N est un système *quadratique* d'équations, également inversible. Cela fait de la combinaison des trois un système quadratique inversible, mais dont l'inverse est difficile à déterminer sans connaître les inverses de L_1, N et L_2.

Le calcul d'une signature consiste alors à calculer les inverses de L_1, N, et L_2 appliqués à un message, M qui sera considéré comme une séquence de variables, x_1, x_2, etc. On aura donc une signature S définie comme suit :

$$S = L_2^{-1}(N^{-1}(L_1^{-1}(M)))$$

Où l'exposant « –1 » désigne l'inverse de la transformation. La vérification d'une signature consiste alors à vérifier que $P(S) = M$.

Les attaquants pourraient casser un tel système cryptographique s'ils parvenaient à calculer l'inverse de P ou à déterminer L_1, N, et L_2 à partir de P. La difficulté réelle de ces problèmes dépend des paramètres du système, tels que le nombre d'équations utilisées, la taille et le type des nombres, etc. Il est très délicat de choisir des paramètres à la fois sûrs et offrant des performances acceptables (en temps de calcul et mémoire) ; plus d'un système multivarié supposé sûr a été cassé.

La cryptographie multivariée est donc rarement utilisée dans des applications majeures, en raison des difficultés à établir un tel compromis sécurité–performances. Un avantage pratique des systèmes de signature multivariés est toutefois qu'ils produisent des signatures courtes.

4.4 Signatures basées sur le hachage

Contrairement aux systèmes précédents, la cryptographie basée sur le hachage repose sur la sécurité bien établie des fonctions de hachage cryptographiques plutôt que sur la difficulté des problèmes mathématiques. Comme les ordinateurs quantiques ne peuvent pas casser les fonctions de hachage, ils ne peuvent pas casser tout ce qui reposerait sur la difficulté de trouver des collisions ou des préimages, ce qui est le principe des signatures basées sur les fonctions de hachage.

Les cryptosystèmes basés sur le hachage sont assez complexes. Nous nous contenterons donc d'examiner leur construction la plus simple : la signature à usage unique (*one-time signature*), une astuce découverte vers 1979 et connue sous le nom de *Winternitz one-time signature* (WOTS), d'après le nom de son inventeur. Le terme *one-time* signifie qu'une clé privée ne peut être utilisée que pour signer un seul message, faute de quoi le système de signature n'est plus sûr. WOTS peut cependant être étendu afin de signer plus d'un message, comme nous le verrons plus loin.

Mais tout d'abord, voyons comment fonctionne WOTS. Supposons que vous souhaitiez signer un message vu comme un nombre compris entre 0 et $w - 1$, où w est un paramètre du système. La clé privée est une chaîne aléatoire, K. Pour signer un message, M, avec $0 \le M < w$, vous calculez **Hash**(**Hash**(…(**Hash**(K)), où la fonction de hachage **Hash** est répétée *M* fois. Nous désignons cette valeur par $\textbf{Hash}^{M}(K)$. La clé publique est $\textbf{Hash}^{w}(K)$, soit le résultat de *w* itérations de **Hash**, à partir de *K*.

Une signature *S* est alors vérifiée en comparant $\textbf{Hash}^{w-M}(S)$ à la clé publique $\textbf{Hash}^{w}(K)$. Si ces deux valeurs sont égales, alors cela signifie que la signature *S* était bien égale à $\textbf{Hash}^{M}(K)$. Le cas échéant, la signature est rejetée. En effet, *S* provient de *K* après *M* applications de **Hash**, donc si nous faisons encore $w - M$ itérations de **Hash**, nous obtiendrons une valeur égale à *K* haché $M + (w - M) = w$ fois, qui est égal à la clé publique.

Ce système semble relativement bête, et présente en effet des limites importantes :

- ✓ **Les signatures peuvent être falsifiées** : À partir de $\textbf{Hash}^{M}(K)$, la signature de *M*, on peut calculer $\textbf{Hash}(\textbf{Hash}^{M}(K)) = \textbf{Hash}^{M+1}(K)$, qui est une signature valide du message $M + 1$. Ce problème peut être résolu en signant non seulement *M*, mais aussi $w - M$, à l'aide d'une deuxième clé.
- ✓ **Il ne fonctionne que pour les messages courts** : Si les messages ont une longueur de 8 bits, il y a jusqu'à $2^8 - 1 = 255$ messages possibles, de sorte que vous devrez calculer le hachage jusqu'à 255 fois pour créer une signature. Cela peut fonctionner pour des messages courts, mais pas pour des messages plus longs. Par exemple, avec des messages de 128 bits, signer le message $2^{128} - 1$ prendrait littéralement une éternité. Une solution simple consiste à diviser les messages en morceaux et de les traiter chacun indépendamment.
- ✓ **Il ne fonctionne qu'une seule fois** : Si une clé privée est utilisée pour signer plus d'un message, un attaquant pourra récupérer suffisamment d'informations pour créer une signature. Par exemple, si $w = 8$ et que vous signez les nombres 1 et 7 en utilisant l'astuce précédente de deux clés *K* et *K'* pour éviter les falsifications triviales, l'attaquant obtiendra $\textbf{Hash}^{1}(K)$ et $\textbf{Hash}^{7}(K')$ comme signature du message 1, et $\textbf{Hash}^{7}(K)$ et $\textbf{Hash}^{1}(K')$ comme signature de 7. À partir de ces valeurs, l'attaquant peut calculer $\textbf{Hash}^{x}(K)$ et $\textbf{Hash}^{x}(K')$ pour tout *x* dans [1; 7] et ainsi falsifier une signature au nom du propriétaire de *K* et *K'*. Résoudre ce problème n'est pas trivial.

Les systèmes de pointe basés sur le hachage reposent sur des versions plus complexes de WOTS, combinées à des structures d'arbre et plusieurs astuces afin de signer de nombreux messages différents avec une même clé privée qui « représentera » une multitude de clés différentes. Malheureusement, les systèmes qui en résultent produisent des signatures de grande taille, de l'ordre de plusieurs dizaines de kilooctets, comme dans le cas de SPHINCS+, un des algorithmes de signature choisis comme standards NIST en 2022.

On notera aussi la différence entre les schémas de signature avec état (*stateful*) et sans état (*stateless*). SPHINCS+ est *stateless*, alors que (par exemple) XMSS est *stateful*, car il doit conserver la valeur d'un compteur, modifié lors de chaque signature. Un état simplifie grandement la conception de l'algorithme, mais force les utilisateurs à maintenir un état tel qu'un compteur modifié au fur et à mesure que l'algorithme est utilisé.

Enfin, notons que les constructions asymétriques basées seulement sur le hachage ne peuvent offrir que des schémas de signature, et pas de chiffrement à clé publique.

5. LES STANDARDS DU NIST

Dès 2017, l'agence américaine NIST a organisé un concours pour identifier des standards algorithmiques post-quantiques appropriés, autant pour le chiffrement que la signature. Comme lors des concours précédents qui nous ont donné AES (Rijndael) et SHA-3 (Keccak), le projet post-quantique du NIST a invité les cryptographes du monde entier à soumettre des algorithmes, puis à cryptanalyser les algorithmes des autres afin de les éliminer de la compétition.

Le NIST a reçu 69 propositions, dont la plupart étaient basées sur des treillis. Parmi ces soumissions, 26 ont été retenues pour le deuxième tour (annoncé en janvier 2019). En juillet 2020, le NIST a sélectionné sept algorithmes « finalistes » et huit algorithmes « alternatifs ». En juillet 2022, le NIST a annoncé les quatre premiers standards :

- ✓ **CRYSTALS-Kyber**, un mécanisme d'encapsulation de clés (*key encapsulation mechanism*, KEM) basé sur des treillis. Un KEM est une primitive qui peut être vue comme un schéma de chiffrement pour les clés secrètes. Il peut être utilisé pour chiffrer des données (dans un schéma hybride, où un chiffrement symétrique traite les données à l'aide d'une clé chiffrée par le KEM) et pour l'accord de clé, d'une manière similaire aux protocoles Diffie-Hellman.
- ✓ **CRYSTALS-Dilithium**, un schéma de signature basé sur des treillis, conçu par la même équipe que CRYSTALS-Kyber.
- ✓ **Falcon**, un schéma de signature basé sur des treillis, basé sur des techniques et des hypothèses légèrement différentes de celles de Dilithium.
- ✓ **SPHINCS+**, un schéma de signature basé sur le hachage, et le seul algorithme qui ne soit pas basé sur des treillis parmi les quatre.

Concernant le choix de deux systèmes de signature basés sur des treillis, le NIST déclare qu'ils « ont tous deux été sélectionnés pour leur forte sécurité et leurs excellentes performances, et le NIST s'attend à ce qu'ils fonctionnent bien dans la plupart des applications. Falcon sera également standardisé par le NIST car il peut y avoir des cas dans lesquels les signatures CRYSTALS-Dilithium sont trop grandes ». En effet, les signatures Dilithium les plus courtes ont une longueur d'environ deux kilooctets, alors que les signatures Falcon sont au moins deux fois plus petites. Le NIST a aussi déclaré que « SPHINCS+ sera également standardisé pour éviter de s'appuyer uniquement sur la sécurité des treillis pour les signatures ».

À l'heure où nous écrivons ces lignes, une première version des spécifications officielles des standards a été publiée dans la série FIPS pour Kyber, Dilithium, et SPHINCS+, respectivement en tant que FIPS 203 (*Module-Lattice-Based Key-Encapsulation Mechanism Standard*), FIPS 204 (*Module-Lattice-Based Digital Signature Standard*) et FIPS 205 (*Stateless Hash-Based Digital Signature Standard*), tandis que le document de Falcon est attendu un peu plus tard.

Ces algorithmes post-quantiques devraient d'abord être utilisés en mode hybride, en combinaison avec un algorithme classique, non résistant au quantique, pour couvrir le risque de faiblesse dans les « nouveaux » algorithmes ou leurs implémentations. Par exemple, Kyber est déjà utilisé en combinaison avec X25519, le protocole Diffie–Hellman reposant sur Curve25519, pour protéger des connexions TLS.

Mais ces quatre standards ne marquent pas la fin de la compétition. Alors que le NIST a annoncé ces normes, il a également annoncé que quatre algorithmes passaient au « quatrième tour » (*fourth round*) de la compétition, à savoir les trois systèmes de chiffrement basés sur des codes BIKE, Classic McEliece, et HQC, ainsi que SIKE, basé sur les isogénies de courbes elliptiques (mais SIKE s'est avéré complètement cassé peu après l'annonce et s'est donc retiré de la compétition).

En plus de ce quatrième tour, le NIST a lancé un nouveau projet à l'été 2022 pour identifier plus de schémas de signature post-quantique « pour diversifier son portefeuille de signatures », déclarant que « les schémas de signature qui ne sont pas basés sur des treillis structurés sont du plus grand intérêt », et attendait des soumissions ayant « des signatures courtes et une vérification rapide ». En juin 2023, le NIST a reçu 50 soumissions pour ce concours étendu, dont onze multivariées, sept basées sur des treillis, six basées sur des codes, deux basées sur le hachage, et sept utilisant le *MPC-in-the-head*. Cette technique relativement récente transforme un protocole de *multi-party computation* (MPC) en une preuve de connaissance *zero-knowledge*, sous la forme d'une valeur dont la vérification correspond à celle d'une signature. Le nombre et la variété des systèmes proposés conduiront à de nouvelles attaques et à de nouvelles techniques d'attaque et, espérons-le, à des normes fiables à l'avenir.

6. EXEMPLES DE PROBLÈMES

La cryptographie post-quantique peut être fondamentalement plus forte que la cryptographie RSA ou à courbe elliptique, mais elle n'est ni infaillible ni omnipotente. Notre compréhension de la sécurité des systèmes post-quantiques et de leurs implémentations est plus limitée que celle de la cryptographie classique, ce qui crée certains risques, comme le résument les sections suivantes.

6.1 Niveau de sécurité imprécis

Les schémas post-quantiques peuvent sembler en apparence très solides, mais ensuite se révéler non sûrs contre les attaques tant quantiques que classiques. Les algorithmes basés sur des treillis, tels que ceux reposant sur les problèmes de type *ring-LWE* (versions du problème *learning with errors* fonctionnant dans des anneaux de polynômes) ont parfois été problématiques. Ring-LWE est intéressant pour les cryptographes car il peut en théorie être utilisé pour construire des systèmes cryptographiques aussi difficiles à casser qu'il est difficile de résoudre les instances les plus difficiles des problèmes Ring-LWE, qui peuvent être **NP**-difficiles. Mais lorsque les garanties de sécurité semblent trop belles pour être vraies, c'est parfois le cas.

L'un des problèmes des preuves de sécurité est qu'elles sont souvent asymptotiques, ce qui signifie qu'elles ne sont valides que pour des grandes valeurs des paramètres, tels que la dimension du réseau sous-jacent. Cependant, en pratique on utilise des paramètres fixes, relativement petits.

Même lorsqu'un système basé sur des treillis semble aussi difficile à casser qu'un problème **NP**-difficile, sa sécurité reste difficile à quantifier. Autrement dit, on ne peut pas aussi facilement estimer « les bits de sécurité » que pour un algorithme symétrique tel qu'AES, ou la taille de la clé correspond directement au niveau de sécurité.

Dans le cas des algorithmes basés sur des treillis, nous avons rarement une idée claire des meilleures attaques contre eux et du coût d'une telle attaque en termes de calcul ou de mémoire, en raison de notre manque de compréhension de ces constructions récentes. Cette incertitude rend les systèmes basés sur des treillis plus difficiles à comparer à des constructions mieux comprises telles que RSA, ce qui n'est pas toujours rassurant pour les utilisateurs. Cependant, les chercheurs ont fait de grand progrès dans ce domaine et nous espérons que, dans quelques années, les problèmes de treillis seront aussi bien compris que RSA. (Pour plus de détails techniques sur le problème Ring-LWE, lire l'excellente étude de Peikert à cette adresse : https://eprint.iacr.org/2016/351.)

6.2 Progrès technologique : que se passe-t-il s'il est trop tard ?

Imaginez ce titre dans les journaux, le 2 avril 2048 : « La société ACME, Inc. révèle son ordinateur quantique construit en secret et lance son service de déchiffrement commercial. », dans ce cas, la sécurité de RSA et des courbes elliptiques serait réduite à néant. Que pourrait-on faire ?

En définitive, le *chiffrement* post-quantique est bien plus critique que les signatures post-quantiques. Examinons d'abord le cas des signatures : si vous utilisiez encore RSA-PSS ou ECDSA comme système de signature, vous pourriez simplement émettre de nouvelles signatures, post-quantiques, afin de restaurer la confiance dans vos signatures. Vous révoqueriez vos anciennes clés publiques cassables par ACME, Inc. et calculeriez de nouvelles signatures pour chaque message que vous avez signé. Après un peu de travail, tout irait bien.

Vous ne devriez paniquer que si vous avez chiffré des données à l'aide d'algorithmes « pré-quantiques », tels que RSA-OAEP. Dans ce cas, tous les *ciphertexts* transmis pourraient être compromis, si un attaquant les a capturés au préalable. C'est ce qu'on appelle parfois le *store now, decrypt later*. Clairement, il serait inutile de chiffrer à nouveau ce *plaintext* à l'aide d'un algorithme post-quantique puisque la confidentialité de vos données est déjà perdue.

Mais qu'en est-il de l'accord de clé, avec Diffie–Hellman (DH) et son équivalent à courbe elliptique (ECDH) ?

À première vue, la situation semble aussi mauvaise que pour le chiffrement : les attaquants qui ont collecté les clés publiques g^a et g^b pourraient utiliser leur nouvel ordinateur quantique rutilant pour calculer l'exposant secret a ou b et donc calculer le secret partagé g^{ab}, et en déduire les clés utilisées pour chiffrer votre trafic. Mais dans la pratique, Diffie–Hellman n'est pas toujours utilisé de manière aussi simpliste. Les clés de session réelles utilisées pour chiffrer les données peuvent être dérivées à la fois du secret partagé Diffie–Hellman et d'un état interne de votre système.

C'est par exemple ainsi que fonctionnent les systèmes de messagerie mobile les plus modernes, notamment ceux dérivés du protocole développé pour l'application Signal. Lorsque vous envoyez un nouveau message à un pair avec Signal, un nouveau secret partagé Diffie–Hellman est calculé et combiné à certains secrets internes qui dépendent des clés précédentes et du nombre de messages envoyés au cours de cette session (qui peut s'étendre sur de longues périodes). Cette utilisation avancée de Diffie–Hellman rend le travail d'un attaquant beaucoup plus difficile, même s'il dispose d'un ordinateur quantique.

6.3 Problèmes d'implémentation

Dans la pratique, les schémas post-quantiques consistent en du code informatique (code source, puis binaire) et non plus seulement des algorithmes papier ; c'est-à-dire que l'on utilise du logiciel, développé par des ingénieurs, fonctionnant sur un processeur physique — ou alors des circuits matériels dédiés, eux aussi initialement développé sous forme de code source, tel que VHDL ou Verilog.

Et quelle que soit la solidité des algorithmes sur le papier, ils ne seront pas à l'abri d'erreurs d'implémentation, de bugs logiciels, ou d'attaques *side-channel*. Un algorithme peut être complètement post-quantique en théorie, mais peut quand même être cassé une fois implémenté parce que le programmeur a oublié d'entrer un point-virgule.

De plus, les systèmes tels que les algorithmes basés sur les codes et les treillis reposent fortement sur des opérations mathématiques, dont l'implémentation fait appel à toute une série d'astuces pour rendre ces opérations aussi rapides que possible. La complexité de ces opérations rend parfois le code plus vulnérable aux attaques *side-channel*, telles que les *timing attacks*, qui déduisent des informations sur les valeurs secrètes en se basant sur la mesure des temps d'exécution. En fait, de telles attaques ont déjà été appliquées aux schémas basés sur des codes correcteurs d'erreurs (voir par exemple https://eprint.iacr.org/2010/479) et aux systèmes de signature basés sur des treillis (voir https://eprint.iacr.org/2016/300).

Le résultat est que, ironiquement, les systèmes post-quantiques risquent au départ d'être moins sûrs en pratique que les systèmes classiques, en raison du risque de vulnérabilités dans leurs implémentations, qui n'auront pas été soumises à autant de tests et d'analyse que celles de RSA ou des courbes elliptiques.

7. POUR ALLER PLUS LOIN

Pour apprendre les bases de l'informatique quantique, je recommande le classique *Quantum Computation and Quantum Information (Anniversary Edition)* de Nielsen et Chuang (Cambridge, 2011). Pour un traitement moins technique, mais plus divertissant, lisez *Quantum Computing Since Democritus* par Aaronson (Cambridge, 2013), un ouvrage qui ne se limite pas à l'informatique quantique.

Plusieurs simulateurs logiciels vous permettront d'expérimenter l'informatique quantique, tel que https://www.quantumplayground.net ou la plateforme d'IBM sur https://quantum.ibm.com. Ces sites sont relativement simples à utiliser, notamment grâce à des visualisations intuitives.

Pour les dernières recherches en matière de cryptographie post-quantique, visitez https://pqcrypto.org, et consultez les actes de la conférence associée, PQCrypto.

Les années à venir promettent d'être particulièrement passionnantes pour la cryptographie post-quantique, avec la suite du projet de standardisation de NIST, et le déploiement à grande échelle de solutions post-quantiques.

15 Cryptomonnaies et cryptographie

Ce chapitre ne figurait pas dans l'édition initiale de ce livre lors de sa sortie à l'automne 2017, une période où les cryptomonnaies et la blockchain étaient au sommet de leur succès. Bien que la blockchain n'ait pas encore pleinement rempli ses promesses de révolutionner diverses industries, elle a profondément influencé la recherche et l'ingénierie en cryptographie. Les applications de la blockchain ont apporté de nouveaux problèmes passionnants, attiré de nouveaux talents et offert une nouvelle façon d'allier la théorie à la pratique.

Avant que le mot « crypto » ne devienne synonyme de Bitcoin pour votre entourage, les nouveaux algorithmes et protocoles cryptographiques concernaient principalement des fonctionnalités telles que le chiffrement de données et les canaux sécurisés. Les protocoles les plus obscurs étaient limités à des domaines de recherche de niche et à des articles de recherche, répondant généralement aux intérêts des chercheurs, et seulement partagés lors de conférences spécialisées. Les nouveaux algorithmes étaient principalement élaborés par des chercheurs universitaires et n'étaient déployés dans le monde réel, le cas échéant, qu'après au moins cinq ans d'évaluation par la communauté de chercheurs et suite à la publication de nombreux articles de recherche détaillant les tentatives de cryptanalyse infructueuses.

La technologie blockchain a bouleversé ce processus. Tout comme les protocoles cryptographiques de Signal et Tor ont contourné la voie académique conventionnelle, les enthousiastes de la blockchain ont aussi suivi des chemins peu orthodoxes. Des protocoles innovants ont fait leurs débuts dans des articles de blog ou des articles techniques informels, leur déploiement suivant peu après. Parfois, ils renonçaient complètement aux spécifications écrites, laissant le code parler de lui-même. Ce n'est souvent qu'après une adoption généralisée que le monde universitaire s'y est intéressé. Le cas le plus notable est celui du protocole Bitcoin, qui n'a pas fait l'objet d'un examen scientifique formel avant d'être déployé.

Simultanément, de nombreux chercheurs chevronnés ont identifié de nouveaux problèmes cryptographiques dans les applications blockchain, parfois en collaborant directement avec des acteurs du domaine. Ils ont développé des protocoles complexes qui ont non seulement repoussé les limites de la recherche et obtenu la reconnaissance de leurs pairs, mais qui ont également été rapidement déployés dans le monde réel, avec un impact sur des milliers, voire des millions, de systèmes. Parmi les exemples les plus marquants, on peut citer les systèmes de signature à seuil pour ECDSA, et les systèmes de preuve *zero-knowledge*. Dans certains scénarios, des protocoles existants, peu utilisés en pratique, ont trouvé des cas d'utilisation impactante comme pour les signatures de Boneh–Lynn–Shacham (BLS) et leur propriété d'agrégation.

Dans ce chapitre, je souhaite donner un aperçu de ces algorithmes et protocoles cryptographiques, qu'ils aient été conçus pour des applications blockchain ou qu'ils aient prospéré grâce à elle. Je ne m'attarderai pas sur la définition de blockchain ou de leur fonctionnement; il existe une myriade de ressources en ligne pour cela. Je me concentrerai sur les constructions cryptographiques liées aux blockchains, mais qui sont généralement indépendantes du fonctionnement des blockchains. Ainsi, même si vous êtes sceptique à l'égard du phénomène blockchain, j'espère que vous trouverez ce chapitre instructif.

1. APPLICATIONS DU HACHAGE

Les fonctions de hachage, ces couteaux suisses de la cryptographie, ont de nombreuses applications dans les systèmes blockchain, que ce soit pour :

✓ **Hacher les données d'une transaction** pour produire un *hash* signé par l'émetteur de la transaction, généralement avec ECDSA-secp256k1 ou Ed25519. La vérification de la signature permet de s'assurer que le propriétaire d'une adresse donnée a bien approuvé toutes les informations hachées, ce qui conduit à l'inclusion de la transaction dans le registre de transactions, soit la blockchain en tant que base de données. Dans Ethereum, le *hash* d'une transaction est son identifiant unique ; par exemple, vous pouvez saisir un *hash* dans le champ de recherche de https://etherscan.io pour retrouver la transaction associée. Les *hash* de transactions Ethereum utilisent la fonction Keccak-256 (qui est similaire mais pas identique à SHA3-256) et traitent un encodage de données qui comprend :

1. l'adresse du destinataire ;
2. la quantité d'Ether (ETH) envoyée ;
3. les arguments d'entrée de *smart contract*;
4. le prix et la limite du gaz ;
5. un *nonce* (qui augmente pour chaque nouvelle transaction) ;
6. une signature de la transaction.

✓ **Hacher le contenu d'un bloc** et inclure le *hash* dans le bloc suivant afin de « chaîner » les blocs. Par exemple, chaque bloc Bitcoin a un en-tête (*header*) qui comprend le *hash* du bloc précédent, un *hash* de l'arbre des transactions enregistrées et certaines métadonnées (version, *timestamp*, *nonce*, etc.). Bitcoin calcule le *hash* du bloc précédent en hachant son en-tête à l'aide d'un double SHA-256, soit **SHA-256**(**SHA-256**(en-tête)). Cette construction inhabituelle élimine le risque d'attaques par extension de longueur et ajoute une couche de sécurité au cas où SHA-256 s'avérerait peu sûr — ce qui est néanmoins improbable.

Outre ces deux cas d'usage, les fonctions de hachage sont aussi une composante clé dans d'autres mécanismes cryptographiques des blockchains, comme nous le verrons dans les exemples ci-dessous.

1.1 Arbres de Merkle

La section précédente mentionne un *arbre de hachage* dans l'en-tête d'un bloc Bitcoin. C'est l'un des nombreux cas où l'on trouve des arbres de hachage, dits aussi *arbres de Merkle*, dans les systèmes de blockchain. Le nom « arbre de Merkle » provient de la construction d'un schéma cryptographique par le mathématicien Ralph Merkle en 1979, qui utilisait les mêmes arbres de hachage binaires que ceux utilisés par Bitcoin. Les arbres de Merkle sont donc un type spécifique d'arbre de hachage (par exemple, un arbre de hachage peuvent avoir plus de deux « nœuds enfants » par nœud).

◆ *Calcul d'arbre de hachage*

Un arbre de Merkle prend en entrée une liste de valeurs qui constitueront les *feuilles* de l'arbre, c'est-à-dire les valeurs au bas de l'arbre — contrairement aux vrais arbres botaniques, les arbres comme structures de données sont généralement représentés avec leur racine au sommet et leurs feuilles au-dessous. Dans l'exemple de la figure 15-1, les données hachées donnent la liste de quatre valeurs (A, B, C, D). Le hachage de l'arbre fonctionne alors selon les étapes suivantes :

1. Hacher chacune des quatre valeurs pour obtenir les quatre valeurs de *hash* $\mathbf{H}(A)$, $\mathbf{H}(B)$, $\mathbf{H}(C)$, et $\mathbf{H}(D)$.
2. Hacher ensemble chaque paire de *hash* pour obtenir les deux *hash* frères, $\mathbf{H}(\mathbf{H}(A) \mathbin{||} \mathbf{H}(B))$ et $\mathbf{H}(\mathbf{H}(C) \mathbin{||} \mathbf{H}(D))$, où le symbole « || » désigne la concaténation.
3. Le hachage des deux derniers *hash* ensemble, afin d'obtenir la racine de l'arbre, qui est le résultat final du hachage de l'arbre, soit la valeur : $\mathbf{H}(\mathbf{H}(\mathbf{H}(A) \mathbin{||} \mathbf{H}(B)) \mathbin{||} \mathbf{H}(\mathbf{H}(C) \mathbin{||} \mathbf{H}(D)))$.

Si nous omettons le hachage initial des valeurs d'entrée, qui n'est nécessaire que si les valeurs hachées n'ont pas déjà la taille d'un *hash*, nous passons de quatre valeurs à une seule avec un arbre de deux couches, soit de *hauteur* deux, comme le montre la figure 15-1. À titre d'exercice, vous pouvez dessiner l'arbre pour calculer le hachage de huit valeurs, et de seize ; vous obtiendrez des arbres de hauteur respectivement trois et quatre. Plus généralement, un arbre de n couches aura 2^n feuilles, et vous permettra donc de hacher jusqu'à 2^n valeurs, en calculant $2^n - 1$ hachages à partir des feuilles hachées.

Si le nombre de valeurs d'entrée n'est pas exactement 2^n pour un certain nombre entier n, une technique courante consiste à ajouter des valeurs fictives (par exemple, zéro ou bien la dernière valeur de la liste) ; cette règle de remplissage (*padding*) doit toutefois être choisie avec soin pour éviter des collisions.

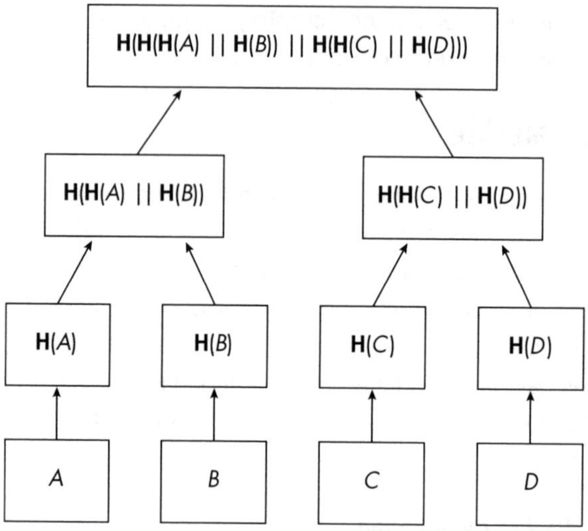

Figure 15-1 – Un arbre de hachage, où les feuilles (en bas) sont les valeurs d'entrée, et la sortie et la valeur en haut (la racine de l'arbre). Les valeurs des feuilles peuvent être de taille arbitraire mais tous les *hash* sont de même taille.

◆ Des arbres de Merkle aux preuves de Merkle

Nous avons appris comment hacher avec un arbre de Merkle, mais nous n'avons pas encore vu la principale caractéristique de ces arbres : la possibilité de prouver qu'une valeur donnée appartient à la liste de 2^n valeurs feuilles traitées sans recalculer l'arbre entier (ce qui prendrait de l'ordre de 2^n opérations), mais seulement en un temps proportionnel à la *hauteur* de l'arbre, c'est-à-dire son nombre de couches, n. Selon le contexte, une telle preuve pourra être *preuve de possession*, une *preuve d'inclusion*, ou une *preuve de Merkle* (en anglais, on rencontre les termes *membership path*, *inclusion proof*, et *Merkle proof*).

Voyons comment cela fonctionne à partir de l'exemple de la figure 15-2. disons que l'on souhaite prouver que A est l'une des valeurs feuilles hachées, sans révéler B, C, ni D. Supposons que nous avons reçu la preuve d'inclusion de A, qui contient les autres valeurs grisées, soit $\mathbf{H}(B)$ et $\mathbf{H}(\mathbf{H}(C) \| \mathbf{H}(D))$. On peut alors vérifier que A appartient à l'arbre en calculant :

- ✓ $X = \mathbf{H}(\mathbf{H}(A) \| \mathbf{H}(B))$, puisqu'on connaît A et $\mathbf{H}(B)$
- ✓ $\mathbf{H}(X \| \mathbf{H}(\mathbf{H}(C) \| \mathbf{H}(D)))$, puisqu'on connaît $\mathbf{H}(\mathbf{H}(C) \| \mathbf{H}(D))$.

Il ne faut donc que deux hachages pour prouver que A appartient à l'arbre, soit une quantité de calcul proportionnelle à la hauteur de l'arbre. Avec huit feuilles, on aurait un arbre de hauteur trois et donc une vérification de preuve d'inclusion nécessitant trois hachages ; avec seize feuilles, quatre hachages ; et ainsi de suite, avec n hachages pour un arbre de hauteur n, donc ayant 2^n feuilles.

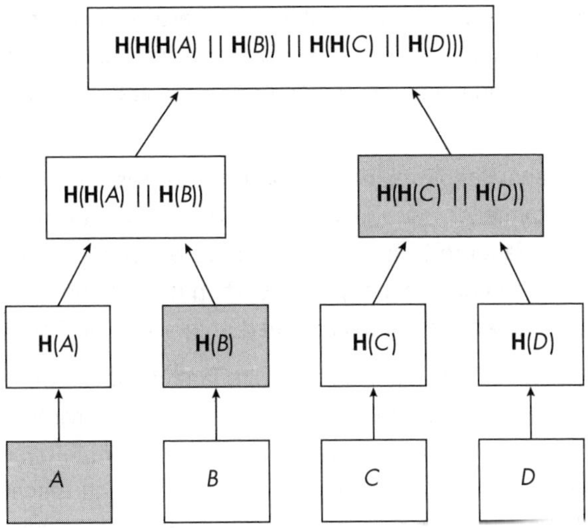

Figure 15-2 – Un arbre de hachage, où les valeurs en gris sont la preuve de Merkle de l'inclusion de A dans l'arbre.

Les applications blockchain utilisent souvent les arbres de Merkle pour condenser les transactions en une seule « racine de Merkle » (*Merkle root*), telle que celle incluse dans l'en-tête d'un bloc Bitcoin. Un tel bloc enregistre typiquement de l'ordre de 2 000 transactions, ce qui nécessite un arbre d'une hauteur de onze (car $2^{11} = 2048$). Dans ce cas, il faut $2048 - 1 = 2047$ hachages pour calculer la racine à partir des feuilles, où chaque feuille est le hachage des données d'une transaction. Chaque hachage calcule un « double SHA-256 », donc dans le cas de 2 048 transactions, il faudrait $2047 + 2048 = 4095$ doubles SHA-256, soit 8 190 appels à SHA-256.

Ethereum utilise une structure d'arbre différente et plus complexe, combinant les arbres de Merkle avec les *Patricia tries* (*trie* vient de l'anglais *retrieval*, signifiant extraction), une forme d'arbre conçue pour stocker des paires clé–valeur. Cette structure est nécessaire au modèle d'Ethereum, basé sur la gestion d'un état, ce qui diffère considérablement du modèle UTXO (*Unspent Transaction Output*) de Bitcoin, pour lequel des arbres de Merkle simples sont suffisants.

1.2 Preuve de travail

La preuve de travail (*proof of work*, PoW) est sans doute le composant le plus critique du protocole de consensus d'une blockchain — pour celles qui sont basées sur la PoW plutôt que sur la preuve d'enjeu (*proof of stake*, PoS) ou d'autres protocoles. La PoW est l'une des constructions cryptographiques les plus simples : on peut voir une preuve de travail comme une fonction de hachage qui prend certaines entrées fixes et d'autres variables, et dont le résultat doit avoir un format particulier pour être valide. Les parties qui cherchent à résoudre une PoW calculeront à plusieurs reprises la fonction de hachage avec différentes valeurs des entrées variables, jusqu'à ce que le résultat satisfasse une certaine contrainte.

Par exemple, dans Bitcoin et de nombreuses autres blockchains basées sur une PoW, la contrainte est que la valeur de *hash*, vue comme un nombre de 256 bits, doit être inférieure à un nombre donné. De façon équivalente, le nombre encodé en binaire doit commencer par un certain nombre de zéros, si l'on considère le *hash* comme l'encodage *big endian* d'un nombre de 256 bits.

Par exemple, en 2022, la valeur de difficulté la plus élevée du Bitcoin (tirée de https://btc.com/stats/diff) était de 34 244 331 613 176, soit environ 2^{45}. Cette valeur doit être multipliée par 2^{32} pour obtenir la valeur à laquelle le *hash* doit être inférieur, c'est-à-dire 2^{77}. Pour chaque bloc, tous les nœuds du réseau (les mineurs) doivent alors effectuer conjointement près de 2^{77} doubles calculs SHA-256 pour trouver une solution. Une solution consiste en un *nonce* (la partie variable de l'entrée du hachage du PoW) qui donne une valeur de hachage inférieure à 2^{77}. Les entrées fixes du PoW sont les valeurs d'en-tête de bloc : version, *hash* du bloc précédent, racine de l'arbre de Merkle, *timestamp*, et valeur cible de la difficulté.

Sans un PoW « ralentissant » la production de blocs dans une blockchain, de nouveaux blocs valides pourraient être produits instantanément, ce qui signifie que l'historique des transactions pourrait être recréée à volonté. Il serait impossible d'atteindre la finalité (*finality*, soit l'assurance qu'un bloc, et donc un ensemble de transactions, ne peut être annulé ou modifié une fois qu'il a été accepté par le réseau). En particulier, il serait impossible de protéger le réseau contre la double dépense (*double spend*), c'est-à-dire l'action de dépenser le même bitcoin dans deux transactions distinctes.

Tous les systèmes de PoW ne sont pas aussi simples que celui de Bitcoin, qui utilise simplement une fonction de hachage standard SHA-256. Plusieurs PoW ont tenté de minimiser l'efficacité du calcul sur des processeurs dédiés (c'est-à-dire, conçus spécialement pour calculer le PoW) ou bien des processeurs graphiques

(GPU, *graphics processing unit*), afin de décourager la centralisation du minage par des organisations investissant dans le développement d'une technologie optimisée. Une telle approche cherche donc à « démocratiser » le minage en maximisant l'efficacité de machines facilement accessibles par n'importe qui. Les astuces proposées sont les suivantes :

✓ **La *memory-hardness*** (difficulté mémoire) soit la nécessité d'une grande quantité de mémoire où l'algorithme de PoW lit à des adresses imprévisibles. Par exemple, Ethereum utilisait un algorithme appelé Ethash, qui nécessitait environ quatre gigaoctets de mémoire. (En septembre 2022, cependant, Ethereum a abandonné Ethash en passant d'une PoW à une PoS, ou preuve d'enjeu.)

✓ **Les machines virtuelles**, où le PoW utilise non seulement une grande quantité de mémoire mais définit un jeu d'instructions spécifique à la machine virtuelle, et exécute ensuite des programmes aléatoires afin de calculer la solution d'un PoW. C'est l'approche de RandomX, un algorithme de PoW adopté par la blockchain Monero.

1.3 Dérivation de clé hiérarchique

Les utilisateurs de blockchains souhaitent généralement gérer plusieurs comptes, où chaque compte consiste en une paire de clés telle que :

✓ **La clé privée**, qui doit être secrète car il s'agit de la clé de signature requise pour signer les transactions et transférer des fonds à partir du compte.

✓ **La clé publique**, car elle est utilisée pour vérifier les signatures des transactions. C'est également la valeur à partir de laquelle l'adresse du compte est dérivée. Par exemple, Bitcoin dérive les adresses d'une clé publique en utilisant une combinaison de hachage avec SHA-256 et RIPEMD-160. (Notez que dans certaines blockchains, dont Bitcoin, la clé publique ne devient publique qu'au moment où le compte émet une transaction.)

Mais comment peut-on gérer toutes ces clés de manière fiable ? Faut-il générer une nouvelle clé aléatoire pour chaque nouveau compte et faire une copie de sauvegarde de chaque nouvelle clé ? Heureusement, les développeurs blockchain ont très tôt trouvé une solution pour rendre la gestion des clés un peu moins lourde et risquée. Cette solution s'appelle *hierarchical deterministic wallet* (portefeuille déterministe hiérarchique), souvent abrégé en *HD wallet*, ou simplement *wallet*.

Malgré leur nom intimidant, les *HD wallet* sont en réalité assez simples. Au lieu d'avoir à générer et stocker plusieurs clés privées, il suffit de générer et de stocker un seul secret, la *seed*, ou *master key*, parfois aussi appelée entropie. Cette *seed* est la seule valeur qui doit être générée de manière aléatoire. Ce faisant, elle est donc la seule à fournir de l'entropie, ou de l'incertitude, et donc du secret aux clés de signature privées qui en sont dérivées. Les logiciels de *wallet* représentent le plus souvent la *seed* comme une *seed phrase*, dite aussi *mnemonic*, une suite de 12 à 24 mots qui permet de sauvegarder, voire mémoriser, plus facilement le secret.

Voici une description simple de la manière dont cette dérivation de clé fonctionne, en utilisant la fonction pseudo-aléatoire (PRF) HMAC-SHA-512, soit la construction HMAC instanciée avec SHA-512, la fonction de hachage de la famille SHA-2 renvoyant un *hash* de 512 bits : à partir d'une *seed* S de 128 ou 256 bits, on calcule HMAC-SHA-512 avec comme clé la *seed* et comme message un identifiant de la courbe elliptique sous-jacente (une chaîne de caractères qui peut être « Bitcoin seed », « Nist256p1 seed », ou « ed25519 seed »). Les 256 premiers bits du résultat constituent la clé maîtresse (*master key*), notée k, et les 256 derniers bits sont le *master chain code*, noté c, une valeur utilisée pour dériver d'autres clés.

À partir de k et de c, une clé privée enfant (*child private key*) peut alors être dérivée comme suit, étant donné un indice i (un nombre d'au plus 2^{31}) : calculer HMAC-SHA-512 avec le *chain code* c comme clé, et un message comprenant k et i. Le résultat de 512 bits est traité comme une valeur L de 256 bits suivie d'un *chain code* de 256 bits R. On a donc, en simplifiant les notations : $L \| R$ = HMAC-SHA-512(c, 0x00$\|$ $k \| i$). La clé privée enfant est alors fixée à $k + L$, et son *chain code* est R.

Vous pouvez ensuite dériver des clés enfants de la clé et du code de chaîne obtenus, pour établir une *hiérarchie* de clés : par exemple, à partir de la clé d'indice 0, vous dériverez toutes vos clés pour Bitcoin, et à partir de la clé d'indice 60, toutes vos clés pour Ethereum. Ces conventions associant un numéro à chaque réseau de blockchain ont été standardisées dans le document "SLIP-0044: Registered coin types for BIP-0044".

Ainsi, si vous dérivez d'abord une clé enfant avec l'identifiant 0, et qu'à partir de cette clé et de son *chain code* vous dérivez une clé avec l'identifiant (disons) 29, alors le chemin de dérivation de la clé sera noté « 0'/29 ». Vous aurez donc effectué deux appels de HMAC-SHA-512, produisant respectivement L_1 et L_2 comme leurs 256 premiers bits, et la clé privée finale sera $k + L_1 + L_2$. Par conséquent, toutes les clés dérivées d'une clé maîtresse k peuvent être considérées comme l'addition entre k et la somme des valeurs renvoyées par HMAC-SHA-512 pour sa hiérarchie de clés.

Note : La dérivation décrite ci-dessus est dite « renforcée » (*hardened*), car vous avez besoin à la fois de la clé privée k et du *chain code* c de la clé parente. Il existe également une version « non renforcée » (*non-hardened*), dans laquelle vous utilisez la clé publique au lieu de la clé privée. Cela permet de déterminer la clé publique d'une clé enfant à partir de la clé publique de son parent. Tous les détails peuvent être trouvés dans le document standard Bitcoin initial "BIP32: Hierarchical Deterministic Wallets", ainsi que dans sa forme généralisée "SLIP-0010: Universal private key derivation from master private key".

1.4 Hachage algébrique

Les fonctions de hachage telles que SHA-3 et BLAKE3 sont spécifiées comme opérant sur des octets, ou sur des mots de 4 ou 8 octets, où un octet est un bloc de 8 bits. Les données d'entrée sont une séquence d'octets, où chaque octet peut prendre l'une des 256 valeurs possibles de 0x00 à 0xFF (255), de même que les données de sortie sont une séquence d'octets arbitraires. Cette approche fonctionne bien lorsque les données traitées en interne sont aisément converties en une séquence d'octets et lorsque les opérations sur les octets ou les mots sont efficaces — telles que XOR, le décalage de bits, l'addition de nombres entiers, des opérations de bases pour la plupart des microprocesseurs. Les fonctions de hachage dites *algébriques* reposent sur un modèle de calcul différent de celui d'un microprocesseur, et utilisent donc différentes instructions de base.

◆ *L'ordinateur mathématique*

Supposons que vous ayez un ordinateur qui ne travaille qu'avec des nombres dans un intervalle donné, comme les nombres modulo 13. L'opération XOR ne peut pas être définie pour de tels nombres, car tous les nombres de 4 bits ne sont pas inférieurs à 13 ; par exemple, un XOR entre 10 (1010 en binaire) et 4 (0100) vous donnera 14 (1110), un nombre qui n'appartient pas à l'intervalle [0, 13[. Vous pouvez le réduire modulo 13 pour obtenir 1, mais alors 10 XOR 4 donne le même résultat que 10 XOR 11, un problème que vous ne rencontrez pas lorsque vous travaillez avec des octets. Cela tend à réduire considérablement la sécurité de la fonction de hachage, en facilitant la recherche de collisions.

Pire encore, votre ordinateur mathématique ne connaît que les opérations modulo 13 : addition, soustraction, multiplication et division. Il ne dispose pas d'une instruction XOR bit-à-bit intégrée, il devrait donc la simuler avec ses instructions arithmétiques modulo 13, ce qui n'est ni simple ni efficace en termes de calcul. Je laisserai les détails de cette simulation en guise d'exercice pour le lecteur.

Équipé d'une telle machine, votre tâche consiste maintenant à créer une fonction de hachage qui fonctionne uniquement (ou principalement) avec des opérations arithmétiques sur l'ensemble de nombres donné, et qui n'utilise pas d'opérations par bit, y compris XOR, OR, AND, ou des décalages de bit.

Vous aurez besoin de ce type de fonction pour exécuter efficacement certains protocoles cryptographiques avancés, tel que le calcul multipartite (*multi-party computation*, MPC) et les preuves *zero-knowledge* que nous verrons plus loin dans ce chapitre. Ces protocoles opèrent souvent dans des structures mathématiques telles que les corps finis (par exemple, des entiers dans un certain intervalle), et doivent parfois « convertir » un programme en équations mathématiques. En théorie, n'importe quel programme ou fonction peut être exprimé sous forme d'équations. Mais lorsque le programme n'est pas optimisé pour la structure mathématique sous-jacente, les équations deviennent vite très grandes et lentes à calculer. Les fonctions de hachage algébriques visent à résoudre ce problème en concevant des transformations à la fois sûres cryptographiquement et faciles à implémenter avec seulement des opérations arithmétiques dans un corps fini.

◆ *La fonction de hachage Poseidon*

Examinons les principes de conception de *Poseidon*, une fonction de hachage proposée en 2019 pour les systèmes de preuve *zero-knowledge* et rapidement adoptée par de nombreux projets blockchain. Ces preuves doivent parfois exprimer une fonction de hachage sous la forme d'un circuit d'opérations arithmétiques sur un grand corps fini, comme les entiers modulo un nombre premier de 255 bits. Dans ce cas, Poseidon peut être de dix à cent fois plus rapide que les fonctions de hachage à usage général telles que SHA-256 ou BLAKE3.

Poseidon est une forme de *sponge function* (voir chapitre 7), et consiste donc essentiellement en une permutation, soit une transformation inversible dont l'entrée et la sortie sont de même taille. Il applique cette permutation à un état vu comme un vecteur d'éléments d'un corps fini. Dans les applications concernées, un tel corps fini se compose généralement de nombres modulo un nombre premier, qui peut être aussi petit que 31 bits et aussi grand que 381 bits ou plus, selon l'application.

Ensuite, comme la plupart des fonctions de hachage, la permutation itère une série de *rounds*, et il faut donc concevoir la ou les fonctions de *round*.

Enfin, Poseidon décompose la fonction de hachage en trois couches, avec trois objectifs différents, rappelant les rondes de l'AES :

1. **Une couche d'unicité**, nommée *AddRoundConstants*, que Poseidon abrège en ARC() dans sa documentation. Elle additionne des valeurs constantes aux éléments de l'état, de sorte que les constantes soient différentes pour chaque tour. Le fait de rendre chaque *round* unique permet d'éviter des attaques telles que les *slide attacks*. Pour éviter de définir et de stocker en mémoire de nombreuses constantes, Poseidon génère ses constantes à partir d'un générateur de bits pseudo-aléatoires déterministe initialisé avec

un encodage des caractéristiques de son instance (nombre de *rounds*, corps fini, type de S-box, etc.).

2. **Une couche non linéaire**, ou couche *S-box*, nommée *SubWords*, que la documentation de Poseidon note *S*. Cette couche apporte la confusion, la propriété que les valeurs d'entrée et de sortie de la fonction sont liées par des équations algébriques de haut degré — et sont donc aussi éloignées que possible des équations linéaires et de bas degré vulnérable à la cryptanalyse différentielle. La *S-box* modifie chaque élément de l'état indépendamment des autres, en transformant un élément du corps x en x_3 ou x_5. L'exposant est maintenu relativement bas pour être calculé efficacement.
3. **Une couche linéaire**, nommée *MixLayer*, que Poseidon note *M*() dans sa documentation. *MixLayer* apporte la diffusion, soit la propagation des différences dans l'état initial à travers tous les éléments de l'état. Par exemple, si l'état consiste en un vecteur à quatre éléments (x_1, x_2, x_3, x_4), *M*() remplace chaque élément par une combinaison linéaire de tous les éléments. Il peut par exemple remplacer x_1 par le résultat de ${}_2x_1 + {}_{10}x_2 + x_3 + {}_3x_4$. Une telle transformation de l'état peut être décrite comme la multiplication d'un vecteur par une matrice, résultant en un vecteur. Les matrices de Poseidon doivent satisfaire certaines propriétés de sécurité et être conçues pour être efficacement implémentables.

Un *round* complet (*full round*) de Poseidon applique les trois couches dans cet ordre :

1. *ARC*() ;
2. *S* à chaque élément ;
3. *M*().

Un *round* partiel (*partial round*) applique *S* à un seul élément et peut utiliser une matrice différente dans *M*(). Une *instance* de Poseidon itère ensuite *rounds* complets, *rounds* partiels, et *rounds* complets — dont le nombre dépend de l'instance, du nombre d'éléments dans l'état, du corps fini, et du niveau de sécurité visé.

> **Note** : Pour plus de détails sur Poseidon, voir https://www.poseidon-hash.info, ainsi que le document initial Poseidon (sur https://eprint.iacr.org/2019/458) et la spécification de sa version améliorée Poseidon2 (sur https://eprint.iacr.org/2023/323).

Poseidon est l'une des nombreuses fonctions de hachage algébrique créées pour répondre à différents cas d'utilisation. Parmi les autres fonctions, citons MiMC, Monolith, Rescue-Prime et Tip5.

1.5 Exemples de problèmes

Examinons quelques défaillances de sécurité qui impliquent des fonctions de hachage et leurs applications dans le monde de la blockchain.

◆ *Fonction custom cassable*

Le projet de blockchain Iota de 2017 était assez étrange. Il proposait de se baser sur un graphe orienté acyclique (*directed acyclic graph*, DAG), une architecture différente de la chaîne séquentielle de blocs de la plupart des blockchains — et qui semblait moins fiable. Iota encodait également les données non pas en bits mais en *trits*, des unités prenant trois valeurs au lieu de deux, soi-disant pour rendre les calculs plus efficaces sur des processeurs que personne n'utilise.

Iota n'avait pas utilisé un système de signature basé sur une courbe elliptique comme ECDSA ou Ed25519, mais un système basé sur le hachage avec la construction dite de Winternitz, un algorithme reconnu, offrant ainsi une sécurité post-quantique ; sauf que Iota a également conçu sa propre fonction de hachage personnalisée, Curl.

Iota était alors l'une des dix cryptomonnaies les plus populaires et avait fait des déclarations grandioses sur son utilité potentielle et sa sécurité. Mais sa fonction de hachage maison, qu'elle prétendait avoir développée à l'aide de l'intelligence artificielle, s'est révélée très peu résistante aux collisions. Des chercheurs ont réussi à calculer des collisions en quelques minutes qui, cependant, ne pouvaient pas être exploitées pour voler directement les jetons d'une personne, mais seulement dans des scénarios spécifiques. Iota a rapidement corrigé sa fonction de hachage.

Après ce fiasco, le célèbre expert en cryptographie et en sécurité Bruce Schneier a commenté : « En 2017, laisser son algorithme de cryptographie vulnérable à la cryptanalyse différentielle est une erreur de débutant. Cela signifie que personne d'un certain calibre n'a analysé leur système, et que les chances que leur correction rende le système sûr sont faibles. »

◆ *Wallets avec une faible entropie*

Le modèle de dérivation hiérarchique des clés présenté plus haut dans cette section est sûr en théorie mais pas toujours en pratique ; il n'est sûr que s'il est implémenté correctement. On peut généralement le vérifier en utilisant les vecteurs de test des documents standard BIP32 et SLIP-0010. Si l'on obtient les mêmes valeurs d'entrée/sortie que celles documentées, alors l'implémentation est probablement *correcte* mais pas forcément cryptographiquement sûre.

En 2022, la populaire application de *wallet* de cryptomonnaies Trust Wallet a annoncé la sortie d'une version de son logiciel en tant qu'extension pour navigateur. Celle-ci reposait sur la technologie WebAssembly (Wasm), afin d'être le plus rapide possible sur les différents navigateurs. Cependant, Wasm ne pouvait pas utiliser le même générateur pseudo-aléatoire (PRNG) que les versions mobiles ; il devait en définir un autre.

Un mauvais PRNG est souvent le talon d'Achille de la cryptographie (voir chapitre 2). Dans Trust Wallet, les développeurs ont utilisé le PRNG Mersenne Twister (souvent abrégé mt19937), qui n'est pas un PRNG cryptographique. Son entropie est au maximum de 32 bits, et ses bits de sortie sont de simples combinaisons linéaires des valeurs de l'état interne.

Le PRNG de Trust Wallet ayant seulement 32 bits d'entropie, il ne pouvait générer que 2^{32} *seeds* différentes pour les *wallets* des utilisateurs. Un attaquant pouvait alors calculer l'ensemble des 2^{32} *seeds* possibles et, pour chacune d'entre elles, calculer les clés privées et adresses dérivées de ses *seeds*. Il pouvait ensuite rechercher ces adresses dans les transactions de différentes blockchains, afin d'identifier des comptes créés avec Trust Wallet, pour ensuite leur voler leurs jetons. Les chercheurs de la société Ledger qui ont découvert la faille ont commenté : « L'exécution d'une telle attaque prend bien plus que quelques heures, mais est réalisable avec quelques GPU en moins d'une journée. ».

◆ *Séparation de domaine insuffisante et collisions*

Voyons comment trouver les collisions pour une fonction de hachage résistante aux collisions. Comme l'a dit le cryptographe Moti Yung, « si cela semble impossible, c'est que c'est cryptographiquement intéressant ».

Imaginons le cas simple suivant : une application reçoit des messages textuels *A* et *B* de deux parties, Alice et Bob, puis hache ces deux messages ensemble pour créer une valeur de hachage unique pour cette paire de messages. L'application pourrait alors calculer **H**(*A* || *B*) en hachant le texte composé de *A* suivi de *B*.

Même si votre fonction de hachage est résistante aux collisions, vous obtiendrez la même valeur de hachage pour *A* = COL et *B* = LISION que pour *A* = CO et *B* = LLISION. Vous obtenez une collision par rapport aux valeurs d'entrée de l'application, bien qu'il ne s'agisse pas d'une collision pour la fonction de hachage, car la fonction de hachage **H** traite exactement la même chaîne dans les deux cas, COLLISION.

Pour éviter ce problème, il faut encoder les valeurs d'entrée de l'application en une chaîne unique par entrée, sans ambiguïté : pour chaque chaîne obtenue, on doit pouvoir identifier de manière unique les deux valeurs d'entrée. Dans notre exemple, l'ajout d'un signe dollar ($) comme séparateur entre les deux entrées semble éviter la collision entre COL || LISION et CO || LLISION : nous obtiendrions les chaînes COL$LISION et CO$LLISION, conduisant à des *hash* différents.

Mais un symbole de séparation ne suffit pas à éliminer les ambiguïtés lorsque le caractère est autorisé dans les valeurs d'entrée. Par exemple, prenons la chaîne COL$$LISION, comme concaténation de deux chaînes d'entrée séparées par des $. On aurait pu obtenir cette chaîne à partir de COL et $LISION, mais aussi de COL$ et LISION. Notez que le problème ne se pose pas lorsque les valeurs d'entrée sont de taille fixe et constante, par exemple une première chaîne de deux caractères et une seconde de trois caractères. Même dans ce cas, il est plus sûr d'utiliser un séparateur ou un encodage qui empêche les collisions, car un futur *patch* pourrait introduire des entrées de longueur variable.

Des chercheurs ont trouvé des *bugs* de ce type dans des protocoles de signature à seuil, que nous verrons plus loin dans ce chapitre, ainsi que dans des protocoles de vote électronique, où les collisions pouvaient être exploitées pour compromettre la sécurité du protocole.

2. PROTOCOLES DE MULTI-SIGNATURE

Dans un *protocole de multi-signature* — ou simplement une *multi-signature* — les participants produisent une signature d'un message qui équivaut à avoir faire signer le message par plusieurs parties séparément. La signature représente le fait que tous les (ou suffisamment de) signataires ont accepté de signer le message. L'avantage réside dans le fait qu'au lieu d'avoir autant de signatures que de signataires, il n'y en a qu'une seule. Quiconque possède les clés publiques de tous les signataires peut alors vérifier la signature.

Les plateformes de blockchain utilisent notamment des multi-signatures lorsque plusieurs parties gèrent un compte afin de s'assurer que toutes les parties approuvent les transactions émises. Une seule partie peut également les utiliser si elle dispose de plusieurs clés sur plusieurs appareils, afin d'éviter qu'une seule clé compromise ne permette à un attaquant d'émettre des transactions.

Ces multi-signatures sont l'un des nombreux types de protocoles de *signature collective*, dans lesquels les parties exécutent un protocole pour produire une signature. Avant d'entrer dans les détails techniques, précisons en quoi ces multi-signatures diffèrent des protocoles apparentés.

2.1 De multiples multi-signatures

Malgré leur nom similaire, les protocoles de multi-signature dont nous allons parler sont différents des multi-signatures *on-chain* telles que des scripts multi-signatures de Bitcoin ou des *smart contracts* de multi-signature d'Ethereum. Ces derniers ne sont pas des protocoles cryptographiques, car les participants soumettent indépendamment leur signature individuelle au réseau blockchain.

Ce réseau vérifie une règle telle que « si une transaction est signée par pub_1 et pub_2, alors acceptez-la » ou « si une transaction est signée par deux parties quelconques parmi pub_1, pub_2 et pub_3, alors acceptez-la » — en rejetant la transaction dans le cas échéant. Ici, nous considérons implicitement les clés publiques pub_i comme les identifiants des parties, comme c'est souvent le cas dans les protocoles de blockchain.

Comparé aux protocoles de multi-signature *on-chain*, la vérification des protocoles de multi-signature n'implique qu'une seule signature, produite après que les participants aient travaillé ensemble à la création du protocole. Les scripts multi-signatures et *smart contracts* traitent plutôt plusieurs signatures et consistent en une règle logique de vérification plutôt qu'en un protocole du côté des signataires. Dans les deux cas, la vérification nécessite les clés publiques de tous les signataires.

Les protocoles de multi-signature diffèrent également de deux autres types de protocoles de signature collective, que nous verrons dans les sections suivantes. Dans ces deux protocoles, le résultat est une signature unique, mais la différence réside dans la manière dont elle est créée :

- ✓ **Protocoles de signature agrégée** (*aggregate signature*) :
  1. Comme dans les multi-signatures, chaque participant possède sa propre paire de clés (clés publique et privée).
  2. Contrairement aux multi-signatures, les participants peuvent signer des messages différents lors d'une exécution du protocole, plutôt que le même message pour tous. Un participant peut même signer plusieurs messages.
  3. Comme dans les multi-signatures, la vérification d'une signature nécessite plusieurs clés publiques (ou une seule version agrégée de celles-ci, pour les protocoles l'acceptant).
- ✓ **Protocoles de signature à seuil** (*threshold signatures*) :
  1. Contrairement aux multi-signatures, les participants n'utilisent pas leurs propres clés. Au lieu de cela, ils ont des parties (*shares*, ou *shards*) d'une clé privée unique, de sorte qu'aucun participant ne connaît jamais la clé complète, même pendant l'exécution du protocole.
  2. Comme dans les multi-signatures, les participants signent un seul message.
  3. Contrairement aux multi-signatures, la vérification ne nécessite qu'une seule clé publique.

Maintenant que nous avons défini ce que sont les multi-signatures, voyons comment elles fonctionnent dans son cas le plus illustre : les signatures de Schnorr.

2.2 Signatures de Schnorr

Le mathématicien Claus Schnorr a créé le système de signature éponyme en 1989 et a déposé un brevet pour celui-ci, ce qui a empêché son adoption à grande échelle jusqu'à l'expiration du brevet en 2008, lorsque le système EdDSA (voir chapitre 12) l'a optimisé pour qu'il fonctionne avec des courbes elliptiques modernes. Le schéma de Schnorr est plus simple que le standard ECDSA, ce qui permet de le transformer plus facilement en un protocole de multi-signature. Notez que Bitcoin accepte depuis 2022 les signatures de Schnorr, l'une des raisons de cette adoption étant la possibilité de multi-signatures plus sûres.

Note : Nous utiliserons la notation additive (comme avec EdDSA et lorsque nous travaillons avec une courbe elliptique), plutôt que la notation multiplicative originale (utilisée lorsque nous travaillons avec des groupes de nombres dans un groupe multiplicatif). Par conséquent, la clé publique A associée à une clé privée a est le point sur la courbe elliptique $A = aG$, soit G multiplié par le nombre a, où G est un point de base prédéfini et l'opération de groupe est l'addition de points de la courbe elliptique. Cela diffère de la notation multiplicative où nous aurions $A = g^a$ pour un générateur de groupe g, où l'opération de groupe est la multiplication entre des nombres.

◆ *Schnorr avec un seul signataire*

Avant de voir comment fonctionnent les multi-signatures, voyons comment fonctionne la signature de Schnorr avec un seul signataire. Supposons qu'Alice dispose d'une clé privée a et d'une clé publique associée $A = aG$. Ici, a est un nombre, dit aussi *scalaire*, dans un intervalle donné de nombres (plus précisément, dans le corps fini sur lequel la courbe elliptique est définie, généralement des nombres entiers positifs modulo un grand nombre premier, d'au moins 256 bits environ), et G est un point de base fixe de la courbe.

Pour signer un message M en tant qu'Alice, procédez comme suit :

1. Choisissez un nombre aléatoire secret r et calculez le point $R = rG$. La valeur r est un *nonce* secret, vu comme une clé privée à usage unique dont la clé publique est R.
2. Calculez $h = \mathbf{H}(R \| A \| M)$, la valeur que vous « connecterez » à la clé privée a et à la valeur à usage unique r pour signer M. On hache non seulement le message, mais on lie également h au signataire et au *nonce*, respectivement via les valeurs non secrètes A et R. Sans hacher ces dernières, différentes attaques seraient possibles.
3. Calculez $s = r + ha$ et renvoyer la paire (R, s) comme signature. On peut voir s comme la multiplication entre la clé secrète a et les données à signer h,

où le secret r masque le résultat ; sans cela, il serait trivial de récupérer la clé privée à partir d'une signature.

On peut ensuite vérifier une signature en testant que sG est égal à $R + \mathbf{H}(R \| A \| M)A$. Cela fonctionne car sachant $s = r + ha$, en substituant $r + ha$ à s dans sG, on obtient

$$sG = (r + ha)G = rG + haG = R + hA$$

avec $h = \mathbf{H}(R \| A \| M)$, que le vérifieur doit calculer à partir du message M, de la clé publique A du signataire et de la partie R de la signature.

◆ Multi-signatures de Schnorr

Dans le cas de la multi-signature, il n'y a pas qu'un seul signataire mais plusieurs. Par souci de simplicité, nous décrirons le cas de deux cosignataires : voici Bob, qui signera les messages conjointement avec Alice. La clé privée de Bob est b et sa clé publique est $B = bG$. Pour créer une multi-signature, Alice et Bob pourraient procéder comme suit pour signer un message M :

- ✓ Alice choisit un *nonce* r_A, calcule $R_A = r_AG$ et envoie R_A à Bob.
- ✓ Bob choisit un *nonce* r_B, calcule $R_B = r_BG$ et envoie R_B à Alice.
- ✓ Ils calculent chacun $R = R_A + R_B$ et définissent $h = \mathbf{H}(R \| A \| B \| M)$, la valeur qu'Alice et Bob utiliseront pour générer leur partie de la signature. Un tel h est lié aux parties par l'intermédiaire de leurs clés publiques (A et B) et à la session de signature en cours via le *nonce* public, R uniquement pour l'exécution de la signature spécifique définie par R.
- ✓ Alice calcule $s_A = r_A + ha$ et l'envoie à Bob.
- ✓ Bob calcule $s_B = r_B + hb$ et l'envoie à Alice.
- ✓ Ils calculent chacun $s = s_A + s_B$ et renvoient la signature (R, s).

Pour vérifier une signature, on vérifie que sG est égal à $R + h(A + B)$. En remplaçant s dans sG par la valeur calculée précédemment, on obtient le résultat suivant :

$$sG = (s_A + s_B)G = (r_A + ha + r_B + hb)G = (r_A + r_B)G + h(a + b)G = R + h(A + B)$$

Notez que le vérifieur doit connaître les deux clés publiques A et B, et pas seulement leur somme $A + B$, car il a besoin des deux valeurs pour calculer $\mathbf{H}(R \| A \| B \| M)$. Toutefois, si h est défini comme $\mathbf{H}(R \| A + B \| M)$, un vérifieur peut utiliser une seule clé publique $A + B$ sans savoir que la signature est émise par deux parties. Nous appelons cette « fusion » de plusieurs clés publiques en une seule une *agrégation de clés*. C'est particulièrement utile lorsqu'il y a de nombreux signataires, afin de réduire la taille des données à hacher.

> **Note** : J'ai décrit le protocole élémentaire de multi-signature de Schnorr dans le cas de deux parties, mais le protocole s'adapte à un nombre arbitraire de parties avec des clés publiques $P_1, P_2, \ldots, P_n$. Dans la définition,

remplacez $A + B$ par la somme $P_1 + P_2 + \ldots + P_n$, remplacez $A \| B$ par $P_1 \| P_2 \| \ldots \| P_n$, et « envoie à Bob/Alice » par « envoie à tout le monde ». On peut appliquer un protocole similaire aux schémas de signatures EdDSA et Ed25519, variantes du schéma de Schnorr.

2.3 Exemples de problèmes

Le protocole de multi-signature de Schnorr est relativement simple, mais il peut échouer dans les scénarios suivants.

◆ *Attaque par annulation de clé*

Dans cette attaque, le cosignataire Bob cherche à convaincre les vérifieurs de signature qu'il a signé conjointement un message avec Alice, alors qu'Alice n'a pas vu le message et n'a même pas interagi avec Bob. Un attaquant pourrait exploiter ce phénomène dans un scénario où l'on s'attend à ce qu'Alice et Bob signent conjointement des messages, par exemple dans le cas de transactions nécessitant l'approbation des deux parties. Dans le cas normal, les vérifieurs connaîtraient la clé publique A d'Alice et la clé publique B de Bob, et Bob et Alice connaîtraient la clé de l'autre.

Supposons que la situation suivante se produise : Alice envoie sa clé publique A à tout le monde, y compris à Bob ; mais au lieu de partager sa vraie clé publique B, Bob partage $C = B - A = (b - a)G$ avec les vérifieurs, et B avec Alice. Le fait que Bob ne connaisse pas la clé privée correspondant à C n'a pas d'importance pour l'attaque.

Bob va signer un message à l'aide de sa clé privée b, comme dans le cas d'une signature unique, mais avec $h = \mathbf{H}(R \| A \| C \| M)$, comme s'il signait avec Alice. Il renvoie (R, s) comme signature, avec $R = rG$ pour un r de son choix et $s = r + hb$.

S'attendant à recevoir une signature d'Alice et de Bob, les vérifieurs vérifient que sG est égal à $R + h(A + C)$, ce qui est correct car $A + C = A + (B - A) = B$. Bob peut donc falsifier la multi-signature sans même interagir avec Alice, et sans connaître sa clé privée.

En pratique, on peut éviter cette attaque en demandant aux signataires de prouver qu'ils connaissent la clé privée correspondant à leur clé publique, par exemple en signant un message. Comme Bob ne connaît pas la clé privée correspondant à C, il ne peut pas fournir une telle preuve. Comme vous le verrez avec le protocole MuSig, il est également possible d'éviter l'attaque au niveau du protocole.

L'attaque s'étend à un nombre arbitraire de parties, un contexte dans lequel elle est souvent appelée *rogue key attack*. Ayant reçu les clés publiques de toutes les autres parties, l'attaquant Bob définirait simplement sa clé publique comme $B - X$, avec X la somme des clés publiques de toutes les autres parties.

◆ *Nonces répétées*

Comme dans ECDSA, les *nonces* répétés sont mortels pour le protocole multi-signature de Schnorr. Imaginons que le générateur pseudo-aléatoire d'Alice soit défaillant et qu'elle génère le même *nonce* secret r_A deux fois au cours de deux exécutions du protocole : elle envoie un premier $s_A = r_A + ha$ à Bob, et un second $s_A' = r_A + h'a$ où le premier h et le second h' dépendent également du *nonce* aléatoire de Bob. On a donc $r_A = ha - s_A$ et $r_A = h'a - s_A'$, qui implique l'égalité

$$ha - s_A = h'a - s_A'$$

ou, de façon équivalente

$$a(h - h') = s_A - s_A'$$

à partir de laquelle nous pouvons déterminer la clé privée d'Alice :

$$a = (s_A - s_A')/(h - h').$$

Une répétition d'un *nonce* révèle alors directement la clé privée. Une approche pour éliminer les risques de sécurité causés par un mauvais aléa — tels que ces *nonces* répétés — est de se débarrasser totalement de l'aléa. Par exemple, en calculant le *nonce* à partir d'un *hash* du message et de la clé privée, comme dans Ed25519. Ceci fonctionne bien lorsqu'il n'y a qu'un seul signataire, mais définir r comme $\mathbf{H}(a \,||\, M)$ ne fonctionnera pas dans le cas de multi-signatures : si Alice et Bob signent deux fois le même message, Alice calculera un premier $s_A = r_A + ha$ et un second $s_A' = r_A + h'a$, avec dans les deux cas $r_A = \mathbf{H}(a \,||\, M)$, et où h' peut être distinct de h si un Bob malveillant envoie une valeur qui diffère de $\mathbf{H}(b \,||\, M)$. Dans ce cas, Bob — ainsi que tout attaquant écoutant les communications — peut à nouveau calculer la clé privée d'Alice, car on aura $a = (s_A - s_A')/(h - h')$.

2.4 Multi-signatures de Schnorr plus sûres

Pour éviter l'attaque par annulation de clé et les problèmes de *nonce* répétés, des chercheurs ont développé des protocoles de multi-signature plus avancés, et en particulier la famille de protocoles MuSig : MuSig, MuSig2, et MuSig-DN, où *MuSig* signifie multi-signature et *DN* signifie *nonce* déterministe (*deterministic nonce*). Les protocoles MuSig permettent également l'agrégation de clés, pour permettre à un vérifieur de vérifier une signature à l'aide d'une seule clé publique dérivée des clés des signataires, de sorte que la clé agrégée ne révèle pas le nombre de signataires ni leurs clés publiques.

Voyons l'astuce principale de MuSig en action. Dans le cas le plus simple de deux signataires Alice et Bob, en utilisant les mêmes notations que dans les sections précédentes, au lieu de calculer $s_A = r_A + ha$ comme sa part de la signature, Alice calculera $s_A = r_A + \mu_A ha$, multipliant ainsi la partie ha avec la valeur μ_A. Elle calcule μ_A (où μ est la lettre grecque mu) en hachant la liste des clés publiques des participants suivie de la clé d'Alice : $\mu_A = \mathbf{H}(A \| B \| A)$. De même, Bob calcule sa partie $s_B = r_B + \mu_B hb$ avec $\mu_B = \mathbf{H}(A \| B \| B)$, en hachant la liste des clés publiques suivie de sa clé.

Alice calcule ensuite la clé publique agrégée comme $X = \mu_A A + \mu_B B$, soit la somme des clés publiques multipliées par leur valeur μ respective. Le *hash* du message est alors $h = \mathbf{H}(R \| X \| M)$ au lieu de $\mathbf{H}(R \| A + B \| M)$ dans la version vulnérable du protocole de multi-signature gérant l'agrégation de clés.

L'astuce de MuSig fonctionne, car un Bob malveillant ne peut alors plus forger une autre clé publique qui « annulerait » la clé A d'Alice, comme il pouvait le faire en fixant $C = B - A$ dans l'attaque par annulation de clé. Dans l'équation $X = \mu_A A + \mu_B B$, Bob devrait en effet trouver une nouvelle valeur de B qui donnerait les « bons » coefficients μ pour supprimer A de l'équation. Mais c'est désormais impossible car l'équation n'est pas linéaire par rapport à A et B (la linéarité est souvent synonyme d'insécurité — voir le chapitre 2).

Lorsqu'il y a plus de deux signataires, vous appliquez l'astuce de manière similaire, avec les coefficients μ obtenus en hachant la liste des clés publiques suivie de la clé du signataire, puis en agrégeant les clés publiques en un seul X en additionnant les clés publiques chacune multipliée par son μ respectif.

Note : Pour plus de détails sur les protocoles MuSig et sur la manière dont la version MuSig-DN détermine des *nonces* à partir du message, voir la page https://bitcoinops.org/en/topics/musig.

3. SIGNATURES AGRÉGÉES

Les signatures agrégées ont plusieurs signataires, et chaque signataire signe un message, qui peut être distinct pour tous les signataires, et ces signatures sont ensuite fusionnées en une seule signature. À partir de cette signature, des clés publiques des signataires et des messages qu'ils ont signés, un vérifieur peut s'assurer que tous les signataires ont signé leurs messages respectifs.

Étant donné qu'une seule signature doit être stockée, au lieu d'autant de signatures que de signataires, le temps de vérification est proportionnel au nombre de messages plutôt qu'au nombre de signataires. Si tous les signataires signent le même message, la vérification peut être aussi rapide que la vérification de la signature d'un seul signataire, quel que soit le nombre de signataires.

Les signatures agrégées sont notamment utilisées dans Ethereum, dans sa couche de consensus. Dans ce cas, les nœuds de validation approuvent les propositions visant à modifier l'état du système (sous forme de blocs) et exploitent les signatures agrégées pour minimiser l'espace de stockage des signatures et le temps de vérification. Ethereum utilise le schéma de signature de Boneh-Lynn-Shacham (BLS), que vous découvrirez dans cette section, en commençant par la magie des signatures BLS : les *pairings* cryptographiques — généralement traduits en « couplages » et parfois « accouplements ».

3.1 *Pairings*

En cryptographie à courbe elliptique, un *pairing* est une opération qui transforme deux points de deux groupes de courbes elliptiques (pas nécessairement les mêmes) en un élément de corps fini. La notation standard pour un *pairing* entre deux points de courbe elliptique P et Q est $e(P, Q)$. Les *pairings* utilisés en cryptographie ont la propriété de *bilinéarité* et sont donc appelés *pairings* bilinéaires (*bilinear pairings*), ce qui signifie qu'ils satisfont aux conditions suivantes pour tous points P, Q, et R dans leurs ensembles respectifs :

$$e(P + R, Q) = e(P, Q) \times e(R, Q)$$

$$e(P, Q + R) = e(P, Q) \times e(P, R)$$

Ici, ajouter un point R à un opérande revient à multiplier le résultat par le *pairing* entre R et l'autre opérande. Par conséquent, si l'on ajoute n fois un point à lui-même, c'est-à-dire si l'on le multiplie par un nombre n, on obtient

$$e(nP, Q) = e(P, Q) \times e(P, Q) \times \ldots \times e(P, Q) = e(P, Q)^n$$

soit $e(P, Q)$ multiplié par lui-même n fois, ce qui est également égal à $e(P, nQ)$.

Grâce à la bilinéarité, si vous avez différents points P_1, P_2, ..., P_n, vous pouvez aussi transformer l'addition des valeurs d'entrée en multiplication des valeurs de sortie :

$$e(P_1 + P_2 + \ldots + P_n, Q) = e(P_1, Q) \times e(P_2, Q) \times \ldots \times e(P_n, Q)$$

Le fonctionnement interne des *pairings* dépasse largement le cadre de cet ouvrage. Pour plus de détails, voir l'article "Cryptographic Pairings" de Kristin Lauter et Michael Naehrig (https://eprint.iacr.org/2017/1108) et le livre *Guide to Pairing-Based Cryptography* dirigé par Nadia El Mrabet et Marc Joye (Chapman and Hall/CRC, 2016).

3.2 Signatures BLS

Les signatures BLS ont été présentées en 2006 dans l'article "Short signatures from the Weil pairing" de Dan Boneh, Ben Lynn et Hovav Shacham. L'article précisait que le système était conçu « pour les systèmes dans lesquels les signatures sont tapées par un humain ou envoyées sur un canal à faible bande passante ». Les signatures BLS se sont finalement avérées être utilisées dans des systèmes hautement automatisés, sur des canaux à large bande passante, qui ont bénéficié d'une propriété décrite dans un article de recherche ultérieur : l'agrégation de signatures et de clés publiques.

Note : Ne confondez pas les signatures BLS avec les courbes BLS (Barreto-Lynn-Scott), qui ont un auteur (Lynn) en commun. Les courbes BLS sont des courbes elliptiques conçues pour des *pairings* sûrs et efficaces. En pratique, les signatures BLS fonctionnent souvent avec des points sur une courbe BLS. Par exemple, les signatures BLS d'Ethereum reposent sur la courbe BLS12-381.

◆ BLS avec un seul signataire

Dans les signatures BLS, la clé privée d'Alice est un nombre (scalaire) a et sa clé publique est $A = aG$, pour un point de base G prédéfini. Pour signer un message M, elle calcule d'abord $H = \mathbf{H}(M)$ où la fonction de hachage renvoie un point de courbe plutôt qu'une chaîne de bits ou un scalaire — et la notation H suit la convention selon laquelle on désigne les points par des lettres majuscules. La signature est alors $S = aH$. Cela semble beaucoup plus simple que les signatures de Schnorr ou ECDSA : il suffit de hacher le message et de le multiplier avec la clé privée.

Pour vérifier une signature BLS, il suffit de calculer deux *pairings* :

✓ $e(A, H)$ entre la clé publique et le message haché (notez que $A = aG$)

✓ $e(G, S)$ entre le point de base et la signature (notez que $S = aH$)

Ces valeurs devraient être égales en raison de la propriété de bilinéarité des *pairings* utilisés :

$$e(A, H) = e(aG, H) = e(G, H)^a = e(G, aH) = e(G, S)$$

En cas d'égalité, la signature est acceptée ; le cas échéant, elle est rejetée.

Si l'on ne tient pas compte de la complexité de l'opération de *pairing*, ces signatures sont de loin le plus simple schéma de signature.

◆ Agrégation de signatures

Exploitons davantage la magie des signatures BLS et des *pairings* bilinéaires, en considérant un scénario dans lequel n signataires avec des clés privées k_1, k_2, …, k_n et des clés publiques P_1, P_2, …, P_n signent n messages M_1, M_2, …, M_n et produisent les signatures S_1, S_2, …, S_n. On notera $H_i = \mathbf{H}(M_i)$ le *hash* du i-ème message.

Vous pouvez agréger les signatures $S_i = k_iH_i$ en une seule en les additionnant pour obtenir $S = S_1 + S_2 + \ldots + S_n$. Observez que le calcul de $e(G, S)$, comme pour la vérification d'une seule signature, donne le résultat suivant, en raison de la propriété de bilinéarité :

$$e(G, S) = e(G, S_1 + S_2 + \ldots + S_n) = e(G, S_1) \times e(G, S_2) \times \ldots \times e(G, S_n)$$

Rappelez-vous que les *pairings* satisfont $e(nP, Q) = e(P, nQ)$. Vous pouvez donc remplacer chaque terme $e(G, S_i)$ par $e(P_i, H_i)$ en « déplaçant » le facteur multiplicatif k_i vers l'opérande gauche du *pairing* : on aura alors comme première opérande $k_iG = P_i$ au lieu de G, et comme second opérande H_i au lieu de $S_i = k_iH_i$.

Après avoir agrégé plusieurs signatures de plusieurs signataires sur plusieurs messages en une seule signature, vous pouvez vérifier la signature globale à partir des clés publiques des signataires et des messages signés. La vérification consiste simplement à contrôler l'égalité entre $e(G, S)$ et le produit de tous les *pairings* $e(P_i, H_i)$. Il y a $1 + n$ *pairings* à calculer, au lieu des $2n$ *pairings* si vous n'aviez pas agrégé les signatures — sans agrégation, les signatures occupent n fois plus de mémoire que la signature agrégée.

Considérons maintenant un scénario dans lequel vous agrégerez à la fois des signatures et des clés publiques.

◆ *Agrégation de clés publiques*

Imaginez que tous les signataires signent le même message M et que vous agrégiez toutes les clés publiques en une seule $P = P_1 + P_2 + \ldots + P_n$. Rappelons que $k_1, k_2, \ldots, k_n$ représentent leurs clés privées respectives et $H = \mathbf{H}(M)$ est le *hash* du message. Étant donné des signatures valides S_i, on obtient l'égalité suivante :

$$\begin{aligned} e(P, H) &= e(P_1 + P_2 + \ldots + P_n, H) \\ &= e((k_1 + k_2 + \ldots + k_n)G, H) \\ &= e(G, (k_1 + k_2 + \ldots + k_n)H) \\ &= e(G, S_1 + S_2 + \ldots + S_n) \\ &= e(G, S) \end{aligned}$$

On peut donc vérifier les signatures de n parties sur le même message en utilisant seulement deux opérations de *pairing*, $e(P, H)$ et $e(G, S)$. Cette méthode est extrêmement efficace, car elle rend la vérification des signatures essentiellement indépendante du nombre de parties, étant donné qu'on peut additionner des points efficacement, alors que les *pairings* sont coûteux à calculer. Outre l'efficacité du calcul, l'agrégation des clés et des signatures économise de la mémoire.

3.3 Exemples de problèmes

Comme de nombreux systèmes de cryptographie à courbe elliptique, les signatures BLS doivent éviter les clés invalides et les paramètres faibles pour être sûres. Et comme les protocoles précédents, les signatures BLS pourraient être vulnérables à une attaque par annulation de clé. Examinons les détails.

◆ Clés invalides

Les signatures BLS sont spécifiées dans un Internet-Draft, un document de travail de l'Internet Engineering Task Force (IETF) disponible à l'adresse https://github.com/cfrg/draft-irtf-cfrg-bls-signature. Ce dernier spécifie les opérations de base, notamment la génération de clés (algorithme `KeyGen`), la signature (`CoreSign`), la vérification (`CoreVerify`) et la validation de clés (`KeyValidate`). Ce dernier s'assure la validité d'une clé publique en ce sens qu'elle « représente un point valide distinct de l'élément neutre et qui se trouve dans le bon sous-groupe ».

La validation des clés empêche l'utilisation de paires de clés privées/publiques faibles, pour lesquelles les signatures seraient plus faciles à falsifier. Prenons par exemple le cas trivial d'une clé secrète nulle $a = 0$. Il s'ensuit que la signature de tout message M est $0 \times \mathbf{H}(M) = 0$. Il est alors trivial de forger une signature pour n'importe quel message. Dans ce cas, la clé publique est $0 \times G = O$, qui est le point à l'infini, soit l'élément neutre (identité) dans le groupe de points. Si la validation des clés rejette les clés publiques égales à O, elle garantit que la clé secrète n'est pas nulle.

Un cas moins trivial est celui où la clé publique, en tant que point de la courbe elliptique, a une valeur qui facilite la falsification des signatures, c'est-à-dire la création d'une signature valide sans connaître la clé privée. Tous les points d'une courbe elliptique donnée ne sont pas également sûrs ; en particulier, les points qui appartiennent à un petit sous-groupe plutôt qu'au sous-groupe principal de points. Si un point de clé publique appartient à l'un de ces petits sous-groupes, il y aura beaucoup moins de signatures valides possibles, ce qui facilitera la falsification d'une signature. De même, si la clé publique proposée à la fonction de vérification n'appartient pas à la courbe elliptique, les signatures valides sont faciles à falsifier.

Il est donc crucial de vérifier que les clés publiques sont valides en utilisant l'algorithme `KeyValidate` de la spécification susmentionnée, comme copié dans le listing 15-1.

Listing 15-1 – L'algorithme `KeyValidate` garantit qu'une clé publique BLS est valide.

```
Inputs:
- PK, a public key in the format output by SkToPk.

Outputs:
- result, either VALID or INVALID

Procedure:
1. xP = pubkey_to_point(PK)
```

```
2. If xP is INVALID, return INVALID
3. If xP is the identity element, return INVALID
4. If pubkey_subgroup_check(xP) is INVALID, return INVALID
5. return VALID
```

Si vous implémentez des signatures BLS, assurez-vous que votre code effectue toutes les vérifications décrites dans la spécification des signatures BLS lors de la validation des clés publiques et des signatures.

◆ *Attaque par annulation de clé*

Dans leur forme de base, les signatures BLS avec clés publiques agrégées sont sujettes au même type d'attaque par annulation de clé que les signatures de Schnorr : si un attaquant connaît les clés publiques $P_1, P_2, \ldots, P_{n-1}$ des $n - 1$ premiers signataires, il peut prétendre que sa clé publique est

$$P_n = X - (P_1 + P_2 + \ldots + P_{n-1})$$

où X est la clé publique de l'attaquant, dont il connait la clé privée x telle que $X = xG$. Lorsque l'attaquant présente une signature créée à partir de x, les utilisateurs non avertis vérifient la signature d'un message à l'aide de la clé publique $P_1 + P_2 + \ldots + P_n$, qui est égale à X. L'attaquant peut signer à lui seul un message au nom de l'ensemble des signataires supposés.

Pour empêcher cette attaque, les utilisateurs peuvent prouver qu'ils connaissent la clé privée de leur clé publique en signant un message. Comme l'attaquant ne connaît pas la clé privée de P_n, il échouerait à ce test.

Une autre solution consiste à modifier le système de signature agrégée de sorte que la signature renvoyée ne soit pas simplement la somme $S_1 + S_2 + \ldots + S_n$, mais plutôt la somme avec des coefficients dérivés des clés publiques, comme dans l'exemple suivant

$$S = t_1S_1 + t_2S_2 + \ldots + t_nS_n$$

où $t_i = \mathbf{H}(P_i \| P_1 \| P_2 \| \ldots \| P_n)$ pour $i = 1, 2, \ldots, n$. La clé publique agrégée utilisée pour vérifier une signature est alors

$$P = t_1P_1 + t_2P_2 + \ldots + t_nP_n.$$

Vous pouvez constater que cette astuce fonctionne en vérifiant que $e(P, \mathbf{H}(M))$ est toujours égal à $e(G, S)$.

4. SIGNATURES À SEUIL

Les signatures à seuil (*threshold signatures*) diffèrent des multi-signatures et des signatures agrégées, qui exigent que tous les participants au protocole de signature aient leur propre paire de clés. Dans les signatures à seuil, il y a une clé privée unique k et une clé publique unique $P = kG$, et il y a n participants qui ont chacun une part distincte de la clé k_i où un paramètre t (le seuil, *threshold*) est défini de telle sorte que $t < n$ et :

- ✓ $t + 1$ signataires peuvent conjointement créer une signature valide d'un message, qui sera vérifiée avec la clé publique P, et de telle sorte qu'aucun signataire ne connaisse la clé privée k. Pour ce faire, il faut exécuter un protocole qui utilise les parts (*shares*, ou *shards*) k_i de chaque signataire et le message à signer, sans jamais exposer la clé privée à qui que ce soit.
- ✓ Tout ensemble de moins de $t + 1$ signataires n'est pas en mesure de créer une signature ni de déterminer la clé privée k.

La signature émise a tout d'une signature normale, tel que produite par un seul signataire, et est vérifiée comme telle.

Les signatures à seuil sont un type particulier de calcul multipartite (*multi-party computation, MPC*), une classe de protocoles dans lesquels n participants calculent la sortie d'une fonction $f(x_1, x_2, ..., x_n)$ de telle sorte que chaque participant connaisse son entrée x_i et apprenne la sortie de la fonction mais ne connaisse pas les entrées x_i des autres participants. Dans le cas des signatures à seuil, les x_i sont des parts de la clé privée et la sortie est une signature.

Les signatures à seuil ont l'avantage de « dissimuler » le nombre de cosignataires et leurs identités, car les vérifieurs ne voient qu'une signature provenant d'une seule clé privée. Bien que certains systèmes de multi-signatures et signatures agrégées partagent cette propriété, les signatures à seuil conviennent mieux au cas d'usage de la garde d'actifs digitaux (tels que les cryptomonnaies) car il n'y a qu'une seule clé privée et une seule clé publique ; vous pouvez directement appliquer les signatures à seuil pour distribuer le contrôle de n'importe quelle adresse, sans dépendre du type de script ou de *smart contract* de la plateforme utilisée.

4.1 Cas d'usage

Les signatures à seuil sont souvent utilisées dans la gestion des cryptomonnaies et autres actifs digitaux, afin de répartir le contrôle d'un compte entre plusieurs systèmes ou parties. Elles peuvent par exemple servir à partager le contrôle d'un compte entre un fournisseur de services « cloud » et l'appareil d'un utilisateur, tel que chaque partie dispose d'une part de la clé ; afin de signer, et donc d'émettre une transaction, les deux parties doivent alors exécuter un protocole de signature à seuil (en plus d'autres contrôles de sécurité). Cette configuration garantit qu'un attaquant ne peut pas autoriser des transactions s'il obtient seulement une des deux parts de la clé, par exemple après une intrusion dans un des systèmes. De même, le fournisseur ne peut pas initier de transactions sans le consentement de l'utilisateur. Toutefois, la mise en œuvre de ce modèle de manière fiable n'est pas simple, notamment en ce qui concerne la gestion des clés (génération des clés, rotation, copies de sauvegarde, etc.)

Une organisation peut également utiliser les signatures à seuil pour répartir la garde des fonds entre plusieurs systèmes, tels que différents types d'appareils, de centres de données (*data centers*), de systèmes d'exploitation, et de composants logiciels. Cette approche peut être adaptée aux *cold wallets* ou aux comptes contenant des actifs de grande valeur. Cependant, se reposer uniquement sur les signatures à seuil — et en général, sur la cryptographie — est insuffisant, car des de nombreux contrôles de sécurité sont nécessaires. Par exemple, il faut ségréger les accès aux composants informatiques stockant les parts de clés et/ou leurs copies de sauvegarde, pour s'assurer que des personnes ou des prestataires distincts ont accès à des systèmes distincts. De plus, l'initiation, l'approbation et l'exécution des transactions doivent faire l'objet de contrôles stricts et d'une piste d'audit (*audit trail*).

4.2 Modèle de sécurité

Comme pour tous les protocoles cryptographiques, on doit définir ce que signifie la sécurité d'un système de signature à seuil si l'on veut ensuite pouvoir parler d'attaques ou de vulnérabilités. Comme vu au chapitre 1, un modèle de sécurité contient tout d'abord les objectifs de sécurité (qu'est-ce qui doit être impossible à faire pour un attaquant) et ensuite le modèle d'attaque (quelles hypothèses faisons-nous sur les capacités de l'attaquant). Examinons ces deux dimensions.

◆ Objectifs de sécurité

Le principal objectif de sécurité de la signature à seuil est le même que celui des signatures classiques : un attaquant ne doit pouvoir forger des signatures valides, ce qui implique qu'il ne doit pas pouvoir déterminer la clé privée. Cela implique également que le protocole garantisse la confidentialité des entrées (*input privacy*) : les parts de clé détenues par les parties ne doivent jamais être divulguées à d'autres parties. Enfin, le protocole doit garantir l'exactitude (*correctness*) : la signature calculée par le protocole doit être valide, et accessible à tous les participants au protocole.

◆ Modèles d'attaque

Il n'existe pas un seul modèle d'attaque pour les signatures à seuil, car un attaquant est caractérisé selon plusieurs dimensions. Le point commun de tous les scénarios est l'hypothèse qu'un attaquant pourra toujours intercepter les communications du réseau, en capturant, modifiant ou injectant des messages. L'utilisation de canaux sécurisés (chiffrés authentifiés) permet de déjouer ces attaques. Les concepteurs de protocoles partent également du principe que les communications sont fiables, c'est-à-dire que tous les messages transmis doivent être reçus dans le même ordre que celui dans lequel ils ont été envoyés.

Le modèle d'attaque des signatures se base sur la notion de *compromission* (ou *corruption*) des participants, à savoir le scénario, où un attaquant compromet (ou est lui-même) l'une des parties, lui permettant d'apprendre ses secrets et de lui faire faire ce qu'il veut. Par définition des paramètres *t* et *n* signatures à seuil, dans tout modèle un attaquant ne peut pas corrompre plus de *t* parties, sinon il serait directement en mesure de falsifier les signatures.

Examinons les paramètres à prendre en compte lorsqu'un attaquant peut corrompre des participants.

Tout d'abord, on caractérise un attaquant par le nombre de parties qu'il peut corrompre. Il existe deux catégories de protocoles de signatures à seuil, chacune définie par le nombre maximum de participants malveillants qui peuvent être corrompus sans compromettre la sécurité du protocole :

- ✓ **Majorité honnête (*honest majority*)** : dans ce cas, l'attaquant ne peut corrompre que moins de la moitié des parties partageant les clés. Par conséquent, le seuil *t* doit satisfaire $t < n/2$. Les protocoles conçus selon l'hypothèse de la majorité honnête sont généralement plus efficaces, mais ils ne peuvent pas accepter des valeurs arbitraires de *t* plus grandes que $n/2$. Par exemple, un protocole avec des paramètres (4, 5) est irréalisable dans ce modèle, car devrait tolérer jusqu'à quatre parties compromises.
- ✓ **Majorité malhonnête (*dishonest majority*)** : ce modèle permet au protocole d'accepter n'importe quelle valeur de *t* comprise entre 1 et $n - 1$. Un protocole sûr dans ce modèle peut définir $t = n - 1$ et garantir que même si toutes les parties, sauf une, sont corrompues, alors elles seraient toujours incapables de falsifier des signatures ou de retrouver la clé privée. Ce modèle offre une plus grande souplesse en termes de valeur de seuil, mais nécessite souvent des mécanismes de sécurité plus complexes et plus coûteux en termes de calculs et d'échanges de messages.

On caractérise également un attaquant par ce qu'il peut faire une fois qu'il a corrompu une partie et appris ses valeurs secrètes (dont la part de clé). Deux modèles d'attaquants définissent ces capacités :

- ✓ **Passif (ou *honest-but-curious*)** : l'attaquant obtient les informations des parties corrompues, mais ne peut pas dévier du protocole ; il doit répondre aux messages tel que défini par le protocole. Cela modélise les compromissions en « lecture seule », où un attaquant obtient seulement le contenu de la mémoire d'un système, qu'il s'agisse de la mémoire de stockage ou de la mémoire volatile (RAM, registres du processeur), mais sans obtenir un niveau de privilège suffisant pour exécuter du code ou modifier l'état du système.

- ✓ **Actif, malveillant (*malicious*)** : dans ce cas, l'attaquant peut dévier du protocole prescrit et envoyer les messages qu'il veut. Cela modélise les systèmes entièrement compromis par un attaquant ou contrôlés par un initié (*insider*) malveillant tel qu'un opérateur, un administrateur ou un fournisseur de services.

Un protocole sûr contre les attaquants actifs est donc toujours sûr contre les attaquants passifs, mais pas l'inverse.

Enfin, il existe deux façons pour un attaquant de choisir les parties à corrompre, que nous définissons par les modèles suivants de type de corruption :

- ✓ **Corruption statique (*static corruption*)** : l'attaquant doit choisir les participants à corrompre avant de commencer le protocole.
- ✓ **Corruption adaptative (*adaptive corruption*)** : l'attaquant peut attendre le début du protocole pour choisir les participants à corrompre, et peut ensuite connaître l'historique de leurs opérations tout au long du protocole.

Un protocole sûr contre la corruption statique est toujours sûr contre la corruption adaptative, mais pas l'inverse. Il existe toutefois des techniques permettant de convertir un protocole sûr contre la corruption statique en un protocole sûr contre la corruption adaptative.

4.3 Techniques de partage des secrets

Les protocoles de partage de secret (*secret sharing*) divisent un secret en plusieurs morceaux (*shares*, ou *shards*) distribués à différentes parties, de manière que les parties puissent ensuite recalculer conjointement le secret initial. Ces protocoles sont un composant clé des signatures à seuil. Les protocoles de partage de secret sont aussi utilisés lors de la création de sauvegardes de clés privées, tel que différentes parties stockent différentes parts du secret à différents endroits.

◆ *Partage additif*

La manière la plus simple de partager un secret est le partage additif : étant donné un nombre secret s, vous le partagez en n valeurs s_1, s_2, ..., s_n telles que la somme des parts soit égale à s :

$$s_1 + s_2 + \ldots + s_n = s$$

Par exemple, si vous travaillez avec des nombres modulo 100, vous pouvez créer un partage additif aléatoire du nombre $s = 47$ en quatre parts comme suit : choisissez trois nombres aléatoires entre 0 et 99, disons $s_1 = 12$, $s_1 = 94$, et $s_3 = 80$, et définissez $s_4 = s - s_1 - s_2 - s_3 = 61$ (notez que la soustraction est calculée modulo 100, où $-1 = 99$, $-2 = 98$, et ainsi de suite).

Cette approche est très simple mais nécessite l'utilisation de toutes les parties pour retrouver le secret d'origine. Connaître toutes les parties sauf une ne révèle absolument rien sur le secret, car la partie manquante peut être n'importe quelle valeur.

◆ *Partage à seuil*

Le partage à seuil (*threshold sharing*) est plus proche de ce que font les signatures à seuil : étant donné des paramètres n et $t < n$, et un nombre s, il crée des parts telles que vous pouvez récupérer le secret s en utilisant n'importe quel ensemble de t parts parmi les n créées.

La méthode de partage à seuil la plus connue est le partage de secret de Shamir (*Shamir secret sharing*), qui repose sur la propriété suivante des polynômes : étant donné un polynôme de degré t de la forme

$$f(x) = a_0 + a_1x + a_2x^2 + a_3x^3 + \ldots + a_tx^t$$

il suffit de connaître le résultat de $t + 1$ évaluations de $f(x)$ sur $t + 1$ valeurs distinctes de x pour déterminer tous les coefficients a_i, des valeurs fixes.

Pour créer un partage à seuil à partir de cette propriété, définissez $a_0 = s$, le secret. Choisissez ensuite des valeurs aléatoires de a_1 à a_t et calculez $f(x)$ pour n valeurs de x, qui seront les n parts du secret.

Recalculer les coefficients du polynôme à partir des valeurs de $f(x)$ est une technique que nous appelons interpolation de Lagrange, du nom du mathématicien italien du XVIIIe siècle qui a proposé une méthode générale pour déterminer l'équation d'une courbe à partir d'une liste de points sur cette courbe. On peut considérer le problème d'un point de vue géométrique : si l'équation est de degré 1 (et de la forme $a_0 + a_1x$), il s'agit de l'équation d'une droite, et il suffit de connaître deux points d'une droite pour l'identifier de façon unique ; de même, si l'équation est de degré 2 (de la forme $a_0 + a_1x + a_2x^2$), la courbe est une parabole, dont l'équation peut être déterminée avec trois points.

On trouve parfois des implémentations de l'interpolation de Lagrange définissant une fonction **Lagrange**() qui calcule l'interpolation et retourne le coefficient a_0, soit le secret partagé. Si vous avez des valeurs de $f(x)$ à combiner pour retrouver le secret, on peut alors définir l'opération **Lagrange**(s_1, s_2, …, s_t), retournant s, le secret partagé. Cela fonctionnerait pour n'importe quelle combinaison de t parts distinctes, pas seulement les t premières. Les détails de l'opération **Lagrange**() sont un peu trop techniques pour ce livre, mais l'opération peut être implémentée comme une série de multiplications et d'additions de base.

4.4 Cas trivial

L'un des types les plus simples de signature à seuil utilise les signatures BLS, que nous avons vu plus haut dans le contexte des signatures agrégées. Rappelons que les signatures BLS calculent une signature en multipliant la clé privée k par le point de courbe H = **H**(M). Vous pouvez utiliser le partage additif pour créer un schéma de signature à seuil avec des paramètres (n – 1, n). Par exemple, si n = 3, divisez la clé en trois parts telles que $k_1 + k_2 + k_3 = k$. Chaque participant calcule alors sa partie de la signature en multipliant sa part k_i par H. L'addition des trois parts donne alors :

$$k_1H + k_2H + k_3H = (k_1 + k_2 + k_3)H = kH$$

L'addition des trois « signatures partielles » donne donc une signature valide par rapport à la clé k, même si aucune des parties ne connaît k. Les trois parties pourraient recalculer k si elles additionnaient leurs parts respectives, mais l'addition des parts de *deux* parties ne révèle aucune information sur k si les parts ont été générées de manière aléatoire.

Pour créer un système de signature à seuil avec t et n arbitraires, on utilise le partage du secret de Shamir et on tire parti de la linéarité de l'interpolation de Lagrange. Les parts de clés k_i sont ainsi générées comme décrit dans la section « Partage à seuil », et la signature est calculée de la manière suivante :

$$\textbf{Lagrange}(k_1H, k_2H, k_3H) = \textbf{Lagrange}(k_1, k_2, k_3)H = kH$$

Une fois encore, vous obtenez une signature valide avec la clé k. Notez qu'en pratique, la création d'un protocole — soit l'envoi de message entre les parties pour obtenir une signature — demande un peu plus de travail.

4.5 Cas simple

Calculons maintenant des signatures de Schnorr avec un paramètre à seuil, ce qui est plus technique que pour les signatures BLS. Rappelons qu'une signature de Schnorr est de la forme $s = r + ha$, où h = **H**(R || A || M), r est le *nonce* aléatoire, et a est la clé privée du signataire. La signature comprend également $R = rG$, le *nonce* public. Il est relativement facile de transformer ce système en un système de signature à seuil, en raison de sa linéarité par rapport aux valeurs secrètes : observez que le secret r est additionné au secret a, lui-même multiplié par le *hash* h, qui n'est pas secret.

Imaginons le cas le plus simple de deux signataires, avec un partage additif de la clé de signature privée $k = a + b$, avec a et b les parts de clé distribuées aux deux signataires. Pour signer, les deux parties peuvent générer des *nonces* secrets r_A et r_B, avec des valeurs publiques respectives $R_A = r_AG$ et $R_B = r_BG$. Ils peuvent ensuite échanger ces valeurs et calculer le *nonce* public commun $R = R_A + R_B$, qui fera partie de la signature. R est donc la valeur publique correspondant à la valeur privée $r = r_A + r_B$, puisqu'on a

$$R_A + R_B = r_AR + r_BR = (r_A + r_B)R$$

Ensuite, les parties calculent chacun leur part de la signature : $s_A = r_A + ha$ et $s_B = r_B + hb$, qui sont additionnées pour obtenir

$$(r_A + ha) + (r_B + hb) = (r_A + r_B) + h(a + b) = r + hk$$

Le résultat de la combinaison des signatures partielles de chaque partie est donc $r + hk$, soit une signature à partir de la clé k, même si les participants n'ont utilisé que les parts additives a et b dans leurs calculs. Pour obtenir une construction à seuil pour des paramètres arbitraires t et n, on utilisera le partage secret de Shamir au lieu du partage additif.

La construction précédente n'est cependant pas suffisamment sûre pour satisfaire à toutes les exigences de sécurité d'un système de signature à seuil. Elle est notamment vulnérable aux attaques par annulation de clé, à moins que les participants n'effectuent un *commitment* (mise en gage) de leurs *nonces* dans une phase préliminaire du protocole, par exemple en envoyant le *hash* de leur *nonce*. Ce protocole simple présente également un certain nombre de vulnérabilités subtiles, résolues par le protocole FROST (Flexible Round-Optimized Schnorr Threshold Signatures), conçu par les cryptographes Chelsea Komlo et Ian Goldberg en 2020 et documenté à l'adresse https://eprint.iacr.org/2020/852.

Note : Les signatures EdDSA du chapitre 12 sont similaires aux signatures de Schnorr, mais définissent le *nonce* comme un *hash* du message (et d'autres valeurs), plutôt que comme une valeur aléatoire arbitraire. Cela complique la création de protocoles de signature à seuil.

4.6 Cas difficile

Le schéma de signature le plus difficile à exécuter dans un contexte de signature à seuil est aussi le plus courant. L'algorithme de signature ECDSA (voir chapitre 12) est plus complexe que les signatures de Schnorr et EdDSA, car il implique une division. À partir d'un *hash* du message $h = \mathbf{H}(M)$, le signataire choisit un nombre aléatoire k, calcule le nombre r à partir des coordonnées du point kG et calcule la signature $s = (h + ra)/k$, où a est la clé privée du signataire.

Les signatures à seuil ECDSA efficaces et sûres restent un problème de recherche pour les cryptographes, avec de nouveaux résultats publiés régulièrement. Les premiers protocoles pratiques sont apparus à la fin des années 2010, motivés par les cas d'usage liés aux cryptomonnaies — la plupart des principales cryptomonnaies, y compris Bitcoin et Ethereum, n'acceptaient alors qu'ECDSA comme schéma de signature.

Les cryptographes ont conçu plusieurs approches pour construire des protocoles de signature à seuil ECDSA. Par exemple, le protocole "Fast Secure Two-Party ECDSA Signing" (https://eprint.iacr.org/2017/552) de Lindell (2017) nécessitait un schéma de *commitment*, un schéma de chiffrement homomorphe et un système de preuve *zero-knowledge*. La complexité de ces protocoles a compliqué leur compréhension, leur implémentation et l'analyse de leur sécurité, ce qui a entraîné un certain nombre de failles de sécurité dans les systèmes déployés en pratique, dont la plupart des produits à base de signature à seuil.

4.7 Exemples de problèmes

Les problèmes de sécurité spécifiques aux protocoles de signature à seuil sont souvent complexes et impliquent des détails de constructions cryptographiques que nous n'avons pas abordés dans ce livre. C'est pourquoi, au lieu de problèmes spécifiques, j'aborderai des catégories de problèmes qui ont eu un impact sur les déploiements réels de signatures à seuil, qu'il s'agisse de logiciel *open-source* ou de solutions commerciales.

◆ *Documentation vs code*

Lorsque des ingénieurs implémentent un protocole de signature à seuil à partir d'un article de recherche, ils se heurtent à un certain nombre des difficultés. Ces articles, qui s'adressent principalement aux chercheurs en cryptographie, sont de qualité éditoriale variable et sont complexes, lourds en notations mathématiques, et n'ont pas toujours été suffisamment relus et validés par la communauté. Ce potentiel manque de maturité peut impliquer qu'un protocole expérimental ne sera pas aussi sûr qu'affirmé dans l'article. Tous ces facteurs contribuent à différents types de problèmes de sécurité dans le monde réel, que nous classons en quatre catégories principales :

- ✓ **Protocole cryptographiquement faible** : si le protocole n'est pas sûr sur le papier, il ne le sera pas davantage en pratique. Les problèmes les plus fréquents sont les cas limites négligés, ou bien une validation inadéquate lors de la réception d'informations provenant d'autres parties. Par exemple, certains protocoles ne vérifiaient pas qu'un nombre (reçu sous forme chiffrée) se situait dans l'intervalle autorisé, ce qui a donné lieu à des attaques concrètes.
- ✓ **Description incomplète** : les articles de recherche ne sont pas des spécifications techniques mais sont rédigés à l'attention d'un public universitaire, de sorte qu'ils manquent souvent de détails d'implémentation tels que la configuration du réseau et l'encodage des données. Un exemple notable est l'attaque « TSSHOCK » qui exploite un encodage ambigu dans les éléments traités par la fonction de hachage, comme décrit dans « Séparation de domaine insuffisante et collisions » en début de chapitre.
- ✓ **Implémentation incomplète** : la complexité des protocoles de signature à seuil, avec leurs nombreux sous-composants et leurs multiples contraintes à vérifier lors du protocole, peut conduire à négliger certaines validations de sécurité, en particulier si elles ne sont mentionnées que dans les annexes de l'article. Par exemple, un protocole exigeait qu'un nombre $N = pq$ (utilisé pour

le chiffrement de Paillier) soit vérifié comme étant le produit de deux nombres premiers suffisamment grands, à l'aide d'une preuve *zero-knowledge*. Mais cette vérification fut omise dans certaines implémentations, ce qui permettait d'utiliser des valeurs de N non sûres.

- ✓ **Choix incertain des composants** : les descriptions des protocoles ne disent généralement pas « utilisez la fonction de hachage BLAKE3 » ou « utilisez la courbe elliptique de 256 bits nistp256 » ; elles disent plutôt « utilisez une fonction de hachage et une courbe elliptique qui offrent le niveau de sécurité dont vous pensez avoir besoin ». Il appartient donc aux concepteurs et développeurs d'un produit de choisir des composants appropriés et d'utiliser leurs interfaces de programmation en toute sécurité. Par exemple, l'utilisation d'un module RSA de 1 024 bits n'est pas suffisante pour garantir une sécurité de 128 bits.

En outre, des risques apparaissent lorsque les personnes chargées de l'implémentation modifient intentionnellement un protocole, pensant en améliorer l'efficacité ou l'adapter à un cas d'usage spécifique. Cela se termine souvent très mal. Pour des exemples d'attaques sur les signatures à seuil, voir les articles "Alpha-Rays: Key Extraction Attacks on Threshold ECDSA Implementations" par Dmytro Tymokhanov et Omer Shlomovits (https://eprint.iacr.org/2021/1621) et "Practical Key-Extraction Attacks in Leading MPC Wallets" par Nikolaos Makriyannis, Oren Yomtov et Arik Galansky (https://eprint.iacr.org/2023/1234).

◆ *Risques dans la gestion de clés*

Une amie a fait remarquer un jour que « pour 10 lignes de code de chiffrement, il y a bien 1 500 lignes de gestion des clés » ("For every 10 lines of encryption code, there are 1,500 lines of key management"), ce qui souligne la criticité et la complexité des processus de gestion des clés, notamment concernant la création, le stockage, la sauvegarde et la restauration des clés. Si ces aspects peuvent être négligés dans les travaux universitaires axés sur les aspects théoriques, ils sont essentiels dans les applications pratiques. Les ingénieurs et les professionnels de la sécurité qui déploient des signatures à seuil dans des environnements de production doivent accorder la plus haute importance à ces questions — même les protocoles de signature à seuil les plus robustes ne peuvent se substituer à des pratiques fiables de gestion des clés.

Passons en revue les principales considérations en matière de gestion des clés pour une organisation qui utilise des signatures à seuil pour protéger des avoirs substantiels en cryptomonnaies ou autres actifs numériques :

- ✓ **Génération de clés** : que les clés soient générées de façon distribuée ou centralisée, vous devez dans tous les cas vous assurer que les valeurs secrètes ne sont pas exposées à des systèmes ou des parties non autorisés pendant ou après la génération des clés. Cette garantie est généralement apportée par des processus rigoureux tels que les cérémonies des clés (*key* *ceremonies*), offrant également des garanties en termes d'intégrité de la chaîne d'approvisionnement (*supply chain*), et enfin une piste d'audit — afin de pouvoir démontrer que les clés ont été générées correctement, par exemple à des clients ou à des auditeurs. Ne permettez pas à une autre partie de générer des clés en votre nom, ou d'avoir la capacité de les lire à un moment donné.

- ✓ **Stockage des clés** : le stockage d'une clé sous la forme de plusieurs parts au lieu d'une valeur unique ne diminue en rien la nécessité d'un stockage sécurisé. Les principes de *need-to-know* et *least privilege* doivent être appliqués aux systèmes stockant ces valeurs. La protection de nombreux secrets sur diverses plateformes peut représenter un défi plus important que la protection d'un seul secret sur une plateforme unique. Les parts de clés doivent être stockées dans une mémoire sécurisée, protégée contre les accès non autorisés, les manipulations et les attaques physiques, et idéalement offrir des *logs* d'utilisation.
- ✓ **Sauvegarde et restauration des clés** : le déploiement d'un système de signature à seuil dans lequel, par exemple, trois parties sur six sont nécessaires pour signer une transaction, permet de se prémunir contre un utilisateur ou système compromis, ainsi que contre l'indisponibilité temporaire ou permanente d'une partie. Néanmoins, cela n'enlève rien à la nécessité de sauvegarder les clés, que vous devez également conserver selon un partage à seuil. Il est impératif de répartir l'accès à ces parts de sauvegarde entre différentes parties et lieux géographiques. De plus, il faut périodiquement valider l'intégrité et la fiabilité des sauvegardes pour s'assurer qu'elles n'ont pas été compromises et qu'elles peuvent être utilisées pour reconstruire la clé en cas de besoin. Une banque exécutera typiquement ce type d'exercice dans le cadre de ses plans de continuité et de reprise d'activité (*business continuity* et *disaster recovery*).

5. PREUVES *ZERO-KNOWLEDGE*

Les preuves *zero-knowledge* (*zero-knowledge proofs*, ZKP) sont l'un des outils les plus puissants des cryptographes. Il s'agit de protocoles entre deux parties, un *prouveur* et un *vérifieur*, dans lesquels le prouveur convainc le vérifieur que quelque chose est vrai sans révéler quoique ce soit sur la raison. Par exemple, le prouveur peut prouver qu'il connaît la solution d'un problème de calcul difficile sans révéler la solution elle-même, et sans permettre au vérifieur de la trouver. Vous pouvez créer une ZKP pour tout problème **NP**-complet afin de prouver que vous connaissez une solution sans la partager. On parle parfois en français de « preuve à divulgation nulle de connaissance », nous utiliserons cependant le terme original, plus succinct et commun.

Plus généralement, les ZKP sont utilisées pour prouver une déclaration (*statement*), tel que « le nombre chiffré par ce *ciphertext* est compris entre 100 et 200 » ou « pour un *plaintext P* et un *ciphertext C* donnés, je connais une clé *K* telle que C = **AES**(*K*, *P*) ».

Pour une introduction non technique aux preuves *zero-knowledge*, je recommande vivement la vidéo du cryptographe Amit Sahai intitulée "Computer Scientist Explains One Concept in 5 Levels of Difficulty" (disponible à https://www.youtube.com/watch?v=fOGdb1CTu5c). Pour en apprendre plus sur les détails mathématiques, je conseille les liens proposés sur la page https://github.com/matter-labs/awesome-zero-knowledge-proofs.

Note : Le terme « preuve *zero-knowledge* » est une simplification de termes plus précis issus de la littérature de recherche. Par exemple, de nombreux protocoles de « preuve *zero-knowledge* » sont en réalité des arguments de connaissance *zero-knowledge* (*zero-knowledge arguments of knowledge*). Les chercheurs réservent le terme de *preuve* (*proof*) à la sécurité inconditionnelle et utilisent celui d'*argument* pour la sécurité calculatoire. De plus, le terme *témoin* (*witness*) fait référence au secret permettant au prouveur de prouver sa déclaration ; il s'agit d'une généralisation du concept de secret ou de clé secrète, en raison de son champ d'application plus large.

5.1 Modèle de sécurité

Comment définit-on la sécurité d'un protocole ZKP ? L'attaquant est-il le prouveur ou le vérifieur ? Comment peut-il attaquer le protocole ? Nous allons répondre à ces questions en examinant les objectifs de sécurité et les modèles d'attaques des preuves *zero-knowledge*.

◆ *Objectifs de sécurité*

Une ZKP sûre doit satisfaire aux notions suivantes :

- ✓ **Complétude, ou consistance (*completeness*)** : si le prouveur suit le protocole en utilisant le bon secret, un vérifieur honnête est convaincu de la véracité de la déclaration. En d'autres termes, le protocole fonctionne toujours quand la déclaration est vraie.
- ✓ **Solidité, ou robustesse (*soundness*)** : si le prouveur ne connaît pas le secret, il ne peut pas convaincre un vérifieur honnête d'une fausse déclaration (sauf avec une probabilité négligeable). En d'autres termes, les prouveurs ne peuvent pas tricher.
- ✓ **Divulgation nulle (*zero-knowledge*)** : Un vérifieur n'apprend rien d'autre que le fait que la déclaration est vraie. En particulier il ne peut rien apprendre sur le secret (le témoin) du prouveur.

La notion selon laquelle un vérifieur « est convaincu de la véracité de la déclaration » est garantie par la reconnaissance mutuelle que le protocole utilisé satisfait à ces trois propriétés, à savoir qu'un prouveur ne pourrait pas suivre le protocole si l'énoncé était faux (par exemple, s'il ne connaissait pas la solution qu'il prétendait connaître).

◆ Modèles d'attaque

Les deux parties peuvent potentiellement être des attaquants qui tentent de compromettre la solidité et l'absence de connaissance, respectivement :

- ✓ **Un prouveur malveillant** veut prouver une fausse déclaration, par exemple pour convaincre à tort le vérifieur qu'il connaît la solution d'un problème difficile. Un tel attaquant peut s'écarter du protocole pour essayer de tromper le vérifieur. En pratique, il s'agit de la plus grande menace pour les ZKP dans des applications telles que l'exécution confidentielle de programmes (*confidential computing*).
- ✓ **Un vérifieur malveillant** veut extraire des informations sur le secret (le témoin), violant ainsi la propriété de *zero-knowledge*. Les modèles d'attaque distinguent les attaquants vérifieurs *passifs* (dits aussi *honest-but-curious*) et les attaquants vérifieurs *actifs* (qui peuvent dévier arbitrairement du protocole).

Il convient de noter qu'un vérifieur malveillant peut toujours contester la complétude, en affirmant qu'il n'est pas convaincu de la véracité d'une déclaration. En pratique, cela ne pose pas de problème, car le prouveur peut répéter le protocole de preuve pour d'autres vérifieurs (honnêtes) qui dénonceraient le vérifieur menteur.

5.2 Protocole de Schnorr

Claus-Peter Schnorr, qui a créé le système de signature éponyme, a également décrit une construction similaire qui est une preuve *zero-knowledge* de la connaissance d'un logarithme discret. C'est la base des signatures de Schnorr et EdDSA, ainsi que de nombreuses ZKP plus complexes.

Le protocole de Schnorr fonctionne en trois étapes pour prouver la connaissance de a tel que $aG = A$, c'est-à-dire le logarithme discret de A par rapport au générateur G :

1. ***Commitment*** : le prouveur choisit un nombre aléatoire r et envoie $R = rG$ au vérifieur.
2. ***Challenge*** : le vérifieur envoie un nombre aléatoire c au prouveur.
3. **Réponse (*response*)** : le prouveur renvoie $s = r + ca$, et le vérifieur accepte si et seulement si $sG = R + cA$.

Note: Ce type de protocole en trois étapes, avec un *commitment*, un *challenge* et une réponse, est appelé protocole sigma (*sigma protocol*), d'après la forme de la lettre grecque majuscule sigma (Σ).

La *complétude* du protocole de Schnorr est la plus facile à vérifier : si a satisfait $aG = A$, vous aurez

$$sG = (r + ca)G = rG + caG = R + cA$$

qui est la condition de validation du prouveur. Une déclaration correcte sera donc toujours validée par le vérifieur.

Pour voir que le protocole garantit la *solidité* — la condition que le prouveur doit connaître la solution, a — imaginons que le prouveur utilise le même r deux fois dans deux exécutions du protocole. Le vérifieur obtiendrait donc deux réponses $s_1 = r + c_1a$ et $s_2 = r + c_2a$, pour deux *challenges* distincts c_1 et c_2. Il pourrait maintenant calculer

$$s_1 - s_2 = r + c_1a - r - c_2a = a(c_1 - c_2)$$

Le vérifieur pourrait donc diviser ce résultat par $(c_1 - c_2)$ afin d'obtenir a. Puisque la vérification que sG est égal à $R + cA$ nous garantit d'avoir $s = r + ca$, il s'ensuit que le prouveur doit nécessairement connaître a lorsqu'il exécute le protocole correctement. Nous appelons ce type de raisonnement logique un *extracteur de connaissance* (*knowledge exctractor*), et c'est la principale technique pour montrer qu'une ZKP est solide.

Il est également possible de prouver que le protocole est bien *zero-knowledge* en utilisant une technique appelée *simulateur* (*simulator*), un algorithme qui crée des messages (une transcription de la communication) qui ne peuvent être distingués de ceux d'une exécution réelle d'une preuve à connaissance nulle. Mais contrairement à un véritable prouveur, le simulateur ne connaît pas nécessairement le secret (ou le témoin) à prouver. Malgré cela, les messages qu'il génère semblent toujours valides et convaincants pour le vérifieur dans le contexte du système de preuve.

Pour le protocole de Schnorr, un simulateur travaille à l'envers (de la fin au début du protocole) et choisit d'abord une réponse aléatoire s, pour montrer qu'une vraie réponse sera « aussi aléatoire » qu'une réponse purement aléatoire. Il choisit ensuite un *challenge* aléatoire c et calcule le *commitment* de départ comme $R = sG - cA$. La preuve que le protocole est *zero-knowledge* démontre alors que ces trois valeurs sont indistinguables de celles d'une exécution réelle d'un protocole, sans pour autant nécessiter la connaissance du secret a. Notez que dans le cas de Schnorr, nous devons supposer que le vérifieur suit le protocole et choisit un c aléatoire.

5.3 Preuves non interactives

Le protocole de Schnorr est *interactif* : le prouveur envoie un premier message, le vérifieur répond par un *challenge* et le prouveur envoie sa réponse — les parties échangent trois séries de messages. Mais que se passe-t-il si le vérifieur ne peut pas envoyer de messages et souhaite simplement recevoir un message unique qui le convaincrait ? Comment peut-on créer de telles preuves *non interactives* à partir d'un protocole interactif ?

Examinons à nouveau le protocole de Schnorr, dans lequel le vérifieur envoie un *challenge* aléatoire c, une valeur qui doit être imprédictible pour le prouveur. Si le prouveur connaissait c avant d'envoyer R, il pourrait tricher de la façon suivante : étant donné c, il choisirait une valeur de s arbitraire et calculerait $R = sG - cA$, puis enverrait ce R au vérifieur et ensuite s comme réponse au c qu'il connaissait déjà. La vérification réussirait, mais le prouveur n'aurait pas eu besoin de la valeur secrète a.

Comment rendre c imprédictible pour le prouveur sans interagir avec un vérifieur ? L'astuce consiste à dériver c de R à l'aide d'une fonction de hachage, ce qui empêche le vérifieur de trouver une paire (R, c) satisfaisant $sG = R + cA$, en raison du comportement pseudo-aléatoire des fonctions de hachage.

Pour générer une preuve non interactive à zéro connaissance (*non-interactive zero-knowledge*, NIZK) de la connaissance du secret a à l'aide du protocole de Schnorr, un prouveur procède comme suit :

- ✓ ***Commitment*** : le prouveur choisit un nombre aléatoire r et calcule $R = rG$.
- ✓ ***Challenge*** : le prouveur calcule $c = \mathbf{H}(G \| R \| A)$ où il faut inclure les valeurs G et A pour lier la génération de c au paramètre du générateur G et à la clé publique du prouveur A.
- ✓ **Réponse** : le prouveur calcule $s = r + ca$ et construit la preuve sous la forme d'un encodage de R et de s.

Pour vérifier une preuve (R, s) reçue du prouveur ayant A comme la clé publique, un vérifieur recalcule le *challenge* $c = \mathbf{H}(G \| R \| A)$ et vérifie l'égalité $sG = R + cA$.

La technique consistant à utiliser une fonction de hachage pour remplacer les *challenges* transmis par le vérifieur est définie par la *transformation de Fiat-Shamir*, une technique générale permettant de transformer un protocole interactif en un non interactif. Pour que cette transformation soit applicable, les *challenges* aléatoires d'un vérifieur doivent être indépendants du message du prouveur et être des valeurs publiques (non secrètes).

5.4 zkSNARKs

Parlons du type de preuve *zero-knowledge* qui a été largement adopté dans les applications blockchain en raison de sa puissance et de son efficacité. Par exemple, les *zkSNARKs* sont la pierre angulaire des transactions confidentielles de Zcash, où les *zkSNARKs* prouvent qu'un certain montant a été déduit d'un compte et crédité sur un autre compte, sans révéler le montant ni les comptes, et cela sans exiger un volume de calcul ou de stockage prohibitif.

Un *zkSNARK* est une preuve de connaissance non interactive qui offre la propriété de *zero-knowledge* (*zk*), et où *SNARK* signifie :

✓ ***Succinct*** : la preuve est très petite par rapport à la taille de la déclaration et du témoin. Sa taille peut être de l'ordre du logarithme de la taille de la déclaration, ou même de taille constante — c'est-à-dire toujours de la même taille quelle que soit la déclaration.

✓ ***Non-interactive*** : un *SNARK* est un argument de connaissance (*argument of knowledge*) non interactif, qui utilise généralement la transformation de Fiat-Shamir pour transformer un protocole interactif en un non interactif. Il n'est donc pas nécessaire que le vérifieur envoie des messages au prouveur.

✓ ***Argument*** : l'argument de connaissance est une preuve sûre en termes de sécurité calculatoire, mais pas de sécurité inconditionnelle. Autrement dit, elle ne serait pas sûre contre un attaquant disposant d'une puissance de calcul infinie, ce qui est généralement une limite tolérable.

✓ ***Of knowledge*** : un *SNARK* offre complétude et solidité, en tant qu'argument de connaissance.

Enfin, le calcul de preuve et de vérification d'un *zkSNARK* doivent être efficaces en termes de calcul et mémoire.

Générer une preuve aussi succincte de la solution à un problème dont la description ne tient même pas dans la taille de la preuve semble contre-intuitif. Par exemple, qu'en est-il des déclarations telles que « Je connais une solution à l'équation $f(x) = 0$ » quand l'équation $f(x)$ peut être de taille arbitraire ? D'un point de vue théorique, les preuves courtes ont du sens, car la seule information qu'une preuve doit transmettre est la *connaissance* d'une solution, et plus généralement la véracité d'une déclaration. La preuve étant *zero-knowledge*, elle ne doit révéler que cette information au vérifieur, et rien sur la solution ou autres informations secrètes.

En 2016, le cryptographe Jens Groth a publié l'article "On the Size of Pairing-based Non-interactive Arguments" (https://eprint.iacr.org/2016/260), qui décrit un *zkSNARK* exceptionnellement efficace. La preuve ne comporte que trois éléments de groupe et peut être vérifiée en calculant trois *pairings* (le même type d'opération utilisé par les signatures BLS). Le protocole Zcash a adopté ce résultat révolutionnaire, qui a offert les bases de plusieurs autres *zkSNARKs*. Le *zkSNARK* de Groth est souvent simplement nommé *Groth16*.

5.5 Des déclarations aux preuves

Les zkSNARKs comptent parmi les constructions cryptographiques les plus sophistiquées, l'une des étapes les plus complexes et les plus coûteuses étant l'*arithmétisation*, une opération qui convertit la déclaration à prouver en un nombre fixe d'équations polynomiales, qui sont généralement de la forme

$$a_0 + a_1x + a_2x^2 + a_3x^3 + \ldots + a_nx^n$$

pour un polynôme de degré n, où les coefficients a_i sont des éléments d'une structure d'anneau ou de corps fini. L'algorithme de preuve traite ensuite les polynômes pour créer la preuve *zkSNARK*.

L'arithmétisation suit un processus général :

1. Décrire la déclaration à prouver à l'aide de notations formelles, telles qu'un langage de programmation dédié, des équations, ou des formules logiques.
2. Transformer l'expression formelle de l'étape 1 en un *circuit* qui définit une sortie à partir de valeurs d'entrée en appliquant une suite de *portes* (*gates*) à l'entrée, de manière similaire aux portes logiques d'un circuit booléen ou électronique, sauf qu'ici les portes peuvent être des opérations algébriques telles que l'addition et la multiplication, voire des opérations moins élémentaires.
3. Transformer le circuit en une liste structurée de *contraintes*, conformément au système de contraintes du système du *zkSNARK* utilisé. Ces contraintes sont des listes de conditions que l'entrée doit remplir pour satisfaire la déclaration à prouver.

L'énoncé à prouver peut être aussi simple que « Je connais des entiers x et y satisfaisant l'équation $x^3 + y^2 + xy + 55 = 0 \bmod 57$ ». Ceci complète l'étape 1 en ayant une équation formelle exprimant le problème. Pour compléter l'étape 2, vous pouvez décomposer l'équation en une séquence d'opérations simples impliquant deux opérandes (tel que Groth16 l'exige). Cela fonctionne comme suit, où on notera v_0, v_1, … les résultats intermédiaires :

Fixer $v_0 = x \times x$

Fixer $v_1 = x \times v_0$, donc $v_1 = x^3$

Fixer $v_2 = y \times y$

Fixer $v_3 = x \times y$

Fixer $v_4 = v_1 + v_2$

Fixer $v_5 = v_4 + v_3$

Fixer $v_6 = v_5 + 55$, donc $v_6 = x^3 + y^2 + xy + 55$

On appelle cette traduction d'une longue équation en une série de petites équations l'*aplatissement* (*flattening*).

Le prouveur convertit ensuite ces opérations — le circuit — en un ensemble de structures mathématiques qui serviront à construire les polynômes traités par le prouveur. Les longs polynômes sont finalement « compressés » en une preuve en utilisant de l'aléa, notamment grâce au concept de preuve vérifiable de manière probabiliste (*probabilistically checkable proof*, PCP), qui fut une découverte majeure dans le domaine de la théorie de la complexité. Cela permet de convaincre un vérifieur que de nombreuses contraintes sont satisfaites avec seulement quelques vérifications de contraintes réelles, tout en préservant la propriété de *zero-knowledge*.

Pour en savoir plus sur les subtilités de l'arithmétisation, intéressez-vous aux deux principales approches utilisées par les *zkSNARKs*, à savoir les systèmes de contrainte de rang 1 (*rank-1 constraint systems*, R1CS) et les représentations algébriques intermédiaires (*algebraic intermediate representation*, AIR).

Enfin, notez que l'on distingue les systèmes de preuve *zkSNARK universels* des *non universels* : dans ce dernier cas, le prouveur fonctionne pour un problème spécifique, par exemple pour prouver la connaissance des solutions à une équation donnée. La configuration du système de preuve (le *setup*) crée alors des paramètres adaptés uniquement à une déclaration. En revanche, les systèmes de preuve universels tels que Marlin et PLONK prennent en entrée une déclaration et créent une preuve pour celle-ci. Ils sont plus flexibles, mais aussi plus complexes à construire et ont un coût en calcul plus élevé.

5.6 Exemples de problèmes

Les *zkSNARKs* peuvent souffrir des mêmes types de problèmes que les signatures à seuil, d'un protocole non sécurisé à des défauts d'implémentation. Les problèmes de sécurité peuvent survenir à différents stades du processus, de la définition de la déclaration à l'étape d'arithmétisation et au calcul de la preuve. La notion de sécurité impactée peut être la complétude, la solidité ou le *zero-knowledge*. Mais la plupart du temps, le risque le plus critique concerne la solidité (*soundness*), soit la possibilité pour un attaquant de tricher et de tromper un vérifieur — à la fois en raison de l'impact potentiel sur l'application et de la subtilité des *bugs* affectant la solidité d'un système de preuve. À l'inverse, une fuite de « connaissance » est moins probable, notamment en raison de la taille réduite d'une preuve, et d'autant plus si la preuve doit être valide et acceptable par un vérifieur.

Dans les exemples suivants, nous nous concentrerons sur le protocole de Schnorr. Les problèmes exposés sont relativement simples, mais des systèmes de preuve plus complexes peuvent avoir des problèmes beaucoup plus subtils.

Rappelons que le protocole non interactif de Schnorr prouve la connaissance d'un nombre a à un vérifieur qui connaît le point $A = aG$ en lui envoyant $s = r + ca$ et $R = rG$ pour un r aléatoire et $c = \mathbf{H}(G \| R \| A)$. Le vérifieur vérifie alors l'égalité $sG = R + cA$ après avoir recalculé c. Dans la version interactive, le vérifieur choisit c au hasard et le transmet au prouveur.

◆ Hachage de Fiat-Shamir insuffisant

Imaginons qu'au lieu de $c = \mathbf{H}(G \| R \| A)$. une preuve de Schnorr non interactive ait fait $c = \mathbf{H}(G \| A)$. rendant le challenge c indépendant du *nonce* R, et donc de l'aléa r. L'attaquant choisit alors une valeur arbitraire pour s et calcule $R = sG - cA$. La preuve (R, s) obtenue est valide, mais l'attaquant n'a pas eu besoin de connaître a, ce qui viole la solidité du protocole.

De même, si $c = \mathbf{H}(G \| R)$, omettant la clé publique A des valeurs hachées pour calculer le *challenge* c, l'attaque suivante est possible : l'attaquant peut choisir des valeurs R et s arbitraires et calculer le point $B = (1/c) \times (sG - R)$, qui satisfait la relation $sG = R + cB$. Cela donne à l'attaquant une preuve de la connaissance du logarithme discret de B, à savoir b tel que $B = bG$, alors qu'il ne le connaît pas.

Ces attaques illustrent l'importance d'inclure toutes les valeurs nécessaires comme entrées de la fonction de hachage lors de la transformation de Fiat-Shamir rendant un protocole non interactif.

◆ Attaques par rejeu

Un rejeu est une attaque triviale, mais potentiellement dévastatrice. Si un attaquant apprend la valeur d'une preuve *zero-knowledge* non interactive, il peut l'envoyer à une autre partie et prétendre qu'il l'a créée lui-même, s'attribuant ainsi le mérite de la connaissance prouvée.

Vous pouvez éviter cela en liant la preuve à l'identité du prouveur, typiquement en incluant sa clé publique dans les données hachées. Pour éviter qu'une même partie ne rejoue la preuve au fil du temps, vous pouvez en plus lier la preuve à un identifiant de session ou à un *timestamp* en incluant ces valeurs dans les données traitées par les hachages de Fiat-Shamir.

◆ Problèmes d'aléa

Considérons le protocole interactif de Schnorr, dans lequel le vérifieur choisit un c aléatoire. Si le prouveur dispose d'un générateur pseudo-aléatoire défectueux et réutilise deux fois le même r, un attaquant observant les valeurs échangées peut récupérer le secret a en utilisant les deux preuves $s_1 = r + c_1 a$ et $s_2 = r + c_2 a$, pour deux *challenges* distincts c_1 et c_2, et en calculant $a = (s_1 - s_2)/(c_1 - c_2)$.

6. *SERIOUS CRYPTOGRAPHY*

Avec cet ultime chapitre, nous avons passé en revue certains des sujets les plus captivants de la cryptographie au moment de la rédaction, à la fois d'un point de vue théorique et pratique. Nous n'avons cependant fait qu'effleurer la surface, en particulier dans le domaine des preuves *zero-knowledge*, un domaine de recherche très actif dont les applications vont au-delà des technologies blockchain. Mais les protocoles cryptographiques intéressants ne sont pas la panacée des blockchains. Des protocoles de calcul multipartites, tels que le *private set intersection* (PSI) au chiffrement homomorphique utilisé pour l'évaluation privée des modèles prédictifs, de nouvelles applications et de nouveaux cas d'usage exigent des fonctionnalités cryptographiques de plus en plus sophistiquées et rapides.

Nous assistons à un âge d'or de la cryptographie, avec une convergence sans précédent des principes théoriques et des applications pratiques. Cette synergie apporte des solutions presque magiques à certains des problèmes les plus redoutables en matière de sécurité et de protection de la vie privée. Néanmoins, des défis importants doivent être relevés, en particulier dans les sphères juridiques et réglementaires. Il est impératif que les technologues et les décideurs politiques collaborent étroitement pour relever ces défis, et qu'ils essaient de comprendre le point de vue de l'autre. J'espère que ce livre, et en particulier ce dernier chapitre, contribuera à démystifier la cryptographie et à la rendre plus accessible et moins énigmatique pour tous ses lecteurs.

84857 - (I) - OSB 70° - PCA - MPN
Dupliprint
733 rue Saint-Léonard, 53100 MAYENNE
N° 2993540V
Dépôt légal : octobre 2024
Imprimé en France